U0714015

十三經注疏校勘記

劉玉才 主編

北京大學出版社
PEKING UNIVERSITY PRESS

禮記注疏校勘記

〔清〕阮元　總纂
洪震煊　分校
唐田恬　整理

目録

上册

下册

整理説明

一、禮記版本源流梳理

禮記注疏，東漢鄭玄注，唐孔穎達疏。禮記成書時代不詳，作者非一，大部分篇章約完成在春秋末至戰國時期，部分篇章有秦漢學者的增益發揮。禮記是一部論述先秦禮制的文獻選編，集中體現了儒家學者的政治、哲學、倫理思想，是研究先秦社會狀況、典章制度與儒學思想的重要材料。西漢戴德整理凡八十五篇，是爲大戴禮記。戴勝整理凡四十九篇，是爲小戴禮記。大戴禮記篇目繁多，至唐時已僅存三十九篇，逐漸脱離經典範疇。而小戴禮記經鄭玄校注整理，大行於世，融入了後來經學研究的主流。

經書雕版始於五代。而在此之前，漢唐世皆刻有石經，作爲官方校訂經書的規範文本。今漢魏石經皆已不傳，僅唐開成石經有原石並拓本行世。唐石經共刻有十二部儒家經典及五經文字、九經字樣二種附刻，禮記亦包含其中，這就是後世禮記官私刻本經文的始祖。五代後唐長興三年（九三二）至後周廣順三年（九五三），國子監以唐石經爲經文底本，合以注文，刊刻九經（實際經數與唐石經同），是爲禮記雕版印本之始。此後，禮記的刊刻在宋代得到進一步發展。在經注組合形式上，除了延續刻本時代之前就已經出現的經注本、白文本、單疏本之外，又將經注與疏文合刻，形成注疏本。或將經典釋文與經注合而爲一，形成附釋音本。此外，還在經典中附入插圖，圈識句讀，加入重言重意，形成了新的版本類型。在刊刻方式上，除了十三經合刊外，禮記還有不少單刻本、三禮叢刻本行世。多樣的經注組合疊加靈活的刊刻形式，形成了今日衆多的禮記傳世版本。

鑒于禮記的存世版本衆多，頭緒紛繁，兹依據經注的組合方式列舉數种，以供讀者參考。

單經本（白文本）：唐石經，原石今存西安碑林，民國十五年（一九二六），皕忍堂依拓本影模刻板，成景刊唐開成石經，爲民國時期著名藏書家陶湘代奉系軍閥張宗昌所刻。宋刻遞修八經本禮記一卷，今藏國家圖書館。明刻禮記一卷，吴勉學刻，今藏國家圖書館。

經注本：宋刻禮記二十卷釋文四卷，淳熙年間撫州公使庫刻，今藏國家圖書館。宋刻禮記二十卷，殘卷卷一至五藏於遼寧省圖書館，卷六至二十今藏國家圖書館。宋刻遞修禮記二十卷，清黄丕烈、韓應陛、張爾岐跋，殘卷五至八，十一至十五今藏於國家圖書館。宋刻禮記二十卷，婺州義烏酥溪蔣宅崇知齋刻，殘卷卷一至五今藏國家圖書館。

經注附釋文本：宋刻禮記二十卷，紹熙二年（一一九一）余仁仲萬卷堂刻本，今藏國家圖書館。宋刻纂圖互注禮記二十卷舉要圖一卷，清錢天樹、孫鋆、楊希鈺、李兆洛、陳鑾、吴憲澂、張爾旦、季錫疇、吴輔仁、張蓉鏡跋，今藏國家圖書館。宋刻附音重言互注禮記二十卷，殘卷卷十六、十九今藏國家圖書館。宋刻京本點校附音重言重意互注禮記二十卷，有李盛鐸跋，殘卷卷六至八今藏國家圖書館。

單疏本：宋刻禮記正義七十卷，殘存卷六三至七十，今藏日本身延山久遠寺，有四部叢刊三編影印本。

注疏本：宋刻禮記正義七十卷，紹熙三年（一一九二）兩浙東路茶鹽司刻宋元遞修本，清惠棟跋，李盛鐸跋，今藏國家圖書館。元刻明修附釋音禮記注疏六十三卷，今藏國家圖書館等處。此外，明刻禮記注疏六十三卷本，有嘉靖年間李元陽刻十三經注疏本（閩本），萬曆年間北京國子監刻十三經注疏本（監本），崇禎年間毛氏汲古閣刻十三經注疏本（毛本）。清代又有乾隆年間武英殿刻十三經注疏本（殿本），乾隆六十年（一七九五）和珅影宋刻附釋音禮記注疏本，嘉慶年間阮元刻十三經注疏本（阮本）等等，藏家甚夥，不再枚舉。

二、禮記注疏校勘記的承擔者及其工作情況

禮記注疏校勘記由洪震煊擔任分校。洪震煊（一七七〇——一八一五），字百里，號檆堂，浙江臨海（今屬台州）人，與兄洪頤煊同以經學名世。臧庸曾讚二人：「大洪淵博，小洪精鋭。」洪震煊在阮元編修經籍籑詁時分擔方言，後又擔任十三經注疏校勘記中禮記的分校。洪震煊勤學多思，尤精選學。有夏小正疏義五卷、石鼓文考異一卷、檆堂詩抄一卷及曾氏一貫論、顔子復禮論、性情説等多種著作。

文選樓本禮記注疏校勘記經注疏部分依底本「十行本」共分六十三卷，校記共10501條。其中，卷一198條，卷二262條，卷三188條，卷四225條，卷五192條，卷六143條，卷七133條，卷八248條，卷九275條，卷十310條，卷十一282條，卷十二276條，卷十三255條，卷十四258條，卷十五259條，卷十六314條，卷十七281條，卷十八174條，卷十九173條，卷二十178條，卷二十一254條，卷二十二220條，卷二十三220條，卷二十四173條，卷二十五222條，卷二十六156條，卷二十七108條，卷二十八112條，卷二十九159條，卷三十152條，卷三十一170條，卷三十二132條，卷三十三175條，卷三十四98條，卷三十五311條，卷三十六138條，卷三十七144條，卷三十八124條，卷三十九188條，卷四十77條，卷四十一131條，卷四十二94條，卷四十三106條，卷四十四159條，卷四十五154條，卷四十六84條，卷四十七101條，卷四十八84條，卷四十九119條，卷五十93條，卷五十一174條，卷五十二116條，卷五十三125條，卷五十四167條，卷五十五125條，卷五十六71條，卷五十七49條，卷五十八116條，卷五十九82條，卷六十127條，卷六十一113條，卷六十二89條，卷六十三65條。釋文校勘記四卷，共440條校記，卷一174條，卷二118條，卷三91條，卷四57條。

禮記注疏校勘記是十三經注疏校勘記中部頭最大、校記數量最多的一種。依據書前引據各本目録，全書共使用經書版本九種，校本六種以及釋文三種。這也是十三種校勘記中引用版本較爲豐富的一種。

禮記注疏校勘記對禮記注疏的文字進行了十分詳細的校訂工作，從内容上説，主要包括校改底本誤字、衍文、脱文、倒字等種種錯誤情況。禮記注疏校勘記盡可能地參考了禮記注疏當時可見的主要版本，吸收了惠棟、浦鏜、盧文弨、孫志祖、段玉裁等人的校勘成果，並輔以一定的他書文獻作爲旁證，其校勘質量是比較高的。

在校勘底本的同時，禮記注疏校勘記還承擔了標注參校諸本訛誤的功能。禮記注疏校勘記有大量篇幅是匡正閩本、監本，尤其是當時較爲常見的毛本的錯誤。即阮元在宋本十三經注疏併經典釋文挍勘記凡例中所稱的「三本之失，不及悉載。其謬誤特甚者，必爲之舉正也」❶。由於校勘記先成，而初刊時未同底本合刻，豐富的校定他書訛誤的内容使阮氏校勘記在一定程度上可以充當常見的幾種經書的通用校勘記，這也進一步提高了校勘記的實用价值。

除了校勘各本的錯誤以外，禮記注疏校勘記還標注了各本之間存在的大量異文。洪震煊以不輕易改動經書原貌的慎重態度，對於兩可的異文多採取全面羅列、不下按斷的處理方式。另一方面，由於洪氏僅僅承擔了初步的分校工作，其校勘活動也多停留在相對機械的對校上，一般不做没有版本依據的理校。在體現校勘記後期修訂工作的加〇按語中，有些内容會對〇前校語羅列的異文進行分析、判斷和選擇，這可能出自段玉裁、阮元等人的手筆。不過這部分按語的數量在全書中所佔的比例是非常小的。

總體説來，禮記注疏校勘記的最大特

點是以羅列各本異同爲主，校語簡明扼要，較少有複雜的個人發揮。洪震煊在初校時較爲詳細和客觀地記録了所見禮記各個版本和校本的信息。和臧庸、顧廣圻等分校學者不同，洪氏較少在校記中寫入個人解説，作按斷時也比較審慎，重視版本依據而不輕信他書。這種細緻嚴謹的態度得到了後來學者的肯定。如日本學者關口順在十三經注疏校勘記略説一文中即稱：「由顧廣圻、嚴杰、洪震煊分擔部分的成就似乎比較好。」❷

三、禮記注疏校勘記利用的經書版本

禮記注疏校勘記利用了大量版本進行對校工作，書前引據目録分類清晰，共分經本、經注本、注疏本、校本、釋文五類。所收版本上起唐石宋板，下訖明本清校，較爲全面的反映了禮記注疏的版本流傳情況。

禮記注疏校勘記共使用惠棟、盧文弨、孫志祖、段玉裁四人的校本以及日本山井鼎、物觀的七經孟子考文補遺、清人浦鏜的十三經正誤二種校勘著作。這些校本和浦氏正誤大多以通行的監本、毛本作爲底本，而考文則搜羅更廣。校勘記對這些校本和著作的使用主要集中在兩個方面：第一，利用各校本記録的舊本信息，而這些版本往往是校勘記未能收集的。第二，參考各校本的校勘意見。校本的廣泛使用雖然擴大了校勘記的版本範圍，但是其中的信息並非洪震煊等校勘記作者親自目驗，因此不能將校本中的版本信息與校勘記使用的版本混爲一談。

釋文主要利用了通志堂本、明葉林宗影寫宋本和撫州公使庫本。這應該是針對釋文校勘記而言的。禮記釋文校勘記獨立成書，不用注疏部分的校勘記所使用的底本「十行附釋音本」內的釋文作底本。而禮記注疏校勘記的注疏部分也很少使用目録所羅列的三種釋文版本校改底本經注文字。因此，釋文的校勘可以視爲一個獨立環節。經典釋文校本的選擇與實際校勘工作都與注疏部分的校勘記不同。具體説來，禮記釋文校勘記以通志堂本爲底本，主要利用撫本和葉鈔本爲校勘依據，部分條目使用了「十行本」和岳本所附的釋文，還有少量參考了段玉裁校本的意見。校記中，出文大多包含小字音切，爲了區分出文與校語，所有的按語前都有「○」標識。有加「○」按語疊加出現（一條校記中包含兩條加「○」按語）等，説明後期也進行過覆核工作。有學者結合其他文獻佐證認為，釋文校勘記並非出自分校者手筆，而是由何元錫獨立校勘的[3]。

由此看來，只有與校勘記整體工作環節密切相關，並經過校勘學者親自對校的經本、經注本、注疏本才能最全面地反映校勘記使用版本的特點和學術價值。限於篇幅限制，對校本和釋文兩類版本只是扼要説明。下面將對經本、經注本和注疏本三類下的諸本依次加以介紹。

（一）經本

唐石經禮記二十卷。阮元對唐石經的評價並不太高，其儀禮石經校勘記序中稱：「唐開成石經所校未盡精審，且多朱梁補刻及明人補字之訛。」尤其是月令一篇，爲唐玄宗更删改寫，已經不是禮記的原貌。唐玄宗改易月令舊文，並附益時事，成御刪定月令，令李林甫、陳希烈等人爲之作注，並將此篇從禮記第五篇改置爲首篇。根據舊唐書玄宗本紀記載，天寶五年（七四六）改月令爲時令。此後開成石經月令一篇亦從玄宗所改，變亂古經，實不足據。五代至宋初，月令一仍唐曆。直至宋仁宗景祐二年（一〇三五）時，方才恢復舊本月令。鑒于唐石經存在的問題，校勘記在使用時也較爲慎重，並不將其作爲主要的依據版本。

南宋石經，即南宋高宗御書石經。據校勘記記載，此經禮記只中庸一篇，且僅存一碑。紹興年間，宋高宗應秦檜奏請，手書易、書、詩、左傳、論語、孟子六种經書，刻石頒佈。淳熙四年（一一七七），宋孝宗詔知臨安府於太學建閣放置石經碑石及墨本。此次又補入禮記中的中庸、大學、學記、儒行、經解五篇。由此可知，南宋石經中的禮記一經最初即非完帙。同時，宋高宗手書石經並非以規範經文、頒刻定本爲目的，而只是練習書法的過程中形成的附屬産物。在頒出左傳、周易之後，宋高宗即諭告輔臣：「學寫字不如便寫經書，不惟可以學字，又得經書不忘。」因此，南宋石經的校勘價值較爲有限，不能作爲重要的參校版本。

（二）經注本

岳本，即御定仿宋相臺岳氏本禮記二十卷。引據目録中稱此本爲「宋岳珂刻本。武英殿翻刻仿宋本」。此本舊傳爲岳飛孫岳珂所刻，最初在廖氏刻九經之外增益公羊、穀梁二傳和春秋年表、春秋名號歸一圖二書，故又稱相臺本九經三傳。然清時藏書家已不能得其全本。清廷陸續收得春秋、易、詩、書、禮記五種，並於乾隆四十八年(一七八三)由武英殿仿刻，號爲御定仿宋相臺岳氏本五經。由於此本爲難得之仿宋精刻本，校勘記對該本較爲重視，將其作爲校勘的主要版本依據。然而根據張政烺在讀相臺書塾刊正九經三傳沿革例一文中考證，所謂宋岳珂所刻相臺書塾刊本，實際上是元朝荆溪岳氏翻刻宋廖瑩中世綵堂刊本。而在此之前，孟森以鐵琴銅劍樓藏宋本周易校岳本成相臺本周易校記時就已發現「宋諱全不避，可斷定爲宋以後一種翻刻」。學者趙萬里在編修中國版刻圖録時亦持張説，現已成爲版本學上的定論。但是，岳本在廖本基础上參考家塾所藏的多种舊本，考證精審，版刻精良，在校勘學及版刻學上具有較高價值。雖然校勘記對岳本的認識多有錯誤，但是大量使用該本作爲校勘依據的選擇還是正確的。

嘉靖本禮記注二十卷。此本不著刊板人姓氏，每頁十六行，每行十七字，分卷及行款悉與唐石經同，不附音義。據段玉裁等人考訂，當是明仿宋刻本。而在儀禮注疏校勘記中，則稱儀禮嘉靖仿宋本爲徐氏所刻。根據現存資料來看，可以判斷此嘉靖仿宋本當是明嘉靖年間東吴徐氏所刊三禮本。但是，關於嘉靖本所仿之宋本之斷代，三禮的分校學者持有不同意見。禮記注疏校勘記根據此本注疏、釋文文字互竄的情況，判斷「即宋本當亦在附音本之後」，附釋音本禮記下又稱該本爲南宋時原刻。那麽，嘉靖本所據之宋本最早亦當爲南宋刻本。而在周禮注疏校勘記中，臧庸則認爲此本「勝於宋槧余氏、岳氏等本，當是依北宋所傳古本也」。徐養原在儀禮注疏校勘記中判斷儀禮本以南宋嚴州本爲據翻刻。綜合各家的意見來看，基本可以確定嘉靖仿宋三禮本當是以南宋後的經書版本爲祖本。雖然嘉靖仿宋本禮記並非以最古之册進行仿刻，但是此本版刻精良，校勘精審，因此，禮記注疏校勘記多有採用嘉靖本作爲依據的内容。

（三）注疏本

附釋音本禮記注疏六十三卷。此本即所謂的「十行本」，也是禮記注疏校勘記使用的底本。根據洪震煊的判斷，此本爲南宋時原刻，中有明正德年間的補刻，也就是日人山井鼎所稱的「正德本」。然而考察七經孟子考文補遺可知，山井鼎已經意識到宋十行本和正德補修之本並非同一版本，因此才會提出「正德本」的概念。根據後來學者的考證可以知道，含有正德補刊的十行本不是宋本，而是元刻明修本。現在，十行本有宋本與元本之別，已經成爲了多數學者的共識。學者張麗娟在宋代經書注疏刊刻研究中稱，阮元所據的含有正德補刊葉的十行本當是元刻明修本。

其實，阮元使用的所謂「十行本」的斷代與價值，分校學者已經持有保留態度。閲讀校勘記書前描述諸本信息的文字内容可知，各經的版本記載基本遵照時間順序進行排列。而其中穀梁注疏校勘記將十行本排於元本注疏本之後。周易注疏校勘記在十行本前還列有影宋鈔本、宋本兩種注疏本。這兩種經書的分校學者都是李鋭，筆者推斷，其對於十行本的時間判斷，並不持盡爲宋本，或者「最古之册」的態度。據此也可推知，十行本的斷代並非如阮元所稱的全爲宋本，尤其是它不一定是最早的注疏本。

但是，明代幾個重要版本，如閩、監、毛本實據此本而成，故此本仍有重要價值，所以將這一版本選爲校勘記的底本。

明代的注疏本中，禮記注疏校勘記主要選取了閩、監、毛三本。閩本禮記注疏六十三卷，爲明嘉靖年間閩中李元陽用十行本重刻。監本禮記注疏六十三卷，爲萬曆中國子監用閩本重刻。毛本禮記注疏六十三卷，爲明崇禎年間汲古閣用監本重刻而成。而在三本之間，閩本質量最高，監本次之，毛本最差。閩、監二本錯字略少，而脱簡特多。至於毛本，由於輾轉翻刻，版片漫漶，難以識讀，修補時又多妄改，以致訛上加訛。由於明代三注疏本變亂舊式，文字舛錯，因此成爲了校勘記除底本之外重要的校改對象。

此外，校勘記在注疏本的最末，還列入了宋人衛湜的禮記集説。校勘記使用的是通志堂刻本。衛湜，字正叔，昆山（今屬江蘇蘇州）人，宋大臣衛涇弟。開禧、嘉定年間集禮記諸家傳注，成禮記集説一百六十卷。此書雖然所載注疏并非全本，且間有删節改次，但是所依據的畢竟是宋代舊本，因此校勘記在一定程度上還是利用集説作爲校勘依據。

總體説來，洪震煊等校勘學者較爲重視版本學對經書校勘的作用，在校勘記中主要體現在：其一，較爲全面地運用了禮記注疏的常見版本。其二，校勘記注意考辨版本形式，記録了很多版本的細節信息。其三，注意到注、疏、釋文以及其他文獻使用的禮記底本互有區別，因而能夠正確地處理因底本差異衍生的異文。但是，比對目前國内主要的圖書館藏與重要的版本目録可以發現，阮元雖然自稱廣搜衆本，卻仍有許多重要版本没有利用或見到，這也是不能回避的事實，我們應該辯證地看待禮記注疏校勘記在版本學方面的經驗與不足。

四、結語

禮記注疏校勘記是清代禮記注疏研究的重要著作。我們不能否認，校勘記本身存在着一些問題，如校勘内容的錯誤，版本斷代的失誤等等。後續也有不少學者對此書進行了修正補改。但是，校勘記仍然是經學史上一部不能繞開的重要著作，它是我們研究禮記注疏的重要參考資料，是我們考察清代禮記存世文本的重要依據。同時，校勘記的編修體例、工作方法、校勘理念對今日我們構建新的善本和經典的校勘活動提供了很好的參考標準，具有極强的示範意義。

筆者分任禮記注疏校勘記的整理工作，對本書的整理主要包括：對校勘記每卷下的校記進行逐條標號，加以新式標點，比對文選樓本和江西南昌府學本的差異並撰寫校記等。具體整理方法一仍全書凡例，兹不再一一贅述。

唐田恬

❶續修四庫全書，册一八〇，上海古籍出版社，一九九五年，頁二八六至二八七。

❷經典與校勘論叢，北京大學出版社，二〇一五年，頁二三三。

❸詳見陳鴻森劉盼遂氏段玉裁先生年譜補正，大陸雜誌第七〇卷第五期，一九八五年，頁二〇九。

禮記注疏校勘記序

小戴禮記，隋、唐志並二十卷，唐石經所分是也。貞觀中孔穎達等爲正義，舊、新唐志皆云七十卷，晁氏讀書志、陳氏書録解題皆同。案，古人義疏皆不附於經注而單行，猶古春秋三傳、詩毛傳不附於經而單行也。單行之疏，北宋皆有鐫本。今匣有存者，儀禮、穀梁、爾雅間存藏書家，而他經多亡。正義多附載經注之下，其始謂之「兼義」，其後直謂之「某經注疏」。其始本無釋文，其後又附以釋文，謂之「附釋音某經注疏」，最後又去「附釋音」三字。蓋皆紹興以後所爲，而北宋無此也。有在兼義之先爲之者，今所見吴中藏本，有春秋、禮記二種。春秋曰「春秋正義卷第幾」，禮記曰「禮記正義卷第幾」，皆不標爲某經注疏。其卷數則春秋三十六卷，禮記七十卷，皆與唐志正義卷數合。蓋以單行正義爲主，而以經注分置之，此紹興初年所爲，非如兼義注疏之以經注爲主，而以疏附之，既不用經注之卷數，又不用正義之卷數，春秋爲六十卷，禮記爲六十三卷，遂使唐人正義之卷次不可知。蓋古今之遷變如此。禮記七十卷之本，出於吴中吴泰來家，乾隆間惠棟用以挍汲古閣本，識之云：「譌字四千七百有四，脱字一千一百四十有五，闕文二千二百一十有七，文字異者二千六百二十有五，羨文九百七十有一。點勘是正，四百年來闕誤之書，犂然備具，爲之稱快。」今記中所云惠棟挍宋本者是也。其真本今藏曲阜孔氏。近年有巧僞之書賈，取六十三卷舊刻，添注塗改，綴以惠棟跋語，鬻於人，鏤板京師者，乃贗本耳。今屬臨海生員洪震煊以惠棟本爲主，並合臣舊挍本及新得各本，考其異同，臣復定其是非，爲挍勘記六十有三卷，釋文則別爲四卷。後之爲小戴學者，庶幾有取於是。臣阮元恭記。

引據各本目録

經本

石經 唐開成二年刻石，所謂唐國子學石經是。其中「虎」、「淵」、「世」、「民」、「豫」、「誦」、「純」、「恒」、「湛」等字及偏傍涉者，皆缺末一筆。惟月令經明皇更定，與本經乖違，不足據。

南宋石經 宋高宗御書。禮記止中庸一篇，今又止存一碑。自「必自邇譬如登高」起至篇末存。❶

經注本

岳本 宋岳珂刻本。武英殿翻刻仿宋本。

嘉靖本 此本不著刊板人姓氏。書分二十卷，每卷後記經若干字、注若干字。段玉裁定爲嘉靖時仿宋刻本，但中如曲禮上「惰不正之言」五字羼入正義，檀弓下「曹桓公依注音宣」一條羼入釋文，即宋本當亦在附音本之後。

注疏本

附釋音本 此即所謂十行本。據十行本以挍各本，故又稱十行本爲「此本」。此本爲南宋時原刻，中有明正德時補頁，山井鼎即據以爲正德本是也。

閩本 明嘉靖時閩中李元陽刻，每頁中縫著記疏字，尚沿十行本舊式。七經孟子考文補遺所稱「嘉靖本」是也。

監本 明神廟時國子監刻本，每卷首有「監臣田一儁、吴士元等挍刊重脩」字樣。

毛本 即汲古閣本，書末有「明崇禎十二年歲在屠維單閼古虞毛氏鐫」題字一行。

衛氏集説 宋衛湜禮記集説，通志堂刻本，其中載注疏不全，亦間有刪節改次，不可盡據，惟當其未經刪節改次之處，所據之本究係真宋本。

挍本

惠棟挍宋本宋刊本禮記正義七十卷，不附釋音，惠棟據以挍汲古閣本。

盧文弨挍本

孫志祖挍本挍汲古閣本。

段玉裁挍本挍監本。

考文宋板日本山井鼎、物觀七經孟子考文補遺所載宋板禮記正義，與惠棟挍所據宋本是一書，間有不合處，不及千分之一，亦傳寫之譌，非二書有不同也。兹既據惠棟挍宋本，凡惠棟挍所有者，不複載入，必惠棟挍所無者，始采之。

浦鏜挍本浦鏜十三經正誤禮記正誤十五卷。其以各本挍者，仍歸各本，録其以意挍，爲各本所無而不誤者，稱浦鏜挍。

釋文

通志堂本經典釋文禮記音義。

葉本明葉林宗影寫宋本。

撫州公使庫本宋淳熙四年刊本。

校記

❶南昌本「存」作「止」。

禮記注疏校勘記卷一

禮記正義序

01—001 國子祭酒上護軍曲阜縣開國子臣孔穎達等奉勅撰　此本序題如此，與七經孟子考文所記宋板題式同。「勅」字提行，閩本同。監本改題「唐孔穎達撰」五字，毛本因之，非舊式也。

002 燔黍則大享之濫觴　閩、監、毛本同。嘉善浦鏜正誤云：「享」當「烹」字誤。按，「大享」見書盤庚，「享」與「饗」通，「大饗」見本經者多矣，浦鏜非是。

003 而國異家殊　閩、監、毛本同。惠棟挍宋本「而」作「然」。○凡惠棟挍宋本與監本同者不載。

004 辨君臣長幼之位　惠棟挍宋本「辨」作「辯」。

005 俱以所見　惠棟挍宋本作「俱」，閩、監、毛本作「是」，此本「俱」字闕。

006 各記舊聞　閩本同。監、毛本「聞」誤「門」。

007 南人有賀循賀瑒庾蔚崔靈恩沈重宣皇甫侃等北人有徐道明李業興李寶鼎侯聰熊安等　閩、監、毛本同。盧文弨挍本「蔚」下補「之」字。浦鏜從衛氏集説「宣」上補「范」字，「安」下補「生」字，皆是也。○按，「道明」當作「遵明」。

008 恐獨見膚淺　閩、監、毛本作「膚」，此本「膚」誤「虜」。

009 禮記正義　此本於禮記正義序之後別出此篇目，閩本脱，監、毛本無。

010 夫禮者經天地至不復繁言也　案，此篇即「曲禮」二字下正義，考文於「曲禮」二字下正義云「正德、嘉靖二本以此一段別題『禮記正義』四字，以在正義序後，亦爲重複也」，指此篇。

011 附釋音禮記注疏卷第一　惠棟挍宋本作「禮記正義卷第一」。

012 國子祭酒上護軍曲阜縣開國子臣孔穎達等撰　惠棟挍宋板「撰」上有「奉勑」二字，「勑」字提行。

013 國子博士兼太子中允贈齊州刺史吳縣開國男臣陸德明釋文　案，七十卷正義不附音釋，無此行題名。此本附釋音，故兼題之如此。閩本始變此本題式，於首行去「附釋音」三字，又削去二臣署銜，改題曰「漢鄭氏注唐孔穎達疏陸德明釋文」，監本又削去「陸德明釋文」五字，毛本因之，又改「卷第一」爲「卷之一」，皆不如此本原題之善。

014 禮記　閩、監、毛本同。考文云宋板無「禮記」二字。案，此「禮記」二字不當冠此節正義上，當次在「曲禮上第一」下，如此本二卷以後題式庶爲得之。

015 正義曰夫禮者　閩、監、毛本同。考文引宋板無「正義曰」三字。

016 故禮運云夫禮必本於大一　惠棟挍宋本同。閩、監、毛本「大」作「太」。案，禮運作「大」。經典「太」字多作「大」。荀子禮論「以歸大一」，楊倞注云：「『大』讀爲太。」

017 禮之可以爲國也久矣　閩、毛本同。監本「久」誤「又」。

018 天皇之先與乾曜合元　閩、監、毛本同。浦鏜云：元，繹史作「德」，「天皇」下有「氏」字。案，今本通卦驗「天皇」作「太皇」，「元」亦作「元」。鄭注謂「皇，君也。元，天之始也」。不當如繹史所引。

019 君之用事五行王亦有五期　閩、監、毛本同。浦鏜云：「君」疑「天」字誤，「王」當「皇」字誤。案，今本通卦驗鄭注作「君」字，與此同，又「王」上有「代」字，然則「王」當讀爲「生王」之「王」，浦鏜説非也。

020 遂皇謂遂人　閩、監、毛本同。浦鏜從周禮序挍，「遂人」改「人皇」。案，通卦驗又云「燧人之皇」，故可稱「遂皇」，可稱「遂人」，可稱「人皇」，其實一也。疏下文云「自人皇初起，『人皇』即『遂皇』也」，使此處已作「遂皇謂人皇」，下又何必申言「人皇即遂皇也」。

021 至伏犧始作十二言之教　閩、監、毛本同。案，左氏定四年傳正義引「虙羲作十言之教，曰乾、坤、震、巽、坎、離、艮、兑、消、息」。此疏「二」字誤衍。段玉裁挍本云「二」字衍，是也。

022 但古史考遂皇至於伏犧　閩、監本同。毛本「於」作「于」。

023 一紀二十七萬六千年　「七」、「六」二字誤倒，段玉裁云禮運正義可證也。

024 方叔機注六藝論云　閩、監、毛本同。惠棟挍宋本「機」作「璣」。

025 案封禪云　閩、監、毛本同。惠棟挍宋本「云」作「書」。

026 與種穀相恊　閩本同。監、毛本「恊」作「協」，是也。

027 禮理起於太一　閩、監、毛本同。惠棟挍宋本「太」作「大」，下「其禮理起於太一」同。按，作「大」是。

028 統之心體以齊正於物故爲體　惠棟挍宋本作「爲體」。此本「爲體」誤「爲禮」，閩、監、毛本同。

029 然周既禮道大用　閩、監、毛本同。浦鏜校云「用」疑「備」字誤。

030 案孝經説云經禮三百　閩、監、毛本同。惠棟挍宋本「經禮」作「禮經」。

031 或一篇一卷　閩、監、毛本同。惠棟挍宋本「或」作「故」。

032 趙鞅及魯君謂儀爲禮　閩、監本同。毛本「爲」誤「謂」。

033 七十二子之徒共撰所聞　惠棟挍宋本有「子」字，此本「子」字脱，閩、監、毛本同。衛氏集説亦作「七十二子之徒」。

034 王制謂漢文時博士所録　閩、監本同。毛本「謂」作「爲」。

035 其周禮儀禮是禮記之書　閩、監、毛本同。案，此「是禮記」之「是」，猶下「則此禮記是也」之「此」，非謂周禮、儀禮皆爲禮記也。浦鏜從衛氏集説挍於「是」上補「亦」字，大誤。

036 楊榮字子孫仁爲大鴻臚　閩、監、毛本同。惠棟挍宋本「孫仁」二字倒。山井鼎云：「漢書儒林傳注『子孫，楊榮字』。宋板爲非，仁，即橋仁。」○按，宋刻漢書作「『楊子榮子孫』，師古曰『子孫，子榮之字也』」。

037 其周官者始皇深惡之　閩、監、毛本同。惠棟挍宋本「皇」誤「星」，「之」字脱。

038 鄭衆賈逵往授業焉　閩、監、毛本同。衛氏集説「授」改「受」。杜佑通典亦云「鄭衆、賈逵皆往受業」。

039 曲禮上第一　閩、監、毛本同。按，此下當有「禮記鄭氏注」五字。石經、嘉靖本皆有，正義本亦當有。觀此節正義云「禮記者，一部之大名。曲禮者，當篇之小目。既題曲禮於上，故著禮記於下，以配注耳」，是解「曲禮」二字。又「鄭氏者，姓鄭名玄」云云，是解「鄭氏」二字。「注者即解書之名」云云，是解「注」字。皆隨文詮解也。此本二卷以後題當篇小目下多有「禮記鄭氏注」五字，亦删除之不盡者。釋文出「曲禮」，云「本或作『曲禮上』者，後人加也」。正義本從作「曲禮上」，所謂「上者」，對下生名。本以語多，簡策重大，分爲上下是也。

040 然鄭亦附馬盧之本而爲之注　閩、監本同。毛本「鄭」誤「後」。案，考文引宋板亦作「鄭」。

曲禮曰節

041 儼若思　閩、監、毛本同，石經同，岳本同，嘉靖本同。釋文出「嚴」，云「本亦作『儼』」。正義本作「儼」。○按，「儼」正字，「嚴」假借字。

042 乘玉路不式　閩、監、毛本同。浦鏜挍「玉」改「王」。

敖不可長節

043 敖不可長欲不可從　閩、監、毛本同，石經同，岳本同，嘉靖本同。考文引古本「敖」作「傲」，「從」作「縱」。案，古「傲」、「縱」多止作「敖」、「從」。釋文出「敖」字，並引王肅「遨遊」訓「遨遊」，決不作「傲」字。出「可從」，云「放縱也」，以「縱」訓「從」，知亦不作「縱」也。

044 敖不至可極　閩、監、毛本同。惠棟挍宋本無此五字。

045 必由乎此　閩、監、毛本同。惠棟挍宋本「乎」作「於」。

046 當自抑止　監本「止」誤「上」。×

047 玉杯象箸之等　閩本同。監、毛本「箸」作「著」。案，作「箸」是也。

048 唯有民隊塗炭淫於妹嬉之事　惠棟挍宋本同。閩本「隊」作「墜」，監、毛本「隊」作「墜」，「嬉」作「喜」。

賢者狎而敬之節

049 自作孽　閩、監本同。毛本「孽」誤「業」。×

050 雖有貴戚近習　閩、監、毛本同。岳本同。

嘉靖本同。案，釋文出「貴僟」，云「音戚，本亦作『戚』」。正義本作「戚」。

051 晉咎犯　閩、監、毛本同。岳本同。惠棟挍宋本「咎」作「舅」，嘉靖本同，宋監本同。案，作「咎」者，釋文本也，作「舅」者，正義本也。今正義本亦作「咎」，則後人依釋文改之，疏中「舅」字尚仍其舊，衛氏集説亦作「晉舅犯」。〇凡宋監本與監本同者不載。

052 彼巳俱疑而巳成言之　閩、監、毛本同。嘉靖本同。惠棟挍宋本「巳」作「已」，宋監本同，岳本同。案，「巳」、「已」二字不同，惟唐石經及宋本不誤，此本以下率混作之。此當作「已」，下「巳若不疑」同，後可意會者不出。

053 賢者至勿有　惠棟挍宋本無此五字。

054 賢是有德成之稱　閩、監、毛本同。浦鏜謂「成」字衍，從衛氏集説也。

055 不在四科而子路入四科　監、毛本如此。此本「而」上誤間一「〇」，閩本同。

056 憎謂巳所嫌慢　閩、監、毛本同。惠棟挍宋本「巳」作「已」。考文云：「宋板『慢』作『恨』。」

057 若祁奚知其解狐是也　惠棟挍宋本同。閩、監、毛本「其」下有「仇」字。

058 今謂巳有畜積　惠棟挍宋本「畜」同，「巳」作「已」。閩、監、毛本「畜」作「蓄」。案，古「蓄」多作「畜」。

059 鄭國飢子皮貸民粟户一鐘　閩、監、毛本同。浦鏜挍「飢」改「饑」，「鐘」改「鍾」。案，五經文字云「饑，穀不熟」，「飢，餓也」。經典或借用「飢」字，是「飢」、「饑」二字通也。

060 二家彼非也　閩、監本同。毛本「彼」作「皆」。

061 有害以否　惠棟挍宋本同。閩、監本

「以」作「與」，毛本作「於」。案，以、與、於一聲之轉。詩擊鼓「不我以歸」，鄭箋「以，猶與也」。儀禮鄉射「各以其耦進」，鄭注「今文『以』爲『與』」。「以」古文，「與」今文，「於」誤字。〇按，唐人正義多作「以否」。

062 **而有小小閱很**　閩本同。惠棟挍宋本同。監、毛本「而」作「如」。案，而、如一聲之轉，古通用。

063 **不知爲不知也**　閩、監、毛本同。惠棟挍宋本「也」上有「是知」二字，考文引宋板「不知也」下有「是知也」三字。

若夫節

064 **晉士匄**　閩、監、毛本同。岳本同。嘉靖本同。釋文出「士丐」，云「本亦作『匄』」。正義本亦作「匄」，是也。「丏」別爲一字，音彌兖切。

065 **若夫至從俗**　惠棟挍宋本無此五字。

066 **退而蒐乘**　此本「乘」字模糊，監、毛本作「乘」。閩本作「集」，非。

067 **凡齊皆在祭前自整齊之名**　閩、監本同。毛本「整齊」二字倒。

068 **齊侯還卒**　閩本同。監、毛本「還」作「環」，是也。

069 **使從俗者**　惠棟挍宋本脱「者」字。

070 **使謂臣爲君出聘**　閩、監本同。毛本「謂」誤「爲」。

071 **謂若郊特牲及聘禮**　閩、監本同。毛本「及」誤「乃」。

072 **故云不可常也**　惠棟挍宋本作「也」，此本「也」誤「云」，閩、監、毛本同。

073 **禮器曰天不生者**　閩、監本同。毛本「曰」誤「云」。

夫禮者節

074 夫禮至往教　惠棟挍宋本無此五字。

075 女君爲妾若報之則太重　惠棟挍宋本同。閩、監、毛本「報」誤「服」。案，喪服有報。程瑤田云：「報者，同服相爲之名，是故以期報期，以大小功報大小功，以緦報緦，無此重彼輕之殊，故謂之報。」三本不知報義，妄改爲「服」，誤甚。

076 是決嫌疑者孔子之喪　閩、監、毛本同。惠棟挍宋本「嫌」下有「也」字，無「疑者」二字，是也。衛氏集說同。

077 若主人未斂　閩、監、毛本同。考文引宋板「斂」上有「小」字。○按，檀弓有「小」字。

078 不辭費者　閩、監、毛本同。惠棟挍宋本無「者」字。

079 禮以文飾　閩、監、毛本同。考文引宋板「以」下有「爲」字。○按，當作「文」下有「爲」字，考文誤。

*禮聞來學不聞往教　惠棟挍宋本此節以上爲第一卷，卷末標「禮記正義卷第一終」。案，各本俱六十三卷，故無此標題。惠棟又記云凡十三頁。

080 禮記正義卷第一終　惠棟挍宋本此七字在「夫禮者所以定親疏」節正義之後。各本俱六十三卷，故無此標題。惠棟又記云「凡十三頁」。×

081 禮記正義卷第二　惠棟挍宋本分「道德仁義」節以下爲第二卷。×

道德仁義節❶

082 分爭辨訟　石經同。嘉靖本同。閩、監、毛本「辨」作「辯」，岳本同。釋文出「辯訟」，衛氏集說亦作「辯」。案，五經文字云：「辯，理也。辨，別也。經典或通用之。」此注「辨」訓別，固當以「辨」爲本字也。

083 涖官行法　石經同。宋監本同。岳本同。嘉靖本同。閩、監、毛本「法」作「灋」，衛氏集説同。案，釋文不爲「灋」字作音，是亦作「法」，不作「灋」。盧文弨挍云：此書不應用周官字，俱當作「法」爲是。

084 **供給鬼神**　閩、監、毛本同。石經同。岳本同。嘉靖本同。釋文出「共給」，云「本或作『供』」。正義本作「供」，賈誼新書禮篇亦作「供給」。○按，「供給」字古亦借「共」字爲之。

085 **是以君子恭敬撙節退讓以明禮**　各本同。案，説文無「撙」字。錢大昕云：「『撙』當爲『𠟃』。説文『𠟃，減也』，又荀子不苟篇『恭敬繜屈』，仲尼篇『尊貴之則恭敬而僔』，其義皆與『撙』同。」○按，「𠟃」、「撙」古今字。

086 **撙猶趨也**　段玉裁云：「案，『趨』同『趣』，疾也，當音促，非趨走之『趨』。」

087 **鸚鵡能言**　閩、監、毛本同。石經同。岳本同。嘉靖本同。釋文出「嬰母」，云「本或作『鸚鵡』」。正義本作「鸚鵡」。○按，説文作「鸚䳇」。

088 **猩猩能言**　閩、監、毛本同。石經同。岳本同。釋文出「狌狌」，云「本又作『猩』」。正義本作「猩」。○按，説文有「猩」字，無「狌」字。

089 **不離禽獸**　閩、監、毛本同。石經同。岳本同。釋文出「禽獸」，云「盧本作『走獸』」。案，正義云「鸚鵡不曰獸，而猩猩通曰禽」，是正義本從作「禽」之證。

090 **是故聖人作**　閩、監、毛本同。岳本同。嘉靖本同。衛氏集説同。石經「故」作「以」，考文引古本、足利本同。

091 **道德至禽獸**　惠棟挍宋本無此五字。

092 **不用禮無由得成**　惠棟挍宋本作「禮」，此本「禮」誤「理」，閩、監、毛本同。

093 **小異大同分争辨訟**　閩、監本同。惠棟挍宋本同。毛本「分」上有「○」。

094 **争則萬事通名**　惠棟挍宋本有「争」字。此本脱「争」字，閩、監、毛本同。

095 是學職事爲官也　閩、監、毛本同。惠棟挍宋本「官」作「宦」。案，此本注疏中「宦」字皆作「官」，即經文「宦」字亦微有修改，疑初是「官」字，後改作「宦」。若閩、監、毛本則皆作「宦」，唯此一字尚仍作「官」也。

096 祠謂報塞　惠棟挍宋本同。閩、監、毛本「塞」作「賽」。案，文選勸晉王牋云「西塞江源」，李善注「塞謂報神恩也」。後漢書曹節傳云「詔大官給塞具」，李賢注「塞，報祠也」。是古「報」、「賽」通作邊塞字。○按，周禮注正作「塞」。「塞」、「賽」古今字。

097 又小宗伯注云　閩、監本同。毛本「小」誤「云」。×

098 既道德仁義以下　閩、監、毛本同。浦鏜挍「既」作「自」。

099 乃退讓之事　閩、監、毛本同。惠棟挍宋本「乃」作「及」，是也。×

100 郭璞山海經云　閩、監、毛本同。惠棟挍宋本「璞」作「注」，是也。×

101 今交阯封谿縣　閩、監本同。毛本「阯」作「趾」。案，交趾，古通作「交阯」。説文無「趾」字。爾雅釋木注「交阯」，釋文云「本亦作『趾』」。

102 以禽作六摯　閩、監、毛本作「摯」，此本「摯」誤「鷙」。考文引宋板作「贄」。五經文字云：「摯，握持也。經典通以爲執摯之摯，與贄同。」○按，依説文當作「𡠗」，假借作「摯」。

＊　大上貴德節

禽者鳥獸之總名　按，白虎通是也，「王用三驅，失前禽」，則驅者亦曰「禽」也。

103 大上至不懾　惠棟挍宋本無此五字。×

104 太上貴德　衛氏集説亦作「太」。閩、監、毛本「太」作「大」，石經同，岳本同，嘉靖本同。案，釋文出「大」，云「音泰」。五經文字：「『大』爲『太』假借字，經典通用。」○按，「大」、「太」古今字。

105 負販者尤輕恌志利　閩、監、毛本作「恌」，岳本同，嘉靖本同。此本「恌」誤「桃」，釋文作「佻」。

106 宜若無禮然　惠棟挍宋本同。宋監本同。岳本同。嘉靖本同。衛氏集說同。閩、監、毛本「然」誤「焉」，考文引古本、足利本亦作「然」。

* 大上至不懾　惠棟挍宋本無此五字。

107 故詩緯含神務　閩、監、毛本同。惠棟挍宋本「務」作「霧」，不誤。❷

108 故注中候勑省圖　閩、監本同。毛本「勑」改「勅」，下同。五經文字：「勅，古『勑』字，今相承皆作『勑』。」

109 皇道帝德非朕所事　惠棟挍宋本作「事」，此本「事」誤「專」，閩、監、毛本同。

110 虛無寂莫　閩、監、毛本「莫」作「寞」。×

人生十年曰幼節

111 二十曰弱冠三十曰壯有室　閩、監、毛本同。岳本同。嘉靖本同。石經「二十」作「廿」，「三十」作「卅」。案，說文：「廿，二十并也」，「卅，三十并也。古文省」。○按，段玉裁云：「廿讀如入，卅讀如颯。秦刻石文如是，并爲一字，則不讀爲兩字也。」

112 六十曰耆　石經作「耆」，岳本、嘉靖本、監、毛本並同。此本「耆」誤「耆」，閩本同。五經文字云「耆，從老省，從旨。今或作老下目，非」，則知作「耆」俗字，其來已久。衛氏集說亦作「耆」。

113 八十九十曰耄　閩、監、毛本同。岳本、嘉靖本同。石經「耄」作「耄」，衛氏集說同。釋文出「八十九十曰旄」，云「本又作『耄』，注同」。案，「耄」正字，「耄」俗字，「旄」假借字。正義本當從作「耄」。釋文又云「本或作『八十曰耋九十曰旄』，後人妄加之」。錢大昕云：「曲禮有『曰耋』二字者，當是古本，而陸氏以爲後人妄加，蓋失之矣。」臧琳經義雜記：「鄭注本則無『曰耋』二字，故曲禮注不解『耋』字，或又益之鄭本，陸氏所以斥爲妄加也。」案，疏云

「人或八十而耄，或九十而耄」，故並言二時，是正義本無「曰耋」二字。○按，宋監本作「耄」，後同。依說文當作「𦒱」，從老，蒿省聲。

114 耄惛忘也　監、毛本同。岳本同。閩本「惛」作「昏」。案，衛氏集説亦作「耄，惛忘也」，嘉靖本「惛」作「惽」。

115 亦明君貪賢　閩、監、毛本同。岳本同。惠棟挍宋本「貪」作「尊」，嘉靖本同，儀禮經傳通解同。案，考文引古本、足利本亦作「尊」。

116 人生至其制　惠棟挍宋本無此五字。

117 此一節　閩、監本同。毛本「一」誤「三」。×

118 九年教之數日　惠棟挍宋本作「日」，此本「日」誤「目」，閩、監、毛本同。

119 冠禮云棄爾幼志　閩、監、毛本同。衛氏集説同。惠棟挍宋本「禮」作「義」。案，「棄爾幼志」四字見儀禮士冠禮，禮記冠義無之，宋本非也。

120 十五已下　閩、監、毛本同。惠棟挍宋本「已」作「以」。案，「以」與「已」字本同，見檀弓下注。詩文王傳「帝乙已上」，釋文云「已，本亦作『以』」。

121 故郊特牲云無大夫冠禮是也　閩、監本同。毛本「是」誤「士」。×

122 具釋在冠義　閩、監、毛本同。惠棟挍宋本「具」作「其」，非也。×

123 論其四面穹隆則曰宮　閩、監、毛本有「曰」字，此本「曰」字脱。❸

124 參天兩地而倚數焉　閩、監、毛本如此，此本「地」下誤衍「而地」二字，「倚」誤「奇」。案，易説卦釋文「蜀才本作『奇』」，此非用別本，但偏旁省耳。

125 年耆既艾　閩、監、毛本同。浦鏜云北史作「堯年耆艾」。

126 又中候準讖哲云　閩、監、毛本「讖」作「纖」。

127 賀瑒云　閩、監、毛本作「瑒」，此本「瑒」誤「場」。

128 耆耋皆老也　閩、監本同。毛本「耋」誤「耄」。

129 故引宗子之父也　閩、監、毛本同。浦鏜校云「引」當「云」字誤。

130 廣樹之功　閩、監、毛本如此，此本「樹」上誤隔一「○」。考文云宋板作「廣遠樹之功」。

131 老已耄而可尊敬　閩、監、毛本同。衛氏集説「而」作「則」。

132 人年百歲　閩、監、毛本同。考文引宋板「年」作「生」。

133 並謂聽政事也　閩、監、毛本「謂」作「爲」，考文引宋板亦作「謂」。

134 安車坐乘若今小車者　閩、監本同。毛本「安」誤「坐」，考文引宋板作「安」。

135 必告之以其制者　閩、監、毛本同。惠棟校宋本無「者」字。

136 謀於長者節　惠棟云：宋本此節經「長者問」至「凡爲人子者」節疏「不敢以成尊比踰於父」止，闕。

137 几可以扙己　閩本同。監、毛本「扙」作「扶」，衛氏集説同。

138 故於謀議之時將就也　閩、監、毛本「將」作「持」。考文引宋板「持」作「將」，正德本同。

凡爲人子之禮節

139 安定其牀衽也　閩、監、毛本作「衽」，此本

「祍」誤「在」。岳本「安定」作「定安」，嘉靖本同，考文引宋板同，通典六十八同。案，以「安其牀祍」訓「定」字，與以「問其安否何如」訓「省」字，文法同，岳本爲是，正義亦云「定安」也。

140 夫貴賤相臨則存畏憚　閩、監、毛本「存」作「有」。×

141 醜衆也釋詁文　監、毛本作「詁」，此本作「古」，寫者失其偏旁耳。閩本同。×

142 四角里先生　閩本同。監、毛本「角」作「甪」。盧文弨禮記音義攷證云：「甪係俗字，宋本作『角』。李匡乂資暇録云『漢四皓，其一甪里先生。甪音祿，今多以覺音呼，誤也。至於改甪里爲角里，則益謬矣』。案，今所刻隸釋有『四老神坐机』，作『甪里』乃沿俗誤寫，非必本來如此。」

143 四皓果來舍建城侯所　閩本同。監、毛本「城」作「成」，下「乃説建城侯」同。案，建成侯呂澤也，今史記、漢書「成」字俱無土旁。

144 至漢十一年黥布反　監、毛本作「漢」。此本「漢」誤「僅」，閩本同。×

夫爲人子者三賜不及車馬節

145 車馬而身所以尊者備矣　閩、監、毛本同。岳本同。嘉靖本同。考文引古本、足利本「車馬」上有「受」字，衛氏集説同。

146 不敢重受賜者心也如此　閩、監、毛本亦誤作「重受」，此本「賜」誤「暘」，「此」誤「北」。考文引宋板、古本、足利本作「受重」，岳本、嘉靖本同。案，「受重」與疏合。

147 執友志同者　閩、監、毛本同。岳本同。嘉靖本同。考文引古本、足利本「志」上有「執」字。案，「執志同者」與疏合。

148 見父之執　閩、監、毛本同。石經同。岳本同。考文引古本、足利本「執」下有「友」字。案，疏云「父之執謂執友」，是正義本「執」下亦無「友」字。

149 夫爲至行也　惠棟挍宋本無此五字。

150 受是巳到之日　閩、監、毛本同。考文引宋板「日」作「目」。

151 云三賜不及者　閩、監、毛本同。考文引宋板「不及」作「三命」。

152 是其命賜相將也　監、毛本作「相將」，此本「相將」二字倒，閩本同。

153 以代其勞　公羊莊元年疏引作「以代其步」。

154 抗揚威武　閩、監、毛本作「抗」，此本「抗」誤「杭」，公羊疏作「亢」。

155 志在宿衞　惠棟挍宋本作「宿」。此本「宿」誤「伯」，閩、監、毛本同。公羊疏引正作「宿」。

156 内懷仁德　公羊疏引作「内懷至仁」。

157 使其專行　閩、監、毛本「行」作「征」，公羊疏引作「使得專征」。

158 以歸祭祀　公羊疏引作「使之祭祀」。

159 鄭司農以周禮九命與九賜是一也　閩、監本同。毛本「周」誤「九」。

160 而云三命之賜者　閩、監、毛本「云」誤「亡」，惠棟挍宋本作「云」，考文引宋板作「云」，並與此本同。毛本「三」字闕上二畫，似「一」字。

161 其物終必受之　閩、監、毛本同。惠棟挍宋本「物」作「賜」。

162 去王城百里置遠郊　惠棟挍宋本作「百里置」，此本「里」字脱，閩、監、毛本脱「置」字。毛本「去」誤「云」。

163 事長次弟之名　閩、監、毛本「弟」作

「第」。案，説文「次弟」字本作「弟」。

164 綢繆切瑳　閩、監、毛本「瑳」作「磋」。案，「磋」字説文所無，陸氏大學釋文亦作「如瑳」，然大學經、疏自作「磋」，此處正義或從「瑳」，二字亦通用也。

165 故稱信也熊氏云　閩、監、毛本「熊氏」上誤隔一「○」。考文引宋板與此本同。

166 乃偏至父友也　閩、監本同。毛本「偏」誤「偏」。

夫爲人子者出必告節

167 恒言不稱老　「恒」字闕筆，閩本同，監本作「恆」，毛本作「恆」，岳本作「恒」，石經此「恒」字漶滅，以他處定之，此「恒」字亦當作「恒」。顧炎武謂避穆宗諱，是也。此本尚沿其缺筆耳。

168 以二十未合有子　閩、監、毛本作「合」，此本「合」誤「今」。

169 則正差退而鴈行也　閩、監本同。毛本「鴈」作「雁」，下「鴈行」同。案，依説文當從「雁」。段玉裁云：「許意隹部『雁』爲鴻雁，鳥部『鴈』爲鵝。」

爲人子者居不主奧節

170 道有左右　此本「左」字闕，閩、監、毛本作「左」，通典六十八「左」誤「宅」。

171 爲其失子之道　閩、監、毛本同。岳本同。衞氏集説無「之」字，嘉靖本同，宋監本同。

172 不臨深　閩、監本同。石經同。岳本同。毛本「深」作「湥」。五經文字云：「湥，説文『深』，經典相承隸省。」○按，依説文當作「突」。「突」、「湥」古今字，説詳段玉裁説文注。

173 不苟笑　閩、監、毛本同。岳本作「笑」，石經作「笑」。案，説文竹部「笑」解闕，五經文字「笑從竹，下犬」，九經字樣謂「笑」本字「笑」，經典相承。

174 人之性不欲見毀訾　閩、監本同。岳本、嘉靖本同。衛氏集説同。毛本「欲」誤「敢」，考文引宋板、古本、足利本亦作「欲」，通典六十八同。

175 爲人至苟笑　惠棟挍宋本無此五字。

176 常推尊者于閑樂無事之處　閩、監本同。毛本「閑」作「間」。案，閑、間古通用。顔氏家訓書證篇云「古無二字，又多假借。以中爲仲，以間爲閑，如此之類亦不勞改」，是也。

177 故尊者居必主奥也　閩、監、毛本同。考文引宋板「主」作「至」。按，「至」字非。

178 東北隅謂之宧　惠棟挍宋本同。閩、監、毛本「宧」誤「宦」。

179 東南隅謂之窔　惠棟挍宋本有「南」字，此本「南」字脱，閩、監、毛本同。

180 大夫士或相往來　閩、監、毛本同。考文引宋本「來」作「者」。

孝子不服闇節

181 闇冥也　閩、監、毛本同。岳本、嘉靖本同。釋文出「瞑」，云「本亦作『冥』」。正義本從作「冥」。通典六十八亦作「冥也」。

182 男女夜行以燭　閩、監、毛本同。岳本同。衛氏集説同。考文引古本、足利本「男」上有「禮」字，通典六十八「禮」字亦無。

183 死爲報仇讎　閩、監、毛本如此，岳本、嘉靖本同，衛氏集説同，此本「讎」誤「有」，考文引古本「爲」作「謂」。

184 孝子至私財　惠棟挍宋本無此五字。

185 自謹慎其身不許友以死　閩、監本同，毛本「死」誤「私」。考文引宋板作「死」，是也。

186 爲其友報仇讎親存存須供養　閩、監、毛本「親」上有「也」字，「存」字不重，是也。

187 白虎通云親友之道不得行者　閩、監、毛本同。浦鏜挍謂「親」爲「朋」誤，「道」下脱「親在」二字。

爲人子者父母存節

188 冠衣不純素　閩、監、毛本同。岳本同。石經「純」字缺筆作「紅」，後同，顧炎武云避憲宗諱。

189 爲人至純素　惠棟挍宋本無此五字。

190 具父母大父母存冠衣純以繢　閩、監、毛本作「繢」，此本「繢」作「貴」，省去糸旁，非也。浦鏜云「存」字衍。○按，浦鏜是也，否則與深衣不合。

孤子當室節

191 孤子至純采　惠棟挍宋本無此五字。

192 豈唯當室　閩、監本同。毛本「唯」作「惟」。

193 所以鄭引深衣爲注　監、毛本作「鄭引」，此本「鄭引」二字倒，閩本同，衞氏集説不誤。

幼子常視毋誑節

194 指謂當室　閩、監、毛本同。考文引宋板「當室」下有「者」字。

195 幼子至裘裳　惠棟挍宋本無此五字。

196 故曾子兒啼妻云　監、毛本作「妻」，此本「妻」誤「箋」，閩本同，衞氏集説不誤。

197 以物示人單作示字　閩、監本同。毛本「以」誤「於」。

* 所習嚮尊者屏氣也　惠棟挍宋本此下另行標「禮記正義卷第二終」，又記云凡十九頁。

01—198 禮記正義卷第二終　此一行惠棟挍宋

本在疏「所習嚮尊者屏氣也」之後，又記云凡十九頁。

×

校　記

❶南昌本有校記云：「惠棟挍宋本自此節起至『幼子常視毋誑』節止爲第二卷，卷首題『禮記正義卷第二』。」

❷南昌本出文「含」作「舍」。

❸南昌本出文無「曰」字。校語改爲「案，則下脫曰字」。

禮記注疏校勘記卷二

02—001 禮記正義卷第三　惠棟挍宋本。×

*附釋音禮記注疏卷第二　惠棟挍宋本「禮記正義卷第三」。

002 曲禮上　三字在「禮記鄭氏注」之前，閩、監、毛本移置「鄭氏注孔穎達疏」之後，失其舊式。

003 禮記　鄭氏注　孔穎達疏　此本自二卷以後至六十三卷多如此作，題「禮記鄭氏注」五字，閩、監、毛本無「禮記」二字，改題曰「漢鄭氏注唐孔穎達疏」，皆非其舊。

004 從於先生節　惠棟云：「從於先生」節、「登城不指」節、「户外有二屨」節，宋本合爲一節。

005 先生老人教學者　閩、監、毛本作「老」，岳本、嘉靖本同，衛氏集説同，此本「老」誤「者」。

006 則必鄉長者所視　閩、監、毛本同。石經同。岳本、嘉靖本同。衛氏集説同。考文引古本「鄉」作「嚮」，通典六十八作「向」。○按，「鄉」、「向」古今字。嚮，俗「鄉」字。

007 從於至所視　惠棟挍宋本無此五字。

008 故公西華子夏之徒　閩、毛本同。監本「西」誤「而」。×

009 又教道於物者　閩、監、毛本同。衛氏集説「物」作「幼」。

010 凡爲君子者　閩、監、毛本同。衛氏集説「爲」作「言」。×

011 遭先生至拱手者　閩、監、毛本同。惠棟挍宋本無「者」字。

012 教於州里儀禮鄉射注云　監、毛本如此，此本作「教於周禮鄉射注云」，字有脱誤也，閩本同。考文引宋板無「儀禮」二字。盧文弨挍本云儀禮鄉射無此注，惟鄉飲酒注云「先生，鄉中致仕者」。

013 若問已大事　閩、監、毛本同。衛氏集説「大」作「以」，誤。×

014 則必鄉長者所視者　惠棟挍宋本無「者」字。×

登城不指節

015 不可以舊常致時乏無　閩、監本同。毛本「致」作「或」，岳本、嘉靖本同。

016 凡往人家　閩、毛本同。監本「凡」誤「尼」。×

017 故引之證求毋固也　惠棟挍宋本同。閩、監、毛本「毋」作「無」。×

户外有二屨節

018 升席必由下也　閩、監本同。岳本、嘉靖本同。衛氏集説同。考文引宋板、古本、足利本同。毛本「必」誤「也」。

019 以鄉飲酒無筭爵　閩本同。監、毛本「筭」作「算」。○按，段玉裁云：説文「算，數也」，筭爲算之器，算爲筭之用。監、毛不誤。

020 襌下曰屨　惠棟挍宋本同。閩、監、毛本「襌」作「單」。下「以通於襌」、「無問襌之與複」、「正謂襌者」皆同。

021 或清閑密事　惠棟挍宋本作「閑」，此本「閑」作「閒」，閩、監本作「問」，毛本「清閑」作「請問」。❶

022 若内人語聞於户外則外人乃可入也　閩、監、毛本同。衛氏集説「則」下有「非私事」三字，恐以意添也。

023 奉扃之說事有多家　閩本同。毛本「事」誤「奉」，監本「奉」誤「本」，「事」字不誤，考文引宋板作「事」。

024 今闔户之木　閩、監、毛本作「木」，此本誤「本」，衛氏集說亦作「木」。

025 視瞻毋回者　惠棟挍宋本作「者」，此本「者」誤「見」，閩、監、毛本同。

026 從上爲𨆌席也　閩、監、毛本同。惠棟挍宋本「𨆌」作「躐」，下「𨆌席」同，是也。「𨆌」爲「躐」之或體，說詳下。

027 故鄭云必由下　閩本同。惠棟挍宋本同。監、毛本「必」誤「以」。

大夫士出入君門節

028 大夫至踐閾　惠棟挍宋本無此五字。

029 右在東　閩、監、毛本同。惠棟挍宋本「東」下有「也」字，衛氏集說同。

凡與客入者節

030 謂前足躡一等　閩、監、毛本同。嘉靖本同。衛氏集說同。岳本「躡」作「躐」，釋文亦作「躡」。

031 凡與至左足　惠棟挍宋本無此五字。

032 所以不隨命者謙也　閩、監、毛本同。浦鏜挍「命」下補「數」字。

033 其侯伯立當前疾　惠棟云：詩疏及論語邢疏皆作「前侯」，獨此作「前疾」，非也。

034 下此子男立當衡　閩本同。惠棟挍宋本同。監、毛本「此」誤「地」。

035 主公出直闑東南西鄉立　閩、監本同。毛本「立」誤「主」。

036 則主君就賓求辭　閩、監、毛本同。惠棟挍宋本「辭」作「辤」，下「主人先傳求辭之言」同。五經文字：「辭、辤、辝，上說文，中古文，下籀文。經典相承，通用上字。」

037 不敢自許人來詣己　閩、監、毛本同。惠棟挍宋本「人」作「入」。

038 大行人職文　惠棟挍宋本同。閩、監、毛本「文」誤「云」。

039 各下其君二等　閩、監本同。毛本「二」誤「一」。考文引宋板作「二」，不誤。

040 明冬遇依秋也　監、毛本同。閩本「冬」誤「東」。

041 使者是彼臣　惠棟挍宋本作「臣」，此本「臣」誤「弓」，閩、監、毛本誤「引」。

042 二則重慎更宜視之　閩、監本同。考文引宋板同。毛本「視」誤「親」。

043 然後出迎客者　閩、監、毛本同。惠棟挍宋本無「者」字。

044 禮有二辭　閩本同。監、毛本「二」作「三」。○按，當作「三」。

045 主人與客讓登者　閩、監、毛本同。惠棟挍宋本無「者」字。

046 涉而升堂故云以上　閩本同。惠棟挍宋本同。監、毛本「上」誤「下」。

帷薄之外不趨節

047 武謂每移足各自成迹不相躡　閩、監、毛本同。嘉靖本同。岳本「武」上有「布」字。毛居正云：「注『武』字當作『布』，蓋上句注已云『武，迹也』，此注釋『布』字義，不當又云『武』。」按，此「武」上脱「布」字，當從岳本，衛氏集説亦作「布武」。

048 帷薄至不立　惠棟挍宋本無此五字。

049 趨以采齊　閩、監、毛本同。惠棟挍宋本「齊」作「薺」。案，此引周禮樂師，當作「薺」。

050 **而爲徐趨者**　監本「爲」字下衍「徐趨」二字。❷

051 **疾趨則欲授而手足毋移**　毛本同。閩、監本「授」作「發」，考文引宋板同。案，玉藻正作「發」，注云「發，謂起屨也」。

052 **不得跪煩尊者俯俛**　閩、毛本同。監本「尊」誤「侍」，不成字。×

053 **性之直者則有之也**　惠棟挍宋本同。閩、監、毛本「也」作「矣」。×

凡爲長者糞之禮節

054 **凡爲長者糞之禮**　閩、監、毛本同。石經同。岳本、嘉靖本同。釋文出「攅」，云「本又作『糞』」，正義本從作「糞」，考文引古本作「攅」。

055 **執箕膺擖**　閩、監、毛本同。岳本同。嘉靖本同。衛氏集説同。釋文「擖」作「葉」，考文引古本亦作「葉」。山井鼎云：「古本作『葉』，管子作『揲』，而今此注作『擖』者，蓋涉少儀篇誤耳。當以古本及釋文爲證也。」案，山井鼎説非也。正義本自作「擖」，故疏中皆作「擖」字。○按，段玉裁云：凡柶之盛物箕之底皆謂之「葉」，或作「楪」，譌作「揲」。葉亦謂之「欟」。少儀作「擖」，乃「欟」之誤。古音「鬣」聲、「葛」聲相近，故從「鬣」字，或多作「葛」也。

056 **以箕自鄉而扱之**　閩、監、毛本同。石經同。岳本、嘉靖本同。衛氏集説同。考文引古本「鄉」作「嚮」。案，釋文於上出「鄉尊」，云「本又作『嚮』，後文、注皆同」，知此「鄉」字釋文亦作「嚮」。正義本作「鄉」，與釋文本同。考文引古本作「嚮」，與釋文又本同。○按，作「嚮」非也。

057 **扱讀曰吸**　閩、監、毛本同。岳本、嘉靖本同。衛氏集説同。惠棟挍宋本「扱」作「扳」。

058 **箕去弃物**　宋監本同，後並同。岳本同。閩、監、毛本「弃」作「棄」，嘉靖本同，衛氏集説同。案，此因正義作「棄」，改注「弃」字亦作

「棄」也。

059 令左昂右低　閩、監、毛本同。岳本、嘉靖本同。衛氏集説同。釋文出「卬」，云「本又作『昂』，又作『仰』」，正義本作「昂」，考文引古本作「仰」。

060 凡爲至爲上　惠棟挍宋本無此五字。

061 證加帚箕上　閩、監本同。毛本「加」誤「欠」。×

062 以袂拘而退者　閩、監、毛本同。惠棟挍宋本無「者」字。×

063 袂衣袂也退遷也　閩、監、毛本同。通解「衣袂也」下有「拘障也」三字。案，衛氏集説亦無此三字。

064 以箕自鄉而扱之者　惠棟挍宋本無「者」字。×

065 奉席如橋衡者　惠棟挍宋本無「者」字。×

066 謂南北設席皆以南方爲上者　閩、監、毛本同。浦鏜挍云「者」疑「若」字誤。

若非飲食之客節

067 荅主人之親正　閩、監、毛本同。岳本、嘉靖本同。衛氏集説同。通解「正」下有「席」字。

068 再辭曰固　閩、監、毛本同。岳本、嘉靖本同。衛氏集説同。釋文云「一本作『曰固辭』」，考文引古本「固」下有「辭也」二字。

069 客踐席乃坐　閩、監、毛本同。石經同。岳本同。考文引古本作「客踐席主人乃坐」。案，疏云「乃坐者，主人待客坐乃坐也」，經無「主人」字，故正義申言之，考文據以補入，非也。

070 宜問其安否無恙　閩、監、毛本同。岳本、嘉靖本同。衛氏集説同。釋文「否」作「不」，考文引古本無「安否」二字。

071 作顏色變也　閩、監、毛本同。岳本、嘉靖本同。衛氏集說同。宋監本「作」下補「謂」字。

072 蹶行遽貌　閩、監、毛本同。岳本、嘉靖本同。衛氏集說同。惠棟挍宋本「遽」作「遂」。案，釋文出「行遽」，音其據反，正義亦云「行急遽貌也」，作「遂」者誤字。

073 若飲食之客　閩、監本同。考文引宋板同。毛本誤「若飲之客客」。

074 遠近間三席　閩、監、毛本作「三」，此本誤「二」。×

075 席之制三尺三寸三分寸之一　閩、監、毛本同。衛氏集說同。浦鏜挍「制」下補「廣」字。嚴杰云：補「廣」字與今本文王世子注同。釋文云「一本作『廣三尺三寸三分』」，是陸氏所據之注本無「廣」字，正義正與之合。

076 故使容杖也　閩本同。惠棟挍宋本同。監、毛本「使」作「或」，衛氏集說同。

077 客跪撫席而辭者　閩、監、毛本同。惠棟挍宋本無「者」字。×

078 既言講說　閩、監、毛本同。衛氏集說「言」作「來」。×

079 客踐席者　閩、監本同。毛本「客」上有「○」。×

080 ○乃坐者　閩、監本同。考文引宋板同。毛本無「○」，「乃」誤「入」。

081 爾雅釋詁云　惠棟挍宋本作「云」。此本「云」誤「文」，閩、監、毛本同。×

082 不得變動顏色　閩、監、毛本同。衛氏集說同。惠棟挍宋本「色」下有「也」字。×

083 足毋蹶者　閩、監本同。毛本「足」上有「○」。×

先生書策琴瑟在前節

084 先生書策琴瑟在前　閩、監、毛本同。石經同。岳本、嘉靖本同。衛氏集説同。釋文出「書筴」，云「本又作『策』」，正義本作「策」，考文引古本作「筴」。○按，依説文當作「册」。策者，「册」之假借字。筴者，又「策」之俗字也。

085 毋勦説　閩、監、毛本同。石經同。嘉靖本同。衛氏集説同。岳本「勦」作「剿」。案，勦説之「勦」，曹憲謂當從刀，與左傳「勦民」字從力者不同。錢大昕云：「説文『勦』訓勞，鄭訓爲擥，即取勞之轉聲而借其義，非有異文也。説文刀部無『剿』字，曹憲俗儒，未達六書之旨，故多妄説。」案，五經文字力部「勦」字云「楚交反，見禮記」，當指此文，是張參亦不從曹憲説也。岳本改從刀，非。

086 不敢倦嫌若風去之　閩、監、毛本同。岳本、嘉靖本同。考文引古本「倦」上有「厭」字，「風」作「諷」。案，釋文於上注出「有厭」，云「於豔反，下同」，知釋文本此處有「厭」字。正義云「則似厭倦其客欲去之也」，知正義本此處亦有「厭」字。古「諷」字多作「風」，釋文本亦作「風」，通典六十八引「嫌若諷去之」，古諷、風字通。

087 嫌有穢惡　閩、監、毛本同。岳本、嘉靖本同。衛氏集説同。考文引古本作「嫌有惡穢」，釋文出「有穢惡也」，二字亦不倒。「惡」下有「也」字，各本所無。

088 先生至不唾　惠棟挍宋本無此五字。

089 無作顔色也　正德本、閩本同。監、毛本「作」誤「怍」。×

090 方受先生之道　閩、監、毛本作「方」，此本「方」誤「大」。×

091 既法古昔　閩、監、毛本同。惠棟挍宋本「昔」作「者」。

092 古者未有蠋燭　惠棟挍宋本「蠋」作「蠟」。

侍坐於君子節

093 少間願有復也　閩、監、毛本同。嘉靖本同。石經「間」作「閒」，岳本同，衛氏集説同。釋文出「少閒」，云「音閑，注同」，五經文字云「閒從月，經典閑暇字用之」，則字當作「閒」爲是，然此「間」並從日，後放此。

094 敬異事也　閩、監本同。岳本、嘉靖本同。衛氏集説同。考文引宋板、足利本同。毛本「敬」誤「故」。×

095 暑毋褰裳　閩、監本同。石經同。岳本、嘉靖本同。衛氏集説同。考文引宋板、古本、足利本同。毛本「褰」誤「蹇」，釋文出「毋騫」。○按，「騫」正字，「褰」假借字。

096 不敢自專　閩本同。惠棟挍宋本同。監、毛本「敢」誤「請」。×

097 此又明卑侍尊　閩、毛本同。惠棟挍宋本「尊」下有「也」字。監本「卑」誤「異」。×

098 間謂清閑也　閩、監本同。毛本「閑」作「閒」，下「無事清閑」同。

099 不得遠也　閩本同。考文引宋板同。監本作「不得迫也」，毛本作「不得近也」，並誤。

100 不得流動邪盻也　閩本同。監、毛本「盻」作「眄」，衛氏集説作「不得斜眄」。

101 常著在首　閩本同。惠棟挍宋本同。衛氏集説同。監、毛本「在」作「於」。

102 誡侍者左右屏隱之人也　閩本同。衛氏集説同。考文引宋板同。監、毛本「誡」誤「誠」。×

103 或私覘清閑　閩、監本同。衛氏集説同。毛本「覘」誤「⿰古見」，「閑」作「閒」。×

104 故宜兼戒亦可通戒爲人之法也　閩、監、毛本二「戒」字作「誡」，衛氏集説同。案，此作「戒」者，省文耳。

侍坐於長者節

105 不得屏遷之而已　閩、監、毛本同。岳本同。嘉靖本同。衛氏集説同。通解「遷之」作「遷就近」。

106 侍坐至納屨　惠棟挍宋本無此五字。

107 側就階邊而解　閩、監、毛本作「解」，此本「解」誤「觧」。

108 就屨跪而舉之者　閩、監本同。毛本「就」上衍「〇」。

109 此侍者或獨暫退時　閩、監、毛本作「侍」，此本「侍」誤「待」。❸

110 〇屏於側者　閩、監本同。毛本無「〇」。

111 故云鄉長者而屨　閩、監、毛本同，是也。惠棟挍宋本「鄉」作「嚮」。

112 因俯身向長者　閩、監、毛本同。惠棟挍宋本「向」作「嚮」，下「則足向後」同。

離坐離立節

113 不同椸枷　閩本、監本、毛本同。石經同。岳本、嘉靖本同。衛氏集説同。釋文出「同杝」，又出「枷」，云「本又作『架』」，徐音稼。古本無此字」。正義此句闕疏，其本無可考。臧琳經義雜記云：「案，注云『椸，可以枷衣者』，然則經無『枷』字矣。今内則亦有『枷』字，疑誤衍。鄭箋鵲巢云『鵲之作巢，冬至架之，至春乃成』，記注『枷』字與詩箋同意，並是運動之言，非實指器物之名也。釋器『竿謂之箷』，亦單稱箷』，郭注云『衣架』，與鄭合。據徐音知此字晉以來已衍，古本無此字，陸當據徐本云然耳。」

114 不可使潄裳　閩、監、毛本作「可」。岳本同。嘉靖本同。衛氏集説同。此本「可」誤「自」。

115 女子許嫁系纓　閩、監、毛本「系」作「繫」，岳本同，衛氏集説同，嘉靖本同。

116 女子有宮者　閩、毛本同。岳本、嘉靖本同。衞氏集説同。監本「宮」誤「官」。

117 猶不與男子共席而坐　閩、監本同。岳本同。衞氏集説同。考文引宋板、古本、足利本同。毛本「共」誤「同」。

118 不相知名　閩、監、毛本同。石經同。岳本、嘉靖本同。衞氏集説同。釋文出「不相知」，云「本或作『不相知名』，名，衍字耳」。正義本作「不相知名」。經義雜記云：「案，注云『見媒往來，傳昏姻之言，乃相知姓名』。經如本有『名』字，鄭可無庸注矣。」案，臧説非也。注正解經「名」字爲「姓名」耳，當以正義本爲長。

119 辟嫌也　閩、監、毛本同。岳本、嘉靖本同。衞氏集説同。考文引古本「辟」作「避」。釋文出「辟嫌」，云「本亦作『避』」。正義云「明避嫌也」，字亦作「避」。○按，「避」正字，「辟」假借字。

120 離坐至爲友　惠棟挍宋本無此五字。

121 緫明不干人私并遠嫌之法　閩、監本同。毛本「干」誤「于」。

122 小寢則嫌羣公子之舍則以卑矣　閩、監、毛本「以」作「已」。○按，公羊作「以」。

123 天王女宜遠別　閩、監本同。毛本「遠別」二字倒。

124 當築夫人宮下羣公子宮上　○按，今公羊注無二「宮」字。

125 白虎通云娶妻不告廟者示不必人女也　閩本同。考文引宋板同。監、毛本「告」上有「先」字，「人女」二字併作「安」字，與今白虎通同。

126 弗與爲友者明避嫌也　閩、監、毛本作「者」，此本「者」誤「〇」。

賀取妻者節

127 賀取妻者　閩、監本同。石經同。岳本、嘉靖本同。衞氏集説同。毛本「取」作「娶」。釋文於上出

「取妻」，云「本亦作『娶』，下『賀取妻』同」，則作「娶」者，釋文之又本也。正義本從作「取」。

128 古者謂候爲進　閩、毛本同。岳本、嘉靖本同。衛氏集説同。監本「候」誤「侯」。

129 昏禮不賀　閩、監本同。岳本、嘉靖本同。衛氏集説同。考文引宋板同。毛本「禮」誤「賔」。

130 碍不得自往　閩、監、毛本「碍」作「礙」，衛氏集説同。

131 將奉淳意　閩、監、毛本「奉淳」作「表厚」，是也。衛氏集説同。

132 以與子進賓客　閩、監、毛本同。惠棟挍宋本「客」下有「也」字。

133 貧者節　惠棟云「貧者節」經注之下接上節「賀取至羞」疏文。

134 名子者節　惠棟云「常語之中」至後頁注「無大小皆相名相字」止，宋本闕。

135 各依文解之　閩、監、毛本同。惠棟挍宋本「依」作「隨」。×

136 即得爲名　閩本同。惠棟挍宋本同。衛氏集説同。監、毛本「即」誤「既」。×

137 案宣二年　閩、監本同。考文引宋板同。毛本「宣」誤「晉」。×

138 迎公子黑臀於周　閩、監、毛本同。惠棟挍宋本「迎」作「逆」。○按，作「迎」與宣二年傳合。

139 昭三十一年邾黑肱　監、毛本作「肱」。此本誤「防」，閩本同。×

男女異長節

140 男子二十冠而字　閩、監、毛本同。岳本、嘉靖本同。衛氏集説同。釋文出「二十冠」，石經「二十」合作「廿」，後並同，不複出。

141 男女至而字　惠棟挍宋本無此五字。

142 明男女冠笄名字之法　閩、監、毛本作「明」，衛氏集說同。此本「明」誤「名」。×

143 鍼曰書退鍼是書之子　閩、監、毛本如此。此本上「鍼」字作「箴」，下「鍼」字作「針」，並非。×

144 凡進食之禮節　惠棟挍宋本「凡進」至「虛口」疏合下疏十四節在「庶人齕之」經注之下。

145 醯醬處内　閩、監、毛本同。石經同。岳本、嘉靖本同。衛氏集說同。釋文出「醢」，云「徐音海，本又作『醯』，呼兮反」。正義云「此醢醬，徐音作海，則醢之與醬，兩物各別」，又云「今此經文若作『醯』字，則是一物也」，又云「則醯醬一物爲勝」，據此正義本從作「醯」。

146 葱⿰氵⿱云木處末　閩、監、毛本同。石經同。岳本、嘉靖本同。衛氏集說同。釋文出「葱渫」。案，「渫」本字，「⿰氵⿱云木」唐人避諱字。石經中凡偏旁涉世字者，多改從云，如「棄」作「弃」，「勩」作「勚」，「葉」作「⿱艹⿱云木」，此「⿰氵⿱云木」及「⿰木⿱云木」、「⿰革⿱云木」、「⿰女⿱云木」、「⿰言⿱云木」、「⿰土⿱云木」、「⿰亻⿱云木」，皆是也。廣韻葱渫字作「渫」。❹

147 言末者殊加也　閩、監本同。岳本、嘉靖本同。衛氏集說同。考文引宋板同。毛本「加」誤「如」。

148 酒漿處右　閩本同。石經同。宋監本同。岳本、嘉靖本同。衛氏集說同。惠棟挍宋本同。監、毛本「右」誤「内」。石經考文提要云：案，鄭注云「處羹之右」，王制「殷人以食禮」疏引此經亦作「處右」，宋大字本、宋本九經、南宋巾箱本、余仁仲本、宋劉叔剛本、至善堂九經本並作「右」。❺

149 亦便食也　閩、監、毛本作「亦」，岳本、嘉靖本同，衛氏集說同，此本「亦」誤「應」。×

150 客若降等則先祭　閩、監、毛本同。岳本同。衛氏集說同。惠棟挍宋本「若」作「不」，嘉靖本同，宋監本同，考文引古本、足利本同，是也。

151 如其次　閩、監本同。岳本、嘉靖本同。衛氏集説同。考文引宋板同。毛本「如」誤「所」。

152 以其本出於牲體也　閩、監、毛本作「牲」，岳本、嘉靖本同，衛氏集説同，此本「牲」誤「惟」。

153 魚腊湆醬不祭也　閩、監、毛本同。岳本、嘉靖本同。衛氏集説同。浦鏜挍云「湇」誤「湆」，後同。湇醬，儀禮作「醬湇」。案，五經文字云：「湇、湆並邱及反，上從泣，下月，大羹也。上從泣，下日，幽深也。今禮經『大羹』相承，多作『大』字，或傳寫久訛，不敢便改。」此唐人所不敢改者，浦鏜輒欲改之，非也。○按，段玉裁云：「『湇』字不見於説文，則未知張説何本。儀禮音義引字林云『湆，羹汁』，玉篇、廣韻同，然則本無異字也。」

154 主人延客食胾　各本同。此本「胾」誤「誠」。❻

155 然後辯殽　惠棟挍宋本同。石經同。宋監本同。岳本、嘉靖本同。衛氏集説同。閩、監、毛本「辯」作「辨」，下「主人未辯」同。案，五經文字云：「辯、辨並皮勉反，上理也，下別也，經典或通用之，禮記亦借『辯』爲『徧』字。」

156 凡食殽辨於肩　閩、監、毛本同。岳本「辨」作「辯」，嘉靖本同，考文引宋板同。

157 凡進至虚口　惠棟挍宋本無此五字。

158 此一節推明飲食之法也　閩、監、毛本同。惠棟挍宋本「推」作「雜」，衛氏集説同。

159 醢之與醢其義皆通　閩、監本同。毛本「與」誤「爲」，衛氏集説亦作「與」。

160 但鄭注葱渫云處醢醬之左　閩、監本同。毛本「醢」誤「醓」，衛氏集説亦作「醢」。

161 飲酒設於豆東　惠棟挍宋本作「飲」。此本誤「飯」，閩、監、毛本同。案，公食大夫禮本作「飲」。

162 此皆是公食下大夫禮云　惠棟挍宋本有「皆」字，此本「皆」字脱，閩、監、毛本同。

163 捶而施薑桂曰鍛脩　閩本同。監、毛本「捶」作「棰」，「鍛」作「腶」，考文引宋板亦作「捶」、作「鍛」。周禮腊人注「棰」從木旁，「鍛」從金旁。衛氏集説作「捶」、「腶」。

164 末邊際置右右　惠棟挍宋本作「左右」，是也。

165 注亦便食者右手取際食之便也　惠棟挍宋本如此。此本作「注亦便至便也」，删去「食者右手取際食之」八字，而以一「至」字括之，大誤，閩、監、毛本同。

166 客若降等者　惠棟挍宋本無「者」字。

167 左擁簠粱　監、毛本同。閩本「粱」作「粱」。

168 主人興辭於客然後客坐者　閩、監、毛本同。惠棟挍宋本無「者」字。

169 主人延客祭者　閩、監、毛本同。惠棟挍宋本無「者」字。

170 殽之序偏祭之者　閩、監、毛本同。惠棟挍宋本無「者」字。

171 炙胾之屬雖同出於牲　閩、監、毛本同。衛氏集説「雖」作「本」。

172 壹以授賓　惠棟挍宋本同。閩、監、毛本「壹」作「一」。

173 三飯主人延客食胾者　閩、監、毛本同。惠棟挍宋本無「者」字。

174 受漿漱口　閩、監、毛本作「漿」，此本「漿」誤「醬」。

175 然後辯殽者　閩、監、毛本同。惠棟挍宋

本無「者」字。×

176 自上而卻下　閩、監本同。毛本「自」誤「是」，考文引宋板亦作「自」。

177 主人未辯客不虚口者　閩、監、毛本同。惠棟挍宋本無「者」字。×

178 音義隱云飯畢蕩口也　惠棟挍宋本同。閩本同。監本「音義隱」三字闕，毛本作「酳隱義」。案，疏中屢稱「音義隱」，亦或稱「隱義」。

侍食於長者節

179 雖賤不得執食興辭　閩、監、毛本作「興」，岳本、嘉靖本同，此本「興」誤「與」。×

180 正義曰嚮是自爲客法　閩、監、毛本同。惠棟挍宋本無「正義曰」三字。

* 以示敬也　惠棟挍宋本此下另行標「禮記正義卷第三終」，記云凡二十七頁。

181 禮記正義卷第三終　惠棟挍宋本此行在疏「以示敬也」之後，記云凡二十七頁。×

182 禮記正義卷第四　惠棟挍宋本自「共食不飽」節正義以下爲卷四。×

183 共食不飽節　惠棟云：宋本「共食」節、「毋摶飯」節、「卒食」節、「侍飲」節、「長者」節、「賜果」節、「御食」節、「餕餘」節、「御同於長者」節、「偶坐」節、「羹之有菜」節、「爲天子削瓜」節、「爲國君」節，凡十三節，經注俱在三卷「則不拜而食」經注之下。盧文弨云：案，自此至「爲國君」節，凡十三節，經注俱尚在三卷「則不拜而食」經注之下，截此疏爲四卷起首，不可從。❼

184 爲汗手不絜也　閩、監、毛本同。惠棟挍宋本「手」作「生」，是也。宋監本同。岳本作「爲汗生不潔也」，衞氏集説作「謂汗手不潔也」。案，疏言「汗生」，知此處當作「生」。古書「潔」多作「絜」，嘉靖本作「爲汗手不潔也」。○按，正義云：「一本『汗生不圭』，圭，絜也。」

185 注爲汗手不絜　閩、監、毛本同。惠棟挍宋本「手」作「生」，是也。×

186 則不絜淨　閩、監、毛本同。惠棟挍宋本「淨」下有「也」字。

187 言手澤汙飯也　閩、監本作「汙」。此本「汙」誤「汗」，毛本同。❽

毋摶飯節

188 去手餘飯於器中　閩、監、毛本同。岳本同。嘉靖本同。衛氏集説同。考文引宋板「於」作「放」。

189 主人辭不能亨　石經同。岳本、嘉靖本同。閩、監、毛本同。釋文「亨」作「烹」，考文引古本同。

190 不得拂放本器中也　惠棟挍宋本作「也」。此本「也」改「者」，閩、監、毛本同。

191 去手餘飯於器中人所穢者　惠棟挍宋本作「者」，是也。此本「者」改「也」，閩、監、毛本同。

192 爲人穢之也　閩、監本同。毛本脱「也」字。×

193 後棄其骨與犬　閩、監本同。毛本「犬」誤「大」。×

194 羹有菜者用梜　閩、監、毛本作「梜」。此本「梜」作「挾」，下「當梜嚼也」同。

195 爲不敬也　閩、監、毛本同。惠棟挍宋本無「也」字。×

196 云已家不能亨煑　閩、監、毛本同。惠棟挍宋本「已」作「以」，衛氏集説同。

197 特牲少牢饋食禮　惠棟挍宋本作「饋」。此本誤「館」，閩、監、毛本同。

198 而加置于俎上也　閩、監、毛本同。惠棟挍宋本「置」誤「至」。

卒食節

199 徹飯齊以授相者　閩、監、毛本同。石經同。岳本、嘉靖本同。釋文出「齏」，云「本又作『齊』」。正義本作「齊」。

200 北面取梁與醬以降也　監本同。閩、毛本「梁」作「粱」，是也。岳本同，嘉靖本亦作「粱」。

201 卒食至相者　惠棟挍宋本如此。此本「相者」作「客坐」，誤。閩、監、毛本同。考文引宋板作「卒食客自前跪徹飯齊以授相者」。

202 當已坐而跪　惠棟挍宋本作「已」，衛氏集説同。此本「已」作「以」，閩、監、毛本同。

203 北面取梁與醬以降者　閩、監本同。毛本「梁」作「粱」，是也。

侍飲於長者節

204 侍飲於長者　惠棟挍宋本如此。此本「至長者」作「至敢飲」，誤，監、毛本同，閩本作「至而食」。❾

205 進至侍者前則起　惠棟挍宋本同。閩、監、毛本「則起」作「於是」，非也。

206 拜受於尊所者　閩、監本同。毛本「者」誤「以」。

207 尊所者以陳尊之處也　閩、監、毛本同。惠棟挍宋本無「者」字，「以」作「謂」。

208 侍者起而往尊處拜受之也　惠棟挍宋本作「之也」，此本「之也」作「酒謂」，非。閩、監、毛本同。

209 鄉飲酒亦無此語　閩、監本同。毛本「鄉」誤「嚮」。

210 正是文不具耳　惠棟挍宋本同。閩、監、毛本「正」誤「疑」。

211 卿大夫燕飲　閩、監、毛本作「卿」，此本「卿」誤「鄉」。❿

212 所若所嚮長者之證也　閩、監、毛本同。惠棟挍宋本「若」字上無「所」字。

213 故少者復反還其席而飲賜也　惠棟挍宋本作「飲賜」，此本「飲賜」二字倒，閩、監、毛本同，衛氏集説作「飲賜酒」。×

214 要須待長者盡爵後　監、毛本作「待」。此本「待」誤「侍」，閩本同。×

長者賜節

215 不敢亢禮也　各本同。通典六十八「亢」作「抗」。

賜果於君前節

216 嫌棄尊者物也　閩、監、毛本同。岳本「棄」作「弃」，嘉靖本同。通典六十八作「嫌弃尊者之物」。

御食於君節

217 寫者傳巳器中　閩、監、毛本同。岳本同。惠棟挍宋本「巳」作「已」，衛氏集説同。

218 御食於君　惠棟挍宋本如此。此本作「御食至皆寫」，誤也。閩、監、毛本同。

219 御者非侍者　閩、監、毛本如此。此本「御」誤「作」，「侍」誤「待」。×

220 梓是杯杅之屬　惠棟挍宋本作「杅」，監本同，衛氏集説同。此本「杅」誤「杆」，閩、毛本同。×

餕餘不祭節

221 及日晚食朝饌之餘　惠棟挍宋本有「朝」字。此本「朝」字脱，閩、監、毛本同。

御同於長者節

222 饌具與之同也　岳本、嘉靖本作「具」，宋監本同。此本「具」誤「冥」，閩、監、毛本「具」作

「宜」，亦誤。×

羹之有菜者節 ×

223 犬羹兎羹之屬　閩、監本「犬」誤「大」，毛本同，「兎」又作「免」。×

爲國君者節 ×

224 庶人府史之屬也　閩、監本同。毛本「也」誤「者」。×

父母有疾節

225 惰不正之言　閩、監、毛本同。嘉靖本同。惠棟挍宋本無此五字，宋監本同，衞氏集説同，考文引古本、足利本同，通典六十八引同。岳本有此五字，而別入於釋文。按，釋文亦無此五字，當因正義誤入。

226 父母至而坐　惠棟挍宋本無此五字。

227 憂亦謂親有病也　閩、監、毛本同。惠棟挍宋本「病」作「疾」，衞氏集説同，是也。

228 寢苫無席　閩、監、毛本作「苫」，此本「苫」誤「苦」。×

229 水潦降節　惠棟云：「水潦降」節、「進几杖」節，宋本合爲一節。

230 獻鳥者佛其首　閩、監、毛本同。石經同。岳本、嘉靖本同。釋文出「拂其」，云「本又作『佛』，扶拂反，下同」。正義本作「佛」，考文引古本「佛」作「拂」。

231 獻車馬者執策綏　閩、監、毛本同。石經同。岳本、嘉靖本同。釋文出「筴綏」，與正義異。考文引古本「策」作「筴」，與釋文合。

232 契券要也　監本作「券」，岳本同。此本「券」誤「券」，閩、毛本同，嘉靖本同。

233 銳底曰鐏取其鐏地平底曰鐓取其鐓地　惠棟挍宋本作「鐏地」、「鐓地」，嘉靖本同，宋監本同。此本「鐏地」字不誤，「鐓地」誤「鐓也」。閩、監、毛本二「地」字俱誤「也」，岳本同。

234 **水潦至其鐓**　惠棟挍宋本無此五字。

235 **盧植庾蔚之等**　閩、毛本同。監本「庾」誤「庚」。

236 **案王鄭義同**　閩、毛本同。監本「王」誤「主」。

237 **但執策綏易呈**　閩、監、毛本同。惠棟挍宋本「策綏」下重「策綏」二字，是也。

238 **柱地頭也柱地不淨**　閩、監、毛本「柱」作「拄」。

239 **持淨頭投與人**　閩本同。惠棟挍宋本同。監、毛本「投」作「授」。

240 **謂征伐所獲彼民以爲外虜**　閩、監、毛本作「彼」，此本「彼」誤「被」。

241 **獻之以左手**　閩、監、毛本同。惠棟挍宋本「以」上有「而」字。

242 **操于囚之右邊袂右邊袂**　閩、監、毛本同。惠棟挍宋本「右邊袂」三字不重，是也。

243 **謂兩書一札**　閩、監、毛本作「札」，此本「札」誤「禮」。

244 **葱渫之屬**　惠棟挍宋本同。閩、監、毛本「渫」作「滐」。

245 **此謂敵體**　閩、監本同。毛本「謂」誤「爲」。

246 **弓形亦曲嚮下**　閩、監、毛本同。惠棟挍宋本「亦」作「示」。

247 **故士喪禮注云**　閩、監、毛本如此，此本「士」誤「壬」，「注」誤「法」。

248 **則合三材之時可以獻入**　閩本同。監、毛本「入」作「人」。

249 然執簫謂捉下頭　閩、監、毛本作「捉」。此本誤「提」，下「又覆右手捉弓下頭」同。

250 以知是執於弓下頭者下頭拄地不淨　惠棟挍宋本無「者下頭」三字，非也。

251 由從至手與　閩、監、毛本如此，此本誤作「由從至下」。

252 客卻左手承弣　閩、監、毛本如此，此本「左」上衍「〇」。

253 必知其客主　監、毛本作「知」。此本「知」誤「如」，閩本同。

254 主人以左手卻之接客手下　惠棟挍宋本作「手下」。此本「手下」二字倒，閩、監、毛本同。

255 進劍者左首者　閩、監、毛本同。惠棟挍宋本無「者」字，是也。

256 刀卻刃授穎　監、毛本作「刀」。此本「刀」誤「刃」，閩本同。

進几杖者節

257 尊者所馮依　閩、監本同。岳本、嘉靖本同。毛本「依」誤「侑」。

258 爲其寶而脆　閩、監、毛本同。嘉靖本同。惠棟挍宋本「脆」作「脃」，宋監本同，岳本同，釋文同。五經文字云：「脃從刀。從⺼作脆，訛。」

259 繢畫也畫布爲雲氣　閩、毛本同。監本二「畫」字並誤「晝」。

260 春秋左氏傳云　閩、監本同。毛本「春」誤「奉」。

261 知裹魚肉者　閩本同。監、毛本「知」作「苞」，惠棟挍宋本作「知苞裹魚肉者」。

02—262 言使之容者　閩、監、毛本同。惠棟挍宋本無此五字。

校　記

❶南昌本出文「閑」作「開」。
❷南昌本出文疊「徐趨」二字，校語改作「監本同。毛本徐趨二字不」。
❸南昌本校語下有「今正」二字。
❹南昌本校語「云」作「云」。
❺南昌本校語「毛本右」作「毛本又」。
❻南昌本校語下有「今正」二字。
❼南昌本於原校語前有「惠棟挍宋本以下首題禮記正義卷第四」，「惠棟云」作「惠棟又云」。
❽南昌本校語下有「今正」二字。
❾南昌本校語「至長者」作「於長者」。
❿南昌本校語下有「今正」二字。

禮記注疏校勘記卷三

曲禮上

凡爲君使者節

03—001 君有言則以束帛如饗禮　閩、監、毛本同。岳本、嘉靖本同。衛氏集説同。惠棟挍宋本「饗」作「享」。案，享、饗古通用。宋監本亦作「享」。浦鏜挍云「若」誤「君」。齊召南云：「君有言」當作「若有言」，玩疏則知注引聘禮原文不誤，而刊本傳寫以「若」與「君」字形相近而訛也。案，浦挍、齊挍皆是也。考文引宋板「君」正作「若」。❶

002 此謂國君問事於其臣　閩、毛本同。岳本、嘉靖本同。衛氏集説同。監本「問」誤「間」。

003 凡爲至受命　惠棟挍宋本無此五字。

004 君之使去而又出拜送門外也　閩、毛本同。監本「出」誤「也」。×

博聞强識而讓節

005 君子至交也　惠棟挍宋本無此五字。

006 此明君子所行之事也　閩、毛本同。監本「此」誤「注」。×

禮曰節

007 禮曰至不弔　惠棟挍宋本無此五字。

008 作記之者既引其禮　閩本同。監、毛本「者」作「人」。衛氏集説無「之」字，作「作記者」，是也。

009 又守祧職云　閩、監本同。毛本「祧」字闕。×

010 皇侃用崔靈恩義　各本同。案，「侃」

即「偲」字。五經文字云「偲，相承作『偘』，訛」，據此可證正義序「皇甫偘」衍一「甫」字。

011 及七祀之屬　閩本同。惠棟挍宋本同。監、毛本「祀」誤「祖」。

012 及大夫有菜地　惠棟挍宋本同。閩、監、毛本「菜」作「采」。案，菜地以采取爲義，字當從采。匡謬正俗云：「古之經史『采』、『菜』相通，今之學者見謂之采地字上或加艸。」

013 君致齊不復出行　閩、監、毛本同。惠棟挍宋本「君」作「若」。

014 以虎緣之也　閩、監、毛本同。惠棟挍宋本無「也」字。

居喪之禮節　×

015 所以養衰老人五十始衰也　閩、監、毛本同。岳本、嘉靖本同。惠棟挍宋本「養」下無「衰」字，「人」字重。衛氏集説亦無，「人」字不重。

016 居喪至於内　惠棟挍宋本無此五字。

生與來日節

017 生與至往日　惠棟挍宋本無此五字。

018 死與往日者　閩、監、毛本同。惠棟挍宋本「與」作「數」，是也。

知生者弔節

019 知生至不弔　惠棟挍宋本無此五字。

020 二則既言皇天降災子遭罹之　閩、監、毛本同。監本「罹」誤「懼」。

弔喪弗能賻節

021 皆爲傷恩也　閩、監、毛本同。岳本、嘉靖本同。衛氏集説「爲」作「謂」，考文引宋板、古本作「謂」，釋文出「皆爲」。

022 適墓不登壟節　惠棟挍宋本「適墓

不登壟」一句經注合上「知生」節、「弔喪」節爲一節，「助葬必執紼」以下另爲一節。

023 引車索　閩、監、毛本同。岳本、嘉靖本同。釋文出「引棺」，云「本亦作『引車』」，正義本作「引車」，考文引古本「車索」下有「也」字，衛氏集説亦作「引車索也」。

024 助葬至君側　惠棟挍宋本無此五字。

025 揖人必違其位者　閩、監、毛本同。惠棟挍宋本無「者」字。

025 明雖君臣　閩、監本同。毛本「雖」字漶滅。

027 不得趨翔爲容　閩、監、毛本作「容」，此本「容」誤「客」。

028 而食使充飢　閩本同。監、毛本「飢」作「饑」。

029 哭日不歌者　閩、監、毛本同。惠棟挍宋本無「者」字。

030 介胄則有不可犯之色者　閩、監、毛本同。惠棟挍宋本無「者」字。

031 注色厲而内荏貌恭心很非情者也　閩、監、毛本同。惠棟挍宋本作「注色厲至者也」。

032 則據俛據式　閩、監、毛本「據俛」作「俯俛」。

033 禮不下庶人者　惠棟挍宋本無「者」字。

034 不服燕飲　閩、監本同。毛本「服」作「暇」，衛氏集説同。

035 禮爲有知制　閩本同。監、毛本「爲」誤「謂」，衛氏集説亦作「爲」。

036 不與賢者犯法其犯法則在八議輕重不在刑書　閩、監、毛本同。考文引宋板無此十九字。

037 鄭司農云若今之　周禮注「之」作「時」。

038 謂憔悴憂國也　閩、監本同。毛本「憔悴」作「顦顇」。○按，周禮注作「憔悴」。

039 大夫以上適甸師氏　閩、監本同。毛本「上」誤「下」，考文引宋本作「上」。

040 刑人不在君側者　閩、監、毛本同。惠棟挍宋本無「者」字。

041 注春秋傳曰近刑人則輕死之道　閩、監、毛本同。惠棟挍宋本作「注春秋至之道」。

042 刑人也君子不近刑人　毛本如此。此本「刑人也」下誤隔一「○」，閩、監本同。❷

043 闔弒吴子餘祭　閩、監本同。毛本「弒」作「殺」，考文引宋板作「弒」。按，作「弒」與襄二十九年經合。❸

兵車不式節

044 兵車至結旌　惠棟挍宋本無此五字。

045 綏謂舒垂散之也　閩本同。惠棟挍宋本同。監、毛本「舒垂」二字倒。

046 垂放旌旗之旒以見於美也　閩、監、毛本作「垂」，此本「垂」誤「乖」。

史載筆節

047 前有摯獸　各本同。石經「摯」初刻作「鷙」，改刻從手，釋文出「有摯」。案，儒行正義云「獸摯從執下著手，鳥鷙從執下著鳥」，此「摯獸」正義本當亦從執下手。

048 所舉各以其類象　各本同。通典七十六「象」下有「之」字。

049 鳶鳴則將風　各本同。通典七十六作「鳶鳴則天將風，風生埃起」。

050 史載至其局　惠棟挍宋本無此五字。

051 士載言者　閩、監、毛本同。惠棟挍宋本無「者」字。

052 前有水則載青旌者　閩、監、毛本同。惠棟挍宋本作「前有至貔貅」。

053 難可周徧　閩、監、毛本作「徧」，此本「徧」誤「偏」。❹

054 猛而能擊　閩、監、毛本作「擊」，衛氏集説同，此本「擊」誤「摯」。❺

055 此武王伐紂時　閩、毛本同。監本「王」誤「三」。

056 誡士卒爲戰之辭也　閩、毛本同。監本「誡」作「誠」。

057 鄭注尚書云　閩、監本同。毛本「尚」誤「向」。

058 行前朱雀而後玄武左青龍而右白虎者　惠棟挍宋本作「行前至其怒」。

059 前明軍行逢值之禮也　閩、監本同。毛本無「也」字，惠棟挍宋本同。

060 左東右西　閩、監、毛本同。惠棟挍宋本「西」下有「也」字。

061 朱鳥玄武　惠棟挍宋本同。閩、監、毛本「鳥」作「雀」，衛氏集説同，下「故用鳥」同。

062 以標左右前後之軍陳　閩、監、毛本同。惠棟挍宋本「左右前後」作「前後左右」，衛氏集説同。

063 故星約言云又畫也　閩、監本同。毛本「星」作「皇」。

064 第三機　閩、監本同。毛本「機」作「璣」，衛氏集説亦作「機」。

065 第七搖光　閩、監、毛本作「搖」，此本「搖」誤「遙」。

066 明魁以上爲首　閩、監本同。惠棟挍宋本同。毛本「上」誤「此」。

067 始前既敵　閩、監、毛本同。惠棟挍宋本「既」作「就」，是也，衛氏集説同。

068 左右有局者　閩、監、毛本同。惠棟挍宋本無「者」字。

069 軍之在左右各有部分　閩、監、毛本作「部」，此本「部」誤「步」。❻

父之讎節

070 父之至同國　惠棟挍宋本無此五字。

071 寢苦枕干不仕　閩、監、毛本同。衛氏集説同，是也。惠棟挍宋本「干」作「士」，誤。

072 並是不共天下也　閩、監、毛本「也」作「矣」。

073 爲朋友亦報仇也　閩、監本同。毛本「報」誤「執」。

074 伐楚使吳首兵　惠棟挍宋本如此。此本「楚」下誤隔「〇」，閩、監、毛本同。

075 禮記正義卷第四終　惠棟挍宋本此行在疏「同公羊之義也」之後，又記云凡二十四頁。❼

076 禮記正義卷第五　惠棟挍宋本分「四郊多壘」以下爲卷第五。

四郊多壘節❽

077 壘軍壁也　閩、監、毛本同。岳本、嘉靖本同。釋文出「軍辟」，云「本又作『壁』」。正義本作「壁」。

078 四郊至辱也　惠棟挍宋本無此五字。

079 此亦士之辱也者　閩、監、毛本如此，此本「也者」二字誤倒。

080 獨爲大夫之辱不云士辱者但大夫

官尊入則與君同謀出則身爲將帥故多壘爲大夫之辱　惠棟按宋本如此。此本「不云」至「之辱」三十字脱，閩、監、毛本同。

臨祭不惰節

081 **臨祭至其俎**　惠棟按宋本無此五字。

082 **或人歸之**　閩、監、毛本同。惠棟按宋本「人」上有「使」字。

卒哭乃諱節

083 **大夫有名惡**　各本同。通典一百四作「大夫有石惡」。按，疏引熊氏云「石字誤，當云大夫有名惡」，據此是注本作「石惡」。

084 **二名不偏諱**　各本同。毛居正云：「偏，本作『偏』，與『遍』同，作『偏』誤。」正義云「不偏諱者，謂兩字不一一諱之也」，此義謂二字爲名，同用則諱之。若兩字各隨處用之，不於彼、於此一皆諱之，所謂不偏諱也。按，舊杭本柳文載柳宗元新除監察御史，以祖名察躬，入狀奏，奉勑新除監察御史，以祖名察躬，準禮「二名不遍諱」，不合辭遜。據此作「遍」字，是舊禮作「偏」字明矣。今本作「偏」，非也。若謂二字不獨諱一字亦通，但與鄭康成所注文意不合，可見傳寫之誤。然仍習既久，不敢改也。

085 **偏謂二名**　各本同。通典一百四作「偏諱二名」。

086 **言在不稱徵言徵不稱在**　閩、監、毛本同。岳本同。嘉靖本同。考文引古本上「稱」字作「言」。案，二「稱」字俱當作「言」，方與疏合。通典一百四引「言徵不言在」句。

087 **孝子聞名心瞿**　各本同。嘉靖本「瞿」作「懼」，通典一百四引亦作「懼」，釋文出「心瞿」，云「本又作『懼』」。

088 **不辟家諱尊無二**　惠棟按宋本同。宋監本同。岳本、嘉靖本同。閩、監、毛本「二」下有「也」字，通典一百四引無「也」字。

089 卒哭至問諱　惠棟挍宋本無此五字。

090 注孔子之母名徵在言在不稱徵言徵不稱在　閩、監、毛本同。惠棟挍宋本作「注孔子至稱在」。

091 改爲熊居　惠棟挍宋本同。閩、監、毛本「居」誤「君」。○按，惠棟云：熊居，謂熊姓居名。

092 從左氏義也逮事王父母者　閩、監本同。毛本「逮」上有墨丁。惠棟挍宋本無「者」字。此本「王」誤「至」。❾

093 大夫之所有公諱者　閩、監、毛本同。惠棟挍宋本無「者」字。

094 正得避公家之諱　閩本同。監、毛本「正」作「止」，衛氏集説同。

095 尊君諱也君諱也　毛本同。閩、監本「君諱也」三字不重。

096 或可大夫所有公諱者　惠棟挍宋本作「可」，閩本同。此本「可」誤「何」，監、毛本誤「云」。

097 故臣對君不諱也　閩、監、毛本「君」下有「前」字。

098 言辟之之陳鏗問云　閩、監、毛本下「之」字作「○」。

099 古者期親則爲諱　閩、監、毛本同。惠棟挍宋本無「者」字。

100 入境而問禁者　閩本同。監、毛本「境」作「竟」。

101 禁謂國中政教所忌　閩本同。惠棟挍宋本同。衛氏集説同。監、毛本「國中」二字倒。

102 問諱而以門爲限者　惠棟挍宋本作「限」，此本「限」誤「即」，閩、監、毛本誤

「節」。❿

103 **外事以剛日節**　惠棟云：「外事」節、「龜爲卜」節，宋本合爲一節。

104 **外事至相襲**　惠棟挍宋本無此五字。

105 **師次於郎**　閩本同。監、毛本「於」作「于」。

106 **内事以柔日者**　閩、監、毛本同。惠棟挍宋本無「者」字。

107 **若圓丘自用冬至日**　閩、監本同。毛本「圓」作「圜」。

108 **陸機草木疏云**　閩、監本同。毛本「機」作「璣」。孫志祖云：「經典釋文敘録云『陸璣草木鳥獸蟲魚疏二卷，璣字元恪，吴郡人，吴太子中庶子、烏程令』。此與士衡名之從木旁者不同。梁元帝作同姓名録，兼收名之音義通用者，有兩陸機，一吴人，字士衡；一名璣，字元恪，注本艸者。最分明。而元恪又嘗注本艸，則僅見於此也。李濟翁謂元恪名當從玉旁，本不誤。宋槧爾雅疏引草木疏作陸機，或疑傳寫偶譌。近錢大昕據以定元恪之名亦從木旁，謂邢叔明諸人識字，勝於李濟翁。此二字殆古人通借用之。」

109 **七百年十莖**　閩、監、毛本同。惠棟挍宋本「年」下有「生」字，是也。

110 **蓍之德圓而神**　閩、監本同。毛本「圓」作「圜」，非。

111 **九曰筮環**　惠棟挍宋本同。閩、監、毛本「環」誤「旅」，與周禮不合。

112 **鄭注占人不卜而徒筮者**　惠棟挍宋本作「占」，此本「占」誤「古」，閩、監、毛本同。案，「不卜而徒筮者，則用九筮」，是占人注。

113 **旬之外曰遠某日者**　閩、監、毛本同。

惠棟挍宋本無「者」字。

114 乃官戒　惠棟挍宋本同。閩、監、毛本「官」誤「宮」。

115 喪事先遠日者　閩、監、毛本同。惠棟挍宋本無「者」字。

116 杜云懷思也　閩、監、毛本作「思」。此本「思」誤「恩」。

117 吉事謂祭祀冠婚之屬　閩、監、毛本「婚」作「昏」。

118 曰爲至有常者　閩、監、毛本同。惠棟挍宋本無「者」字。

119 假爾泰筮有常假因也　閩、監、毛本同。惠棟挍宋本「常」下有「者」字，此本「因」字亦漶滅不全。

120 言汝太龜太筮　閩、監、毛本作「言」，此本「言」字漶滅，惠棟挍宋本二「太」俱作「泰」。

121 知士命龜二者士喪禮涖卜　閩、監、毛本如此，此本「二者士」三字誤作「者二七」。[11]

122 無有近悔　閩、監、毛本作「悔」，此本「悔」誤「誨」。

123 是士命龜三也　閩本同。監本「三」字僅留下畫，毛本遂作「一」，非也。

124 史遂述命曰假爾泰筮有常　閩、監、毛本同。惠棟挍宋本「泰」作「太」。

125 卜筮不過三者　閩、監、毛本同。惠棟挍宋本無「者」字。

126 何休云魯郊搏卜三正　惠棟挍宋本「搏」作「博」，閩、監、毛本「搏」作「轉」。案，公羊傳注云「魯郊博卜春三月」，作「博」爲是。

127 周五月得一吉　閩、監、毛本同。考文引宋板「一」作「二」，與公羊注合。

128 則與公羊穀梁傳卜三正不同也　閩、監本同。毛本「三」誤「二」。×

129 卜筮不相襲者　閩、監、毛本同。惠棟挍宋本無「者」字。×

龜爲卜節

130 定猶與也　石經同。岳本、嘉靖本同。釋文出「猶與」，云「本亦作『豫』」。案，正義本當亦作「豫」，觀正義引說文云「豫亦是獸名，象屬」可證。後人以釋文本「與」改正義本「豫」，并改正義中引說文之「豫」亦作「與」。○按，「與」爲「豫」之假借字。

131 龜爲至踐之○正義曰　閩、監、毛本同。惠棟挍宋本無「正義曰」三字。

132 伏羲以來　閩、監、毛本同。惠棟挍宋本「羲」作「犧」。×

133 是敬鬼神也　閩、監、毛本同。惠棟挍宋本無「也」字。

134 君車將駕節　惠棟云：「君車將駕」節、「故君子」節，宋本合爲一節。

135 謂羣臣陪位侍駕者　閩、監本同。岳本、嘉靖本同。毛本「位」誤「臣」。

136 非摯幣也　閩、監、毛本同。岳本、嘉靖本同。釋文出「非贄」，云「本亦作『摯』」。正義本作「贄」，衞氏集說同。

137 謂爲君僕御之禮　閩、監、毛本如此，此本脱「謂」字。

138 謂始欲駕行時也　閩、監、毛本如此，此本「時」下衍「者」字。

139 執策是監駕　閩、監、毛本作「駕」，此本誤「馬」。×

140 必從右者君位在左　閩本同。惠棟挍宋本同。監、毛本「從」誤「欲」，此本「在」誤「也」。

141 取貳綏者二副也　閩、監本同。毛本「二」作「貳」，下「取副二綏」同。[12]

142 言與中服相次序是也　閩、監、毛本同。惠棟挍宋本無「是」字。

143 車驅而騶者　閩、監、毛本同。惠棟挍宋本「騶」作「驟」。○按，依説文當作「驟」，經文作「騶」，假借字。

144 君最外門　閩本同。監、毛本「最」作「至」。

145 凡僕人之禮必授人綏者　閩、監、毛本同。惠棟挍宋本無「者」字。

146 不然則自下而拘之者　閩、監、毛本同。惠棟挍宋本無「而」字，是也。

147 轉身向主人以授綏　閩、監、毛本同。惠棟挍宋本「向」作「嚮」。

148 客車不入大門者　閩、監、毛本同。惠棟挍宋本無「者」字。

149 婦人坐乘　閩、監、毛本同。惠棟挍宋本「婦」上有「而」字，衛氏集説同。

150 犬則執紲　惠棟挍宋本同。閩、監、毛本「紲」作「緤」。

151 馬則執勒　監、毛本同。惠棟挍宋本「勒」作「靮」，是也，閩本同。

152 非贄幣故也　閩本同。惠棟挍宋本同。監、毛本「贄」誤「執」。

故君子式黄髮節

153 馳善藺人也　惠棟挍宋本同。宋監本同。岳本、嘉靖本同。閩、監、毛本「藺」作「躪」，疏同。衛氏集説作「躪」。案，釋文本亦作「藺」。○按，依説文當作「蹸」，从足，粦聲。藺，假借字。

154 **御當爲訝訝迎也**　惠棟挍宋本同。宋監本、岳本、嘉靖本同。閩、監、毛本「訝訝」作「迓迓」，非。釋文出「自御之」，云「依注音訝，五嫁反，迎也」，是釋文本亦作「訝」也，下「皆訝也」同。○按，依説文當作「訝」。

155 **爲其拜而蓌拜**　石經同。岳本、嘉靖本同。釋文出「蓌拜」，云「盧本作『蹲』」。公羊僖卅三年傳何休注云「介胄不拜，爲其拜如蹲」，蓋引此文，與盧本同。而、如古通，「蹲」下無「拜」，然正義本自作「而蓌拜」。

156 **巂猶規也**　閩、監、毛本同。岳本、嘉靖本同。宋監本「猶」改「謂」。

157 **塵不出軌**　石經同。岳本同。閩、監、毛本同。惠棟挍宋本「軌」作「軓」，嘉靖本同。

158 **故君至有誅**　閩、監、毛本同。惠棟挍宋本作「故君子式黄髮」。×

159 **正義曰此以下**　閩、監、毛本同。惠棟挍宋本無「正義曰」三字。

160 **黄髮兒齒**　閩、監、毛本作「齒」，此本「齒」字空闕。×

161 **注發句言故**　閩、監、毛本作「句」，此本「句」誤「向」。⑬

162 **發首有故也**　閩、監、毛本作「有」，此本「有」誤「育」。⑭

163 **下卿位者**　惠棟挍宋本無「者」字。×

164 **過位色悖如也**　閩、監、毛本「悖」作「勃」。×

165 **公降阼階南鄉爾卿**　閩、監、毛本作「爾」，此本「爾」誤「以」。⑮

166 **若馳車則害人**　閩、監、毛本作「若」，此本「若」誤「君」。⑯

167 **祥車曠左者**　惠棟挍宋本無「者」字。×

168 鄭引春秋證御者訝也　閩、監、毛本「訝」作「迓」。

169 死葬時因爲魂車　惠棟挍宋本同。閩、監、毛本「因」作「用」。

170 空神至乘車　惠棟挍宋本「至」字作「位也祥車葬之」六字。

171 乘君之乘車不敢曠左者　閩、監、毛本同。惠棟挍宋本無「不敢曠左者」五字。

172 左旋右抽　閩、監、毛本作「抽」，此本「抽」誤「柚」。

173 僕御婦人則進左手者　閩、監、毛本同。惠棟挍宋本作「僕御婦人則進左手正義曰」。

174 僕在中央　閩、監、毛本作「央」，此本誤「軍」。

175 不如御者之車也　閩本同。惠棟挍宋本同。監、毛本「御」作「法」。

176 車上不廣欬者　閩、監、毛本同。惠棟挍宋本無「者」字。

177 立視五巂　惠棟挍宋本「巂」下有「者」字。

178 則前十六步半地　惠棟挍宋本同。閩、監、毛本「地」誤「也」。

179 規是圓　閩、監本同。毛本「圓」改「圜」。

180 言或爲縈　閩、監、毛本作「縈」，此本「縈」誤「禜」。

181 不得遠矚　閩、監、毛本作「矚」，此本「矚」誤「曙」。

182 不飛揚出轍外也　閩本同。監、毛本「楊」作「揚」。

183 國君下齊牛式宗廟者　閩、監、毛本同。惠棟挍宋本無「者」字。✕

184 式齊牛鄭注周官　閩、監、毛本作「牛」，此本誤「牢」。✕

185 謂臣行儀理禮　閩、監、毛本「理」作「習」。✕

186 故亦居左式而敬之　閩、監本同。毛本「故」誤「改」。✕

187 若以足蹴蹌之　閩、監、毛本「蹌」作「踏」。✕

03—188 則有責罰也　閩、監、毛本同。惠棟挍宋本「有」作「被」。

校記

❶南昌本校語「鏜」作「堂」。

❷南昌本此條在「闔弒吴子餘祭」條後。

❸南昌本校語無「閩、監本同」與「考文引宋板作『弒』」二句。

❹南昌本校語下有「今正」。

❺南昌本校語下有「今正」。

❻南昌本校語下有「今正」。

❼南昌本出文改作「同公羊之義也」，上提一格。校語「此行在疏同公羊之義也之後」改作「此下標禮記正義卷第四終」。

❽南昌本下有校語「惠棟挍宋本自此節起至去國三世爵祿無列於朝節止爲卷五，首題禮記正義卷第五」。

❾南昌本校語下有「今正」。

❿南昌本校語下有「今正」。

⓫南昌本校語下有「今正」。

⓬南昌本出文「貳」作「二」。

⓭南昌本校語下有「今正」。

⓮南昌本校語下有「今正」。

⓯南昌本校語下有「今正」。

⓰南昌本校語下有「今正」。

禮記注疏校勘記卷四

曲禮下第二

04—001 凡奉者當心節　惠棟云：「凡奉」節、「執天子之器」、「凡執」節、「執主器」節、「立則磬折」節，宋本合爲一節。

002 凡奉至當帶　惠棟挍宋本無此五字。

003 此一節論臣所奉持及俛仰裼襲之節　閩、監、毛本同。浦鏜挍云「此一節」當作「自此至則襲」五字。案，宋本本連五節爲一節，故云「此一節」云云。衞氏集説作「自此至則襲」一節，蓋以意增損之。

執天子之器節

004 正義曰嚮明常法　惠棟挍宋本無「正義曰」三字。

凡執主器節

005 正義曰嚮明持奉高下之節　惠棟挍宋本無「正義曰」三字。

執主器節

006 行不舉足　石經同，岳本、嘉靖本同，正義亦作「行不舉足」。釋文出「行舉足」，云「一本作『行不舉足』」。

007 車輪謂行不絶也　閩、監、毛本同。岳本「也」作「地」，嘉靖本同，宋監本同。案，經傳通解亦作「地」，考文引古本「也」上有「地」字，正義云「如車輪曳地而行」，注有「地」字爲是。

立則磬折垂佩節

008 裼襲文質相等耳　閩、監、毛本「等」作「變」，岳本、嘉靖本同，衞氏集説同。

009 正義曰嚮明奉持　惠棟挍宋本無「正

義曰」三字。

010 **故佩歷委於地**　惠棟挍宋本「歷」作「罄」，閩、監、毛本作「垂」。

011 **令垂向於下**　監、毛本作「令」。此本「令」誤「今」，閩本同。

012 **以經云裼襲者人之裼襲**　閩、監、毛本「者」作「據」。

013 **用之以冒諸侯之至以爲瑞信**　惠棟挍宋本、閩、監、毛本「至」作「圭」，是也。❶

014 **注以四鎮之山爲綵飾**　惠棟挍宋本「綵」作「瑑」，閩、監、毛本作「琢」。案，作「綵」非也，作「琢」亦誤，當作「瑑」。浦鏜挍云「瑑」誤「琢」，下「瑑飾」「瑑」同，是也。

015 **蓋皆象以人形爲琢飾**　閩、監、毛本同。惠棟挍宋本「琢」作「瑑」。

016 **其文縟細**　閩、監、毛本作「縟」，此本「縟」誤「縛」。

017 **言以爲穀稼及蒲葦之文**　閩、監本「以」作「琢」。惠棟挍宋本「言以」作「蓋瑑」，是也。

018 **男執蒲璧五寸是也**　閩、監、毛本同。惠棟挍宋本「是」作「長」，此本「五」誤「三」。

019 **知者是聘禮記文**　惠棟挍宋本同。閩、監、毛本「文」誤「云」。

020 **其上公及二王之后**　閩、監、毛本「后」作「後」。

021 **享后璋以皮**　閩、監、毛本作「璋」，此本「璋」誤「瑄」。

022 **享后琮以錦**　閩、監本同。毛本「琮」誤「璋」，考文引宋板作「琮」。

023 **其玉小大各如其命數**　閩、監、毛本同。惠棟挍宋本「小大」作「大小」。

024 故聘禮記　閩、監、毛本同。惠棟挍宋本「記」下有「云」字。

025 若板之藻藉則常有　閩、監本同。毛本「板」作「版」。

026 不言禓襲者賤不禓　閩、監、毛本同。惠棟挍宋本「不禓」下有「也」字。

027 國君不名卿老世婦節　惠棟云：「國君」節、「君大夫之子」節，宋本合爲一節。

028 言長妾者當謂娣也　閩、監、毛本同。惠棟挍宋本「謂」作「爲」。

君大夫之子節

029 世或爲大　岳本同。嘉靖本同。閩、監、毛本「大」作「太」，考文引宋板、古本、足利本作「大」，疏標起止「注辟僭」至「爲大」同。

030 此諸侯稱大夫士之子也　閩本同。監、毛本「稱」作「之」。案，「之」字是也，此「稱」字與下「之嗣子某」「之」字蓋互易。

031 諸侯在喪之嗣子某　閩本同。監、毛本「之」作「稱」。

032 生在稱世子何　閩本同。監、毛本「生」作「父」。

033 故云避僭傚也　閩、監、毛本作「傚」，此本誤「俲」。

034 世子欲不得同　閩、監、毛本同。惠棟挍宋本「欲」作「貴」，不誤。

035 臣不改也　閩、監、毛本作「改」，此本誤「故」。

君使士射節

036 君使至之憂　惠棟挍宋本無此五字。

037 負檐也　閩、監本同。毛本「檐」作「擔」，下「檐樵」同。○按，依說文當作「儋」，古書多假「檐」爲之，擔，俗字也。

038 注使士射謂以備耦也憂或爲疾　閩、監、毛本同。惠棟挍宋本作「注使士至爲疾」。

侍於君子節

039 若子路帥爾而對　宋監本同。嘉靖本同。閩、監、毛本「帥」作「率」，岳本同。考文引宋板作「帥」，足利本作「帥爾先對」，「帥」字是也，「先」字非也。正義標起止云「禮尚至而對」，是正義本不作「先」。

040 君子至行之　惠棟挍宋本無此五字。

041 子路曾晢　閩本同。監、毛本「晢」作「晢」。

042 君子行禮節　惠棟云：「君子行禮」節、「去國三世」節、「去國三世」節，宋本合爲一節。

043 謹脩其法而審行之　閩、監本同。石經同。岳本、嘉靖本同。毛本「脩」作「修」，疏同。

* 君子至行之　惠棟挍宋本無此五字。

044 各依文解之　閩、監、毛本同。惠棟挍宋本「依」作「隨」。

045 封魯因商奄之人　閩、監、毛本同。惠棟挍宋本「魯」下有「公」字，與定四年傳合。

046 封康叔於殷虛　閩、監、毛本「虛」作「墟」，惠棟挍宋本亦作「虛」，下「封唐叔於夏虛」同。

去國三世爵祿有列於朝節

047 將明得變改　閩、監、毛本同。惠棟挍宋本「改」作「故」，續通解同。

048 出入猶吉凶之事　閩、監本同。毛本「猶」作「有」，續通解同。

049 時爲季氏家廢長立少　閩、監、毛本作「家」，此本「家」誤「冡」。

050 魯立臧爲　閩、監、毛本「魯」作「乃」。○按，作「乃」與襄廿三年傳合。

051 其都無親在故國　閩、監、毛本作「都」，此本誤「郡」。

去國三世爵祿無列於朝節

052 去國三世爵祿無列於朝出入無詔至之法　閩、監、毛本同。惠棟挍宋本作「去國至之法」。×

053 正義曰此猶是論無列無詔而反告宗後者　閩、監、毛本作「論」，此本誤「之」，惠棟挍宋本無「正義曰」三字。

054 明有列理不從也　閩本同。惠棟挍宋本同。監、毛本「理」作「則」。

055 案句命決云　閩本同。監、毛本「句」作「鉤」，是也。

056 黑綠不伐蒼黃　閩、監、毛本同。惠棟挍宋本「伐」作「代」。

057 鄭注云起爲卿大夫者　閩、監本「注」作「意」，考文引宋板同，毛本「注」字無。

058 禮記正義卷第五終　惠棟挍宋本此八字在疏「不得變本也」之後，記云凡二十七頁。❷

059 禮記正義卷第六　惠棟挍宋本分「君子已孤」以下爲卷第六。×

君子已孤節❸

060 已孤暴貴　閩、監本同。石經同。岳本、嘉靖本同。毛本「暴」作「㬥」，疏同。

061 不爲父作謚　閩、監本同。石經同。嘉靖本同。毛本「謚」作「諡」，岳本同，疏放此。○按，當作「謚」。

062 君子至作謚　惠棟挍宋本無此五字。

063 亦上行本國之俗　閩本同。監、毛本

「亦」作「以」，非。考文引宋板作「亦」。

居喪未葬節

064 **喪復常**　各本同。石經同。通典一百五作「喪止復常」。考文云足利本作「喪畢復常」。陳澔注本亦或有「畢」字。

065 **居喪至婦女**　惠棟挍宋本無此五字。

066 **振書端書於君前節**　惠棟云：「振書」節、「龜筴」節、「君子將營宮室」節，宋本合爲一節。

067 **振書至有誅**　惠棟挍宋本無此五字。❹

068 **臣不豫愼**　閩、監本同。毛本「豫」作「預」。

龜筴節

069 **方板也**　閩、監本同。岳本、嘉靖本同。毛本「板」作「版」。釋文出「方板」，云「字又作『版』」，正義本作「板」，毛本改從釋文又本，非。

070 **正義曰此以下明臣物不得入君門者也**　惠棟挍宋本無「正義曰」三字，餘同。閩、監、毛本「君」作「公」。

071 **蒲席以爲邊牆也**　惠棟挍宋本同。閩、監、毛本「以」字脱。

072 **苞屨謂藨蒯之草**　閩、監本同。毛本「謂」誤「爲」，「草」作「艸」。

073 **厭帖無者彊**　閩本同。惠棟挍宋本「彊」字同，「者」作「耆」，監、毛本「者彊」作「梁纚」，衛氏集説同。案，當作「耆彊」，宋本是也。古訓耆爲彊，逸周書謚法云「耆，强也」，左氏昭廿三年傳「不懦不耆」，杜預注亦云「耆，彊也」，疏意蓋謂無耆彊之謂，厭帖而已。「耆」作「者」，形近之誤也。

074 **唯公門有稅齊**　閩、監、毛本同。惠棟挍宋本「齊」下有「衰」字。○按，服問有「衰」字。

075 及棺中服器也　閩、監、毛本同。惠棟挍宋本「服」作「明」。

君子將營宮室節

076 謂書送物於板行列之數多少　閩、監、毛本同。惠棟挍宋本「少」下有「也」字。×

077 廄庫爲次　閩、毛本同。監本「廄」作「廐」，嘉靖本同。石經作「廏」，岳本同。

078 凡家造節　惠棟云：「凡家造」節、「大夫士去國」節，宋本合爲一節。

079 凡家至邱木　惠棟挍宋本無此五字。

080 大夫爲家　閩、監、毛本「爲」作「稱」。×

081 此明不得造者下民也　閩、監、毛本「下民」作「不同」。

082 大夫磬樂皆具　閩、監、毛本同。惠棟挍宋本「磬」作「聲」，與禮運文合。×

083 得造不得具　閩、監、毛本作「具」，此本「具」誤「其」。

084 同官可可以共有　閩本同。考文引宋板「可」字不重，衞氏集説同。監、毛本上「可」字作「同」。案，「可」字不重是也。

大夫士去國節

085 大夫士去國祭器不踰竟　石經同。岳本、嘉靖本同。釋文出「去國祭器不踰竟」，云「一本作『大夫士去國』」，下『去國踰竟』亦然」。

086 注云此用至親也　閩、監、毛本同。惠棟挍宋本無「云」字，「注」字上有「○」。×

087 注寓寄至後還　監、毛本同。閩本「注」誤「寓」。×

088 夫物不被用　監、毛本作「被」，衞氏集説同。此本誤「彼」，閩本「被」作「常」。

大夫士去國踰竟節

089 鬋鬋鬢也　閩、監、毛本同。岳本、嘉靖本同。考文云古本「鬢」作「鬚」，釋文出「鬋」字，又云「鄭云謂鬋鬢也」。○按，段玉裁云：「喪大記『爪手翦須』，可證此亦當鬋須，非鬋鬢也。釋文引鄭注作『翦』，乃『鬋』之假借字。」

090 大夫至復服　惠棟挍宋本無此五字。

091 去國當待於也　閩、監、毛本「於」作「玦」。按，此本「於」當「放」字之誤。

092 有桑梓之變　閩、監、毛本「變」作「戀」，衛氏集説同，是也。

093 以喪禮自變處也　閩、監、毛本同。考文引宋板「變」作「戀」，非也。

094 不謂待歸而謂待放者　閩、監、毛本作「放」，此本誤「於」。

095 不敢必放　閩、監、毛本「放」作「還」。×

096 鞮屨者得無絇繶屨也　閩、監、毛本「得」作「謂」，「繶」作「飾」。×

097 玄冠黑屨　儀禮士冠禮「冠」作「端」。

098 古屨以物繫之爲行戒　惠棟挍宋本同。閩本「屨」誤「絇」，監、毛本「屨」誤「絇」。

099 絇爲絇著屨頭　閩、監、毛本「絇著」作「拘著」。

100 篋車覆蘭也　惠棟挍宋本同。閩、監、毛本「蘭」作「闌」。

101 不蚤鬋者　閩、監、毛本同。惠棟挍宋本「鬋」作「翦」，假借字。

102 以治手足爪也　閩、監、毛本同。惠棟挍宋本「以」作「蚤」，衛氏集説同。

103 吉則治翦爲飾　惠棟挍宋本同。閩、監、毛本「翦」誤「鬋」。×

104 與童子垂髦同　閩、監、毛本同。考文引宋板「鬈」作「髮」。

105 大夫士見於國君節　惠棟云：「大夫士」節、「大夫士相見」節、「凡非弔喪」節，宋本合爲一節。盧文弨云：案疏有男女在內，則當并合「大夫見於國君」節，或惠本誤記耳。

106 大夫至荅拜　惠棟按宋本無此五字。

107 君若迎先拜賓　閩、監、毛本作「君若」，此本「君若」誤「君君」。

凡非弔喪節

108 唯有弔喪也士見巳君　惠棟按宋本同。閩本同。監、毛本「也」作「與」。

109 君不荅士者　閩、監本同。毛本「荅」誤「拜」。

110 國君至拜士賤　閩、監、毛本同。惠棟按宋本無「拜」字。

大夫見於國君節

111 大夫至相荅拜也　惠棟按宋本作「大夫至其辱」。

112 正義曰辱　惠棟按宋本無「正義曰」三字。

113 男女相荅拜也者　閩、監、毛本同。惠棟按宋本無「者」字。

114 俗本云男女不相荅拜　閩、監、毛本同。惠棟按宋本「拜」作「也」。

115 則有不粱爲非　惠棟按宋本、閩本同。監、毛本「粱」作「字」，非也。

國君春田不圍澤節

116 國君至麛卵　惠棟按宋本無此五字。

117 不欲多傷殺　監、毛本作「欲」，衞氏集說同。此本「欲」誤「殺」，閩本同。

歲凶節

118 大夫不食梁　石經作「粱」，閩、毛本同，岳本、嘉靖本同。此本誤「梁」，監本同，疏放此。

119 皆自爲貶損憂民也　閩、監、毛本同。岳本同。嘉靖本同。考文引宋板「自爲」作「爲自」，古本、足利本同。案，衛氏集説作「皆爲歲凶自貶損憂民也」，「歲凶」二字是衛氏所增成，「自」字在「爲」字下，則與宋板合，正義亦言「自貶損」。

120 鍾磬之屬也　宋監本同。嘉靖本同。閩、監、毛本「鍾」作「鐘」，岳本同，疏放此。案，衛氏集説亦作「鍾」。五經文字云：「鐘，樂器。鍾，量名，又聚也。今經典通用鍾爲樂器。」

121 歲凶至飲酒不樂　惠棟挍宋本無此七字。

122 謂不除於草萊也　閩、監本同。毛本「草」作「艸」。

123 朔月太牢　閩、監、毛本同。惠棟挍宋本「太」作「大」。

124 此玉藻文　毛本同。閩、監本「文」誤「云」。

125 非凶年常食殺牲之事　閩、監、毛本同。惠棟挍宋本「常食」二字脱。

126 此膳而不祭肺　閩、監、毛本同。惠棟挍宋本無「而」字。

君無故玉不去身節

127 君無至琴瑟　惠棟挍宋本無此五字。

128 無故則有容飾　閩、監、毛本同。惠棟挍宋本「有」下有「其」字。

129 故鄭前注士不樂去琴瑟　惠棟挍宋本作「注」，是也。此本「注」誤「央」，閩、監、毛本作「云」。

130 則知下通於士也　惠棟挍宋本同。閩、監、毛本「士」誤「上」。

131 故大夫言之矣　惠棟挍宋本同。閩、監、毛本「矣」作「耳」。

132 小胥大夫判縣　閩、監、毛本同。惠棟挍宋本「胥」下有「云」字。

133 故鄉飲酒有工歌之樂是地縣題辭云　閩本同。監、毛本「地」作「也」，是也。考文引宋板「縣」作「説」。

134 士有獻於國君節　惠棟云：「士有獻」節、「大夫私行」節，宋本合爲一節。

135 士有至后對　惠棟挍宋本無此五字。

大夫私行節

136 私行謂以巳事也　閩、監、毛本同。惠棟挍宋本「巳」作「己」，宋監本同，岳本同。按，作「己」是也。

137 謂道中無恙　閩、監、毛本同。岳本同。嘉靖本同。釋文出「不恙」，與正義本異。

138 但必知還而已　閩本同。監、毛本「知」作「告」。

139 或有本云士有獻字非也　閩、監、毛本同。浦鏜挍云十字當在上「反必告」疏之下。

140 問其行拜而後對者　閩、監、毛本同。惠棟挍宋本「後」作「后」。按，古書多假「后」爲「後」。

國君去其國節

141 奈何去社稷也　閩、監、毛本同。石經同。岳本「奈」作「柰」，嘉靖本同，衛氏集説同，後放此。案，此本疏中亦皆作「柰」字。○按，作「奈」俗字也。

142 衆謂君師　閩、監、毛本同。岳本、嘉靖本同。衛氏集説同。惠棟挍宋本「君」作「軍」。

143 國君至死制　惠棟挍宋本無此五字。

144 故云去社稷　閩、監、毛本作「云」，此本誤「去」。×

145 昔大王居豳　惠棟挍宋本作「大」，是也。閩、監、毛本作「太」，乃後出之字。

146 故知有去國之義也　閩、監、毛本同。惠棟挍宋本「知」下有「是」字。×

147 大夫曰柰何去宗廟也者　閩、監、毛本同。惠棟挍宋本無「者」字。×

148 故不可去也注云　閩、監、毛本「注」上誤隔「○」。×

149 君天下曰天子節　惠棟云：「君天下」節、「踐阼」節、「臨諸侯」節、「崩曰」節、「告喪」節，宋本合爲一節。

150 天下謂外及四海也　閩、監本同。岳本、嘉靖本同。毛本「下」誤「子」。

151 以天下之大　閩、監、毛本同。考文引宋板「大」作「人」。

152 天子爵號三也　監、毛本作「天」。此本「天」誤「太」，閩本同。

踐阼節

153 正義曰踐履也　惠棟挍宋本無「正義曰」三字。

154 故公羊文九年傳云　閩、監、毛本作「文」，此本「文」誤「云」。×

155 內事曰孝王某　惠棟挍宋本作「內事」。此本「內事」誤「天子」，閩、監、毛本同。

156 其下文云　閩、監、毛本同。惠棟挍宋本無「其」字。

157 得罪于母弟之寵子帶　監、毛本作「于」。此本「于」誤「子」，閩本同。

158 成王殯未能踰年　閩、監、毛本同。惠棟挍宋本「殯」下有「後」字，「未」下無「能」字。

159 受顧命從吉　閩、監本同。毛本「吉」誤「古」，考文引宋板作「吉」。

160 注皆祝至外内　閩、監、毛本作「外内」，此本「外内」二字誤倒。

161 猶從來辭　閩本同。監、毛本「來」作「外」。

162 恐非辭義　閩、監、毛本同。考文引宋板「辭」作「鄭」，是也。

臨諸侯節

163 曰有天王某甫　石經同。岳本、嘉靖本同。案，釋文出「某父」，云「音甫，注同」。正義本作「甫」，與釋文不同本也。○按，「甫」正字，「父」同音假借字。

164 祝告致於鬼神辭也　閩、監、毛本同。岳本同。嘉靖本亦作「致」，正義同，惠棟挍宋本作「至」。宋監本「於」作「于」。

165 畛或爲祇　閩、監本同。岳本、嘉靖本同。毛本「祇」作「祗」。案，玉篇耳部「𦕈」云：「之忍切。埤蒼曰『告也』，禮記曰『𦕈於鬼神』。亦作『畛』」。

166 正義曰此謂天子巡守　惠棟挍宋本無「正義曰」三字。

167 祝告神時也　惠棟挍宋本、閩本同。監、毛本「時」作「辭」。

168 祝稱天子字而下云甫　閩、監、毛本如此，此本「祝」誤「既」，「下」誤「不」。

169 是尼父之類也　閩、監、毛本同。惠棟挍宋本「是」作「猶」。衞氏集説作「猶尼父類也」。

170 父猶傅也　監、毛本同。閩本「傅」誤

「傳」。

171 **稱陽童某甫**　閩、監、毛本作「童」，此本誤「章」。❺

172 **注畛致至事**　閩、監本同。毛本「事」上有「用」字。

173 **正義曰致鬼神**　閩、監、毛本同。惠棟挍宋本「致」下有「於」字。

174 **謂昔爲諸侯卿士者**　閩、監、毛本如此，此本「士者」誤「者者」。

175 **而使太祝告鬼神**　閩、監、毛本「太」作「大」，下「太祝」放此。

崩曰節

176 **始死時呼魄辭也**　閩本同。岳本、嘉靖本同。監、毛本「魄」作「魂」，衞氏集説同，通典八十三亦作「魄」。

177 **正義曰此謂告王者**　惠棟挍宋本無「正義曰」三字。

178 **自而墜下曰崩**　閩本同。監、毛本「而」作「天」，考文引宋板「天」作「上」。案，「上」是也，衞氏集説亦作「自上墜下曰崩」。

179 **猶望應生**　閩本同。惠棟挍宋本同。監、毛本「應」作「復」。

180 **呼稱天子望更生之義**　惠棟挍宋本作「望」，此本「望」誤「塋」，閩本同。監、毛本作「復」，亦非。

告喪節

181 **告喪至名之**　惠棟挍宋本作「告喪曰天王登假」，無下「正義曰」三字。

182 **措之廟立之主者**　閩、監、毛本同。惠棟挍宋本作「措之至曰帝」。

183 **措置也**　監、毛本作「措」，此本「措」誤「然」。閩本同。

184 蓋記之爲題　閩、監、毛本同。惠棟挍宋本「爲」上有「以」字。

185 欲令后可知也　閩、監、毛本「后」作「後」。×

186 是葬竟虞數畢后之祭名也　閩、監、毛本同。惠棟挍宋本「后」作「後」。×

187 鄭人以爲人君之禮　閩、監、毛本同。考文引宋板上「人」字闕。盧文弨云「人」疑當爲「又」。○按，宋本是也。

188 天子未除喪曰予小子者　閩、監、毛本同。惠棟挍宋本作「天子至小子」。❻

189 凡有三時　閩本同。監、毛本「三」誤「二」。×

190 既葬稱子者　閩、監本同，此本「既」誤「即」。

191 未忍安吉故僖三十三年　閩、監、毛本如此，此本「吉」誤「葬」，下「三」字誤「二」。

192 生名之死亦名之者　閩、監、毛本同。惠棟挍宋本無「者」字。×

193 天子有后節　惠棟云：「天子有后」節、「天子建天官」節，宋本合爲一節。❼

194 言其后於天子　閩、監、毛本同。惠棟挍宋本「后」作「後」。×

195 不立正配　閩、監、毛本「配」作「妃」。案，古「妃」讀如「配」，故經典釋文中「妃本或作『配』」不一而足。檀弓注作「妃」，本字；此作「配」，假借字。

196 增九女則十二人　閩、監、毛本作「則」，此本「則」字闕。浦鏜挍云「合」誤「則」。案，檀弓注作「合」。

197 周又三二十七人　閩、監、毛本同。惠棟挍宋本無「人」字。案，依檀弓注無「人」字是。

198 更以次序　閩、監、毛本作「更以」，此本「更以」二字闕，惠棟挍宋本「以」作「與」。

199 陰陽契制　閩、監、毛本同。浦鏜挍云衍「陽」字。案，考文引宋板「陽」字黑圍無字。山井鼎云：「鄭九嬪注無『陽』字，宋板爲是。」○按，賈景伯云「月乃爲天契制，故云陰契制」，是賈疏亦無「陽」字也。

天子建天官節

200 司草　閩、監本同。石經同。岳本、嘉靖本同。毛本「草」改「艸」，後凡「草」字放此。廣韻云「説文作『艸』，經典相承作『草』」，是不必改。

201 卝人也　惠棟挍宋本作「卝」，岳本、嘉靖本同。此本「卝」誤「井」，閩、監、毛本作「丱」，亦誤。此本正義中作「卝」，不誤。○按，依説文當作「磺」，从石，黄聲，假借作「卝」。周禮有「卝人」，鄭注云「卝之言磺也」，賈景伯疏云「經所云『卝』，是總角之『卝』字，此官取金玉於卝，字無所用，故轉從石邊廣之字」。卝之言磺，非，「卝」即「磺」字也。

202 築冶鳬栗鍛桃也　惠棟挍宋本同。宋監本同。岳本、嘉靖本同。閩、監、毛本「栗鍛」作「臬段」，衛氏集説同，考文引古本、足利本亦作「栗鍛」。釋文出「段」，云「本又作『鍛』」。正義本作「段」。段玉裁云：義疏單行，無經注，宋人或以分附經注之下，不知始於何人，亦不知其所附者爲何本，故疏與經注時有牛頭馬脯，此類是已。○按，作「段」是也。説文金部「鍛」訓「小冶也」，别是一字。

203 天子建天官至致貢曰享　惠棟挍宋本作「天子至六曲」，無下「正義曰」三字。

204 天子之五官者　閩、監、毛本同。惠棟挍宋本無「者」字。

205 注衆謂至六官正義曰　閩、監、毛本「官」下有「○」。

206 故詩云濟濟多士是也　惠棟挍宋本亦有「是」字，閩、監、毛本脱，又於「也」下誤衍一「○」。

207 以上天地鬼神之事　閩、監、毛本「上」作「主」。

208 殷六卿外復别立此六官也　惠棟挍宋本作「復」。此本誤「服」，閩、監、毛本同。×

209 主量度山之大小所生之物　閩本同。監、毛本「主」誤「王」。×

210 石工木工　閩、監、毛本如此，此本倒作「木工石工」。

211 漢搆千金不得　閩、監、毛本「搆」作「購」。○按，依説文當作「購」，云「以財有所求也」。×

212 今唯有考工記以代之　閩、監、毛本同。惠棟挍宋本無「以」字。

213 陶人爲甗實二鬴　閩、監、毛本如此，此本「甗實」誤「甑賓」。

214 旊人職云　閩、監、毛本同。惠棟挍宋本「旊」作「瓬」。×

215 旊是放法陶是陶冶　閩、監、毛本如此，此本「放」誤「故」，「冶」誤「治」。×

216 互文耳　監、毛本作「互」。此本「互」誤「牙」，閩本同。案，古「互」字或作「牙」，因誤爲「牙」耳。易大畜「豶豕之牙」，鄭注：「牙讀爲互。」

217 冶謂煎金石者冶鑄爲之　閩、監、毛本同。浦鏜挍云「石」疑「錫」字誤。×

218 爲豆區鬴鍾之屬也　閩、監、毛本作「鬴」，此本「鬴」字闕。又閩、監、毛本「爲」作「謂」，「鍾」作「鐘」。

219 段氏主作錢鎛田器　閩、監、毛本「鎛」

作「鎛」。

220 能作戈戟柲者也　閩、監、毛本作「柲」，此本「柲」誤「秘」。

221 爲笱虡之屬也　閩、監本作「虡」，此本誤「虞」。宋本、毛本作「簴」，是也。

222 于寶云　閩、毛本同。惠棟挍宋本「于」作「干」，監本同，是也。

223 有師氏之屬是言師者也　閩、監、毛本同。惠棟挍宋本下「師」作「氏」，非也。

224 致蠶職之功　閩、監、毛本作「蠶」，此本誤「品」。浦鏜挍云「織」誤「職」。

04—225 故下云五官之長曰伯　惠棟挍宋本同。閩、監、毛本「云」誤「文」。　✕

校記

❶南昌本出文「至」作「圭」，校語「至作圭」改「并作圭」，下有「此本誤至」。

❷南昌本出文改作「不得變本也」，上提一格。校語「此八字在疏不得變本也之後」改作「此下標禮記正義卷第五終」，「記云」上有「又」字。

❸南昌本下有校語「惠棟挍宋本自此節起至庶方小侯節止爲卷六，首題禮記正義卷第六」。

❹南昌本出文下移一格。

❺南昌本校語下有「今正」。

❻南昌本出文「予」作「余」。

❼南昌本校語「建」作「見」。

禮記注疏校勘記卷五

曲禮下

05—001 五官之長曰伯節　惠棟挍云：「五官之長」節、「其擯」節、「九州之長」節、「其在東夷」節、「於内自稱」節、「庶方小侯」節，宋本合爲一節。

002 五官至職方　惠棟挍宋本無此五字。

003 故詩崧高注云當堯時　監、毛本作「時」。此本「時」誤「氏」，閩本同。

004 明堯末置之　閩、監本作「末」。此本誤「未」，毛本同。

其擯於天子也節

005 天子同姓謂之伯父　閩、監、毛本同。石經同。岳本、嘉靖本同。釋文出「天子謂之伯父」，云「本或有『同姓』二字，衍文」。正義本有「同姓」二字。

006 正義曰此是二伯也　惠棟挍宋本無上三字。

007 天子同姓謂之伯父者　閩、監、毛本同。惠棟挍宋本無「者」字。

九州之長節

008 正義曰殷曰伯　惠棟挍宋本無上三字。

009 一本云天下同姓　閩本同。監、毛本「下」作「子」。

010 大國之君是侯　閩、毛本同。監本「大」誤「夫」。

其在東夷節

011 雖有侯伯之地　惠棟挍宋本同。宋監本同。閩本同。岳本、嘉靖本同。監、毛本「侯」誤「諸」。

012 正義曰此天子亦選其中賢者　惠棟挍宋本無上三字。

013 故云四海也　閩、監、毛本同。惠棟挍宋本「云」作「曰」。×

庶方小侯節

014 正義曰庶衆也　惠棟挍宋本無上三字。

015 曰天子之力臣　閩、監、毛本同。惠棟挍宋本「曰」上有「則」字。

016 禮記正義卷第六終　惠棟挍宋本此行在疏「對天子皆稱名也」之後，記云凡二十七頁。❶

017 禮記正義卷第七　惠棟挍宋本分「天子當依而立」以下爲卷第七。×

天子當依而立節❷

018 天子至曰朝　惠棟挍宋本無此五字。

019 左右几　監、毛本作「几」。此本「几」誤「凡」，閩本同。

020 負之而南面以對諸侯也　閩本同。惠棟挍宋本同。監、毛本「面」誤「而」。

021 欲其來之早　閩本同。惠棟挍宋本同。監、毛本「來」誤「求」。

022 殷覲亦並依時　閩、監、毛本作「覲」，此本誤「[illegible]」，下「然所以殷覲不須分四時者」同。

023 先釋幣於其齊車之行主　監、毛本同。閩本「主」誤「王」。×

024 王受玉　閩、監、毛本作「王」，此本誤「玉」。×

025 恆當門自蔽名曰樹　閩、監本同。考文引宋板同。毛本「恆」誤字，衞氏集說「恆」

作「垣」，是也。

026 而近應門者矣　閩本同。惠棟挍宋本同。監、毛本「矣」誤「也」。

027 諸公在西　閩、監、毛本有「公」字，此本脱。

028 非唯並受爲異　閩、監本同。毛本「受」誤「之」。×

029 公族朝於内朝　閩本同。監、毛本「族」作「侯」，與文王世子不合，考文引宋板作「族」。

030 及王退俟大夫之朝也　閩本同。監、毛本「俟」誤「侯」，考文引宋板亦作「俟」。

* 南面西上上　補，毛本無重「上」字，此本重，疑傳寫之誤。

031 此是每日視朝之位　閩本同。監本「此」字上空闕，毛本脱上字，並非。

諸侯未及期相見節

032 卻間也　閩本同。嘉靖本同。監、毛本「間」作「閒」，岳本同。❸

033 諸侯至曰盟　惠棟挍宋本無此五字。

034 盛以珠盤　閩本同。監、毛本「盤」作「槃」。×

035 許君謹案　閩、監本同。毛本「君」作「慎」。

036 以詛射潁考叔者　監、毛本同。閩本「潁」誤「穎」。○按，廣韻於从禾之「穎」字下云「又姓」，左傳潁考叔亦非，説詳左傳挍勘記。

037 不人君也　閩、監、毛本同。惠棟挍宋本「不」作「下」，是也。

038 故定四年鑪金云　閩、監、毛本同。案，「鑪金」二字不可解，凖以正義引左傳之例，如本節疏所稱僖二十五年左傳云，襄二十六年左傳云，隱七年左傳云，則此當作「故定四年左傳云」，「鑪金」二字當爲「左傳」二字，但形聲絶不相涉，不知何以誤寫至此。浦鏜云「鑪金云」三字當爲衍文。

039 **誓勑士衆之辭也**　閩、監本同。毛本「勑」作「勅」。

040 **興兵伐之也**　閩、監、毛本同。惠棟挍宋本「伐」作「征」。

041 **果敗諸崤**　監、毛本作「崤」。此本「崤」誤「峟」，閩本同。

諸侯見天子節

042 **奉珪請覲**　閩、監、毛本同。惠棟挍宋本「珪」作「圭」，宋監本同，岳本、嘉靖本同，考文云古本、足利本作「圭」。

043 **自稱曰寡人**　閩、監、毛本同。石經同。岳本、嘉靖本同。釋文出「自謂」，云「一本作『自稱』」，正義本亦作「自稱」。❹

044 **遠辟天子**　嘉靖本「辟」作「避」。○按，「避」正字，「辟」假借字。

045 **某甫且字**　閩、監、毛本同。岳本、嘉靖本同。衛氏集説「且」作「舉」，謬。

046 **諸侯至之老**　惠棟挍宋本無此五字。

047 **是鄭意術擯者之辭**　閩本同。監、毛本「術」作「述」。○按，作「術」用假借字。監本初亦作「術」，後改「述」。

048 **不許楚之滅蔡也**　閩、監、毛本作「滅」，此本誤「濟」。❺

049 **舍爲君商人之弒也**　閩、監、毛本同。盧文弨挍本「舍」上增「成」字，「商」上增「惡」字。

050 **言葬後未執玉而執皮帛**　惠棟挍宋本作「未執玉」，衛氏集説同，此本「未執」二字闕，「玉」誤「王」，閩本同，監、毛本「未執玉」作「見於王」，非。

051 故得見也若未葬　惠棟挍宋本作「也若」，衛氏集説同。此本「也若」二字闕，閩、監、毛本作「天子」，非。

052 言謚曰類○言謚謂將葬　閩、監、毛本如此，此本「○言」二字闕，惠棟挍宋本「○」作「者」字，衛氏集説亦作「言謚謂將葬」。

053 故將葬之前　惠棟挍宋本作「故將」，衛氏集説同。此本「故將」二字闕，閩本同。監、毛本作「當未」，非。

054 使大夫行象聘問之禮也　惠棟挍宋本作「行象」，此本「行象」二字闕，閩、監、毛本「行象」作「來行」，與注不合。

055 今請謚使大夫　閩、監、毛本作「謚使」，此本「謚使」二字闕，惠棟挍宋本「使」作「遣」。

056 言類象聘而行此禮也　閩本同。惠棟挍宋本同。監、毛本「象」誤「相」。

057 解經中類字　惠棟挍宋本作「解經」。此本「解經」二字闕，閩、監、毛本同。

058 案玉藻云　惠棟挍宋本作「案玉」，此本「案玉」二字闕。閩、監、毛本「案」作「○」，非。

059 下大夫自名　閩、監、毛本作「名」，此本誤「銘」。

060 若於己君　惠棟挍宋本作「若於」，此本「若於」二字闕。閩、監、毛本「若」作「稱」，衛氏集説同。

天子穆穆節

061 皇且行又曰　惠棟挍宋本作「行又」。岳本同。嘉靖本同。衛氏集説同。此本「行又」二字闕，閩、監、毛本「又」作「者」，非。

062 衆介北面鏘鏘焉　閩、監、毛本同。岳本同。嘉靖本同。衛氏集説同。惠棟挍宋本「鏘鏘焉」三字作「蹌焉」二字，宋監本同。齊召南考證云：「按，鄭用聘禮記文當作『衆介北面蹌焉』，此下疏亦作『蹌焉』，則『鏘鏘』二字並誤也。」○按，段玉裁云：「依説文當作『⿺辶將』，⿺辶將爲行皃。蹌，訓動也。然則禮言行容者皆『⿺辶將』爲正字，『蹌』爲假借字。」

063 天子至焦焦○　惠棟挍宋本無此五字、一「○」。

064 故行止威儀多也　惠棟挍宋本作「行止」，此本「行止」二字闕。閩、監、毛本「行止」作「穆穆」，非。

065 而猶有莊盛　惠棟挍宋本作「猶有」，此本「猶有」二字闕。閩、監、毛本「猶有」作「皇皇」，非。

066 皇皇莊盛也　閩、監、毛本同。惠棟挍宋本下「皇」字作「自」。山井鼎曰：「聘禮注作『皇自莊盛也』，宋板爲是。」

067 並自直行而已　惠棟挍宋本作「自直」，衛氏集説同。此本「自直」二字闕，閩、監、毛本同。

068 故詩有濟濟文王　閩、監、毛本同。惠棟挍宋本「文」作「辟」，是也，衛氏集説同。

069 聘禮人臣　閩、監、毛本同。惠棟挍宋本「人」作「是」，是也。

070 宜己申也　惠棟挍宋本作「申」。此本「申」字闕，閩、監、毛本同。

071 亦聘禮文也　惠棟挍宋本作「也」。此本「也」字闕，閩、監、毛本同。

天子之妃節

072 於其君稱此　毛本如此，岳本、嘉靖本同，衛氏集説同。此本「其君稱」三字闕，閩、監本同。

073 以接見禮敵　閩、監本同。毛本「禮」作「體」，岳本、嘉靖本同，衛氏集説同。案，依正義作「體」，是也。

074 嫌其當　毛本如此，岳本、嘉靖本同，衛氏集説同。此本三字闕，閩、監本同。

075 言子者通男女　毛本如此，岳本、嘉靖本同。衛氏集説無「者」字。此本六字闕，閩本闕五字，監本同。案，考文古本亦無「者」字。

076 亦謂諸侯之卿也　毛本如此，岳本、嘉靖本同，衛氏集説同。此本「之卿也」三字闕，閩、監本同。

077 曰某士者如晉韓起聘於周　閩、監、毛本如此。岳本「如」作「若」，嘉靖本同，宋監本同，衛氏集説同。此本「者如晉」三字闕。

078 陪重也　毛本如此，岳本、嘉靖本同，衛氏集説同。此本三字闕，閩、監本同。

079 天子至曰某　惠棟挍宋本無此五字。

080 妃邦君之合配王　閩、監、毛本同。惠棟挍宋本「邦君之」作「配也判」，是也。

081 以特牲少牢是大夫士之禮　惠棟挍宋本作「少牢是」，是也。衛氏集説同。此本「少牢是」三字闕，閩、監、毛本同。

082 故繼其王言之曰王后也　惠棟挍宋本作「曰王后」，是也。此本「曰王后」三字闕，閩、監、毛本同。

083 孺屬也言其爲親屬　惠棟挍宋本作「也言其」。閩本「言其」作「與之」，非。監、毛本作「與人」，亦非。此本「也言其」三字闕。衛氏集説亦作「言其」。

084 注孺之言屬也　閩、監本同。毛本删「也」字。

085 孺屬也○士曰婦人者　毛本如此，閩本「〇士」誤「大夫」，監本「〇」闕，此本「也〇士」三字闕。

086 其婦號亦上下通名故春秋　惠棟校宋本作「通名故」，閩、監、毛本「名故」作「稱按」，非。此本「通名故」三字闕，衛氏集說三字作「通稱故」。

087 言婦有姑之辭　惠棟校宋本作「有姑之」，衛氏集說同。閩、監、毛本「有姑」作「通稱」，非。此本「有姑之」三字闕。

088 則貴賤悉曰妻　惠棟校宋本作「貴賤悉」。此本「貴賤悉」三字闕。閩、監、毛本「貴賤悉」作「上下通」，衛氏集說同。

089 獨言諸侯　閩、監、毛本作「獨言諸」，惠棟校宋本「獨」作「今」。此本「獨言諸」三字闕。考文引宋板「獨」作「今」，「諸」作「公」，衛氏集說同。

090 故以敵體一人正者爲夫人　惠棟校宋本作「以敵體」，衛氏集說同，閩、監、毛本「以敵體」作「但得以」，此本三字闕。

091 故公羊云夫人無子　惠棟校宋本作「羊云夫」，閩、監、毛本「羊云」作「侯之」，此本「羊云夫」三字闕。

092 文家先立娣之子左氏亦夫人姪娣　惠棟校宋本作「之子左」，此本「之子左」三字闕，閩、監、毛本「左」字闕。

093 謂夫人姪娣也其數二人　惠棟校宋本作「也其數」。此本「也其數」三字闕，閩、監、毛本同。

094 有妾者謂九女之外　惠棟校宋本作「九女」，是也，衛氏集說同。閩、監、毛本「九女」作「六人」，非。此本「九女之」三字闕。

095 自稱曰陪臣某　閩、監本同。毛本「某」下有「者」字。

天子不言出節

096 天子至姓名 惠棟挍宋本無此五字。

097 所在稱君 閩、監、毛本同。浦鏜挍云「居」誤「君」。

098 君子不親比惡人 閩、監、毛本「比」作「此」，衛氏集説同。

099 注天至是也 閩、監本同。毛本「天」下有「子」字。

100 王立公子黔牟 閩、監、毛本「黔」作「黔」，下同。

101 故鄭揔言絶之 閩本同。惠棟挍宋本同。監、毛本「絶」字脱，「之」下有「也」字。

爲人臣之禮節

102 爲人至逃之 惠棟挍宋本無此五字。

103 五曰贛諫 閩、監本同。毛本「贛」作「戇」，下同。

104 若三諫不聽 閩、監、毛本同。惠棟挍宋本「聽」作「從」，衛氏集説同。

子之事親也節

105 子之至隨之 惠棟挍宋本無此五字。

106 冀有悟而改之 閩、監、毛本同。惠棟挍宋本「之」作「也」，衛氏集説同。

君有疾節

107 君有疾飲藥至醫不三世不服其藥 惠棟挍宋本無此十四字。

儗人必於其倫節

108 儗人必於其倫○ 惠棟挍宋本無此七字。

問天子之年節

109 問天至負薪也 惠棟挍宋本無此六字。

110 禮齒路馬有誅 閩、監本同。毛本「路」

誤「露」。

111 謙不敢言見也　監、毛本作「見」，衛氏集説同。此本「見」誤「用」，閩本同。

112 數射筭　閩、監本同。毛本「筭」作「算」，是正字。

113 但以子自典告也　閩、監、毛本作「告」，衛氏集説同，此本「告」誤「吉」。

114 謂主事者　閩本同。監、毛本「主」誤「王」。

問國君之富節

115 問國至以對　惠棟挍宋本無此五字。

116 謂食民下賦税之力也　閩、監、毛本「民下」作「下民」，衛氏集説同。

117 天子祭天地節　惠棟挍云：「天子祭天地」節、「凡祭」節、「天子以犧牛」節、「支子」節，宋本合爲一節。

118 天子至其先　惠棟挍宋本無此五字。

119 故孝經説云　惠棟挍宋本同。閩、監、毛本「云」作「文」。

120 周人宗武王是也　閩、監、毛本同。浦鏜挍云下當脱「祭地者謂祭崑崙之神及神州地祇也」一十五字。

121 於一州中更分爲九州　惠棟挍宋本作「一」，是也。此本誤「〇」，閩、監、毛本作「神」，亦非，衛氏集説同。

122 歲徧者謂五方之帝　閩、監本同。毛本「謂」誤「爲」。

123 大夫不得方祀及山川　監、毛本同。閩本「山」誤「三」。

124 天子王有四海　惠棟挍宋本同。閩、監、毛本「王」作「主」。

125 其天有六　惠棟挍宋本同。閩、監、毛本「其天」作「天神」，非。

126 紫微爲天帝北極輝魄寶　閩、監、毛本「輝」作「耀」。

127 以刺幽主之無道　閩、監、毛本「主」作「王」，是也。❻

128 既無等差　惠棟挍宋本同。閩、監、毛本「等差」二字倒。

凡祭節

129 凡祭至無福　閩、監、毛本同。惠棟挍宋本「無福」作「廢也」。

130 注爲其至嫌也　閩、監本同。毛本「嫌」上衍「不」字。

天子以犧牛節

131 犧純毛也　閩、監、毛本同。岳本、嘉靖本同。釋文出「牷」，云「音全，一本作『純』」，考文引古本作「牷」。

凡祭宗廟之禮節

132 卒哭成事附皆太宰　閩本同。惠棟挍宋本同。監、毛本「附」作「祔」，下同。

133 豚曰腯肥　石經同。岳本、嘉靖本同。釋文出「豚曰腯肥」，云「腯，徒忽反。注同。本或作『豚』」。案，此經文「腯」字及注「腯亦肥也」並當從釋文「或作『豚』」本。盧文弨挍云：觀注云「春秋傳作腯」，則此不作「腯」明矣。釋文下又有作「腯，徒忽反」一音，若「腯」字上先見，當云「注同」，不必更出矣。

134 槀魚曰商祭　閩、監、毛本作「魚」，石經同，岳本同。此本「魚」誤「兎」。嘉靖本「商」誤「啇」。

135 稷曰明粢　石經同。岳本同。各本同。程瑤田九穀考云：「蔡邕獨斷無『稷曰明粢』句。釋文『明粢，一本作明粱，古本無此句』。案，隋王劭勘晉、宋古本皆無『稷曰明粢』句，立八疑十二證。孔疏非之，引鄭氏士虞禮注以斥其妄。然考鄭氏注曲禮於『稷曰明粢』句無解説，其注士虞禮曰『明齊，新水也』，又曰『或曰當爲明視，謂兎腊也。今文曰明粢，粢，稷也。皆非其次』。尋其語氣，鄭於『明視』意中有曲禮『兎曰明視』之説，故直斥之曰『謂兎腊也』。於『明粢』意中無曲禮『稷曰明粢』之説，故必申言『粢』字。据爾雅『粢稷』之云以斥今文之非。由是言之，鄭注曲禮時，或實無『稷曰明粢』句，而晉宋以後人誤讀士虞禮注而加之亦未可知耳。王劭所見古本恐未可遽斷其非漢代流傳真本。」

136 稻曰嘉蔬　石經同。岳本、嘉靖本同。釋文出「嘉疏」，云「本又作『蔬』」。通典四十八引「稻曰嘉蔬」。

137 號牲物者異於人用也　毛本如此，岳本、嘉靖本同，宋監本同，衛氏集説同。此本「者用」二字闕，閩、監本同。

138 翰猶長也　惠棟挍宋本作「猶長」，宋監本同，岳本、嘉靖本同。閩、監、毛本「猶長」作「長聲」，衛氏集説同。此本「猶長」二字闕。釋文出「翰長」，通典四十八引「翰長也」，無「猶」字。

139 其辭也嘉善也　毛本作「嘉善」，岳本、嘉靖本、宋監本同。此本「嘉善」二字闕，閩、監本同。通典引「其辭也嘉善也」。

140 凡祭至量幣　惠棟挍宋本無此五字。

141 裁截方正而用之祭　閩本同。惠棟挍宋本同。監、毛本「而」誤「也」。

142 量度燥滋得中　閩、監、毛本「滋」作「濕」，衛氏集説同。

143 案釋古文　閩、監、毛本「古」作「詁」。

144 或唯有雞犬　閩、監、毛本同。惠棟挍宋本「雞犬」作「犬雞」。

145 鄭注云尹脯也　閩、監、毛本同。考文引宋板「尹」下有「祭」字。

146 今不言牲號　閩、監、毛本作「今」，此本誤「令」。

147 天子死曰崩節　惠棟挍云：「天子」節、「羽鳥」節、「死寇」節、「生曰」節、「壽考」節，宋本合爲一節。

148 自上顛壞曰崩　閩、監、毛本、岳本、嘉靖本同。釋文本「顛」作「傎」。

149 言形體在　岳本、嘉靖本、宋監本同。閩、監、毛本「在」下有「也」字，考文引宋板、足利本無「也」字。

150 天子至曰柩　惠棟挍宋本無此五字。

151 但如崩後之餘聲遠劣於形壓　閩、監、毛本同。考文引宋板「餘聲」下又有「聲」字，衛氏集説亦有。

152 亦是畢了平生　閩、監、毛本作「了」，此本誤「子」。

153 而令遂死　閩、監、毛本「令」作「今」，衛氏集説同。×

154 不復變色　閩、監、毛本同。惠棟挍宋本「色」作「也」。

羽鳥曰降節

155 漬謂相瀸汙而死也　閩、監本同。岳本同。毛本「汙」誤「汗」。嘉靖本「瀸」作「纖」。

156 今云其降落　閩、監、毛本作「今」，此本誤「令」。

157 字異而意同也者　閩、監、毛本作「者也」，惠棟挍宋本無「者」字。

死寇曰兵節

158 兵器仗之名　監、毛本作「仗」，衛氏集説同。此本「仗」誤「伏」，閩本同，下倣此。

159 皆釋古文也　閩、監、毛本「古」作「詁」。×

生曰父節

160 加其尊稱　閩、監本同。毛本「稱」字闕。

161 大傷其考心　閩本同。惠棟挍宋本同。監、毛本「其」作「厥」，衛氏集説同。

壽考曰卒節

162 祿謂有德行任爲大夫士而不爲者　閩、監、毛本同。岳本、嘉靖本同。浦鏜挍云「祿」當衍字，衛氏集説無「祿」字。

天子視不上於袷節

163 謂視上於袷　閩、監本同。岳本、嘉靖本同。衛氏集説同。毛本「上」誤「止」。

164 天子至則姦　惠棟挍宋本無此五字。

165 則似自憂戚　閩、監、毛本「自」作「有」。

166 目不得取看於面　閩本「取看」作「平看」，惠棟挍宋本同。衛氏集説同，監、毛本「取看」作「平視」。

167 既卑稍得上視也　閩、監本同。毛本「卑」作「畢」。

168 庾氏云　監、毛本同。閩本「庾」作「廋」，非也。

169 此解所以觀視有界限之義也　閩、監、毛本「界」作「節」。

君命節

170 謂欲有所發爲也　惠棟挍宋本同。岳本、嘉靖本、宋監本同。衛氏集説同。閩本「有」誤「殔」，監、毛本誤「肆」。

171 謂板圖文書之處　閩本同。惠棟挍宋本同。宋監本同。嘉靖本同。監、毛本「板」作「版」，岳本同，疏倣此。

172 君命至以禮　惠棟挍宋本無此五字。

173 不宜私褻辯論　閩、監、毛本「辯論」作

「論議」。

174 必有異慮者　閩本同。惠棟挍宋本同。監、毛本「慮」誤「議」。

大饗不問卜節

175 大饗至饒富　惠棟挍宋本無此五字。

凡摯節

176 所以唯用告神爲至也　各本同。通典七十五作「所以灌用告神」。

177 馬繁纓也　閩、監、毛本同。岳本、嘉靖本同。釋文出「樊纓」，云「本又作『繁』」，正義本作「繁」。

178 脯脩　閩、監本同。岳本、嘉靖本同。毛本「脩」作「修」。

179 椇枳也　閩、監、毛本同。岳本、嘉靖本同。段玉裁云：釋文作「枳椇」，内則注亦云「椇枳，椇也」。盧文弨云：足利古本作「椇，枳椇也」，與釋文合。按，通典七十五作「椇枳根也」，「根」當爲「椇」字之訛。

180 凡摯至棗栗　惠棟挍宋本無此五字。

181 子男用璧　閩、監、毛本同。惠棟挍宋本「用」上有「則」字，衛氏集説同。

182 鴈取飛則行列也　閩、監、毛本「則」作「有」。

183 撓之則威　惠棟挍宋本同。閩、監、毛本「則」誤「以」。

184 亦曰時物　閩、監、毛本同。惠棟挍宋本「曰」作「申」，衛氏集説同。

185 脯搏肉無骨而曝之　監、毛本同。閩本「搏」誤「摶」。

186 女摯不過榛栗棗脩　閩本同。監、毛本「脩」作「修」。

納女於天子節

187 賤婦人之職　閩、監、毛本同。岳本、嘉靖本同。釋文同。衛氏集説同。考文引宋板無「賤」字，是也。

188 故云姓也　閩、監、毛本同。惠棟挍宋本「姓」上有「百」字，衛氏集説同。

189 親迎於渭　閩、監、毛本作「渭」，此本誤「謂」。

190 禮記正義卷第七終　惠棟挍宋本此行在疏「備百姓也」之後，記云凡二十九頁。❼

191 禮記卷第一經五千七百二十二字注八千三百二十七字　宋監本。×

05—192 禮記卷第一經五千六百九十字注八千四百一字　嘉靖本每卷尾有此題識，作雙行細注，與宋監本所記字數不合，各附著之以存舊式。×

校記

❶南昌本出文改作「對天子皆稱名也」，上提一格。校語「此行在疏對天子皆稱名也之後」改作「此下標禮記正義卷第六終」，「記云」上有「又」字。

❷南昌本下增校語「惠棟挍宋本自此節起至納女於天子節止爲卷七，首題禮記正義卷第七」。

❸南昌本出文下移一格。

❹南昌本無末「稱」字。

❺南昌本校語下有「今正」。

❻南昌本出文「主」作「王」，校語「主」作「同」。

❼南昌本出文改作「附釋音禮記注疏卷第五」，上提三格。校語「在疏備百姓也之後」改作「題禮記正義卷第七終」。「頁」下有校語「又宋監本題禮記卷第一，經五千七百二十二字，注八千三百二十七字。嘉靖本題禮記卷第一，經五千六百九十字，注八千四百一字。案，嘉靖本每卷尾有此題識，作雙行細注，與宋監本所記字數不合。各附著之以存舊式」。

禮記注疏校勘記卷六

06—001 禮記正義卷第八　惠棟挍宋本。❶

檀弓上第三

公儀仲子之喪節

002 居讀爲姬姓之姬　閩、監、毛本同。岳本、嘉靖本同。衞氏集説同。考文引古本、足利本「爲」作「如」。

003 文之立武王權也　閩、監、毛本同。惠棟挍宋本「文」下有「王」字，宋監本、岳本、嘉靖本同，考文引古本、足利本同。

004 公儀仲子而身今喪亡　閩、監、毛本同。考文引宋板無「而」字。

005 案賓位之法　閩本同。惠棟挍宋本同。監、毛本「法」作「位」，非，衞氏集説同。

006 故仲傒云　閩本同。監、毛本「仲」作「中」，是也。×

事親節

007 故云致謂戚容稱其服也者　閩、監、毛本同。惠棟挍宋本無「故」字。

008 其由在君子之後乎　惠棟挍宋本、閩、監、毛本「由」作「猶」，與昭三年傳合。

009 若其良史直筆　閩、毛本同。監本「直」誤「有」。×

010 春秋辟諱皆是　閩、監、毛本作「辟」，此本誤「辭」。

011 時欒書弃元帥之任　閩、監、毛本「弃」作「棄」。×

012 云而無服者　閩本同。惠棟挍宋本同。監、毛本「而」誤「葬」。

季武子成寢節

013 自見夷人冢墓以爲寢欲文過之　閩、監、毛本同。嘉靖本「寢」作「宅」，惠棟挍宋本亦作「宅」，無「之」字，岳本同，宋監本同，衛氏集説亦無「之」字，「宅」作「寢」。○按，疏標起訖無「之」字。

014 逢於阿　閩本同。惠棟挍宋本同。衛氏集説同。監、毛本「阿」誤「何」。○按，晏子春秋作「逢於阿」。

015 盆成逆　閩本同。惠棟挍宋本同。監本「逆」誤「造」，毛本誤「适」，衛氏集説同。

孔子曰節

016 重者尚哀戚　惠棟挍宋本、嘉靖本「者」作「其」。

017 自期如殷可　閩、監、毛本作「可」，岳本、嘉靖本同，此本「可」誤「何」。

018 孔子評二代所拜也　閩、監、毛本作「二」，此本「二」誤「三」。

019 於孔子所論　閩、監、毛本同。考文引宋板「於」作「以」，衛氏集説同，續通解同。

020 殷以慤　惠棟挍宋本同。閩、監、毛本「以」作「已」。○按，以、已多通用。

021 皆拜而后稽顙　惠棟挍宋本同。閩、監、毛本「后」作「後」。

022 以其質故也　惠棟挍宋本作「以其」，此本「以其」二字闕，閩、監、毛本作「殷尚」。

023 不期杖以下　閩本如此，此本「期」字闕，監、毛本「不期杖」作「不杖期」。

024 鄭知殷先拜而后稽顙　閩、監、毛本

同。惠棟挍宋本「后」作「後」。×

025 周先稽顙而后拜者　閩本同。監、毛本「先」誤「用」，惠棟挍宋本作「先」，「后」作「後」。×

026 皆先殷而後周　惠棟挍宋本同。閩、監、毛本「後」作「后」。×

027 所以主人拜稽顙　閩本同。惠棟挍宋本同。監、毛本「以」作「云」。×

028 稽首頭至手也　惠棟挍宋本、閩本同。監、毛本「手」作「地」。

029 不停留地　閩、監、毛本同。惠棟挍宋本「地」作「也」，是也。

030 褒讀爲報拜　閩、監、毛本同。惠棟挍宋本「報」字重。

031 今時撎是也　惠棟挍宋本同。閩、監、毛本「撎」作「揖」。

032 晉郤至三肅使　閩、監、毛本同。考文引宋板「使」下有「者」字。

孔子既得合葬於防節

033 言居無常處也　閩、監、毛本同。岳本、嘉靖本同。衛氏集説同。宋監本無「處」字，考文引宋板同。案，通典一百三引「言居無常也」，亦無「處」字。

034 爾來何遲也　岳本、嘉靖本同。石經「遲」作「遟」，閩、監、毛本同，注倣此，通典引「爾來何遟」。

035 古不脩墓　閩、監本同。石經同。岳本同。毛本「脩」作「修」，嘉靖本同，注倣此。○按，古「修治」字多假「脩」字爲之。

036 不但在鄉　閩、監、毛本同。惠棟挍宋本「但」作「恒」，衛氏集説同。

孔子哭子路於中庭節

037 覆弃之不忍食　岳本同。閩、監、毛本「弃」作「棄」，衛氏集説同，嘉靖本同。

038 由也其死哭　閩本同。監、毛本「哭」作「矣」。○按，作「矣」是也，否則與哀十五年傳不合。

039 ○注云　閩、監、毛本同。考文引宋板無「○」。

曾子曰節

040 草經一年陳根陳也　閩、監、毛本同。惠棟挍宋本上「陳」作「則」。

041 謂於一歲之内　閩、監、毛本作「歲」，此本誤「成」，考文引宋板「歲」作「期」。○按，作「期」是也，猶上云「一期草根陳乃不哭也」，下云「若一期之外乃不哭也」。

042 如聞朋友之喪　閩、監、毛本作「聞」，此本誤「間」。

043 若期之外則不哭也　閩、監、毛本同。考文引宋板「若」下有「一」字。

子思曰節

044 悉用誠信　閩、監、毛本作「信」，此本誤「僧」。

045 不使少有非法　監、毛本作「有」，衛氏集説同。此本「有」誤「多」，閩本同。

046 三月之賒　惠棟挍宋本同。閩、監、毛本「賒」誤「餘」。

047 孔子少孤節　惠棟挍云：「孔子少孤」節、「鄰有喪」節，宋本合爲一節。案，此本亦二節合爲一節，閩本以下始分。

048 徵在恥焉　「徵」字上通典引有「後叔梁紇亡」五字，疑杜佑以意增耳。

049 然後得以父母尸柩　閩、監、毛本同。惠棟挍宋本「然」作「而」，衛氏集説同。

050 故注言野合　閩、監本同。毛本「合」誤「今」。

051 云引葬飾棺以柳翣者　閩、監、毛本同。惠棟挍宋本「引葬」作「葬引」，與注合。❷

有虞氏瓦棺節

052 夏后氏堲周　石經同。岳本、嘉靖本同。釋文出「即周」，云「本又作『堲』，注下同」，正義本作「堲」。

053 火熟曰堲　閩、監、毛本同。衛氏集説同。惠棟挍宋本「熟」作「孰」，宋監本、岳本同，嘉靖本同。○按，「熟」乃後出之字。

054 牆柳衣也　閩、監、毛本同。岳本、嘉靖本、衛氏集説同。浦鏜云：案七卷「飾棺牆」疏，則此注本無「衣」字。

055 及用棺椁之事　閩、監、毛本「事」作「差」，衛氏集説同。

056 乾爲君爲父　閩、監、毛本同。惠棟挍宋本「君」下無「爲」字。

057 其文開廣　閩、監、毛本同。惠棟挍宋本「開」作「既」。

058 謂鑿土爲陶冶之形　閩本同。監、毛本「鑿」作「堲」，衛氏集説同。考文引宋板亦作「鑿」。

059 右手正堲　閩本同。惠棟挍宋本同。監、毛本「正」作「折」。

夏后氏尚黑節

060 大事斂用昏　閩、監本同。石經同。岳本、嘉靖本同。毛本「昏」作「昬」，注倣此。○按，段玉裁云：「昏，古音同『文』，與真臻韻有斂侈之別。説文字从氏省，爲會意。絶非從民聲，爲形聲也。蓋隸書淆亂，乃有從民作『昬』者，俗皆遵用之。」

061 騵騂馬白腹　各本同。通典作「騵馬腹赤」，誤。

062 又春秋緯元命包　閩、監、毛本作「包」，非也，衛氏集説同，惠棟挍宋本「包」作「苞」。❸

063 高辛氏以十二月爲正尚黑　閩、監、毛本同。浦鏜云「三」誤「二」。

064 伏犧以上　惠棟挍宋本同。閩、監、毛本「犧」作「羲」。案，此本惟此字作「犧」，下二字皆作「羲」。

065 文法天質法地　閩本同。考文引宋板同。監、毛本作「文」、「質」二字誤倒。

066 爲下物得陽氣　閩、監、毛本同。浦鏜從論語疏挍云「百」誤「下」，是也。

067 故禮緯稽命徵云　惠棟挍宋本同。閩、監、毛本「徵」作「微」。

068 湯觀於洛沈璧　閩本同。惠棟挍宋本亦作「璧」，「沈」作「沉」，監、毛本「璧」誤「壁」。○按，「沉」又「沈」之俗字，依説文當作「湛」。

069 牝者色驪　閩、監、毛本同。考文云宋板「牝」作「牡」，誤。

070 案庾人云　閩、監、毛本「庾」誤「庚」，考文引宋板作「庾」。❹

071 凡馬皆有驪牡玄　閩、監、毛本同。孫志祖云「驪」上疑脱一「牝」字。

072 賁離下艮上　閩、監、毛本同。惠棟挍宋本「離」作「离」。

穆公之母卒節

073 曰哭至子達者　閩、監、毛本同。惠棟挍宋本「哭」下有「泣」字，無「者」字。

074 元言齊斬饘粥同　惠棟挍宋本「元」作「既」，是也，閩、監、毛本「元」作「先」。

075 當時諸侯僭効天子也　閩、監本同。毛本「効」作「效」。

晉獻公節

076 信驪姬之譖　閩、監、毛本作「譛」，岳本、嘉靖本同，衛氏集説同。此本「譛」誤「讃」，下同。釋文出「孋姬」，云「本又作『麗』，亦作『驪』」，正義作「驪」。

077 子蓋言子之志於公乎　閩、監、毛本同。岳本、嘉靖本同。釋文出「子蓋」，云「依注音盍，下同」。石經初刻作「盍」，後加「艹」作「蓋」，下同。注云「蓋皆當爲盍」，是本作「蓋」。

078 伐東山皋落氏　惠棟挍宋本同。閩、監、毛本「皋」誤「臯」。

079 公獵姬寘諸宮　閩、監、毛本同。惠棟挍宋本「獵」作「田」，衛氏集説同。○按，作「田」與僖四年左氏傳合。

080 君必辨焉　閩、監、毛本同。惠棟挍宋本「辨」作「辯」，衛氏集説同。

081 若申生初則置罪　閩、監、毛本「罪」作「毒」，衛氏集説同，惠棟挍宋本「毒」作「藥」。

082 犬戎狐姬生公子重耳　閩、監、毛本同。浦鏜挍云「大」誤「犬」，是也。

083 初晉獻公滅驪戎　閩、監、毛本「滅」作「伐」，與莊二十八年左氏傳合。

084 於是狐突欲令太子出奔　閩、監、毛本同。浦鏜挍云「於」當「先」字誤。❺

085 故今臨死使人辭謝　閩、監、毛本作「今」，此本「今」誤「合」。

086 言於狐突曰　閩、監、毛本「言」作「告」。

087 不念用氏之言　閩、監、毛本「用」作

「伯」，是也。

088 今月被譜　閩、監、毛本「月」作「日」，是也。

089 言死不受命　閩、監、毛本同。惠棟校宋本「受」作「愛」。

090 或爲雉鼻耿介　閩本同。監、毛本「鼻」作「鳥」，惠棟校宋本「鼻」作「性」，是也，衛氏集説作「或謂雉性耿介」。

091 乃雉於新成廟　閩、監、毛本同。浦鏜校作「乃雉經於新成之廟」，云脱「經」、「之」二字。

092 以其順於父事而已　閩、監、毛本同。考文引宋板「順」上有「恭」字，衛氏集説亦作「恭順於父事」。

魯人有朝祥節

093 夫是助語也　閩、監、毛本同。惠棟校宋本「助語」作「語助」，衛氏集説同。

094 禮記正義卷第八終　惠棟校宋本此行在疏「氣在内而近也」後，記云凡二十七頁。❻

095 禮記正義卷第九　惠棟校宋本分「魯莊公」以下爲卷第九。

魯莊公節❼

096 公隊　閩、監、毛本同。岳本、嘉靖本同。衛氏集説同。釋文同。石經「隊」作「墜」，宋監本同，考文引古本同。

097 殷大夫以上爲爵　閩、監、毛本作「上」，岳本、嘉靖本同，此本「上」誤「士」。

098 乘丘魯地　閩、監、毛本同。惠棟校宋本「地」下有「也」字，衛氏集説同。

099 注戎車之貳曰佐　閩、監本同。毛本脱「注」字。

100 掌猝車之政　閩、監、毛本「猝」作「倅」，與周禮戎僕合，下同。×

101 言微弱哉此卜國也　閩、監本同。毛本「哉」誤「伐」。×

102 皆有飧饔餼　監、毛本如此，衛氏集説同。此本「飧」誤「食」，「饔」誤「飲」；閩本「飧」亦誤「食」，「餼」字剜補。❽

103 爲之牢禮之數陳　閩本同。監、毛本「數陳」作「陳數」，衛氏集説無「之陳數」三字。

104 又不云諸侯大夫　閩、監、毛本同。惠棟挍宋本無「不」字。

曾子寢疾病節

105 隅坐不與成人並　閩、監、毛本「並」作「竝」，嘉靖本同。釋文亦作「竝」，衛氏集説「並」下有「也」字，此本「並」下脱一「○」。

106 簀謂牀笫也　諸本作「笫」，此本誤「策」，今改正。

107 瞿然曰呼　閩、監、毛本同。石經同。岳本、嘉靖本同。衛氏集説同。釋文出「曰吁」，云「音虚，注同」。

108 成巳之德　閩、監、毛本同。惠棟挍宋本「巳」作「己」，是也。×

109 末能改易　閩、監、毛本「末」作「未」。×

110 乃便驚駭　閩、監、毛本同。考文引宋板「便」作「更」。

111 曾子重其郭而輕其祿　閩、監、毛本「郭」作「身」，是也。

112 釋言文　惠棟挍宋本同。閩、監、毛本「文」誤「云」。×

113 已猶了也　閩、監、毛本作「了」，此本「了」誤「子」。

114 他人名巳　閩、監、毛本同。惠棟挍宋本

「巳」作「己」，下「若巳則巳」同。

郲婁復之以矢節

115 國無少　閩、監、毛本同。惠棟挍宋本「少」作「小」，與僖二十二年左氏傳合。

116 蜂蠆有毒　惠棟挍宋本「蜂」作「蠭」，與左氏傳同。

117 故連言死傷以狹句耳　閩、監、毛本「狹」作「陜」。❾

118 春秋傳作狐駘　閩、監本同。毛本「駘」下有「者」字。

119 朱儒是使　監、毛本同。閩本「朱」作「侏」。案，閩本此「侏」字併下「侏儒」字皆作「侏」，監、毛本并下皆作「朱」，此本惟此作「朱」，下皆作「侏」。

120 以士妻弔服之文　惠棟挍宋本「之」作「無」，衛氏集説同，閩、監、毛本「弔」上有「無」字。

121 以緦衰是士弔喪服　閩、監本同。毛本「弔」作「之」。

南宮縚節

122 南宮閱也　閩、監、毛本同。岳本、嘉靖本同。釋文「閱」音「悦」，考文云古本「閱」作「瀾」。案，「瀾」非也，「南宮閱」即下「南宮敬叔反」注之「仲孫閱」，同「閱」字，下注不作「瀾」，而此注作「瀾」，亦其滲漏處之顯然者。

123 誨教　閩、監、毛本同。衛氏集説同。惠棟挍宋本「教」下有「也」字，岳本同，嘉靖本同，宋監本同。

＊ 下爾語辭辭　補：案，「辭」字誤重。

124 仲孫玃生南宮縚　惠棟挍宋本同。閩、監、毛本「玃」誤「獲」。 ×

125 山氣竉嵸兮石嵯峨　閩、監、毛本「竉」作「巃」。 ×

126 則寵從是高也　閩、監、毛本「寵從」作「竉從」。

孟獻子禫節

127 中年考校　閩、監本同。毛本「校」作「挍」。

128 僖公母成風主婚　閩本同。監本「主」誤「王」。

129 其三年問云　閩、監本作「問」。此本誤「間」，毛本同。

130 其歲末遭喪　監、毛本作「末」。此本「末」誤「未」，閩本同。

131 故鄭云二十六月也　閩、監、毛本同。惠棟挍宋本「六」作「七」，是也。

132 以禫後許作樂者　閩、監、毛本同。考文云宋板「以」作「似」，續通解同。

133 大祥居復寢　閩本同。監、毛本「復」誤「服」。

134 吉祭猶未配　閩、毛本同。監本「吉」誤「古」。

孔子既祥節

135 慶父輈稱死　閩、監、毛本同。浦鏜挍云「稱」疑「經」字誤。

有子蓋既祥節

136 若其十遠不吉　閩、監本同。毛本「十」作「卜」，是也，衛氏集説同。

137 以組爲纓也　閩本同。監、毛本「纓」誤「絲」。

138 案玉藻云云　閩、監、毛本上「云」作「文」，惠棟挍宋本「云」字不重。

死而不弔者節

139 不乘橋舡　閩本同。監、毛本「舡」作「船」，岳本、嘉靖本同，衞氏集説同，疏同。

140 鄭玄注引論語以證之　閩本同。惠棟挍宋本同。監、毛本「玄」誤「云」。

141 故匡又解圍也　閩本同。監、毛本「又」作「人」。

142 馮河潛泳　惠棟挍宋本如此。此本誤「馬何潛氷」。閩本上三字不誤，惟「泳」字仍誤「氷」，監、毛本誤「水」。

子路有姊之喪節　×

06—143 是子路已事仲尼　閩、監、毛本同。衞氏集説「是」作「蓋」。　×

校記

❶南昌本出文改作「附釋音禮記注疏卷第六」，上提三格。校語下增「題禮記正義卷第八」。

❷南昌本校語改作雙行小字。

❸南昌本出文「包」作「苞」。

❹南昌本「庾」作「廋」。

❺南昌本出文「太」作「大」。

❻南昌本出文改作「氣在内而近也」，上提一格。校語「此行在疏氣在内而近也後」改作「此下另行題禮記正義卷第八終」。

❼南昌本下增校語「惠棟挍宋本自此節起至孔子蚤作節止爲第九卷，首題禮記正義卷第九」。

❽南昌本出文「飱」作「飧」。

❾學海堂本出文及校語二「狹」字作「浹」。

禮記注疏校勘記卷七

檀弓上

大公封於營邱節

07—001 故云先王制禮樂者　閩、監、毛本同。惠棟挍宋本無「禮」字，「制」上有「所」字，續通解同。

002 若舜愛樂其王業所由　閩、監、毛本作「舜」，此本「舜」誤「爲」。

003 禹愛樂其王業所謂　閩、監、毛本同。惠棟挍宋本「謂」作「由」，續通解同。

004 狐死正邱首而嚮邱　閩、監、毛本同。惠棟挍宋本作「狐死正邱首，謂狐之死正邱而嚮邱」，續通解同。

005 雖狼狽而死　閩、監本同。毛本「狽」作「狽」，衛氏集説同，續通解同。❶

006 注齊大公受封至齊曰營邱　閩、監、毛本同。惠棟挍宋本無「受封齊曰」四字。

007 四嶽之後　閩、監、毛本同。惠棟挍宋本「嶽」作「岳」。

008 大公望生丁公伋　監、毛本作「丁」。此本誤「下」，閩本同。

舜葬於蒼梧之野

009 五者相參　閩、監、毛本同。嘉靖本同。惠棟挍宋本「參」作「三」，宋監本同，岳本同，通典五十八引作「五者相參」。

010 周公蓋祔　閩、監、毛本同。岳本、嘉靖本同。衛氏集説同。惠棟挍宋本「祔」作「附」，石經同，注放此。

011 且天下爲家　閩本同。惠棟挍宋本同。監、毛本「且」誤「目」。

012 蓋三妃未之從也者　閩、監、毛本同。惠棟挍宋本無「者」字。

013 未知審也　閩、監、毛本「也」作「悉」，衛氏集説作「未之審悉」。

014 記人以周公始附　閩、監、毛本「附」作「祔」，下「蓋始附葬附即合也」同。

015 南巡守　閩、監本同。毛本「守」作「狩」。

016 次妃娵氏之女曰常宜　閩、監、毛本同。浦鏜云「娵」下脱「訾」字，從大戴禮挍也。

017 云舜不告而取者　閩、監本同。毛本「取」作「娶」，下「而取何也」、「不得取」、「取妻」皆同。

018 次妃癸比　閩、監、毛本作「比」，此本誤「北」。

大功廢業節

019 謂所學習業則身有外營　閩、監、毛本同。惠棟挍宋本「習業」下重「習業」二字。

020 今檢禮記　閩、監本同。毛本「檢」作「撿」。○按，作「撿」避所諱，全書皆然。

子張病節

021 吾即平生以善自脩　閩、監、毛本同。浦鏜挍云「即」當「既」字誤。

022 與曾子召申元同　閩本同。監、毛本「申元」作「元申」。

始死之奠節

023 恐忽須無當　閩、監、毛本同。惠棟挍宋本「當」作「常」，衛氏集説同。

小功不爲位也者節

024 言禮之末略　閩、監、毛本作「末」，此本「末」誤「未」。

025 鄭注娣姒婦者　閩、監、毛本同。惠棟挍宋本「注」下有「云」字。

026 魯宣公弟叔肸之妻　閩、監本同。毛本「肸」誤「肹」。×

027 故奔喪禮哭妻之黨於寢　閩、監、毛本如此，此本「禮」誤「重」。

028 一哭而已　閩、監、毛本同。惠棟挍宋本「一」作「壹」。×

古也冠縮縫節

029 解時人之惑　閩、監、毛本作「惑」，岳本、嘉靖本同，此本「惑」誤「感」。

030 辟積攝少　閩、監、毛本「攝」作「襵」，衛氏集說同，下「但多作攝」同。❷

曾子謂子思曰節

031 言己以疾時禮而不如　閩、監、毛本同。岳本、嘉靖本同。浦鏜挍從衛氏集說改「禮而不如」作「人之不然」，非也。正義云「意疾時人行禮不如己也」，是正疏「禮而不如」。

032 故昔先代聖王　閩本同。監、毛本「故」作「古」。×

小功不稅節

033 若限滿即止　閩、監、毛本作「即」，此本誤「節」。

034 進退無禮　閩、監、毛本同。惠棟挍宋本「禮」作「理」。

伯高死於衛節

035 夫由賜也見我　惠棟挍宋本同。石經同。宋監本、岳本、嘉靖本同。衛氏集說同。釋文出「夫由」，閩、監、毛本誤「猶」。石經考文提要：宋大字本、宋本九經、南宋巾箱本、余仁仲本、劉叔剛本、禮記纂言、至善堂九經本皆作「由」。

036 爲爾哭也來者　閩、監、毛本同。石經同。岳本、嘉靖本同。正義同。釋文出「爲爾來者」，云「一本作『爲爾哭也來者』」。

037 依禮而哭諸野　惠棟挍宋本作「諸」，此本「諸」誤「謂」，閩、監、毛本同。

子夏喪其子節

038 而曰女何無罪與　閩、監、毛本同。石經同。岳本、嘉靖本同。衛氏集説同。釋文於上出「女何」，云「音汝，下同」，坊本「女」作「爾」。石經考文提要云：案上文「女何無罪也」，此作「爾」，歧出，宋大字本、宋本九經、南宋巾箱本、余仲仁本、劉叔剛本、禮記纂言皆作「女」。

039 辨慧聰睿　閩、監、毛本同。衛氏集説同。惠棟挍宋本「辨」作「辯」。

夫晝居於内節

040 無閒晝夜　閩、監、毛本同。惠棟挍宋本「閒」作「問」，衛氏集説同。

高子臯節

041 言人不能然　閩、監、毛本作「能然」，岳本同，此本「能」誤「禮」，衛氏集説作「言人不能然也」。嘉靖本作「言人不能也」，惠棟挍宋本同。

042 案史記孔子弟子傳　閩、監、毛本同。惠棟挍宋本「孔子」作「仲尼」。

衰與其不當物也節

043 謂精麄廣狹　閩、監、毛本同。嘉靖本同。惠棟挍宋本「麄」作「麤」，宋監本、岳本同，衛氏集説作「粗」。釋文出「精麄」，云「本又作『麤』」。○按，段玉裁云：「篇、韵『麤』訓不精，俗作『麄』，今人概用作『粗』，『粗』行而『麤』廢矣。」

孔子之衛節

044 前日君所使舍巳　閩、監、毛本同。岳本、嘉靖本同。惠棟挍宋本「巳」作「己」，是也，衛氏集説同，宋監本同。

×

045 使子貢説驂而賻之　閩、監、毛本同。石經同。岳本、嘉靖本同。衛氏集説本同。正義同。釋文出「稅驂」，云「本又作『説』，下及注同」。

046 予鄉者入而哭之　閩、監、毛本同。石經同。岳本、嘉靖本同。衛氏集説同。正義同。釋文出「正予鄉皆是也」，云「本又作『嚮』」，非。考文引古本作「嚮」。

047 故既夕禮知死者贈　閩、監、毛本作「贈」，此本「贈」誤「賻」。

048 惜車於顏回者　閩、監、毛本作「惜」，此本誤「措」。

049 須有賵賻　閩、監、毛本同。衛氏集説同。考文引宋板「賵」作「贈」，是也。

050 孔子在衛節　惠棟挍云：「孔子在衛」節、「顏淵之喪」節，宋本合爲一節。

051 在傍徨不進　閩本同。惠棟挍宋本、監、毛本「在」作「則」，衛氏集説同。

孔子蚤作節

052 負手曳杖　閩、監、毛本同。石經同。岳本、嘉靖本同。衛氏集説本同。正義同。釋文出「柂」，云「亦作『曳』」。

053 消搖於門　閩、監、毛本同。石經同。岳本、嘉靖本同。衛氏集説本同。正義同。釋文出「消搖」，云「本又作『逍遙』」，考文引古本作「逍遙」。

054 欲人之怪巳　閩、監、毛本同。岳本、嘉靖本同。惠棟挍宋本「巳」作「己」，宋監本同，衛氏集説同。

055 泰山其頹乎　閩、監、毛本同。岳本同。衛氏集説同。嘉靖本「頹」作「頹」，釋文出「頹」，石經「頹」作「頹」，下「其頹」同。

056 哲人其萎乎　閩、監、毛本同。正義同。石經同。岳本、嘉靖本、衛氏集説同。釋文出「委乎」，云「本又作『萎』」，注同」。

057 梁木其壞哲人其萎則吾將安放　閩、監、毛本同。石經同。岳本、嘉靖本同。衛氏集説同。困學紀聞曰：「家語終記云『泰山其頹，而吾將安仰。梁木其壞，吾將安杖。哲人其萎，吾將安放』。檀弓無『吾將安杖』四字。或謂盧陵劉美中家古本禮記『梁木其壞』之下有『則吾將安仗』五字，蓋與家語合。」齊召南曰：「案古本以無此五字，故孔疏云『子貢意在忽遽，不暇別言』是也，或所見別本必好事者爲之。」

058 南面鄉明　閩、監、毛本同。岳本、嘉靖本同。釋文出「嚮明」，云「本又作『鄉』」。衛氏集説作「嚮」，考文引古本同。

059 注欲人之怪己　閩本同。監、毛本「之」誤「至」，惠棟挍宋本亦作「之」，「巳」作「己」。

060 陵且如此　監、毛本同。閩本「且」作「旦」，續通解同。

061 泰山至安放者　閩、監、毛本同。惠棟挍宋本無「者」字。

062 子貢意在怱遽　閩、監本同。惠棟挍宋本「怱」作「悤」，毛本作「悤」。

063 夏后至之也者　閩、監、毛本同。惠棟挍宋本無「者」字。

064 如明堂日至明堂具解　惠棟挍宋本「日」作「耳」，「至」字同，閩、監、毛本「日至」作「月令」。

065 尚書有武王夢協之言　毛本同。閩、監本「協」作「恊」。❸

066 禮記正義卷第九終　惠棟挍宋本此行在疏「尚書有武王夢協之言」之後，記云凡二十五頁。

067 禮記正義卷第十　惠棟挍宋本分「孔子之喪」以下爲卷第十。

孔子之喪門人疑所服節❹ ×

068 孔子至無服　惠棟挍宋本無此五字。

069 與神交之道　監、毛本同。閩本「交」誤「父」。

070 諸侯雖以錫衰爲常弔之服　閩、監本同。毛本「常」誤「當」。×

071 卿大夫亦以錫衰爲弔服　閩、監、毛本作「卿」，此本「卿」誤「鄉」。

孔子之喪公西赤爲志焉節

072 牆之障柩猶垣牆障家　閩、監、毛本同，岳本、嘉靖本同，衛氏集説亦有，考文古本無此九字。盧文弨云：「牆」下注九字古本無，乃疏中語也。山井鼎云：「下注『牆柳衣』，此注爲衍文明矣。」

073 如攝與　閩本同。岳本、嘉靖本同。監、毛本「攝」作「襵」，衛氏集説同。惠棟挍宋本亦作「攝」，宋監本同，釋文同。

074 崇牙旌旗飾也　閩、監、毛本同。衛氏集説同。岳本「崇」字重，宋監本同，考文引古本、足利本同，又云宋板「崇牙」上闕字，似脱一「崇」字，嘉靖本亦作「崇崇牙」。

075 此旌葬乘車所建也　閩、監、毛本同。岳本、嘉靖本同。衛氏集説同。惠棟挍宋本「此」作「是」。

076 孔子至是也　惠棟挍宋本無此五字。❺

077 注牆柳至攝與　閩本同。監、毛本「攝」作「襵」，下皆同。

078 攝與漢時之扇　閩、監、毛本同。浦鏜挍云「與」當衍字。考文引宋板「與」作「是」。

079 國君熏披六　閩、監、毛本「熏」作「纁」，與喪大記合。

080 稾車載簑笠　閩本同。惠棟挍宋本、監、毛本「簑」作「蓑」，與宋本儀禮合，衛氏集說同。

081 大喪共銘旌　惠棟挍宋本、閩、監本同。毛本「共」誤「其」。

082 攝孤卿之旜　惠棟挍宋本、閩本同。監、毛本「攝」誤「攝」。

083 夏后漸文　閩、監、毛本作「漸」，此本「漸」誤「斬」。考文引宋板「后」作「家」。

084 旂是大古名　閩、監、毛本同。浦鏜云「古」疑「共」字誤。

子張之喪節

085 似今蛇文畫　閩、監、毛本同。岳本、嘉靖本同。衛氏集說同。惠棟挍宋本「蛇」作「虵」，宋監本同。

086 斅殷禮　閩、監、毛本同。岳本、嘉靖本同。衛氏集說同。續通解「斅」作「倣」。❻

087 子張至士也　惠棟挍宋本無此五字。

088 子張之喪公明儀爲志焉　閩、監、毛本同。惠棟挍宋本「焉」下有「者」字。

089 彼謂祝習夏禮喪禮　惠棟挍宋本缺「彼」字。

090 皆有夏商二祝　閩、監本同。毛本「二」誤「三」，考文云宋板作「二」。

091 子夏問於孔子曰節　惠棟挍云：「子夏問」節、「孔子之喪」節，宋本合爲一節。

092 干盾也　閩、監、毛本同。岳本、嘉靖本同。衛氏集說同。釋文出「干楯」，云「本又作『盾』」，考文引古本作「楯」。

093 不反兵而鬬　石經作「鬭」，衛氏集説同。閩本作「鬭」，監本作「鬬」。毛本作「鬪」，岳本同。

094 子夏至其後　惠棟挍宋本無此五字。

095 此一節論親疏報仇之法　閩、監本同。衛氏集説同。毛本「報」誤「執」。

096 是常帶兵　閩、監、毛本同。惠棟挍宋本「是」作「身」，是也，衛氏集説同。

097 不與共載天　閩、監、毛本「載」作「戴」。

098 二文相互乃足　閩、監本同。衛氏集説同。毛本「互」誤「五」。

099 既不爲報仇魁首　閩、監本同。衛氏集説同。毛本「報」誤「執」。

易墓節

100 易謂至陵也　閩、監、毛本同。惠棟挍宋本「易」上有「注」字。

101 是不治易也　閩、監、毛本同。衛氏集説「治易」作「易治」。孫志祖云集説是也。

子路曰節

102 子路至餘也　惠棟挍宋本無此五字。

103 明器衣衾之屬也　閩、監、毛本同。衛氏集説作「謂明器衣衾之屬多也」。

104 言居喪及其哀少而禮物多也　閩本同。監、毛本「及」作「與」。

曾子弔於負夏節

105 善子游言且服　閩、監、毛本同。嘉靖本同。岳本「服」下有「也」字。釋文出「且服也」，云「本或作『且服過』」，考文引古本作「且服過也」，足利本無「也」字。案，正義云「故善服子游也」，服亦屬子游，則服善非服過也。

106 曾子至祖者　惠棟挍宋本無此五字。

107 用夷床　閩、監本同。毛本「床」作「牀」。

108 賓出遂又納車於階間　閩、監、毛本如此，此本「出」誤「仕」，「又」誤「文」。按，「又」字亦誤，惠棟挍宋本作「匠」。○按，作「匠」是也，「遂匠」指「遂人」、「匠人」而言。

109 祖曰明旦徹祖奠設遣奠　閩、監、毛本同。浦鏜挍云「之」誤「曰」。

曾子襲裘而弔節

110 服是善子游　此本「游」下空闕，閩、監、毛本「游」下有「言」字，衛氏集説同。惠棟挍宋本無「言」字，「是」作「且」，宋監本同，岳本、嘉靖本同，考文引古本、足利本同。

111 曾子至是也　惠棟挍宋本無此五字。

112 小斂則改襲裘而加武與帶經矣　閩、監、毛本同。考文引宋板無「裘」字。○按，無「裘」是也，否則與喪大記不合。

113 帶既在署　閩、監、毛本「署」作「要」，考文引宋板作「署」。

子夏既除喪而見節

114 先王制禮而弗敢過也　石經同。岳本、嘉靖本同。衛氏集説同。閩、監、毛本「王」誤「生」。

115 先王制禮不敢不至焉　石經同。岳本、嘉靖本同。衛氏集説同。毛本同。閩、監本「王」誤「生」。

116 善其俱順禮　惠棟挍宋本作「其」，宋監本同，嘉靖本、考文引古本、足利本同。此本「其」誤「○」，閩、監、毛本作「同」，岳本同，衛氏集説同。

117 子夏至至焉　惠棟挍宋本無此五字。

118 援琴而絃衎衎而樂　閩本同。惠棟挍宋本同。監、毛本「絃」作「弦」，衛氏集説同，下「而絃」字同。

119 援琴而絃切切以爲正也　閩、監、毛本同。浦鏜挍云「切切」下脱「而哀」二字。

司寇惠子之喪節

120 止之服也　閩本同。岳本、嘉靖本同。衛氏集説同。監本「止」字殘闕不全，毛本「止」誤「上」。

121 司寇至客位　惠棟挍宋本無此五字。

122 今以此爲證　閩、監、毛本作「今」，此本誤「合」。

將軍文子之喪節

123 將軍文子之喪至其動也中　惠棟挍宋本無此十一字。

124 知者世本云　閩、監、毛本同。惠棟挍宋本「云」上有「文」字。

125 深衣即閒傳麻衣也　閩、監本同。毛本「閒」誤「聞」。

126 則衛將軍文子之子爲之　閩本同。衛氏集説同。監、毛本「文子」作「文氏」，是也。

127 而待於寢也　閩、監、毛本同。惠棟挍宋本「寢」作「廟」，是也。

幼名節

128 明不復有事於此　閩、監本同。岳本、嘉靖本同。衛氏集説同。考文引宋板同。毛本「此」誤「北」。

129 學於孔子者行之傚殷禮　閩、監、毛本同。岳本、嘉靖本同。衛氏集説作「學於孔子行之傚殷禮也」，續通解「傚」作「做」。

130 幼名至行之　惠棟挍宋本無此五字。

131 年至五十者艾轉尊　閩、監、毛本同。惠棟挍宋本「者」作「耆」，衛氏集説同。

132 末者稱季是也　監、毛本作「稱」。此本誤「舞」，閩本同。

07—133

以其毁宗故云躐行　閩、監、毛本如此，此本「毁故」二字實闕，惠棟挍宋本「故」作「即」。

校記

❶南昌本出文「狽」作「狽」，校語「狽」作「狽」。

❷南昌本「𥚃」作「𥚃」。

❸南昌本校語下有「○惠棟挍宋本此下另行標禮記正義卷第九終，記云凡二十五頁」。

❹南昌本下有校語「惠棟挍宋本自此節起至孔子曰之死而致死之節止爲第十卷，首題禮記正義卷第十」。

❺南昌本出文「是」作「夏」。

❻南昌本出文上提一格。無校語「閩、監」至「集説同」。

禮記注疏校勘記卷八

檀弓上

子柳之母死節

08—001 請粥庶弟之母　閩、監、毛本同。石經同。岳本、嘉靖本同。衛氏集説同。釋文出「請鬻」，云「本又作『粥』，注同」，正義本作「粥」。

002 子柳至貧者　惠棟挍宋本無此五字。

003 而鄭注周禮云　閩、監、毛本同。惠棟挍宋本無「而」字。

004 案鄭此者　閩、監、毛本同。惠棟挍宋本「者」作「旨」。

005 足枝長八分　閩、監、毛本作「足」，此本「足」誤「兄」。盧文弨云「『足枝長八分』下志有『間廣二分』四字。」

006 文曰大泉直十五貨泉　閩、監、毛本同。浦鏜云「『五十』字誤倒。」

007 今世謂之笮錢是也　閩、監、毛本同。惠棟挍宋本「笮」作「竿」。

008 契刀無縷而錯刀用金縷之　閩、監、毛本「縷」作「鏤」。

君子曰謀人之軍師節

009 利己亡衆　閩、監、毛本同。岳本、嘉靖本同。衛氏集説「亡」作「忘」，考文引古本同。

弁人有其母死節

010 此誠哀　閩、監、毛本同。岳本、嘉靖本同。衛氏集説作「謂誠哀也」。

011 夫禮爲可傳也　閩、監、毛本同。石經同。岳本同。嘉靖本同。衛氏集説同。考文引古本無

「也」字，正義本有。

012 夫聖人禮制　閩、監、毛本同。惠棟挍宋本「禮制」作「制禮」，衛氏集説亦作「聖人制禮」。

013 在襲斂之日　閩、監、毛本同。衛氏集説「日」作「後」。×

014 可以制禮　閩、監、毛本同。惠棟挍宋本「制禮」作「禮制」，衛氏集説亦作「可以禮制也」。

叔孫武叔之母死節

015 舉者出户出户袒　石經同。宋監本、岳本、嘉靖本同。衛氏集説同。閩、監、毛本上「户」字作「尸」，誤。石經考文提要云：「上『出户』謂舉尸者，下『出户』謂武叔。斂者舉尸出户，而武叔猶冠隨以出户，急思括髮，乃投其冠，怱遽失節之甚。宋大字本、南宋巾箱本、余仁仲本、劉叔剛本俱作『舉者出户出户袒』」。

016 叔孫至知禮　惠棟挍宋本無此五字。×

017 婼生成子不敢　監、毛本作「成」。此本「成」作「戊」，閩本同。❶

018 踊無筭　閩、監、毛本「筭」作「算」。○按，士喪禮正作「算」，是正字。

019 男女奉尸夷于堂　閩、監、毛本「夷」作「侇」，衛氏集説同。○按，作「侇」與士喪禮合。

020 將斬衰者雞斯將括髮者去笄　閩、監、毛本同。許宗彦挍本依鄭注「括髮」上增「齊衰者素冠」五字。

扶君節

021 皆平生時贊正君服位者　閩、監、毛本同。岳本、嘉靖本同。衛氏集説同。浦鏜云「生」字衍，從續通解挍。❷

022 以下云君薨以是舉　惠棟挍宋本亦作

「云」，閩、監、毛本誤「文」。

從母之夫節

023 以同居生緦之親可　閩、監、毛本同。岳本、嘉靖本同。考文引古本、足利本「緦」下有「麻」字。

024 從母至爨緦　惠棟挍宋本無此五字。

025 此皆據緦麻正衰　閩、監、毛本同。浦鏜從續通解作「此皆據緦麻之正者」。

喪事節

026 縱讀如揔領之揔　宋監本、閩本、岳本、嘉靖本同。監本「揔」作「摠」，毛本作「總」，衛氏集説作「緫」，釋文云「依注作『揔』」。案，九經字樣云：「揔，説文作『緫』，經典相承通用。」❸

027 吉事欲其折折爾　閩、監、毛本同。石經同。岳本、嘉靖本同。衛氏集説同。釋文出「折折」。考文云：古本「折折」作「提提」。案，廣韻十二齊「折」字下引禮記亦作「折折」。

028 安舒貌詩云好人提提　閩、監、毛本同。岳本、嘉靖本同。考文引古本、足利本「安舒貌」上有「提提爾」三字。衛氏集説「安舒」上有「折折」二字，是衛氏增成，非本書所有。釋文於經出「折折」，云「大兮反，注同」，則知注當作「折折」字。引詩作「好人折折」，後人以詩本「提提」易之，遂致釋文「注同」二字懸而無薄。正義標起止作「提提」，又云「初來之時提提然」，從詩本作也。

029 謂大疾　閩、監、毛本同。岳本、嘉靖本同。衛氏集説同。惠棟挍宋本「大」作「太」，下「大舒」同。釋文出「謂大」，云「音泰，一音他佐反」。案，「大」兼有他佐音，則字不當作「太」也。

030 喪事至猶爾　惠棟挍宋本同。閩、監、毛本「猶」字重。

031 吉事雖有行止住之時　閩、監、毛本同。衛氏集説無「行」字，續通解同。○按，無「行」是也。

喪具節

032 衣亦漸制　閩、監、毛本作「漸」，衛氏集説同，此本「漸」誤「斬」。

033 死而后制　惠棟挍宋本亦作「后」。閩、監、毛本作「後」，衛氏集説同。

034 喪服節　惠棟挍云：「喪服」節、「食於有喪」節，宋本合爲一節。

035 昆弟相爲服期　閩、監本同。衛氏集説同。毛本「服期」倒。

036 蓋有夫壻受我之厚而重親之　閩、監、毛本同。衛氏集説同。浦鏜云「重而」字誤倒，從續通解挍，非也。下云「欲一心事於厚重」，是約此句義，非此句本如此。

曾子與客立於門側節

037 以爲不可發凶於人之館　閩、監、毛本同。岳本、嘉靖本同。衛氏集説無「之」字，考文引宋板、古本同。

038 曾子至弔焉　惠棟挍宋本無此五字。

039 曰反哭於爾次者　閩、監、毛本同。惠棟挍宋本無「者」字。

040 故曾許其反哭於汝次舍之處　閩、監、毛本同。惠棟挍宋本「曾」下有「子」字。

041 其賓亦在東門北面　閩、監、毛本同。衛氏集説「東門」作「門東」，考文引宋板同。

孔子曰之死而致死之節

042 木不成斲　閩、監本同。嘉靖本同。衛氏集説同。毛本「斲」作「斵」，釋文同，岳本作「斵」，石經闕。

043 有鐘磬而無簨虡　監本同。岳本、嘉靖本同。石經「鐘」字同，「簨虡」字闕。閩本亦作「虡」，「鐘」

作「鍾」，衛氏集説同。毛本「鐘」字同，「虡」作「簴」。注放此，疏同。○按，依説文當作「虡」，从虍、畀象形其下足，隸省作「虡」。从竹者非。

044 是不知之事　閩、監、毛本如此，此本「之事」二字倒。

045 而致此死之者之意　閩、監、毛本同。惠棟挍宋本「死」下無「之」字。

046 禮記正義卷第十終　惠棟挍宋本此行在疏「非人所知也」之後，記云凡二十一頁。❹

047 禮記正義卷第十一　惠棟挍宋本分「有子問於曾子」以下爲卷十一。　×

有子問於曾子節❺

048 問喪於夫子乎　閩、監、毛本同。石經同。岳本、嘉靖本同。衛氏集説同。釋文出「問喪」，云「『問』或作『聞』」。考文云古本「問」作「聞」。案，正義云「冀有所異聞也」，又云「汝曾聞失位在他國之禮於孔子否乎」，據此則正義經文本作「聞喪」，正義又云「問喪，謂問失本位居他國禮也」，此二「問」字皆當作「聞」，否則岐出。

049 有子至貧也　惠棟挍宋本無此五字。

050 次于楊州　閩本同。惠棟挍宋本、監、毛本「楊」作「陽」。

051 亦隨夫子之事前後　閩、監本如此，此本「前」字重，毛本「前」作「先」。

052 嚮宋不嚮楚　閩、監、毛本同。孫志祖云「宋」應作「衛」。

陳莊子死節

053 繆公召縣子而問焉　閩、監、毛本同。石經同。岳本、嘉靖本同。衛氏集説同。考文引古本「縣」作「懸」，下同。

054 束脩之問不出竟　閩、監、毛本同。石經同。岳本同。衛氏集説同。釋文「竟」音「境」，考文引古本「竟」作「境」。○按，「竟」正字，「境」俗字。

055 焉得而弗哭　閩、監本同。石經同。岳本、嘉靖本同。衛氏集說同。足利本同。考文引古本無「而」字，毛本同，「弗」作「勿」，並非。

056 論哭鄰國臣之法　閩、監、毛本同。衛氏集說同。惠棟校宋本「論」作「記」。

057 成子當生襄子班　閩、監、毛本同。惠棟校宋本「當」作「常」。

仲憲言於曾子節

058 或用人器　閩、監、毛本作「或」，岳本、嘉靖本同，衛氏集說同，此本「或」誤「成」。

059 仲憲至親乎　惠棟校宋本無此五字。

060 此以下是原憲所說　閩、監、毛本同。惠棟校宋本無「原」字。

061 祭器堪爲人用　惠棟校宋本同。閩、監、毛本「器」誤「祀」。

062 周人爲之致惑　閩、監、毛本作「惑」，此本誤「感」。

063 故用恭敬之器仍貯食送之　惠棟校宋本作「仍貯食」。此本「仍貯食」三字闕，閩、監、毛本同。

064 說二代既了　閩、監、毛本作「了」，此本誤「子」。❻

065 則周兼用之非爲疑可知　閩、監、毛本同。惠棟校宋本「兼」作「并」。

066 尋周家極文　惠棟校宋本作「尋」。此本「尋」字闕，閩、監、毛本同。

067 若是無知　閩、監、毛本同。衛氏集說「是」作「示」。

068 以夏后氏尤古故也　監、毛本作「古」。此本「古」誤「苦」，閩本同。

公叔木節

069 春秋作戍　閩本同。岳本同。衛氏集説同。監、毛本「戍」誤「戌」，疏同。考文引古本「春秋」下有「傳」字，非也。正義引春秋經不引傳，可知無「傳」字。

070 公叔木有同母異父之昆弟死問於子游至狄儀之問也　閩、監、毛本同。惠棟挍宋本無此廿二字。

071 注木當爲朱至十四年奔魯　閩、監、毛本同。惠棟挍宋本無「爲朱」、「十四年」五字。

072 注疑所服也親者屬大功是　閩、監、毛本同。惠棟挍宋本作「注疑所至功是」。

073 同母異父昆弟之服　閩、監、毛本同。惠棟挍宋本「同」上有「爲」字，衛氏集説同。

074 互説是也　閩、監、毛本同。惠棟挍宋本「互」作「玄」。

子思之母節

075 子思至慎哉　惠棟挍宋本無此五字。

076 論爲出嫁母之喪　閩、監、毛本同。惠棟挍宋本無「嫁」字，衛氏集説同。

縣子瑣曰節

077 縣子瑣曰　閩本同。嘉靖本同。監本作「瑣」，石經同，岳本同，衛氏集説同，毛本誤「瑣」。釋文出「子瓆」，云「息果反，依字作『瑣』」。考文云古本作「瓆」。

078 縣子至父也　惠棟挍宋本無此五字。

079 及伯叔之班族　閩、監、毛本同。衛氏集説無「族」字。

后木曰節　×

080 后木至亦然　惠棟挍宋本無此五字。

081 非是父母豫所屬託　閩、監、毛本同。

衛氏集説「豫」作「預」。

曾子曰節

082 曾子至失也　惠棟挍宋本無此五字。

083 依禮小斂之奠設於東方　閩、監、毛本同。惠棟挍宋本「依」作「用」。盧文弨云「用」疑「周」。

084 小斂奠所以在西方　閩、監、毛本、惠棟挍宋本「奠」上有「之」字，衛氏集説同。

縣子曰節

085 縣子至古也　惠棟挍宋本無此五字。

086 當記時失禮多尚輕細　閩、監本同。毛本「當記」作「記當」。

子蒲卒節

087 子蒲至改之　惠棟挍宋本無此五字。

杜橋之母之喪節

088 宮中無相以爲沽也　閩、監、毛本同。石經同。岳本、嘉靖本同。衛氏集説同。考文引古本、足利本「相」下有「君子」二字。案，正義云「故時人謂其於禮爲麄略」，使經文有「君子」二字，正義安得僅以時人申説之，是孔氏所見本亦無「君子」二字也。

089 杜橋至沽也　惠棟挍宋本無此五字。

090 宮中不立相侍　閩、監、毛本同。衛氏集説同。浦鏜挍「侍」改「導」。

夫子曰節

091 夫子至以弔　惠棟挍宋本無此五字。

子游問喪具節

092 有無惡乎齊　石經同。岳本同。嘉靖本同。考文引宋板同。閩、監、毛本「無」作「亾」，衛氏集説同，釋文出「有亡」，云「皇如字，無也，一音無，下同」，知此處亦作「亾」字也。石經考文提要曰：坊本作「有無」。案，上「稱家之有亾」、下「苟亾矣」俱作「亾」，此作「無」，歧出。

093 **斂首足形**　閩、監、毛本同。石經同。岳本、嘉靖本同。衛氏集説同。考文引古本「首」作「手」，正義本作「首」。石經考文提要：宋大字本、余仁仲本、劉叔剛本、至善堂九經本皆作「首」。

094 **還葬**　閩、監、毛本同。石經同。岳本、嘉靖本同。衛氏集説同。考文引古本、足利本「葬」下有「而無槨」三字。案，正義本無。

095 **子游至者哉**　惠棟挍宋本無此五字。

096 **不設碑綍不設碑綍不備禮**　閩、監、毛本同。考文引宋板無下「不設碑綍」四字。

司士賁節

097 **汰哉叔氏**　閩、監、毛本同。岳本、嘉靖本同。石經作「汏」，衛氏集説同，釋文出「汏哉」，此本疏中亦作「汏」。

098 **司士至許人**　閩、監本同。毛本作「司士賁至禮許人」，惠棟挍宋本無此五字。

099 **言凡有來諮禮事**　閩、監、毛本同。惠棟挍宋本「事」下有「者」字。

宋襄公節

100 **宋襄至實之**　惠棟挍宋本無此五字。

101 **若夏后氏專用明器**　惠棟挍宋本作「若」，衛氏集説同。此本「若」誤「則」，閩、監、毛本同。

102 **周人兼用明器人器**　閩、監、毛本作「明」，此本「明」誤「閔」。

103 **孟獻子之喪節**　案，此本此節「讀賵」上有一「○」，閩本同，是另爲一節。監、毛本去「○」，故渾爲一節。惠棟挍云：「孟獻子」節，宋本分「讀賵」下另爲一節。齊召南云：「『讀賵』下當自爲一節，注下應有疏而無之，刊本遂接『孟獻子』節，而誤録其疏於下。」

104 司徒旅歸四布　閩、監、毛本同。石經同。岳本、嘉靖本同。衛氏集説同。考文引古本、足利本作「司徒敬子使旅歸四方布」。案，正義中屢言「敬子」，猶是皇侃、熊安生舊語，設經中無此，則疏豈空言。讀書脞録續編云：「經注並無『敬子』字，正義何爲反覆申辨。向疑經文有脱譌而未能決，今讀古本，爲之釋然。考文如此類亦所謂披沙揀金也。」

105 旅下士也　閩、監、毛本作「下」，岳本、嘉靖本同，衛氏集説同，此本「下」誤「卜」。

106 司徒使下士歸四方之賻布　閩、監、毛本同。岳本、嘉靖本同。衛氏集説同。考文引古本「之賻布」作「之賻賻者布也」，足利本同，但無「也」字。

107 曾子言非禮祖而讀賵　惠棟挍宋本如此，宋監本同。此本「言非」二字闕，「祖」字同。閩、監、毛本「非」作「喪」，「祖」作「祖」。岳本作「非禮祖」，嘉靖本同。衛氏集説二句倒置，惟「非」字不誤，「祖」亦作「祖」。考文云古本作「曾子言非也禮祖而讀賵」，宋板、足利本同，但無「也」字。案，考文之宋板即惠棟所挍之宋本，今惠挍作「祖」，考文作「祖」，疑「祖」誤也。

108 主人之吏　考文引宋板同。嘉靖本同。岳本、閩本、監、毛本「吏」作「史」，衛氏集説同。

109 論喪不貪利之事　閩、監、毛本同。惠棟挍宋本「喪」上有「因」字，衛氏集説同。

110 故歸還之也　閩、監、毛本同。惠棟挍宋本無「也」字，衛氏集説同。

成子高寢疾節

111 觀其意　閩、監、毛本同。岳本、嘉靖本同。衛氏集説「意」下有「也」字，考文引古本同。

112 遺慶封之族　閩、監、毛本同。岳本、嘉靖本同。衛氏集説同。考文引古本「遺」上有「慶」字，「族」下有「也」字。

113 謂不墾耕　閩、監、毛本同。岳本、嘉靖本同。衛氏集説同。考文引古本、足利本「不」下有「可」字。釋文出「不墾」，是陸氏所見本亦無「可」字也。

114 成子至我焉　惠棟挍宋本無此五字。

115 子夏問諸夫子曰節　案，此本此節「賓客至」上有一「○」，閩本同，是另爲一節也。監、毛本去「○」，故渾爲一節。齊召南云：「『賓客至』以下當亦自爲一節，刊本因無疏，誤接上節。」盧文弨云：「『賓客至』一段當另起，在疏後，自爲一節。」

116 子夏至衎爾　惠棟挍宋本無此五字。

國子高節

117 反覆也　閩、監、毛本同。嘉靖本同。衛氏集説同。惠棟挍宋本「覆」作「復」，宋監本、岳本同，考文引古本同，釋文出「反復」。

118 非周禮　閩、監、毛本同。岳本、嘉靖本同。衛氏集説「禮」下有「也」字，考文引古本同。

119 國子至之哉　惠棟挍宋本無此五字。

120 欲其深邃　閩、監、毛本作「深」，衛氏集説同，此本「深」誤「經」。

孔子之喪節

121 言不可封壤種樹也　惠棟挍宋本作「可」，衛氏集説同。此本「可」字闕，閩、監、毛本作「當」，非。

122 封築土爲壟　閩、監、毛本作「封」，岳本、嘉靖本同，此本「封」誤「北」。

123 坊形旁殺平上而長　閩、監、毛本作「上」，岳本、嘉靖本同，衛氏集説同，此本「上」字闕。

124 其形旁廣而卑　閩、監、毛本同。岳本、嘉靖本同。衛氏集説同。考文引古本、足利本

「旁」下有「殺」字。

125 斬板謂斷其縮也　惠棟挍宋本作「其」，宋監本、岳本、嘉靖本同，衛氏集説同，考文引古本、足利本同，釋文出「斷其」。此本「其」誤「莫」，閩、監、毛本同。

126 三斷止之旁殺　閩、監、毛本同。岳本同。衛氏集説同。嘉靖本「止」誤「正」。惠棟挍宋本「止」作「上」，考文引古本、足利本同。釋文出「上之」，云「時掌反，下『以上』同」。

127 孔子至乎哉　惠棟挍宋本無此五字。

128 子夏謂燕人云　閩、監本同。衛氏集説同。毛本「謂」誤「與」。

129 偏用三王禮子夏謂葬聖人　閩、監、毛本同。惠棟挍宋本「禮」下有「而」字，考文引宋板「禮」作「而」，下屬，與惠棟挍不同。

130 而下又述昔聞夫子見四封之異者　閩、監、毛本作「異」，此本「異」誤「其」。

131 以赴遠觀之意　閩、監、毛本同。許宗彦挍「赴」作「副」。

132 馬鬷鬣之上　閩、監、毛本同。惠棟挍宋本「鬷」作「騣」，衛氏集説同。盧文弨云：「騣」是説文新附字，疑本借「鬷」字，不當改。

133 正用一日之功　按，「正」疑「止」字之譌。

134 曡側三板　毛本同。閩、監本「曡」作「疊」。

135 但形旁表漸斂　閩、監、毛本同。惠棟挍宋本「表」作「衺」，是也，續通解同。

136 接五堵而爲雉　考文引宋板同。閩、監、毛本「接」誤「按」。

137 是大雅緜之篇也　惠棟挍宋本同。閩、監、毛本「緜」作「綿」。

138 不與元葬壙同無足怪也　惠棟挍宋本如此，此本「元」誤「示」，「也」誤「同」。閩、監、毛本「元」作「原」，「也」作「者」。

婦人不葛帶節

139 婦人不葛帶　惠棟挍宋本無此五字。

140 不變所重　閩、監、毛本作「重」，衛氏集説同，此本「重」字闕。

有薦新節

141 有薦新如朔奠　惠棟挍宋本無此六字。

142 若士但朔而不望　閩、監、毛本作「士」，此本誤「王」，衛氏集説亦作「士」。

既葬各以節

143 既葬至服除　惠棟挍宋本無此五字。

池視重霤節

144 如堂之有承霤也　惠棟挍宋本同。岳本、嘉靖本同。考文引古本、足利本同。閩、監、毛本「堂」作「屋」。

145 池視重霤　惠棟挍宋本無此四字。

146 而生時既屋有重霤以行水　閩、監、毛本同。衛氏集説無「而」字。浦鏜挍云「而」衍字。

147 而在車覆鼈甲之下　閩、監、毛本同。惠棟挍宋本「在」作「於」，衛氏集説同。

君即位節

148 歲壹漆之　惠棟挍宋本同。石經同。宋監本、岳本同。嘉靖本同。衛氏集説同。儀禮經傳通解同。考文引古本、足利本同。閩、監、毛本「壹」作「一」。石經考文提要：宋大字本、余仁仲本、劉叔剛本、至善堂九經本皆作「壹」。○按，經傳因「壹」與「一」同音，假借爲一字，學者遂分別一二字作「一」，書專壹字作「壹」。説文从壺，吉聲，「壹」乃俗作字也。

149 虚之不合　閩、監本同。岳本、嘉靖本同。毛本「合」作「令」。衛氏集説同。考文引古本同。釋文出「不令」，云「力政反，本又作『合』」。正義云「虚之不令也。令，善也。一本爲『虚之不合』者，謂不以蓋合覆其上」。然則正義本當亦作「令」，與釋文同，今作「合」，注與疏不相謀，當由附合注疏時所據注本不同。毛本改從「令」，是也。衛氏集説「令」下有「也」字，考文引古本同。案正義則「也」字亦當有。

150 君即至藏焉　惠棟挍宋本無此五字。

151 古者天子椑内有水兕　閩、監、毛本同。惠棟挍宋本「有」上有「又」字。

復楔齒節

152 復楔至赴者　惠棟挍宋本無此五字。

153 用楔柶柱亾人之齒令開　閩、監、毛本作「柶」，衛氏集説同，此本「柶」誤「栖」。

154 不辟戾也　閩、監、毛本作「辟」，衛氏集説同，此本「辟」字闕。

155 飯者飯食也　閩、監、毛本同。惠棟挍宋本「食」作「含」，衛氏集説同。案，作「含」是也。

156 謂襲斂遷尸之時　閩、監、毛本作「尸」，衛氏集説、此本「尸」誤「戻」。

157 及又加著新衣也　閩本同。惠棟挍宋本同。監、毛本「及」作「乃」，非。衛氏集説删「乃」字，亦非。

158 猶稱孝子名也　惠棟挍宋本作「稱」，續通解同。此本「稱」字闕，閩、監、毛本作「書」，非。

君復於小寢節

159 君復至四郊　惠棟挍宋本無此五字。

160 無東西廂有室曰寢　閩、監、毛本同。

衞氏集説「有」上衍「而」字。✕

161 其小廟則祭僕復之 閩、監本同。衞氏集説同。毛本「僕」誤「侯」。✕

喪不剝奠也與節

162 喪不至也與 惠棟挍宋本無此五字。

163 爲有祭肉也 閩、監、毛本作「肉」，衞氏集説同，此本「肉」誤「也」。

164 小斂既奠于尸東 閩、監、毛本同。衞氏集説作「既斂奠于尸東」。○按，集説是也。

165 祝受巾巾之 閩、監、毛本作「祝」，衞氏集説同，此本「祝」誤「況」。

166 重先奠從奠 惠棟挍宋本同。閩、監、毛本「從」誤「後」。✕

167 設如初巾之 閩、監、毛本作「設」，此本誤「投」。❼

168 既殯旬節 惠棟挍云：「既殯」節，宋本合下「朝奠日出」二句爲一節。❽

169 木工宜乾腊且豫成 毛本作「豫成」，岳本、嘉靖本同，衞氏集説同。此本「豫成」二字闕，閩、監本同，考文引古本「且豫成」作「且以豫成也」。

170 材椁材也 閩、監、毛本作「椁」，岳本、嘉靖本同，此本「椁」誤「祖」。考文引古本作「材椁椑材也」，正義本無「椑」字。

171 既殯至明器 惠棟挍宋本無此五字。

172 此一節論葬禮 惠棟挍宋本同。衞氏集説同。續通解同。閩、監、毛本「葬」誤「喪」。

173 須豫備之事 惠棟挍宋本作「備」，衞氏集説同，此本「備」字闕，閩、監、毛本誤「暴」。

174 故豫須暴之也　惠棟挍宋本同。閩、監、毛本「豫須」二字倒。×

175 朝奠日出節　惠棟挍宋本「父母之喪」以下爲一節。×

176 父母至及也　惠棟挍宋本無此五字。

177 或一日二日　閩、監本同。衛氏集説同。毛本「二」誤「三」。×

練練衣節

178 黄之色卑於纁　閩、監、毛本同。岳本、嘉靖本同。衛氏集説同。釋文出「於薰」，云「本又作『纁』」，正義作「纁」。

179 麛裘青豻褎　閩、監、毛本同。岳本、嘉靖本同。衛氏集説同。惠棟挍宋本「豻」作「犴」。

180 練練至可也　惠棟挍宋本無此五字。

181 黄拾裏也　閩本同。監、毛本「拾」作「給」，是也，衛氏集説同。

182 裏用黄而領緣用縓者　閩、監本同。衛氏集説同。毛本「緣」下「用」誤「中」，惠棟挍宋本無下「用」字。

183 小祥男子去葛絰　閩、監、毛本同。惠棟挍宋本「葛」作「首」，衛氏集説同。案，「首」字是也。

184 謂父母喪菅屨　閩、監、毛本同。衛氏集説同。惠棟挍宋本無「母」字，續通解同。案，儀禮喪服爲父菅屨，父卒爲母與父在爲母皆疏屨，此言「菅屨」，當無「母」字爲是。

185 無絇屨頭飾也　閩、監、毛本同。惠棟挍宋本「無絇」下有「絇者」二字，考文引宋板「無絇」下有「者絇」二字，此亦與惠挍不同。

186 鹿色近白　惠棟挍宋本作「色近」，續通解同，此本「色近」二字闕。閩、監、毛本作「鹿皮色白」，非。

187 裘上未有裼衣　閩、監、毛本作「未」，此本誤「夫」。

188 裘既横長又有袪　閩、監、毛本同。惠棟挍宋本「又」作「及」。

189 黄雖是正色卑質於纁　閩、監、毛本同。衛氏集説「卑質」作「質卑」。

190 二染謂之緅　閩、監、毛本同。衛氏集説同。惠棟挍宋本「二」作「一」，與爾雅合。

191 然麛裘用青豻爲褎　閩、監、毛本作「褎」，此本誤「裘」。

有殯節

192 有殯至皆弔　惠棟挍宋本無此五字。

天子之棺節

193 凡棺因能濕之物　閩、監、毛本同。岳本「因」作「用」，嘉靖本同，衛氏集説同，考文引古本、足利本同。案，集説是也。

194 天子至六尺　惠棟挍宋本無此五字。

195 論天子諸侯以下　閩、監、毛本同。衛氏集説無「諸侯」二字。

196 所謂梓棺也　閩、監、毛本同。惠棟挍宋本「梓」作「椑」，是也。

197 屬六寸大棺八寸也　閩、監、毛本如此，此本上「寸」誤「中」，下「寸」誤「十」。

198 唯椁不周　閩、監本同。衛氏集説同。惠棟挍宋本「唯」作「惟」，毛本「唯」誤「雖」，考文引宋板作「唯」。

199 上有杭席故也　閩、監、毛本「杭」作「抗」，惠棟挍宋本、衛氏集説同。○按，作「抗」是也。

200 縱束者用二行也　閩、監、毛本作「也」，衛氏集説同，此本「也」誤「之」。

201 既不用釘棺　閩、監、毛本同。衛氏集説作「既棺不用釘」。

202 棺並相對　閩、監、毛本同。衛氏集説「棺」下有「束」字。

203 或有作鬃字者　惠棟挍宋本作「作」。此本「作」誤「惟」，閩、監、毛本同。

204 案喪大記君大棺八寸　閩、監、毛本作「案」，此本「案」誤「宰」。

205 則天子之大棺或當九寸　閩、監本同。衛氏集説同。毛本「棺」誤「椁」。

206 則椁之厚也　閩、監、毛本作「厚」，此本「厚」誤「浮」。

207 郭六尺　閩、監、毛本同。惠棟挍宋本「郭」作「椁」。

天子之哭諸侯也節

208 時人開有弁絰　閩、監、毛本同。衛氏集説同。惠棟挍宋本「開」作「聞」，岳本、嘉靖本同，考文引古本、足利本同，續通解「開有」作「聞著」。

209 天子至樂食　惠棟挍宋本無此五字。

210 今哭諸侯　閩、監、毛本同。衛氏集説同。惠棟挍宋本「哭」作「喪」。

天子之殯也節

211 菆木以周龍輴加椁而塗之　閩、監、毛本同。嘉靖本同。衛氏集説同。惠棟挍宋本「加」作「如」，宋監本、岳本同，續通解同。案，作「如」是也，正義云「象椁之形」，正申此「如」字之義。○按，穀梁僖九年疏引作「如」。

212 天子至禮也　惠棟挍宋本無此五字。

213 謂用木菆棺而四面塗之　此本「用」誤「困」，閩、監、毛本不誤。惠棟挍宋本「菆」

作「叢」，下「亦題湊蕞木」同。

214 畢塗屋者　閩、監、毛本作「畢」，此本「畢」誤「塗」。

215 四面盡塗之也　閩、監、毛本作「塗」，此本「塗」誤「畢」。

唯天子之喪節

216 唯天至而哭　惠棟挍宋本無此五字。

217 位就同姓之中　閩、監、毛三本同。惠棟挍宋本「位」作「但」，是也，衛氏集説同。

魯哀公節

218 誄其行以爲謚也　閩、監、毛本同。岳本、嘉靖本同。衛氏集説同。考文引古本、足利本重「誄」字，宋監本作「誄累其行以爲謚也」。按，左傳哀十六年正義引禮記注「誄，累也。累列生時行迹讀之以作謚」。

219 尼父因其字以爲之謚　閩、監、毛本同。嘉靖本同。衛氏集説同。惠棟挍宋本「其」作「且一」，岳本亦作「且」，無「一」字，宋監本同，考文引古本與宋本同，足利本與岳本同。段玉裁云：「『且』字見儀禮者四，見禮記者三，見公羊傳者三。疏家多不得其解。今案説文『且，薦也』，凡承藉於下曰『且』。凡冠而字祇有一字耳，必五十而後以伯仲。故下一字，所以承藉伯仲也。言伯某仲某，是稱其字。單言某甫，是稱其且字。若韓非子於孔子單言『尼』，蓋五十以前事也。此注家且字之説也。」其説甚詳，不可備録。又云：「檀弓注『且字』，俗本譌作『其字』，今本左傳哀十六年疏引譌作『目字』，宋本禮記注疏譌作『且一字』三字，惟南宋禮記監本及慶元本左傳哀十六年疏作『且字』不誤。」

220 魯哀至尼父　惠棟挍宋本無此五字。

221 傷痛之辝也　閩、監、毛本「辝」作「辭」。×

222 稱字而呼之尼父也　惠棟挍宋本作「呼」。此本「呼」字闕，閩本同。監、毛本作

「謚」，非。

國亾大縣邑節

223 哭於大廟三日　閩、監本同。石經同。岳本、嘉靖本同。衛氏集説本同。毛本「大」作「太」，非，疏同。釋文亦作「大」。

224 以喪歸也　閩、監、毛本同。岳本、嘉靖本同。衛氏集説同。考文引古本、足利本「喪」下有「禮」字。

225 國亾至后土　惠棟挍宋本無此五字。

226 亾失也　監、毛本作「亡」。此本「亡」誤「云」，閩本同。

227 亾失土邑也　閩、監、毛本作「土」，此本誤「士」。

228 哭於大廟三日者　閩、監本同。毛本「大」作「太」，「三」誤「二」。

孔子惡野哭者節

229 周禮銜枚氏　監、毛本作「銜」，岳本、嘉靖本同。此本「銜」誤「御」，閩本同。

230 掌禁野叫呼歎呼於國中者　閩、監、毛本同。惠棟挍宋本下「呼」作「嗚」，宋監本、岳本、嘉靖本同，考文引古本、足利本同。衛氏集説作「掌諆呼歎嗚於國中者」，無「野」字，作「諆嗚」字，與周官經合。釋文出「叫呼」。

231 孔子惡野哭者　惠棟挍宋本無此六字。

未仕者節

232 税謂遺于人　閩、監、毛本同。嘉靖本同。衛氏集説「于」作「於」。惠棟挍宋本「于」作「予」，宋監本同，岳本同。考文引古本、足利本亦作「予」，是。「人」下有「物」字，非。正義皆云「謂以物遺人也」，是足利本所據補也。

233 未仕未尊　閩、監、毛本如此，此本「未仕」誤「夫任」。

234 亦當必稱父兄以將遺之　閩、監、毛本作「稱」，此本誤「類」。

士備入節

235 嫌主人哭　毛本作「嫌」，岳本、嘉靖本同，衛氏集說同。此本「嫌」字闕，閩、監本同。

236 士備至夕踊　惠棟挍宋本無此五字。

237 雖先入即位哭　閩、監、毛本作「位」，衛氏集說同，此本「位」誤「布」。

238 而相待踊者　惠棟挍宋本作「而」，此本「而」字闕。閩、監、毛本作「必」，非。

祥而縞節

239 祥而至月樂　惠棟挍宋本無此五字。

240 故小記除成喪者　閩、監、毛本同。衛氏集說「記」下有「云」字。

241 其祭朝服縞冠是也　閩、監、毛本同。×惠棟挍宋本「祭」下有「也」字，衛氏集說同。

242 此非當月所受樂名　惠棟挍宋本亦作「名」，閩、監、毛本誤「若」。×

君於士節

243 幕人職供焉　閩、監、毛本同。嘉靖本同。衛氏集說同。岳本「供」作「共」。釋文出「共焉」，云「本亦作『供』」。○按，「供」正字，「共」假借字。

244 君於士有賜帟　惠棟挍宋本無此六字。

245 賜惠賜也　惠棟挍宋本作「惠」，此本「惠」字闕。閩、監、毛本「惠」作「恩」，衛氏集說同。

246 禮記正義卷第十一終　惠棟挍宋本此行在疏「乃得有帟也」之後，記云凡二十四頁。❾

247 禮記卷第二經五千四百二十二字　注五千三百二十字　宋監本。×

08—248

卷終經五千二百一十九字注五千三百六十五字　嘉靖本。×

校　記

❶南昌本出文「成」作「戍」。校語改作「閩本同。監、毛本戍作成」。

❷南昌本出文「贊」作「賛」。

❸南昌本「揔」作「摠」。

❹南昌本出文改作「非人所知也」，上提一格。校語「此行在疏非人所知也之後」改作「此下另行標禮記正義卷第十終」。

❺南昌本下有校語「惠棟挍宋本自此節起至君於士節止爲第十一卷，卷首題禮記正義卷第十一」。

❻南昌本出文「了」作「子」。

❼南昌本「設」作「誤」，「誤」作「設」。

❽文選樓本、南昌本校語均作「二旬」，學海堂本作「二句」。

❾南昌本出文改作「附釋音禮記注疏卷第八終」，上提三格。校語「在疏乃得有帘也之後」改作「題禮記正義卷第十一終」。「頁」下增校語「宋監本題禮記卷第二，經五千四百二十二字，注五千三百二十字。嘉靖本題卷終，經五千二百一十九字，注五千三百六十五字」。

禮記注疏校勘記卷九

09—001 禮記正義卷第十二　惠棟挍宋本。❶

檀弓下第四

君之適長殤節

002 大功之殤小從上　閩、監、毛本同。惠棟挍宋本「小」作「中」，宋監本、岳本、嘉靖本同，考文引古本、足利本同。案，作「中」是也，正義可證。

003 君之至一乘　惠棟挍宋本無此五字。

004 鄭惟諸侯既七乘　閩、監、毛本同。考文引宋板「惟」作「推」。×

005 及天子中士下士也　閩、監、毛本作「天」，此本「天」誤「大」。

006 文主天子大夫　監、毛本作「主」，衛氏集説同。此本「主」誤「王」，閩本同，下「文主諸侯之士」同。

007 其實亦兼天子中下士也　閩、毛本同。衛氏集説同。監本「實」誤「質」。×

008 上公饗餼九牢　閩、監、毛本作「牢」，此本誤「年」。

009 嫡與稱公　閩、監、毛本同。惠棟挍宋本「與」作「亦」。

010 若其瓦棺堲周之屬　閩、監本同。毛本「堲」誤「塈」，考文引宋板作「堲」。×

公之喪節

011 公之至長杖　惠棟挍宋本無此五字。

君於大夫節

012 君於至如之　惠棟挍宋本無此五字。

013 知此是殯宮者　閩、監、毛本同。考文引宋板無「殯」字，非也。

014 至平生待賓客次舍之處　閩、監、毛本作「賓」，此本「賓」誤「殯」。

015 十有二步之嫌　閩、監、毛本同。考文引宋板「十有」作「有十」。

五十無車者節

016 五十至弔人　惠棟挍宋本無此五字。

017 所以時不許越疆而弔人者　閩、監、毛本同。惠棟挍宋本「時」作「特」。

018 恐增衰恐　閩、監、毛本同。惠棟挍宋本下「恐」作「惡」，衛氏集說同。

季武子寢疾節

019 明巳不與也　閩、監、毛本同。岳本同。嘉靖本同。惠棟挍宋本「巳」作「己」，是也，衛氏集說同，宋監本亦作「己」。

020 季武至而歌　惠棟挍宋本無此五字。

021 論季武子無禮蟜固正之事　閩、監、毛本同。衛氏集說「無禮」作「强借」。

022 故此著齊衰入大夫之門　閩、監、毛本同。考文引宋板無「齊」字，衛氏集說作「著衰入大夫之門」，亦無「齊」字。

023 具在下曲禮疏　閩本同。惠棟挍宋本亦作「疏」，監、毛本「疏」誤「註」。

024 若矯正之字從失　閩、監本同。毛本「失」誤「矢」。

025 彼文點字作箴　閩本同。監本作「葴」，毛本誤「葴」。

大夫弔節

026 辭猶告也　閩本同。岳本同。嘉靖本同。衛氏集説同。惠棟挍宋本同。宋監本同。考文引古本、足利本同。監、毛本「告」誤「去」。

027 大夫至受弔　惠棟挍宋本無此五字。

028 大夫弔者　閩、監、毛本同。惠棟挍宋本無「者」字。×

029 時來弔繸不出　閩、監本同。毛本「時」誤「待」，與儀禮士喪禮注不合，考文引宋板作「時」。

030 及喪家典舍之人　閩本同。惠棟挍宋本同。衛氏集説同。監、毛本「舍」誤「含」。

031 君遇柩於路者　閩、監、毛本同。惠棟挍宋本無「者」字。×

032 當特弔於家　閩本同。惠棟挍宋本同。衛氏集説同。監、毛本「特」誤「時」。

033 大夫之喪庶子不受弔者　閩、監、毛本同。惠棟挍宋本無「者」字。×

妻之昆弟節

034 北面辟正主　閩、監、毛本作「北」，岳本同，嘉靖本同，此本「北」誤「此」。×

035 不以私喪干尊　閩、監本同。岳本同。嘉靖本同。衛氏集説同。毛本「干」誤「于」。×

036 妻之至哭之　惠棟挍宋本無此五字。

037 禮女子適人者　惠棟挍宋本同。衛氏集説同。閩、監、毛本「子」字重。○按，重「子」字是也。

038 爲昆弟爲父後者不降　衛氏集説同。閩、監、毛本「弟」下有「之」字，與儀禮喪服合。

039 故姊妹之夫　閩、監、毛本作「夫」，衛氏集説同，此本「夫」誤「未」。×

040 冠尊不居肉袒上　衛氏集説同，宋本亦同。閩、監、毛本「袒」下有「之」字。考文云宋板「肉」作「内」，誤。

041 必先免故凡哭哀則踊　惠棟挍宋本同。閩、監、毛本「必先免」作「必先去冠而加免」，非。

042 述所哭之由　惠棟挍宋本作「由」，衛氏集説同。此本「由」誤「市」。閩、監、毛本作「事」，非也。

043 申詳之哭言思　閩、監本同。衛氏集説同。毛本「祥」作「詳」。❷

044 當在阼階東西面　惠棟挍宋本作「在」，衛氏集説同。此本「在」誤「作」，閩、監、毛本同。

子張死節

045 子張至與哉　惠棟挍宋本無此五字。

046 以其至非之　閩、監、毛本同。惠棟挍宋本作「以其無服非之」。

047 若有服者　閩、監、毛本作「者」，衛氏集説同，此本「者」誤「百」。

有若之喪節

048 有若至由左　惠棟挍宋本無此五字。

049 亦無常於吉凶　閩、監本同。毛本「常」誤「當」，考文引宋板「當」作「常」。

050 則惟賓主居右　閩、監、毛本同。考文引宋板「惟」作「推」。衛氏集説作「則推賓居右」，續通解同。

齊穀王姬之喪節

051 齊穀至之服　惠棟挍宋本無此五字。

052 爲齊桓公夫人　閩、監、毛本作「桓」。此本「桓」作「相」，下「非桓」、「桓公夫人者」同。

053 喪服大功章　閩、監、毛本同。惠棟挍宋本「喪」上有「案」字。

054 无復歸寧之理　閩、監、毛本「无」作「無」。×

055 案服小記云　閩本同。惠棟挍宋本「案」下有「喪」字，此本「喪」字脱耳。監、毛本改「案」作「喪」，非也。

晉獻公之喪節

056 亡國恒於斯得國恒於斯　閩、毛本同。石經同。監本作「恆」。岳本作「恒」。嘉靖本作「恒」，衛氏集説同。

057 雖吾子儼然在憂服之中　閩、監、毛本同。岳本同。嘉靖本同。衛氏集説同。石經「儼」字闕，釋文出「嚴然」，云「本亦作『儼』」，正義本作「儼」。

058 孺穉也　岳本同。嘉靖本同。閩、監、毛本「穉」作「稺」。衛氏集説同。釋文出「稺也」，云「本又作『稚』」，考文引古本作「孺猶穉也」。○按，「穉」、「稚」古今字。

059 寶謂善道可守者　閩、監、毛本同。岳本同。衛氏集説同。嘉靖本「謂」誤「爲」。

060 䟽晉獻至君義　此節䟽在「以辱君義」之下，閩、監、毛本同。惠棟挍宋本無此五字，云「晉獻至君義」䟽文一則在下節「則遠利也」之下。

061 他志謂私心　此五字在「起而不私」之下，惠棟挍宋本同，岳本同，嘉靖本同，閩、監、毛本移置上「以辱君義」之下。又「私」字惠棟挍宋本作「利」，宋監本同，岳本同，考文引古本、足利本同，續通解同。

062 稽顙至遠利也　惠棟挍宋本無此六字。

063 重耳若其爲後　閩、監、毛本同。衛氏集説「其」作「欲」。

064 埽除宗廟定社稷　惠棟挍宋本作「埽除」，此本「埽除」誤「婦祭」，閩、監、毛本誤「歸祭」。按，考文但云宋板「歸」作「埽」，不云「祭」作「除」。非。

帷殯節

065 帷殯至始也　惠棟挍宋本無此五字。

066 安張逸答陳鏗云　閩本同。惠棟挍宋本同。監、毛本「鏗」誤「鑑」。

067 喪禮節　惠棟挍云：「喪禮」節、「復盡愛」節、「拜稽顙」節、「飯用」節、「銘明旌」節、「奠以」節、「辟踊」節、「袒括」節、「弁絰」節、「有敬」節、「歠主人」節、「反哭」節、「反哭之弔」節、「孔子」節、「葬於」節、「既封」節、「既反哭」節、「葬日」節、「是日」節、「殷練」節，宋本合爲一節。

068 喪禮至者也　惠棟挍宋本無此五字。

069 故辟踊有節筭　閩、監本同。毛本「筭」作「算」，下「有筭」同。

070 使之漸變也　閩、監、毛本作「漸」，衛氏集説同，此本「漸」誤「斬」。

復盡愛之道也節

071 禮復者升屋北面　此本此下與釋文相接處脱一「○」。

072 復盡至義也　惠棟挍宋本無此五字。

073 五祀博言之耳　監本同。惠棟挍宋本同。閩本「博」誤「愽」，毛本誤「專」。

拜稽顙節

074 稽顙者觸地無容　閩、監、毛本同。岳本同。衛氏集説同。嘉靖本「者」作「首」。考文引古本「容」作「答」，下有「也」字。按，「答」字非也。

075 正義曰孝子賓拜之時　惠棟挍宋本

無「正義曰」三字。❸

076 釋古文也　閩、監、毛本「古」作「詁」，惠棟挍宋本無「也」字。×

飯用米貝節

077 飯用米貝　閩、監、毛本作「貝」，石經同，岳本同，嘉靖本同，衛氏集説同。此本「貝」誤「具」，注疏同。

078 正義曰死者既無所知　惠棟挍宋本無「正義曰」三字。

079 不忍虚其口　閩、監、毛本作「口」，此本「口」誤「曰」。×

080 所以不用飯食之道以實之　考文引宋本亦作「飯」，閩、監、毛本「飯」誤「飲」。×

081 故用米美善焉爾　閩、監、毛本同。浦鏜挍「米」下補「貝」字。

082 飯食人所造作　考文引宋板亦作「飯」。閩、監、毛本誤「飲」，衛氏集説同。×

083 凡含用米貝　閩、監本同。毛本「含」誤「舍」。×

084 君沐粱　毛本同。閩、監本「粱」誤「梁」，下「士沐粱」同。×

085 祝淅米于堂　閩、監、毛本作「淅」，此本「淅」誤「浙」。

086 祝受米奠于貝北　閩、監、毛本作「貝北」，此本「貝北」誤「具此」。

087 故士喪禮云稻米一豆　閩、監、毛本作「云」，此本誤「元」。

088 大喪共飯玉含玉　閩、監、毛本如此，衛氏集説同，此本上「玉」誤「王」。

089 含者執璧將命　閩、監本同，衛氏集説同。毛本「含」誤「命」。考文引宋板亦作「含」。×

090 是士用貝三　閩、監本同。衛氏集説同。

毛本「三」誤「二」，考文引宋板亦作「三」。

091 何休注公羊云　閩、監、毛本如此，此本「云」字誤在「公」上。盧文弨挍删「云」字，疑依北宋本。

092 大夫以碧　閩、監、毛本「碧」作「璧」。盧文弨云本書作「大夫以碧」。

093 又禮緯稽命徵　閩本同。考文引宋板同。監本「徵」誤「徵」，毛本同，脱「緯」字。

094 卿大夫飯以珠　閩、監本同。毛本「大」下誤衍「一」字。

095 含以貝　閩、監、毛本作「以貝」，此本「以貝」誤「此具」。

銘明旌也節

096 神明之精　閩、監、毛本同。嘉靖本同。惠棟挍宋本「精」作「旌」，宋監本、岳本同，衛氏集説同，考文引足利本同。

097 不可別形貌不見　惠棟挍宋本、岳本、宋監本、嘉靖本同。閩、監、毛本「可」誤「見」，衛氏集説作「不可別謂形貌不見也」，考文引古本、足利本亦作「不可別」。

098 謂重與奠　閩、監、毛本、岳本同。嘉靖本同。衛氏集説同。釋文出「重與奠也」，云「本作『重與奠與』」。考文引古本謂「重與奠」下有「也」字。正義云「故云重與奠也」，疑正義本與釋文本本同，無「謂」字有「也」字。

099 虞主用桑　閩、監、毛本作「用」，岳本同，嘉靖本同，衛氏集説同，此本「用」誤「羽」。

100 周主重徹焉　閩、監、毛本同。石經同。岳本同。嘉靖本同。衛氏集説同。石經考文提要云：「坊本『重徹』二字倒置。案，陳澔集説本作『徹重』，誤也。宋大字本、宋本九經、南宋巾箱本、余仁仲、劉叔剛本俱作『重徹』。」

101 銘明至徹焉　閩、監、毛本同。惠棟挍宋本作「銘明旌也」。

102 正義曰按士喪禮　惠棟挍宋本無上三字。

103 愛之斯録之矣　閩、監、毛本同。惠棟挍宋本無此六字。

104 亦得緫焉於明旌之義　閩、監、毛本同。衞氏集説作「亦得緫爲明旌之義」。

105 以解節旌　閩、監、毛本同。惠棟挍宋本「節」作「銘」，是也。

106 猶若吉祭木主之道　閩、監本同。毛本「木」誤「本」。衞氏集説亦作「木」，考文引宋板同。

107 注始死未作至練主用栗　閩、監、毛本同。惠棟挍宋本無「未作練主」四字。×

108 春秋孔悝爲祏主　監、毛本如此。此本「悝」誤「理」，「祏」誤「祐」，閩本「祏」亦誤「祐」。

109 重與柎相近　閩、監、毛本「柎」作「祔」。

110 謂虞祭之末也　閩、監、毛本作「祭」，此本誤「際」。

111 俱是喪主　閩、監、毛本同。惠棟挍宋本「喪」作「桑」。

112 祔而作主謂喪主　閩、監、毛本同。惠棟挍宋本「喪」作「桑」。

113 以卒哭日成事　閩、監、毛本同。考文引宋板「日」作「曰」。

114 故顯考謂高祖也　閩、監、毛本同。浦鏜云「故」衍字。

115 以文三年作僖公主　閩、監、毛本「三」作「二」，是也。×

116 其主之狀范人云　閩、監、毛本同。惠棟挍宋本「人」作「甯」。

奠以素器節

117 正義曰奠謂始死至葬之時　惠棟挍宋本無「正義曰」三字。

118 奠置於地　閩、監、毛本作「地」，此本誤「也」。

119 遂論虞祭之後　閩、監、毛本同。惠棟挍宋本「論」上有「廣」字，衛氏集説同。

120 於主人自盡致孝養之道焉爾　閩、監、毛本同。惠棟挍宋本無「於」字。

121 今死亦齊敬　閩、監、毛本作「今」，此本誤「令」。

122 哀則至以飾　閩、監、毛本同。惠棟挍宋本作「哀則以素，敬則以飾」。

辟踊節

123 有筭　閩、監本同。石經同。岳本同。嘉靖本、衛氏集説同。毛本「筭」作「算」，注同，疏同。

124 正義曰撫心爲辟　惠棟挍宋本無「正義曰」三字。

125 當大斂時又一踊　閩、監本同。毛本「當」誤「常」，考文引宋板作「當」。

袒括髮節

126 正義曰言袒衣括髮者　惠棟挍宋本無「正義曰」三字。

弁絰葛而葬節

127 天子諸侯變服而葬冠素弁　閩、監、毛本同。岳本同。嘉靖本同。考文引古本、足利本「天」上有「故」字，衛氏集説「冠」上有「故」字，皆以意增。正義云「云天子諸侯變服而葬者」，是「天」上無「故」字也；云「冠素弁以葛爲環絰者」，是「冠」上無「故」字也。

128 正義曰葬時居喪　惠棟挍宋本無「正義曰」三字。

129 故云交神之道　閩、監、毛本同。惠棟挍宋本「交」作「接」，與注合。

130 檀弓定本　閩、監、毛本作「定」，此本「定」作「足」。

131 案喪服改葬尚服緦麻　閩、監本同。毛本「葬」誤「喪」。

歠主人主婦室老節　×

132 正義曰此一節　惠棟挍宋本無「正義曰」三字。

反哭升堂節

133 正義曰謂葬窆訖　惠棟挍宋本無「正義曰」三字。

反哭之弔也節

134 封當至棺也　閩、監、毛本同。惠棟挍宋本作「封當爲窆窆下棺也」。

135 知非既封土爲墳者　閩、監、毛本作「土」。此本「土」誤「士」，下「實土三」同。

葬於北方節

136 正義曰上之訓往　惠棟挍宋本無「正義曰」三字。

既封節

137 贈以幣送死者於壙也　閩、監、毛本同。岳本同。嘉靖本同。衛氏集説同。考文引古本「幣」下有「帛」字。

138 既封至虞尸　閩、監、毛本同。惠棟挍宋本作「既封主人贈」，無下「正義曰」三字。

139 主人贈用制幣玄纁束帛也　閩、監、毛本同。浦鏜云「帛」衍文。按，浦鏜云衍文，與既夕禮合，然疏家正不必拘也。

既反哭節

140 正義曰此謂既窆之後事也　惠棟挍宋本無「正義曰」三字。

141 言以父母形體所託　惠棟挍宋本作「託」，此本誤「註」，閩、監、毛本作「在」，亦非。

142 案周人尚赤　閩、監、毛本同。衞氏集説「案」作「蓋」。

葬日虞節

143 其辝蓋曰　閩、監、毛本「辝」作「辭」，岳本同，嘉靖本同，衞氏集説同。

144 又雜記云内此天子七月而葬　閩、監、毛本同。惠棟挍宋本無「又雜記云」四字，「内」作「納」，衞氏集説同。

145 則大夫五虞當八日　閩、監本同。毛本「大」誤「六」，考文引宋板作「大」。

146 大夫以上卒哭者去虞相校兩月　閩、監本同。毛本「校」作「挍」，非。衞氏集説亦作「挍」，無「者」、「相」二字。○按，毛本全書皆作「挍」，避所諱也。

147 崔又一解虞後卒之前　閩、監、毛本同。惠棟挍宋本「卒」下有「哭」字，是也。

是日也節

148 虞禮所謂他用剛日也　閩、監、毛本同。岳本同。惠棟挍宋本「也」作「者」，嘉靖本同，考文引足利本同。

149 其變至歸也○　閩、監、毛本如此，此本「變」誤「安」，「也」上脱「歸」字，無「○」。惠棟挍宋本無下「正義曰」三字。

150 或事有忌諱　閩、監、毛本作「或」，衞氏集説同，此本「或」誤「咸」。×

151 即喪服小記所云赴葬者　惠棟挍宋本作「所云」，衞氏集説同，此本「所云」二字闕，閩、監、毛本作「篇云」。按，「篇」字非也。

152 速葬速虞之後　閩本同。惠棟挍宋本

153 同。衛氏集説同。監、毛本「之」誤「而」。×

剛日而連接其祭　閩、監、毛本同。衛氏集説「而」作「則」。×

154 哀薦日成事　閩、監、毛本「日」作「曰」，下「哀薦日成事」同。×

155 他謂不及時而葬者　惠棟挍宋本作「謂」，衛氏集説同。此本「謂」誤「用」，閩、監、毛本同。

156 雖所行三事　閩、監、毛本同。惠棟挍宋本「三」作「二」。×

157 雖依時葬虞後至卒哭　閩、監、毛本同。惠棟挍宋本「虞」字重。×

158 至常葬之月　閩、監、毛本同。衛氏集説「常」作「當」。

159 終虞之祭日乃止　閩、監、毛本作「止」，衛氏集説同，此本「止」誤「正」。×

160 其祝亦稱哀薦云成事焉　閩、監、毛本同。惠棟挍宋本「云」作「曰」，衛氏集説「云」、「焉」二字無。

161 禮記正義卷第十二終　惠棟挍宋本此行在注「期而神之人情」下，云凡二十三頁。❹

162 禮記正義卷第十三　惠棟挍宋本分「君臨臣喪」以下爲卷十三。×

君臨臣喪節❺

163 爲有凶邪之氣在側　閩、監、毛本同。岳本同。嘉靖本同。衛氏集説同。釋文出「凶耶」，云「下注同」。

164 則止巫去桃茢　閩、監、毛本同。岳本同。嘉靖本同。盧文弨云：足利古本「巫」下有「祝」字，非。案，正義云「祝代巫而入」，又云「巫止于門外祝先入」，是巫止而祝不止也，足利本非，盧挍是。

165 君臨至生也　惠棟校宋本無此字。

166 君往臨所　閩、監、毛本同。浦鏜云「弔」誤「所」。×

167 無巫祝執桃茢之事　閩、監、毛本作「事」，此本「事」字闕。

168 又云士喪禮亦如此　閩、監、毛本同。考文引宋板無「士」字。盧文弨云：或是無「云」字，下「又士喪禮大斂而往」似當作「又大夫士既殯而君往焉」。

169 荆人使公親襚　監、毛本作「荆」。此本「荆」誤「荊」，閩本同。

170 故下云拂柩　閩、監本同。考文引宋板亦作「下」，毛本「下」誤「不」。×

喪有死之道焉節

171 喪有至言也　惠棟校宋本無此五字。

喪之朝也節

172 喪之至遂葬　惠棟校宋本無此五字。

173 弃離其室　閩、監、毛本同。衛氏集説「弃」作「棄」。×

孔子謂爲明器者節

174 束茅爲人馬　閩、監、毛本同。岳本同。嘉靖本同。衛氏集説同。惠棟校宋本「馬」作「焉」，宋監本同。考文引古本「馬」下有「焉」字。釋文亦云「束茅爲人馬曰芻靈」。

175 謂爲俑者不仁　石經、惠棟校宋本、岳本、宋監本、嘉靖本、閩本同，衛氏集説亦作「仁」，監、毛本「仁」誤「二」。

176 殆於用人乎哉　閩本同。監、毛本「殆」上有「不」字，石經同，岳本同，嘉靖本同，衛氏集説同。

177 有似於生人　閩本同。宋監本同。岳本同。嘉靖本同。衛氏集説同。監、毛本「有」字脱。惠棟校宋本亦有「有」字，考文引古本、足利本同。

178 孔子至乎哉　惠棟挍宋本無此五字。

179 故備其器物若似生存　監、毛本作「似」，衛氏集説同。此本「似」誤「以」，閩本同。

180 孔子既論夏家之事是　閩、監、毛本同。衛氏集説無「事」字，非。

181 死者之物不可用　惠棟挍宋本作「不」。此本「不」誤「还」，閩、監、毛本作「還」，亦非。

182 記者記録孔子之言　閩、監、毛本「記」作「既」，考文引宋板作「記」，衛氏集説無此「記」字。按，集説是也。

183 謂刻木爲人而自發動　惠棟挍宋本亦作「而自」。閩、監、毛本「而自」改「面目」，非。

184 此不言塗車直云芻靈者　閩本同。惠棟挍宋本同。監、毛本「云」作「言」。

185 穆公問於子思節　惠棟挍云：「穆公」節、「悼公」節，宋本合爲一節。

186 退人若將隊諸淵　閩、監、毛本同。岳本同。嘉靖本同。衛氏集説同。石經「隊」作「墜」，考文引古本同。釋文出「將隊」，云「本又作『墜』」。

187 穆公至之有　惠棟挍宋本無此五字。

188 以道去君爲三諫不從　閩、監、毛本同。衛氏集説「爲」作「謂」，與儀禮喪服注合。

189 未絶者言爵祿尚有列於朝　閩、監、毛本作「未」，此本「未」字闕。

190 或辟仇讎　惠棟挍宋本作「讎」。此本「讎」誤「雖」，閩、監、毛本作「難」，亦非，衛氏集説作「或辟寇讎」。

191 鄭注此云仕焉而已者　閩、毛本同。

監本「注」誤「主」。

192 直問喪服正禮 閩、監、毛本同。惠棟挍宋本「直」作「宜」。

193 案者案世本云 惠棟挍宋本、閩、監、毛本無「案者」二字，是也。

194 謂三諫不從去而已絶 閩、監、毛本作「謂」，此本誤「諫」。

195 晉放其大夫胥甲父于衛 監、毛本作「甲」，衛氏集説同。此本「甲」誤「申」，閩本同。

悼公之喪節

196 毋乃使人疑夫不以情居瘠者乎哉 閩本同。石經同。岳本同。衛氏集説同。監、毛本「毋」誤「母」，嘉靖本同。

衛司徒敬子死節

197 衛司至不經 惠棟挍宋本無此五字。

198 故知有綢之恩 閩、監、毛本同。惠棟挍宋本「綢」作「緦」，衛氏集説同。

199 與子游前裼裘弔朋友同也 閩、監、毛本作「裼」，衛氏集説同，是也，此本「裼」誤「物」，考文引宋板「裼」作「狐」。

200 此雖不云帶凡單云經 閩、監、毛本同。惠棟挍宋本無「帶凡單云」四字。盧文弨云宋本脱四字，非也。

201 二三子皆經而出 閩、監、毛本作「二」，此本「二」誤「至」。

曾子曰晏子節

202 晏子一狐裘三十年 閩、監、毛本同。岳本同。嘉靖本同。衛氏集説同。石經「三十」合作「卅」。

203 喪數略也 閩、監、毛本同。岳本同。嘉靖本同。衛氏集説同。考文引古本「喪數」作「喪禮」，足利本作「喪數禮」。

204 曾子至以禮　惠棟挍宋本無此五字。

205 折爲七段五段　監本同。衛氏集説同。閩本「折」誤「拆」，毛本誤「析」。

206 大斂解三十年一狐裘　閩本同。監、毛本「年一」二字誤倒，考文引宋板作「年一」。

207 下謂其子及凡在己下者也　閩、監本同。毛本「及」誤「反」，考文引宋板作「及」。

208 藏苞筲於旁加杭席覆之　閩、監本同。毛本「旁」下有「加折卻之」四字。盧文弨云：宋本無此四字。毛有之，是也。又閩、監、毛本「杭」皆作「抗」，亦是也，衛氏集説同，下「加杭木實土」同。

209 乃得有遺車者　閩、監、毛本同。惠棟挍宋本無「者」字。

210 一个有二體　閩、監、毛本同。考文引宋板「二」下有「个」字。

國昭子之母死節

211 夾羨道爲位　閩、監、毛本同。岳本同。嘉靖本同。衛氏集説同。釋文本「夾」作「俠」。

212 專猶司也　惠棟挍宋本同。嘉靖本同。衛氏集説同。閩、監、毛本「司」誤「同」，岳本同。浦鏜云「司」誤「同」，疏内亦誤「同」，從六經正誤挍。

213 國昭至西鄉　惠棟挍宋本無此五字。

214 專猶同也　監、毛本同。閩本「猶」字闕。惠棟挍宋本「同」作「司」。盧文弨云：下「爾當同」，此「同」亦當作「同」。

215 穆伯之喪節　惠棟挍云：「穆伯」節、「季康子」節，宋本合爲一節。

216 嫌思情性也　閩、監、毛本同。岳本同。嘉靖本同。衛氏集説「思」作「私」，「性」作「勝」。

217 内人妻妾　閩、監、毛本同。岳本同。嘉靖本同。衛氏集説同，「妾」下有「也」字，惠棟挍宋本「妾」作「室」。盧文弨云宋板、古本俱作「妻室」，不必從。

218 穆伯至矣夫　惠棟挍宋本無此五字。

219 女智莫若　閩、監、毛本同。衛氏集説同。惠棟挍宋本「若」下有「婦」字。案，今家語本亦作「女智莫若婦」。×

220 公父氏之婦知禮矣　監、毛本作「父」，衛氏集説同。此本「父」誤「文」，閩本同。

季康子之母死節

221 褻衣非上服　閩、監、毛本同。岳本同。嘉靖本同。衛氏集説同。考文足利本「上」作「正」。

222 悼子紀生平子意如　閩、監、毛本同。惠棟挍宋本「紀」作「紇」。

有子與子游立節

223 陶鬱陶也　閩本同。監、毛本「欝」作「鬱」，岳本同，嘉靖本同，衛氏集説同，疏同。

224 舞斯愠愠斯戚　閩、監、毛本同。石經同。岳本同。嘉靖本同。衛氏集説同。釋文出「愠斯戚」，云「此喜怒哀樂相對，本或於此句上有『舞斯愠』一句，并注皆衍文」。正義本有「舞斯愠」一句，并注其所稱鄭此禮本、鄭諸本、鄭又一本、盧禮本、王禮本，綜論最爲詳覈。惠棟九經古義但据釋文而不及正義，踈矣。

225 蔞翣棺之牆飾　閩、監、毛本同。岳本同。嘉靖本同。衛氏集説無「牆」字。×

226 哭踊之情必發於内　閩、監、毛本同。惠棟挍宋本「必」作「心」，續通解同。

227 言中國禮道　閩、監、毛本及衛氏集説並同。考文引宋板無「道」字。×

228 怒來戚心故憤恚起也　惠棟挍宋本亦作「戚」，閩、監、毛本「戚」作「觸」。

229 品階格也　閩、監、毛本作「階」，衛氏集說同，此本「階」誤「皆」。×

230 此之謂於哀樂也　閩、監、毛本同。惠棟挍宋本「謂」下有「禮生」二字，續通解同。

231 俄傾不愠生　閩本同。監、毛本「不」作「而」。衛氏集說「傾不」作「頃而」，是也，考文引宋板同。

232 朝殞夕歌　惠棟挍宋本同。閩、監、毛本「殞」作「殯」，衛氏集說同。

233 首末各四　閩、監、毛本作「首末」，衛氏集說同，此本「首末」誤「自末」。×

234 中央舞斯愠一句　閩、監、毛本作「央」，此本誤「夫」，衛氏集說作「中間」。×

235 故一句之中有舞又愠也　閩、監、毛本同。惠棟挍宋本「又」作「及」，是也。×

236 明飾喪以奠祭之事　閩、監、毛本同。惠棟挍宋本「以」作「及」，衛氏集說同。

237 故使人勿惡也　閩、監、毛本同。惠棟挍宋本「故」作「欲」，衛氏集說同。

238 又設遣奠而行送之　閩本同。惠棟挍宋本同。監、毛本「遣」誤「遺」，衛氏集說無「行」字。

239 欲直同孺子　閩、監、毛本作「同」，此本「同」誤「司」。×

240 故子游既言生節哀　閩、監、毛本同。惠棟挍宋本「生」下有「者」字，衛氏集說同。

241 備言禮之節制　閩、監、毛本作「節」，衛氏集說同，此本「節」誤「即」。×

吳侵陳節

242 陳大宰嚭使於師　閩、監、毛本同。岳本同。嘉靖本同。衛氏集説同。石經「嚭」作「嚭」，下同。

243 盍嘗問焉　閩、監本同。嘉靖本「嘗」作「甞」，衛氏集説同。毛本作「嘗」。石經作「甞」，岳本同，注同。

244 獲謂係虜之　閩、監、毛本同。岳本同。嘉靖本同。衛氏集説「係」作「繫」。

245 鬢髮斑白　閩、監、毛本同。岳本同。嘉靖本同。衛氏集説同。惠棟挍宋本「斑」作「班」。

246 正言殺厲重人　閩、監、毛本同。岳本同。嘉靖本同。衛氏集説「正」作「止」，「人」下有「也」字。

247 子謂所獲民臣　閩、監、毛本同。岳本同。嘉靖本同。衛氏集説「民臣」作「臣民」。

248 吴侵至名乎　惠棟挍宋本無此五字。

249 楚未可棄　閩、監本同。毛本「棄」作「弃」。

250 故知大宰及行人皆官名　閩本同。惠棟挍宋本亦作「宰」，監、毛本「宰」誤「官」。

251 此大宰嚭與吴大宰嚭　閩本同，衛氏集説同，惠棟挍宋本亦作「此」，監、毛本「此」誤「宰」。

252 不獲二毛　閩、監、毛本同。惠棟挍宋本「毛」下有「者」字。

253 雖及胡耇獲則取之　監本作「耇」，衛氏集説同，考文引宋板同。此本「耇」誤「者」字，閩、毛本同。❻

254 直拘囚人而已則輕也　惠棟挍宋本作「則」，此本「則」字闕，閩本同。監、毛本作「故」，非。

255 苞人民歐牛馬曰侵　閩、監、毛本同。衛氏集説「歐」作「毆」。

256 斬樹木壞宮室曰伐　閩、毛本同。衛氏集説同。監本「木」誤「本」。×

顔丁善居喪節

257 既僊貌　閩本同。監、毛本「既」作「慨」，岳本同，嘉靖本同，衛氏集説同。

258 顔丁至而息　惠棟挍宋本無此五字。

259 如所求物不得　閩、監、毛本同。考文引宋板「如」下有「有」字。

260 亦彷徨求而不得之心　閩、監、毛本同。惠棟挍宋本「心」作「意」。

261 行而不及之　閩、監、毛本同。惠棟挍宋本「之」下有「貌」字。

子張問曰節

262 則民臣望其言久　惠棟挍宋本、宋監本、岳本、嘉靖本同，衛氏集説亦作「言」，閩、監、毛本「言」誤「長」。

263 仲尼曰　閩、監、毛本作「尼」，石經同，岳本同，嘉靖本同，衛氏集説同，此本「尼」作「𡰥」。案，上「尼父」字不作「𡰥」，此歧出。

知悼子卒節

264 子張至三年　惠棟挍宋本無此五字。

265 魯昭九年卒　閩、監、毛本作「昭」，岳本同，嘉靖本同，此本「昭」誤「此」。×

266 曩曏也　閩、監、毛本同。岳本同。嘉靖本同。釋文出「曏也」，云「本亦作『曏』」。×

267 禮揚作騰　宋監本、岳本、嘉靖本、惠棟挍宋本同。閩、監、毛本「騰」作「媵」，衛氏集説同，下「騰送也」同。段玉裁云：説文「佚，送也」，「佚」即「媵」字，「騰」非是。

268 **知悼至杜舉** 惠棟挍宋本無此五字。

269 **知揚觶是舉爵於君** 閩、監、毛本作「觶」，此本「觶」誤「觴」。

270 **揚作騰者** 考文引宋板同。閩、監、毛本「騰」作「媵」，是也，下「揚騰義得兩通」同，餘俱不作「騰」。

271 **爲後鑒戒** 閩、監、毛本同。惠棟挍宋本「後」下有「世」字，續通解同。

272 **與杜蕢此事** 閩、監、毛本同。惠棟挍宋本「與」作「以」。

273 **春秋云晉侯飲酒樂** 閩、監、毛本同。惠棟挍宋本「秋」下有「傳」字。

274 **學人舍業** 閩本同。惠棟挍宋本同。監、毛本「學」誤「樂」。

09—275 **服以旌禮禮以行事** 閩、監、毛本如此，此本脱一「禮」字。

校記

❶南昌本出文改作「附釋音禮記注疏卷第九」，上提三格。校語下增「禮記正義卷第十二」。

❷南昌本出文「詳」作「祥」。

❸南昌本出文「賓拜」作「拜賓」。

❹南昌本出文改作「期而神之人情」，上提一格。校語「此行在注期而神之人情下」改作「此下標禮記正義卷第十二終」，「云」上有「記」字。

❺南昌本下有校語「惠棟挍宋本自此節起至季康子之母死節止爲第十三卷，首題禮記正義卷第十三」。

❻南昌本「監」作「閩」。

禮記注疏校勘記卷十

檀弓下

公叔文子卒節

10—001 其子戍　石經同。嘉靖本同。閩、監、毛本「戍」作「戌」，岳本同，衛氏集説同。浦鏜挍云「戍」誤「戌」。

002 公叔至文子　惠棟挍宋本無此五字。

003 此一節論謂君誄臣之謚法　閩、監、毛本同。惠棟挍宋本「謂」作「請」，是也，衛氏集説同。

004 若呼其名　閩、監、毛本同。惠棟挍宋本「若」作「君」，衛氏集説同。

005 故謂至文子者　閩、監、毛本同。惠棟挍宋本無「者」字。

006 道德博聞曰文　閩、監本同。衛氏集「聞」同。毛本「聞」誤「文」。❶

石駘仲卒節

007 有庶子六人　閩、監本同。石經同。岳本同。嘉靖本同。衛氏集説同。考文引宋板同。毛本「子」誤「人」。

008 石駘至知也　惠棟挍宋本無此五字。

009 此一節論龜兆知賢知之事　閩、監、毛本同。衛氏集説脱下「知」字。

010 何休作膏肓難左氏　閩、監本同。毛本「肓」誤「盲」。

011 禮有詢立君　惠棟挍宋本作「詢」。此本「詢」誤「詣」，閩、監、毛本同。

陳子車死於衛節

012 度諫之不能正　閩、監、毛本同。惠棟挍宋本「正」作「止」，宋監本、岳本、嘉靖本同，衛氏集説同，考文引古本、足利本同。案，正義云「子亢不能止之」，又云「自度不能止」，據此則作「止」者爲是。

013 陳子至果用　惠棟挍宋本無此五字。

子路曰傷哉貧也節

014 啜菽飲水盡其歡　閩、監、毛本同，石經同，岳本同，嘉靖本同，衛氏集説同，正義亦作「菽」。釋文出「啜叔」，云「叔或作『菽』」。

015 斂手足形　閩、監、毛本同。石經同。岳本同。嘉靖本同。衛氏集説同。釋文出「斂手」。案，正義云「斂其頭首及足，形體不露」，是正義本經文當作「首」，今作「手」，與疏標經句合，與疏説經義不合。盧文弨云：「首足」見上篇，此疏内亦以「頭首」爲言，知「手」字誤，秦板作「首」是也。

016 子路至謂禮　惠棟挍宋本無此五字。

017 斂手足形者　閩、監、毛本同。盧文弨挍「手」改「首」。

018 還速葬而無椁材　閩、監本同。毛本「而」誤「者」。考文引宋板亦作「而」。

衛獻公出奔節

019 獻公以魯襄十四年出奔齊　閩、監、毛本同。岳本同。嘉靖本同。衛氏集説「襄」下有「公」字，考文引古本、足利本同。案，正義云「知獻公以魯襄公十四年出奔齊者」，又云「是獻公以魯襄公十四年出奔」，據是正義本當有「公」字。

020 衛獻至果班　惠棟挍宋本無此五字。

021 日旰不召　惠棟挍宋本作「旰」，監本同。此本「旰」誤「盱」，閩、毛本同。

衛有大史曰柳莊節

022 所以此襚之者　閩、監、毛本同。岳本同。

嘉靖本同。衛氏集説「以」下又有「以」字，考文引古本、足利本作「所以可以此襚之者」。

023 所以厚賢也　閩、監、毛本同。岳本同。衛氏集説同。嘉靖本「厚」作「享」，誤。×

024 衛有至變也　惠棟挍宋本無此五字。

025 其家自告　閩、監、毛本同。衛氏集説「自」作「以」。

026 爲禮未畢公再拜稽首　監、毛本如此。此本「畢」下衍一「○」，閩本同。

027 是大斂得用襚也　閩、監、毛本同。惠棟挍宋本「襚」上有「君」字。

陳乾昔寢疾節

028 陳乾至果殺　惠棟挍宋本無此五字。

029 且言陳乾昔者謂亦久纓疾病　閩本同。監、毛本「纓」作「嬰」，餘同。惠棟挍宋本「且」作「上」，「謂亦」作「亦謂」。

030 又晉趙孟孝伯並將死其語偷　閩、監、毛本同。齊召南云：按，此引晉趙文子及魯孟孝伯兩事也，「孝伯」上脱「魯孟」二字。

仲遂卒于垂節

031 有事於太廟　閩、監、毛本同。惠棟挍宋本「太」作「大」，宋監本、岳本同，嘉靖本同，「廟」作「庿」，衛氏集説作「有事于大廟」。

032 萬干舞也　閩、監本同。岳本同。嘉靖本同。毛本「干」誤「于」。×

033 仲遂至不繹　惠棟挍宋本無此五字。

034 故於後始稱傳曰　閩、監、毛本作「始」，此本「始」誤「如」。

季康子之母死節

035 斂下棺於槨　閩本同，衛氏集説亦作「槨」。監、毛本「槨」作「椁」，岳本同，嘉靖本同，下同。

○按，依説文當作「榑」，從木，㕡亦聲。

036 **多技巧者**　閩、監、毛本作「技」，岳本同，嘉靖本同，衛氏集説同。此本「技」誤「枝」，下「嘗其技巧」同。釋文出「多技」，云「下同」。

037 **般爾以人之母嘗巧**　閩、監、毛本同。石經同。岳本同。嘉靖本同。衛氏集説同。釋文出「爾㠯」，云「古『以』字」。

038 **言寧有强使女者與**　惠棟挍宋本作「寧」，宋監本、岳本、嘉靖本同。此本「寧」誤「强」，閩、監、毛本作「誰」，亦非，考文云古本、足利本作「寧」。

039 **其毋以嘗巧者乎**　惠棟挍宋本、宋監本、閩本、石經、岳本同。衛氏集説同。監、毛本「毋」誤「母」，嘉靖本同。釋文出「其毋」，云「音無」，注亦云「毋，無也」，則經不作「母」明甚。盧文弨挍云：依注當作「毋」，下放此。又禮記音義考證云：「近人所讀則『豈不得以其母以嘗巧者乎』爲一句，改『母』爲『毋』，與鄭注不合，失之矣。」○按，當作「母」，故陸德明音「無」，今釋文作「毋」亦非。

040 **於女寧有病苦與**　閩、監、毛本同。岳本同。嘉靖本「苦」誤「若」。

041 **季康至果從**　惠棟挍宋本無此五字。

042 **時人服般之巧將從之**　閩、監、毛本同。此本「將」上衍一「○」。

043 **執斧以涖匠師是也**　閩、監、毛本作「涖」，此本「涖」字闕。

044 **不正相當比擬之辭也**　閩、監、毛本作「比擬」，衛氏集説同，此本「比擬」二字闕。

045 **天子之三公視公侯**　閩、監本同。考文引宋板同。毛本「侯」誤「俟」。

046 **故云言視僭天子也**　閩、監本同。考文引宋板同。毛本「視」誤「是」。

047 以禮廟庭有碑　惠棟挍宋本作「以禮」，續通解同。此本「以禮」二字闕，閩、監、毛本作「儀禮」。按，「儀」字非也。

* 牲入麗于碑　各本如是。此本「牲」作「性」，誤也。

048 云穿中於間爲鹿盧者　閩、監、毛本作「者」。此本作「所」，屬下讀。❷

049 鹿盧兩頭各入碑木　閩、監、毛本作「各」，衛氏集說同，此本「各」誤「名」。

050 聽鼓聲以漸卻行而下之　閩、監、毛本作「漸」，衛氏集說同，此本「漸」誤「慚」。

051 故喪大記云諸侯大夫二碑　閩、監本同。衛氏集說同。考文引宋板同。毛本「喪大」二字倒。×

052 故云四植謂之桓也　監、毛本作「植」，衛氏集說同。此本「植」誤「桓」，閩本同。

053 不應四柱　閩本同。惠棟挍宋本同。監、毛本「不」下衍「云」字，「應」下脱「四」字。×

054 但瑑爲二柱　惠棟挍宋本同。閩、監、毛本「瑑」誤「環」。×

055 大夫亦二碑　閩、監、毛本作「二」，此本「二」誤「三」。

056 所以用之以得爲休巳之字者　閩、監、毛本同。惠棟挍宋本「所以」下又有「以」字。

057 乃得通用謂用　閩、監、毛本同。惠棟挍宋本無「謂用」二字。

058 依說文止毋是禁辭　閩、監、毛本同。惠棟挍宋本「止」作「上」。

059 毋止其辭讓也　惠棟挍宋本、閩、監、毛本「讓」作「議」。

060 毋猶勿也　閩、毛本同。監本「勿」誤「忽」。×

061 禮記正義卷第十三終　惠棟挍宋本此行在疏「故傷之而爲此聲也」之後。❸

062 禮記正義卷第十四　惠棟挍宋本分「戰于郎」以下爲卷十四。×

戰于郎節❹

063 齊國書帥師伐我　監、毛本同。岳本同。嘉靖本同。衛氏集説同。閩本「伐」誤「代」。×

064 欲以成人之喪治之　閩、監、毛本作「喪」，岳本同，嘉靖本同，衛氏集説同，此本「喪」誤「畏」。×

065 戰于至可乎　惠棟挍宋本無此五字。

066 此節論童子死難之事　閩、監、毛本同。考文引宋板「節」上有「一」字，衛氏集説同。

067 郎者魯之近邑也　閩、監、毛本同。惠棟挍宋本無「之」字。

068 案桓十年齊魯衛侯鄭伯來戰于郎　閩、監、毛本同。惠棟挍宋本「魯」作「侯」，是也。

069 以其俱有童汪踦之事　閩、監、毛本同。惠棟挍宋本「踦」作「錡」。○按，此引左氏傳作「錡」，不作「踦」也。

070 公叔務人僮汪錡死　閩、監本同，是也。毛本「錡」作「踦」。×

子路去魯節

071 去國則哭于墓而后行　閩、監、毛本作「國」，石經同，岳本同，嘉靖本同，衛氏集説同，此本「國」誤「同」。

072 子路至則下　惠棟挍宋本無此五字。

073 注無君事主於孝　閩、監、毛本作「君事」，此本「君事」二字倒。

074 曰墓謂他家墳壟　閩、監、毛本同。考文引宋板「曰」字闕。盧文弨挍云宋板無「曰」字，有空，疑當作圈。浦鏜挍云「曰」當「者」誤。

工尹商陽節

075 與陳弃疾　閩、監本同。石經同。岳本、嘉靖本同。衛氏集説同。毛本「弃」作「棄」，下經注及疏同。

076 工尹楚官名　閩、監、毛本同。岳本同。嘉靖本同。衛氏集説同。惠棟挍宋本「楚」作「是」，盧文弨挍云：宋本作「是」，不可從。○按，盧文弨是也，疏云「楚皆以尹爲官名」，故知「工尹」楚官名也。

077 司馬督　閩、監、毛本同。岳本同。嘉靖本同。衛氏集説同。釋文出「馬裻」，云「本亦作『督』」，正義本作「督」。○按，依説文當作「裻」，亦作䄍。督，假借字。

078 子手弓而可手弓　閩、監、毛本同。岳本同。嘉靖本同。衛氏集説同。石經此處闕，考文云古本「可」下有「也」字。案，正義作一句讀，則「可」下不得有「也」字，其讀至「可」字絶句者，家語分句之異也，正義所謂「附之以廣見聞」是也。

079 商陽仁不忍傷人　閩本同。惠棟挍宋本、宋監本、岳本、嘉靖本同。衛氏集説同。足利本同。監、毛本「商」誤「謂」。❺

080 以王事勸之　閩、毛本同。岳本同。嘉靖本同。衛氏集説同。監本「王」誤「至」，考文引足利本「王」作「君」。

081 斃仆也　閩、監本同。岳本同。嘉靖本同。衛氏集説同。考文引宋板同。毛本「也」誤「焉」。釋文亦出「仆也」。

082 韔韜也　閩、監、毛本同。岳本同。嘉靖本同。衛氏集説同。釋文出「韜之」。

083 又及　閩、監、毛本同。石經同。岳本同。嘉靖本同。衞氏集説同。釋文出「又及」，云「本或作『又及一人』、『又一人』，後人妄加耳」。考文引足利本作「又及一人」。案正義云「此謂吳師既走而後逐之，故云『又及一人』，則是不逐奔之義」，据是疑正義本「及」下有「一人」二字。

084 工尹至禮焉　惠棟挍宋本無此五字。

085 是楚恭王之子　閩本同。惠棟挍宋本同。監、毛本「恭」作「共」，衞氏集説同。×

086 苛慝不作今此云陳棄疾　惠棟挍宋本如此，此本「作今此云」四字闕，「陳」誤「棄」。閩本「作」字不闕，闕「今此云陳」四字，監本同。毛本「今此云陳」四字闕，補「盜賊伏隱」四字，非。

087 云十二年楚子狩于州來者　惠棟挍宋本如此，此本「州來者」三字闕，閩、監、毛本補「州來使」三字。按，「使」字非也。

088 工尹商陽與棄疾追吳師　閩、監、毛本如此，此本「與」、「疾」二字闕。

089 商陽手弓棄疾曰　閩、監、毛本作「疾」，此本「疾」字闕。

090 朝之與燕皆在於寢　閩、監本同。毛本「皆」誤「昔」。×

091 若路門外正朝　閩、監本同。衞氏集説同。毛本「正」誤「立」。×

092 故戎右云賛王鼓　閩本同。惠棟挍宋本同。衞氏集説同。監、毛本「戎」誤「成」。×

093 傳之所云人　閩、監、毛本同。惠棟挍宋本無「人」字，是也，衞氏集説同。

094 而後逐之　惠棟挍宋本「逐」之下有「義」字，是也。

095 則是不逐奔之義　閩、監本同。衞氏

集説同。考文引宋板同。毛本「義」字脱。 ×

諸侯伐秦節

096 聲之誤也　此本「也」下脱一「○」，與釋文接，嘉靖本不附釋音，而「也」下有「桓依注音宣」五字，蓋誤以釋文羼入也，閩、監、毛本不誤，岳本、衞氏集説注亦「也」字止。

097 襄公朝于荆　此本「襄」上有一「○」，嘉靖本同，閩、監、毛本無。

098 諸侯至悔之○　閩、監、毛本作「○」，此本「○」誤「自」，下注「在魯至言之○」同，惠棟挍宋本無此五字。

099 故荆言之也　閩、監、毛本同。盧文弨挍云當依注改「荆」爲「州」。

滕成公之喪節

100 滕成至遂入　惠棟挍宋本無此五字。

101 今至滕郊　閩、監本同。毛本「今至」二字倒。 ×

102 謂敬叔殺懿伯　閩、監、毛本作「殺」，衞氏集説同，此本「殺」字闕。 ×

103 恆爲防備　惠棟挍宋本同。衞氏集説同。閩、監、毛本「恆」誤「但」。 ×

104 檢勘世本　閩、監本作「檢」，毛本作「撿」，此本誤「儉」。 ×

哀公使人弔蕢尚節

105 行弔禮於野非　閩、監、毛本作「非」，岳本同，嘉靖本同。此本「非」誤「升」。衞氏集説「非」下有「也」字，考文引古本同。

106 魯襄二十二年齊侯襲莒　閩本同。嘉靖本同。監、毛本「二」作「三」。岳本同。衞氏集説同。案，依春秋當作「三」。

107 哀公至辱命　惠棟挍宋本無此五字。

108 協日刑殺　閩、監本同。毛本「協」作

「協」，衛氏集說同。

109 謂諸侯大夫士也　閩、監、毛本同。惠棟校宋本無「謂」字。

110 故襄二十二年楚殺令尹子南　閩、監本如此，此本上「二」誤「一」，毛本下「二」誤「一」。

111 故周禮掌囚職云　閩、監、毛本作「囚」，此本誤「因」。

112 以待刑殺　閩本同。衛氏集說同。監、毛本「刑」誤「形」。

孺子䵢之喪節

113 孺子䵢之喪　各本同。毛本「孺」字闕。

114 殯以椁覆棺而塗之　惠棟校宋本作「而」，宋監本、岳本、嘉靖本同，衛氏集說同，此本「而」字闕。閩、監、毛本「而」作「上」，非。

115 所謂菆塗龍輴以椁　閩、監、毛本同。岳本同。嘉靖本同。衛氏集說同。釋文出「欑塗」。○按，喪大記云「君殯欑至於上」，注云「欑，猶菆也」。

116 爲榆沈　閩、監、毛本作「榆」，石經同，岳本同，嘉靖本同，衛氏集說同。此本「榆」誤「揄」，注同。

117 以水澆榆白皮之汁　閩、監、毛本作「水」，岳本同，嘉靖本同，衛氏集說同，此本「水」誤「永」。

118 孺子至學焉　惠棟校宋本無此五字。

119 以其正禮而言　閩、監、毛本同。衛氏集說「以其」作「故以」。

120 載柩於上　監本「上」誤「土」。

121 亦泥塗其上　閩、監本同。衛氏集說同。毛本「塗」誤「一」。

122 注轅不畫龍　閩本同。監、毛本「轅」作「輴」，是也。

123 大夫以柩朝廟之時用輴綍　閩、監、毛本同。惠棟挍宋本「綍」作「紼」，衛氏集説同。

悼公之母節

124 悼公至妻我　惠棟挍宋本無此五字。

季子皐葬其妻節

125 孟氏之邑成宰　閩、監、毛本同。岳本同。嘉靖本同。衛氏集説「邑成」作「成邑」。

126 朋友不以是弃予　石經同。岳本同。嘉靖本同。閩、監、毛本「弃」作「棄」，衛氏集説同，疏倣此。

127 恃寵虐民　閩、監、毛本作「恃」，岳本同，嘉靖本同，衛氏集説同，此本「恃」誤「侍」。

128 季子皐葬其妻至繼也　惠棟挍宋本無此九字。

129 各依文解之　閩、監、毛本同。惠棟挍宋本「依」作「隨」。

130 注季子至成宰　閩、監、毛本「成宰」作「氏季」。

131 以孟氏自爲奢暴之故也　閩、監本同。考文引宋本同。毛本「自」誤「白」，衛氏集説無「之」字。

132 清儉大過　閩、監、毛本「大」作「太」，衛氏集説同。

仕而未有祿者節

133 君有饋焉曰獻　閩、監、毛本同。石經同。岳本同。嘉靖本同。衛氏集説同。釋文出「有餽」，云「本又作『饋』」，正義本作「饋」。

134 使焉曰寡君　此本「使」字下空闕，非也。

135 仕而至服也　惠棟挍宋本無此五字。

136 君有饋焉曰獻者　閩、監本同。毛本「曰」誤「而」。

137 則自稱己君爲寡君也　閩、監本同。毛本「爲」誤「謂」。考文引宋板亦作「爲」。

138 違而君薨者違去也　閩本同。監、毛本「去」誤「法」。惠棟挍宋本亦作「去」。×

虞而立尸節

139 故爲高祖之父當遷者也　閩、監、毛本同。嘉靖本同。惠棟挍宋本「爲」作「謂」，宋監本、岳本同，衛氏集説同，考文引古本、足利本同。

140 易説帝乙曰　閩、監、毛本同。岳本同。嘉靖本同。考文云古本「説」下又有「説」字。

141 虞而立尸有几筵卒哭而諱至自寢門至于庫門　惠棟挍宋本無此十九字。

142 未葬由生事之　閩、監、毛本同。衛氏集説「由」作「猶」。×

143 故未有尸　閩、監、毛本作「有」，此本誤「百」。

144 今葬訖既設虞祭　閩、監本同。考文引宋板同。毛本「葬」誤「喪」。×

145 筵雖大斂之時已有　閩、監、毛本作「筵」，此本誤「庭」。

146 喪事素几　閩、監、毛本作「素」，此本「素」誤「案」。

147 鄭注云謂殯奠時　閩、監、毛本同。衛氏集説同。浦鏜挍「殯」改「凡」。○按，浦鏜是也，賈景伯云言凡非一之義。

148 天子既爾　閩、監、毛本作「天」，此本「天」誤「矣」。

149 生時飲食有事處也　閩、監、毛本作「事」，衛氏集説同，此本「事」誤「重」。

150 又於下室設黍稷曰饋　閩、監本同。衛氏集説同。毛本「於」誤「如」，考文引宋板亦作「於」。

151 然不復饋食於下室文承卒哭之下　閩、監、毛本如此，此本「不」誤「下」，「承」誤「丞」。

152 正義曰高祖之父　閩、監、毛本作「父」，此本「父」誤「事」。

153 嫌引祕書　閩、監、毛本作「祕」，此本「祕」誤「必」。

154 故諸所牽圖讖皆謂之說云　閩、監本同。毛本「謂」誤「爲」，考文引宋板亦作「謂」。

155 紂父去湯多世　閩、監、毛本同。惠棟挍宋本「去」作「至」。

156 謂天所錫者　閩、監本同。考文引宋板同。毛本「謂」誤「爲」。

157 則生日是天之命曰爲名也　閩、監、毛本同。惠棟挍宋本「曰」作「日」。

158 自寢門至于庫門　閩、監、毛本同。惠棟挍宋本作「自寢至庫門」。

二名不偏諱節

159 言在不稱徵言徵不稱在　閩、監、毛本同。石經同。岳本同。嘉靖本同。衛氏集說同。考文引古本作「言徵不稱在言在不稱在」。❻

軍有憂節

160 赴車不載櫜韔　閩、監、毛本同。石經同。岳本同。嘉靖本同。衛氏集說同。釋文出「櫜韔」，云「本亦作『韔』」，正義本作「韔」。

161 軍有至櫜韔　惠棟挍宋本無此五字。

162 但露載其甲及弓　閩、監、毛本同。考文引宋板「但」作「袒」，衛氏集說亦作「但露」。段玉裁訂說文誤字說云：「人部曰『但，裼也』，故衣部云『裼，但也。嬴，但也。裎，但也』。今本衣部作『袒也』，袒訓衣縫，解爲今綻裂字，而失其義矣。」案，依段義則「但」即袒露之本字，宋本「袒」從俗作也。

163 以下韍文　閩、監、毛本同。惠棟挍宋本「韍」上有「有」字。

有焚其先人之室節

164 謂人燒其宗廟　閩、監、毛本同。岳本同。嘉靖本同。惠棟挍宋本「人」作「火」，是也，宋監本、衛氏集説同。

165 有焚至日哭　惠棟挍宋本無此五字。

166 論哀先人宗廟毀傷之事　惠棟挍宋本作「毀」，衛氏集説同，此本「毀」字脱，閩本「毀」字闕。監、毛本「毀」作「虧」，非。

孔子過泰山側節

167 使子路問之　閩、監、毛本同。嘉靖本同。衛氏集説同。惠棟挍宋本「路」作「貢」，石經、宋監本、岳本同。石經考文提要云：案九經三傳沿革例云：「實使子貢，而興國本及建諸本皆作『子路』，疏亦不明言何人，及考石本、舊監本、蜀大字本、越上注疏本，皆作『子貢』，以文選李善注及藝文類聚、白孔六帖、太平御覽、孔子家語所引證之，則作『子貢』是也。」

168 孔子至虎也　惠棟挍宋本無此五字。

169 魯人有周豐也者節　惠棟云：「魯人」節、「喪不慮居」節，宋本合爲一節。

170 哀公執摯請見之　閩、監、毛本同。岳本同。嘉靖本同。衛氏集説同。石經闕，釋文出「執贄」。

171 墟墓之間　閩、監、毛本同。嘉靖本同。岳本同。衛氏集説同。惠棟挍宋本「墟」作「虚」，注同。釋文出「虚墓」，云「本亦作『墟』，注同」，正義本作「墟」。○按，「虚」、「墟」古今字。

172 苟無禮義忠信誠慤之心以涖之　閩、監、毛本同。石經同。岳本同。嘉靖本同。衛氏集説同。釋文出「以莅」。

173 魯人至解乎 惠棟挍宋本無此五字。

174 徒作誓盟 監本作「誓盟」，惠棟挍宋本作「盟誓」。

175 穀梁傳云告誓不及五帝 閩、監、毛本同。衞氏集説「穀」上有「又」字。

176 亦是畔疑之事也 閩、監本同。毛本「也」字脱。×

喪不慮居節

177 謂賣舍宅以奉喪 閩、監、毛本同。嘉靖本同。衞氏集説同。岳本「舍宅」作「宅舍」。

178 延陵季子適齊節 惠棟云：宋本「延陵」至「隱也」下疏文一則在後「其合矣乎」經文之下。

179 示節也 閩、監、毛本同。衞氏集説同。惠棟挍宋本「示」作「亦」，宋監本、岳本、嘉靖本同，續通解同，考文引古本、足利本同。案，依正義作「亦」字是也。

180 謂高四尺所 閩、監、毛本有「所」字，岳本同，衞氏集説同。此本「所」字脱，嘉靖本同。

181 延陵至隱也 惠棟挍宋本無此五字。

182 論仲尼云季子得禮之事 閩、監、毛本同。衞氏集説「云」作「言」，「得」上有「葬子」二字。

183 及閭廬使專諸刺僚 監、毛本作「及」。此本「及」誤「乃」，閩本同。

184 後讓國又居之 閩、監、毛本作「居」，此本「居」誤「君」。

185 亦節至尺所 惠棟挍宋本同。閩、監、毛本「亦」誤「示」，下「故云亦節也」同。

186 命猶性也 惠棟挍宋本作「猶」，宋監本、岳本、嘉靖本同，衞氏集説同。此本「猶」誤「須」，閩、監、毛本同。

187 既封至矣乎　閩、監、毛本同。惠棟挍宋本作「既封至之也」，無下「正義曰」三字。

188 案鄭注覲禮云　惠棟挍宋本作「覲」，衛氏集説同，此本「覲」誤「覯」。閩、監、毛本「覲」誤「觀」，下「故覲禮云」同。

189 乃右肉袒于廟門之東　惠棟挍宋本「東」作「車」，非。

190 而遶墳三帀也　閩、監本同。考文引宋板同。衛氏集説「帀」作「匝」，毛本誤「市」。

郕婁考公之喪節

191 魯魯鈍也　閩、監、毛本同。岳本同。嘉靖本同。衛氏集説同。釋文出「頓也」，云「本亦作『鈍』」。正義本作「鈍」。

192 郕婁至其祖　惠棟挍宋本無此五字。

193 此是使致之辭也　惠棟挍宋本如此，衛氏集説無「之」字。此本「是使」誤「居養」，「辭」誤「音」，閩、監、毛本同。

194 諸侯之來屈辱臨於敝邑者　惠棟挍宋本作「於敝」。此本「於敝」誤「益弊」，閩、監、毛本同。

195 謂應簡易而爲廣大　惠棟挍宋本如此。此本「應簡」誤「惡雜」，閩本同，監、毛本作「惡簡」，亦非。

196 君見有是不忘可悉　閩、監、毛本同。惠棟挍宋本「有」作「存」，是也。

197 案春秋昭三十年　閩、監本同。毛本「三」誤「二」。考文引宋板作「三」。

198 故論語云子之迂也　閩、監、毛本同。段玉裁挍本「迂」改「于」，依鄭本。

199 親自致璧於柩及殯上者謂之親含　惠棟挍宋本作「者」，衛氏集説同。此本「者」字模糊，閩、監、毛本誤「若」。

天子崩節

200 祝佐含斂先病　宋監本、岳本、嘉靖本同，惠棟挍宋本亦作「病」，閩、監、毛本「病」誤「服」。

201 以爲棺椁作棺椁也　閩、監、毛本同。岳本同。嘉靖本同。衛氏集説無「以」字，考文引古本、足利本「棺」下有「之」字。案，正義云「可以爲周棺之椁者」，疑正義本注文亦有「之」字。

202 天子至其人　惠棟挍宋本無此五字。

203 祝佐含斂先病故先杖也　考文引宋板同，續通解同。閩、監、毛本「病」誤「服」，下「病在祝後」同。

204 三曰子大夫人杖　閩、監、毛本「子大」作「太子」，衛氏集説同，惠棟挍宋本無「大」字。

205 案如大記及四制　惠棟挍宋本同。閩、監、毛本「如」作「喪」。○按，「如」者，如上喪大記及喪服四制也，嚴杰云。

206 此云五曰士杖者　閩、監本同。毛本「士」誤「十」。

207 此據朝廷之士　閩、監本作「士」，此本誤「七」。

208 若存則人神均其慶　閩、監、毛本作「存」，衛氏集説同，此本「存」誤「有」。

齊大饑節

209 齊大至可食　惠棟挍宋本無此五字。

210 論饑者狂狷之事　閩、監、毛本同。衛氏集説「饑」作「餓」。

211 黔敖既見餓者而來　惠棟挍宋本同。閩、監、毛本「既見」誤「見有」。

212 故曰嗟呼來食　惠棟挍宋本同。閩、監、毛本「呼」誤「乎」。

213 餓者終不食而死　閩、監本同。考文引宋板亦作「死」，毛本誤「耳」。

郳婁定公之時節

214 有弑其父者　閩、監、毛本同。石經同。岳本同。嘉靖本同。衛氏集説同。釋文出「有殺」，云「本又作『弑』，同，式志反。下『臣殺』、『子殺』同」。正義本作「弑」。

215 民之無禮教之罪　閩、監、毛本同。岳本同。嘉靖本同。衛氏集説「教」上有「不」字。

216 子弑父凡在宫者殺無赦　閩、監、毛本同。石經同。衛氏集説同。岳本「宫」作「官」，嘉靖本同，考文引古本、足利本同。正義云「此『在宫』字諸本或爲『在官』，恐與上在官相涉而誤也」，據此則作「在宫」者亦孔氏所見之本，而非正義所用之本也。

217 郳婁至舉爵　惠棟挍宋本無此五字。

218 寡人嘗試學斷此弑父之獄矣　閩、監本同。毛本「弑」誤「試」。

219 但毆之耳　監、毛本同。閩本「但」誤「旦」。

220 使水之聚積焉　閩、監、毛本同。衛氏集説「聚積」作「積聚」。

221 晉獻文子成室節　惠棟挍云：「晉獻文子」節、「仲尼」節，宋本合爲一節。

222 禱求也　閩、監、毛本同。岳本同。嘉靖本同。衛氏集説同。考文引古本、足利本「求」下有「福」字。

223 晉獻至善禱　惠棟挍宋本無此五字。

224 晉獻文子成室者　閩、監、毛本有「文」字，此本脱。

225 九原文子家世舊葬地也　閩、監、毛本同。惠棟挍宋本「原」作「京」。

226 令國民族葬　閩、監本同。衛氏集説同。考文引宋板亦作「民」，毛本「民」誤「名」。

仲尼之畜狗死節

227 畜狗馴守　閩、監、毛本同。岳本同。嘉靖本同。衛氏集説同。考文引宋板「狗」作「利」。盧文弨云：觀釋文音狗在後，似宋本「利」字是，豈釋文正文無「狗」字耶。

228 敝帷不弃　閩、監本同。石經同。岳本同。嘉靖本同。衛氏集説同。毛本「弃」作「棄」，下同。×

229 其他狗馬　閩、監、毛本同。岳本同。嘉靖本同。衛氏集説同。考文引古本、足利本「馬」下有「死」字。

季孫之母死節

230 既不敢止　閩、監、毛本作「止」，岳本同，嘉靖本同，衛氏集説同，此本「止」誤「主」。

231 見兩賢相隨彌益恭也　惠棟挍宋本作「彌益恭」，宋監本、岳本、嘉靖本同，衛氏集説同，閩、監、毛本作「彌敬」。此本作「禮益雷」，「雷」字涉下「霤」字誤也。

232 季孫至遠矣　惠棟挍宋本無此五字。

233 斯此此其施行可久遠矣　惠棟挍宋本同。閩、監、毛本下「此」誤「也」。

陽門之介夫死節

234 然君在大夫得斯爲二子辟位者　閩、監、毛本同。惠棟挍宋本「斯」作「私」。案，「私」是也，衛氏集説同，「得」上衍「不」字。

235 覘闚視也　閩、監、毛本同。岳本同。嘉靖本同。衛氏集説「闚」作「窺」，釋文本同。

236 陽門至當之　惠棟挍宋本無此五字。

237 殆不可伐也者　閩、監、毛本同。惠棟挍宋本無「者」字。×

238 而已是助語句也　閩、監、毛本同。考文引宋板「語句」作「句語」，衛氏集説同。

239 魯莊公之喪節　此節疏「閔公是莊公之子」，「是」字起至下節疏「左傳吴季札」「傳」字止，計失一頁。

240 時子般弒　閩、監、毛本同。岳本同。嘉靖本同。衛氏集説同。釋文本「弒」作「殺」，考文引古本同，宋監本作「殺」。

241 魯莊至不入　惠棟挍宋本無此五字。

242 既葬竟除凶服於外　閩、監、毛本同。惠棟挍宋本「既」上有「故」字。

243 夫人哀姜之娣叔姜所生　考文引宋板作「娣」，閩、監、毛本「娣」誤「姊」。

244 衰亦不入可知也　閩、監、毛本如此，衛氏集説同，惠棟挍宋本無「亦」字。

245 閔公葬而除喪　毛本如此，閩、監本「葬」誤「喪」。

246 不復受服　惠棟挍宋本作「復」，閩、監、毛本「復」誤「服」。

孔子之故人曰原壤節

247 孔子至故也　惠棟挍宋本無此五字。

248 如女人之手　惠棟挍宋本作「人」，閩、監、毛本「人」誤「子」。

249 許其來進之情　惠棟挍宋本作「來」。此本「來」作「求」，閩、監、毛本同。

250 妄爲流宕　閩、監、毛本作「宕」，此本「宕」誤「岩」。

251 義實得矣　閩本同。惠棟挍宋本同。監、毛本「實」誤「質」。

趙文子節

252 晉羊舌大夫之孫名肸　閩、監、毛本有「肸」字，岳本同，嘉靖本同，衛氏集説同。此本

「肸」字脱，釋文出「名肸」。

253 陽處父襄之大傅　閩、監、毛本「襄」下有「公」字，「大」作「太」，衛氏集説同，岳本、嘉靖本同，惟「大」不作「太」。釋文出「大傅」。考文引古本、足利本「襄公」上有「晉」字。

254 要君以利是也　閩、監、毛本同。岳本同。惠棟挍宋本無「也」字，宋監本、嘉靖本同，考文引足利本同。案，此本疏標起止亦無「也」字。

255 文子其中退然如不勝衣　閩、監、毛本同。石經同。岳本同。嘉靖本同。衛氏集説同。釋文出「追然」，云「音退，本亦作『退』」，正義本作「退」，韋昭注國語楚語引禮亦作「其中退然」。

256 其言呐呐然如不出諸其口　惠棟挍宋本有「諸」字，石經、宋監本、岳本、嘉靖本同，衛氏集説同。此本「諸」字脱，閩、監、毛本同。石經考文提要云：宋大字本、宋本九經、南宋巾箱本、余仁仲本、禮記纂言、至善堂九經本俱有「諸」字。

257 官長所置也　閩、監、毛本作「官」，岳本同，嘉靖本同，衛氏集説同，此本「官」誤「宮」。

258 潔也　惠棟挍宋本「潔」作「絜」。按，「絜」、「潔」正俗字。

259 趙文至子焉　惠棟挍宋本無此五字。

260 趙文子與叔向觀於九原　閩、監本同。毛本「於」誤「如」。

261 文子云此處　閩、監、毛本同。惠棟挍宋本「云」作「言」。

262 吾於衆大夫之内　閩、監本同。毛本「於」誤「與」。

263 文子至稱也　閩、監、毛本同。惠棟挍宋本無「者」字。

264 文子曰言處父唯行專權　惠棟挍宋本作「權」。此本「權」誤「植」，閩、監、毛本同。

盧文弨云「曰」字衍。

265 不得以理終没其身　惠棟挍宋本作「理」。此本「理」誤「至」，閩、監、毛本同，衛氏集説作「不能以理終没其身」。

266 云謂剛而專巳者　閩、監、毛本同。惠棟挍宋本「云」下有「植」字。

267 及温而還　閩、監、毛本作「還」，此本「還」誤「邀」。

268 見利至稱也者　閩、監、毛本同。惠棟挍宋本無「者」字。

269 謂久至利是　惠棟挍宋本同。閩、監、毛本「是」下衍「也」字。×

270 故鄭其言之　閩、監、毛本「其」作「具」。

271 彼謂共先蔑倶迎公子雍　惠棟挍宋本同。閩、監、毛本「共」誤「其」。×

272 文子至其口者　閩、監、毛本同。惠棟挍宋本無「者」字。

273 如不出諸口　閩、監、毛本同。衛氏集説同。惠棟挍宋本「諸」作「於」。

274 謂鄉射去射處五十步　惠棟挍宋本作「去」。此本「去」誤「大」，閩、監、毛本同。

275 一步料二寸　閩、監、毛本同。浦鏜云「料」當「科」字誤。

276 鍵謂鎖之入内者　閩、監、毛本同。惠棟挍宋本「鎖」作「鏁」，衛氏集説同，下「俗謂之鎖須」同。×

277 死不屬其子者　閩、監、毛本同。惠棟挍宋本「者」作「焉」。

278 從趙文子始　閩、監、毛本同。惠棟挍宋本無「趙」字。

279 日仲尼之門　閩、監、毛本「日」作「且」，是也。×

叔仲皮學子柳節

280 衣當爲齊壞字也　惠棟挍宋本、宋監本、嘉靖本同。閩、監、毛本「齊」作「齋」，岳本同，衛氏集說同。五經文字云：「齋說文。齋經典相承隸省，今經文多借『齊』字代之。」案，疏中「齊」字閩、監、毛本亦皆作「齊」，無作「齋」者。

281 繆讀爲木樛垂之樛　惠棟挍宋本如此，疏同，宋監本、岳本、嘉靖本同。此本「讀」誤「當」，閩、監、毛本同，「木」作「不」。衛氏集說作「讀爲不樛垂之樛」。段玉裁云：「不樛」是也，「木樛」誤。岳本禮記考證云：「案喪服傳作『不樛垂』，孔氏云『樛，謂兩股相交也。五服之絰皆然。唯弔服環絰不樛』，又雜記云『纏而不樛，是環絰不樛也』，据此則原本『木』字乃『不』字之訛。」

282 緦衰小功之縷而四升半之衰　閩、監、毛本同。岳本同。嘉靖本同。衛氏集說同。釋文出「之縷」。案，此「縷」字不誤。喪服傳云「緦衰者，何以小功之緦也」，其「之縷」誤「之緦」，當据此正之。

283 而多服此者　惠棟挍宋本有「此」字，宋監本、衛氏集說、岳本、嘉靖本並同。此本「此」字脱，閩、監、毛本同。

284 婦以諸侯之大夫爲天子之衰　閩、監、毛本同。岳本同。嘉靖本同。衛氏集說同。惠棟挍宋本「婦」下有「人」字，考文引古本「婦以」作「使婦人以」。○按，疏標起訖無「人」字。

285 叔仲至環絰　惠棟挍宋本無此五字。

286 欲令其妻身著緦衰　閩、監、毛本如此，此本「令」誤「今」，「緦」誤「緫」。

287 云繆讀爲不樛垂之樛者　閩、監、毛本如此，此本「樛垂」誤「言圭」，惠棟挍宋本「不」誤「木」，下同。

288 知者以叔仲衍　閩、監、毛本作「衍」，此本「衍」誤「族」。

289 如爵弁而素 閩、監、毛本作「衍」，此本「爵」字闕。

成人有其兄死節

290 緌爲蜩喙長在腹下 閩、監、毛本同。嘉靖本同。岳本「爲」作「謂」，衛氏集説同，考文引宋板、古本、足利本同。

291 成人至之衰 惠棟挍宋本無此五字。

292 聞孔子弟子子皐 閩、監、毛本如此，此本「孔」誤「且」。

293 緌謂蟬喙長在口下 閩、監、毛本作「謂」，此本「謂」字闕。

294 匡自著蟹 閩、監、毛本作「著」，衛氏集説同，此本「著」誤「若」。

295 非爲蜂設亦如成人 閩、監、毛本作「設亦」，此本「設亦」二字闕。衛氏集説作「設譬」，考文引宋板同。

296 服是子皐爲之 閩、監、毛本如此，衛氏集説同，此本「皐爲」二字闕。

樂正子春之母死節

297 樂正至吾情 惠棟挍宋本無此五字。

298 論孝子遭喪哀過之事 閩本同。衛氏集説同。監、毛本「哀」誤「衰」。

歲旱節

299 覬天哀而雨之 閩、監、毛本同。岳本同。嘉靖本同。衛氏集説同。釋文出「庶覬」，云「本又作『幾』」，是釋文本「覬」上有「庶」字。

300 毋乃不可與 閩、監本同。石經同。岳本同。衛氏集説同。毛本「毋」誤「母」，嘉靖本同，下「毋乃已疏乎」同。

301 歲旱至可乎 惠棟挍宋本無此五字。

302 絶地通天之事 閩、監、毛本同。衛氏

303 集説「通天」作「天通」。 ×

此經而云愚婦人者　閩、監本同。毛本「此」誤「在」，衛氏集説亦作「此」。

孔子曰節 ×

304 孔子至善夫　惠棟挍宋本無此五字。

305 故並之也　閩、監、毛本同。衛氏集説「之」作「云」。 ×

306 轂則異室　閩、監、毛本同。衛氏集説「轂」上有「詩云」二字。

307 故善魯之祔也　惠棟挍宋本作「祔」，衛氏集説同。此本「祔」誤「夫」，閩、監、毛本同。

308 禮記正義卷第十四終　惠棟挍宋本著此行在疏「故善魯之祔也」之後，記云凡三十三頁。❼

309 禮記卷第三經五千八十一字注四千九百三十六字　宋監本。 ×

10—310 禮記卷第三經五千七百四字注四千八百九十八字　嘉靖本。 ×

校記

❶文選樓本、南昌本校語俱作「集聞」，學海堂本作「集説」。

❷南昌本出文「者」作「所」。

❸南昌本出文改作「故傷之而爲此聲也」，上提一格。校語「此行在疏故傷之而爲此聲也之後」改作「此下標禮記正義卷第十三終」。

❹南昌本下有校語「惠棟挍宋本自此節起至孔子曰節止爲第十四卷，卷首題禮記正義卷第十四」。

❺南昌本校語下有「『傷』作『殺』」。

❻南昌本校語「言在不稱在」作「言在不稱徵」。

❼南昌本出文改作「附釋音禮記注疏卷第十終」，上提三格。校語「著此行在疏故善魯之祔也之後」改作

「禮記正義卷第十四終」。「貢」下有校語「宋監本禮記卷第三，經五千八十一字，注四千九百三十六字。嘉靖本禮記卷第三，經五千七百四字，注四千八百九十八字」。

禮記注疏校勘記卷十一

11—001 禮記正義卷第十五　惠棟挍宋本。❶

王制第五

王者之制祿爵節

002 王者至五等　惠棟挍宋本無此五字。

003 南面之君五者　閩、監、毛本同。考文云宋板「者」作「等」。盧文弨挍本云：按，下「者」字亦當作「等」，而考文不著。

004 故不自在其數　惠棟挍宋本同。閩、監、毛本「自」誤「目」。

005 熊氏云醮盡其才而用之　惠棟挍宋本作「云醮」，此本「云醮」二字模糊，閩、監、毛本作「以爵」。

006 公者爲言平也　閩、監、毛本同。衛氏集説「者」作「之」。

007 謂虞夏及周制　閩、監本同。考文引宋板同。毛本「謂」誤「爲」。×

008 故春秋陽處父爲太傅　閩、監、毛本作「傅」，此本「傅」誤「傳」。×

天子之田方千里節

009 附庸者　閩、監、毛本同。岳本同。嘉靖本同。衛氏集説同。考文引古本、足利本「者」上有「城」字，非也。困學紀聞云：「庸，古『墉』字。王莽曰『附城』，蓋以庸爲城也。」

010 周公攝政致大平　閩本同。岳本同。監、毛本「大」作「太」，嘉靖本同，衛氏集説同。釋文出「大平」。×

011 唯天子畿内不增　閩、監、毛本同。岳本同。嘉靖本同。衛氏集說同。續通解「畿内」下有「千里」二字,宋監本同,考文引古本同。案,正義無「千里」二字。

012 天子至附庸　惠棟挍宋本無此五字。

013 按下注云待封王之子弟　閩、監、毛本作「云」,衛氏集說同,此本「云」誤「公」。×

014 舉正者言之耳　閩本同。惠棟挍宋本同。監、毛本「正」誤「止」,衛氏集說作「舉正者言之爾」。

015 按元命包云王者封之　考文引宋本同。閩、監、毛本「之」作「國」,衛氏集說同。盧文弨云「封之」非。

016 故轉相半別優劣　閩、監、毛本如此,此本「轉相半」三字模糊,衛氏集說「半」下有「以」字。

017 若詩崇墉言言　閩、監本同。毛本下「言」誤「庸」。×

018 如此經文不直舉夏時　閩、監、毛本同。惠棟挍宋本「如」作「知」,是也。×

019 若經指夏時　閩、監、毛本作「時」,此本「時」誤「持」。×

020 殺梅伯而醢之　閩、毛本同。監本「醢」誤「醢」。×

021 云春秋改周之文從殷之質　閩、監本同。毛本「之」誤「子」,考文引宋板作「之質」。❷

022 合伯子男爲一一辭無所貶　閩、監本同。考文引宋板同,毛本下「一」誤「云」。×

023 合伯子男以爲一皆稱伯也　閩、監本同。毛本「一」字闕。×

024 解所以列爵既五　閩、監、毛本作「五」,此本「五」誤「至」。×

025 或黜減至七十五十里　閩、監、毛本作「減」，此本「減」作「咸」。衛氏集説亦作「減」，「七十」下有「里」字。○按，史、漢多假「咸」爲「減」。

026 若虞虢之君爵爲公　閩、監、毛本作「虢」，此本「虢」誤「號」。

027 外土諸侯　閩、監本作「土」。此本誤「士」，毛本同。

028 須使民利國　閩、監、毛本同。惠棟挍宋本「使」作「便」。

029 周爵五等法五情　惠棟挍宋本同。閩、監、毛本「情」作「精」。

030 若然夏家文應五等　閩、監、毛本作「等」，此本誤「篇」。❸

031 殷正尚白　閩、監、毛本作「殷」，此本「殷」誤「設」。

制農田百畝節

032 田肥墽有五等收入不同也　閩、監、毛本如此，岳本同，嘉靖本同，衛氏集説同。此本「田」誤「曰」，「墽」誤「墩」，「收」誤「候」。釋文出「肥墝」，云「本又作『墽』」，考文引古本作「墝」。

033 制農至卿祿　惠棟挍宋本無此五字。

034 及士大夫并卿及君之祿　閩本、監本同。衛氏集説同。考文引宋板同。毛本「士」誤「上」。

035 正以七人六人五人爲率者　考文引宋板同。閩、監、毛本「正」作「止」，衛氏集説同。

036 則上地之上家十人　閩、監本同。衛氏集説同。毛本「則」誤「即」。

037 是有九等　閩、監、毛本同。衛氏集説同。惠棟挍宋本「是」下有「則」字。

038 此據準庶人在官之禄　惠棟挍宋本作「準」，此本「準」字闕。閩、監、毛本「準」作「制」，非。衛氏集説亦作「準」，「據」上有「經」字。

039 司徒上地家十人　閩、監、毛本同。衛氏集説「十」作「七」，是也。浦鏜挍云「七」誤「十」。齊召南云：「司徒」上脱「小」字，上「大司徒所云『農夫授田，實有九等』」，「大」字乃「小」字之訛也。

040 再易之地家三百晦　閩、監、毛本作「再」，此本「再」誤「至」。

041 八鳩當一井　閩、監、毛本同。浦鏜挍「當」上補「而」字。

042 九夫爲數五數而當一井　閩、監、毛本同。惠棟挍宋本「數」作「藪」，是也。

043 賦法積四十五　閩、監、毛本同。惠棟挍宋本「五」下有「井」字。

044 上地畝一鐘鐘六斛四斗　監、毛本同。閩本「鐘」作「鍾」，惠棟挍宋本同，下同。

045 則百畝四百斛也　監、毛本作「斛」。此本「斛」誤「畝」，閩本同。

046 故食九人也　閩、監、毛本作「故」，此本「故」誤「按」。

047 謂工人賈人　閩、監、毛本作「賈」，此本「賈」誤「賀」。

048 除去其舊名籍　閩、監、毛本作「藉」，衛氏集説同，此本「籍」誤「藉」。

049 官長所自辟除　閩、監、毛本作「自」，衛氏集説同，此本「自」誤「在」。

050 故載書有官田　閩、監、毛本作「載」，此本「載」字闕。❹

051 **凡九百萬夫之地**　閩、監、毛本作「凡」，此本「凡」誤「北」。×

052 **卿二百八十八人**　閩、監、毛本作「二」，此本「二」誤「三」。×

053 **次國之上卿節**　惠棟挍云：「次國」節、「其有中士」節，宋本合爲一節。

054 **此諸侯使卿大夫覜聘並會之序也**　閩本同。岳本同。嘉靖本同。考文引宋板、古本、足利本同。監、毛本「覜」作「頫」，衛氏集説同，釋文出「覜聘」，疏倣此。○按，爾雅「覜，視也」，覜訓視，故從見。

055 **其爵位同**　閩、監、毛本同。嘉靖本同。衛氏集説同。惠棟挍宋本「爵位」作「位爵」，宋監本、岳本同，考文引古本同。

056 **爵異固在上耳**　閩、監本同，岳本同，嘉靖本同，衛氏集説同，考文引宋板、古本、足利本同，正義亦作「固」，毛本誤「故」。

057 **使卿絺冕**　閩、監、毛本同。惠棟挍宋本「使」作「又」。

其有中士下士者節

058 **謂其爲介**　閩、監、毛本作「介」，岳本同，嘉靖本同，衛氏集説同。此本「介」誤「界」，釋文出「爲介」，云「音界」。×

059 **正義曰中士者**　惠棟挍宋本無「正義曰」三字。

060 **既定在朝會**　閩、監、毛本同。惠棟挍宋本無「定」字，衛氏集説同。

061 **各居其上國之三分之二**　閩、監、毛本作「上」，衛氏集説同，此本「上」誤「小」。×

062 **若特行**　惠棟挍宋本作「若」。此本「若」誤「各」，閩、監、毛本同。×

063 **本國出使其行至他國**　閩、監、毛本 ×

「其」作「是」。

064 **是文以大國爲主**　閩、監、毛本作「主」，此本「主」誤「王」。衛氏集説「是」作「此」。

065 **就上士中士下士之内**　惠棟挍宋本作「就」，此本「就」誤「號」，閩、監、毛本同。

凡四海之内九州節

066 **州建百里之國三十**　閩、監、毛本同。岳本同。嘉靖本同。衛氏集説同。石經「三十」合作「卅」，後凡「三十」字放此。

067 **五十里之國百有二十**　閩、監、毛本同。岳本同。嘉靖本同。衛氏集説同。石經「二十」合作「廿」，後凡「二十」字放此。

068 **十六卿也**　閩、監、毛本作「卿」，岳本同，嘉靖本同，衛氏集説同，此本「卿」誤「爲」。

069 **立小國百二十十二小卿也**　閩、監、毛本同。岳本同。嘉靖本同。衛氏集説同。惠棟挍宋本「十十二」字下又重「十」字。○按，正義云「當十於十二小卿也」，是正義本「十」字當重；又云「定本云『十十二小卿』，俗本直云『十二小卿』，俗本誤也」，今各本脱一「十」字，反同於正義所譏之俗本，大謬也。

070 **不得障管**　閩、監、毛本同。岳本同。嘉靖本同。衛氏集説同。釋文出「章管」，云「本亦作『障』」。正義引定本云「不得不管，亦賦税而已」。

071 **方千里者九也**　閩、監、毛本作「九」，岳本同，嘉靖本同，衛氏集説同，此本「九」誤「之」。

072 **餘八各立一州**　閩、監、毛本作「州」，岳本同，嘉靖本同，衛氏集説同，此本「州」誤「也」。

073 **周公制禮**　閩、監、毛本作「周」，岳本同，嘉靖本同，衛氏集説同，此本「周」誤「間」。

074 **盈上四等之數并四十九**　閩、監、毛本同。衛氏集説同。惠棟挍宋本「九」作「六」，岳本同，嘉靖本同，考文引古本、足利本同。岳本禮記考證云：「案，『盈上四等之數』謂添上公侯伯子四等數也。上既云方五百里者四，四百里者六，三百里者十一，二百里者二十五，綜四、六、十一、二十五計之，共應四十六，并小國一百六十四，是爲一州二百一十國，則非四十九明矣。諸本『六』作『九』，非。」

075 **一州二百一十國**　閩、監、毛本如此，岳本同，嘉靖本同，衛氏集説同，此本上「一」誤「二」。×

076 **凡四至十國**　惠棟挍宋本無此五字。

077 **則必不與周同**　閩、監、毛本作「同」，此本「同」誤「司」。×

078 **晦闇於禮義**　閩、監本同。毛本「闇」誤「聞」，考文引宋板亦作「闇」。×

079 **按元命包云**　閩、監、毛本作「包」，此本「包」誤「也」。×

080 **則下文云方百里者十**　閩、監、毛本作「云」，此本「云」誤「三」。×

081 **故知準擬六卿言十於六卿六十也**　閩、監、毛本同。考文引宋板無「言十於六卿」五字，衛氏集説同。

082 **定本云十十二小卿**　閩、監、毛本作「本」，此本「本」字闕。

083 **若不得取其財物**　閩、監、毛本同。惠棟挍宋本「若」作「民」，衛氏集説同。

084 **使民共取**　閩、監、毛本作「共」，衛氏集説同，此本「共」誤「其」。×

085 **以時入之于王府是也**　閩本同。監、毛本「王」作「玉」，是也，衛氏集説同，無「之」字。

086 **爲方百里者一十六**　閩、監、毛本作「方」，此本「方」誤「百」。×

087 則五箇千里之方　閩、監、毛本同。惠棟挍宋本「方」下有「外」字，衛氏集説同。

088 更得五十九箇百里之方　閩、監、毛本如此，衛氏集説同，此本「九」下衍「外」字。

089 今一州惟有方百里者四十一　閩、監、毛本作「有」，此本「有」誤「南」。

090 且此云州別二百一十國　閩、監本同。毛本「州別」二字倒。

091 伯於三百里之上　閩、監、毛本有「里」字。此本「里」字脱，考文引宋板同。

092 得爲三百里進爲伯也　惠棟挍宋本作「三」。此本「三」誤「二」，閩、監、毛本同。

093 謂積累衆附庸而滿同也　閩、監、毛本作「同」，此本「同」誤「問」。

094 以其尊極故也　閩、監、毛本同。惠棟挍宋本無「也」字。

天子之縣内節

095 小國六十三　閩、監、毛本同。岳本同。衛氏集説同。嘉靖本「六」誤「之」。

096 雖有致仕猶可即而謀焉　閩、監、毛本同。嘉靖本同。衛氏集説同。惠棟挍宋本「有」作「其」，宋監本、岳本同。案，依正義作「其」。

097 天子至閒田　惠棟挍宋本無此五字。

098 惟有九十三國者　閩、監、毛本作「者」，此本「者」字闕。

099 土地既減　閩、監、毛本作「減」，此本「減」作「咸」。

100 制爲九十三國　閩、監、毛本作「三」，此本「三」誤「二」。

101 畿内列土諸侯　閩、監、毛本作「土」，此本「土」誤「士」。

102 亦入之王府　閩、監、毛本同。衛氏集説「王」作「玉」，考文引宋板同。

103 故特云以祿士　閩、監、毛本作「特」，此本「特」誤「時」。

104 其大夫則於三百里爲采地　閩、監本同。衛氏集説同。毛本「三」誤「二」。

105 以大都之田任畺地是也　惠棟挍宋本作「畺」，衛氏集説同。此本「畺」誤「量」，閩、監、毛本同。

106 云其餘三待封王之子弟者　閩本同。惠棟挍宋本同。監本「三」誤「二」，毛本「三」誤「一」。

107 凡九州節　閩本此節疏十九、二十兩頁上下截互易，蓋板斷後聯之者誤也。

108 不與不在數中也　閩、監本同。考文引宋板同。岳本同。嘉靖本同。衛氏集説同。毛本「數」誤「藪」。

109 春秋傳云　閩、監、毛本同。惠棟挍宋本「云」作「曰」，宋監本、岳本同，嘉靖本同，衛氏集説同，考文引古本、足利本同。

110 執玉帛者萬國　閩、監、毛本作「玉」，岳本同，嘉靖本同，衛氏集説同。此本「玉」誤「王」，下「言執玉帛」同。

111 則是惟謂中國耳　閩、監、毛本同。岳本「惟」作「唯」，宋監本、嘉靖本同，衛氏集説同。

112 其要服之内　閩、監、毛本作「内」，岳本同，嘉靖本同，衛氏集説同，此本「内」誤「方」。

113 方千里者二十五　閩、監、毛本同。嘉靖本同。惠棟挍宋本「五」下有「也」字，宋監本、岳本同。

114 餘二十四州　閩、監、毛本作「二」，岳本同，嘉靖本同，此本「二」誤「三」。

115 凡九至不與　惠棟挍宋本無此五字。

116 次經明天子縣内殷之畿内國畿　閩、監、毛本同。惠棟挍宋本下「畿」作「數」，衛氏集説作「次經云天子縣内明殷之畿内國數」。

117 引春秋傳者哀七年左傳文　閩、監、毛本作「七」，衛氏集説同，此本「七」字漶滅。

118 與會稽別也　閩、監、毛本作「會稽」，此本「會稽」二字漶滅。

119 諸侯享王璧以帛　閩、監本作「王」，衛氏集説同。此本「王」誤「玉」，毛本同。

120 按萬國之數鄭注臯陶謨　惠棟挍宋本如此，衛氏集説同。此本「數鄭注」三字漶滅，閩、監、毛本作「數注在」，脱「鄭」字，衍「在」字。

121 堯初制五服更五百里　閩、監、毛本同。浦鏜依書疏改「更」作「各」。

122 封國七有奇　閩、監、毛本如此，此本「七有奇」三字漶滅。

123 以千里之方二爲公侯之國　閩、監、毛本同。惠棟挍宋本「二」作「三」。

124 又以千里之方二爲伯七十里之國　閩、監本同。毛本「二」作「三」。

125 又以千里之方二爲子男五十之國　閩、監、毛本如此，此本「二爲子」三字漶滅。❺

126 以二百國及奇餘爲附庸山澤　惠棟挍宋本亦作「二」，閩、監、毛本「二」作「三」。

127 又有王城關遂郊郭　閩、監本同。考文引宋板同。毛本「王」誤「土」。

128 非采地爲何　閩、監、毛本作「采」，此本「采」誤「乎」。

129 郊關之處幾何　閩、監、毛本作「郊」，此本「郊」誤「効」。

130 以地形不可方平如圖又有山澤不封之地　閩、監、毛本同。考文引宋板無「方」字、「澤」字，非也。

131 帝德寬廣　閩、監、毛本同。惠棟挍宋本「廣」作「遠」。

132 又五百里采服是二千五百里　閩、監、毛本如此，此本「采」誤「來」，「千」誤「十」。

133 要服去王畿三千五百里　閩、監、毛本同。惠棟挍宋本「畿」作「城」。

134 與周要服相當　閩、監、毛本同。衞氏集説同。盧文弨云「要」當作「蠻」。

135 又千七百七十三國　閩、監、毛本作「千」，此本「千」誤「十」。

136 又其外方五百里曰藩服　閩本同，惠棟挍宋本亦作「藩」，是也，衞氏集説同，監、毛本「藩」作「蕃」。

137 其寔亦千七百七十三諸侯也　閩、監、毛本同。惠棟挍宋本「寔」作「實」，衞氏集説同。

138 鄭駮之云而諸侯多少　閩、監、毛本同。盧文弨云「而」字衍。

139 三分有二八百諸侯　惠棟挍宋本同。閩、監、毛本「八」上有「千」字。

140 則殷末諸侯千二百也　惠棟挍宋本同。閩、監、毛本「二」作「八」，又此本「二」字誤重。

141 經略萬里　閩、監、毛本作「里」，此本「里」誤「古」。

142 一君有五千里之土　閩、監、毛本作

「土」，惠棟挍宋本同。此本「土」誤「士」，毛本同。

143 始滿千里之方五十　閩、監、毛本作「千」，此本「千」誤「十」。

天子百里之内以共官節

144 謂此地之田税所給也　閩、監、毛本作「給」，岳本同，嘉靖本同，衛氏集説同，此本「給」誤「始」。

145 天子至爲御　惠棟挍宋本無此五字。

146 四面相距則二百里　惠棟挍宋本同。閩、監、毛本「二」作「五」，衛氏集説同。

147 闤市之賦　閩、監、毛本作「市」，此本「市」誤「巿」。

148 以待喪紀　閩、監、毛本作「喪」，此本「喪」誤「安」。

千里之外設方伯節

149 千里至二伯　惠棟挍宋本無此五字。

150 屬是繫屬　閩、監、毛本作「繫」，此本「繫」誤「繁」。

151 故下曲禮以侯爲牧　閩、監、毛本作「下」，此本「下」誤「不」。

152 以左傳云五侯九伯　閩、監、毛本作「左」，此本「左」誤「主」。

153 鄭荅志云　閩、監、毛本同。浦鏜云當「鄭志答某云」之誤。盧文弨云「荅」字衍。

154 大公爲王官伯　惠棟挍宋本作「王」，此本「王」誤「三」，閩、監、毛本作「五」，亦非。

155 分主自陝以東　閩、監、毛本作「主」，此本「主」誤「王」。

156 而立五侯九伯　閩本同。惠棟挍宋本同。監、毛本「立」作「云」。盧文弨云「立」

字非。

157 其寔無也　閩、監、毛本同。惠棟挍宋本「寔」作「實」。

158 鄭注曲禮云　閩、監、毛本作「曲」，此本「曲」誤「典」。×

159 殷既亦有連屬卒等　閩、監、毛本作「有」，此本「有」誤「自」。×

160 按左傳宣三年云　閩、毛本同。監本「宣」誤「宜」。×

161 一相處乎内是也　閩、監本同。毛本「一」誤「二」。×

千里之内曰甸節

162 服治田出穀税　閩、監、毛本同。岳本同。嘉靖本「服」誤「使」。衛氏集説作「甸謂服治田出穀税」，「甸謂」二字，衛氏以意增成之耳。考文云古本「服」上有「甸」字，「税」下有「者也」二字，定利本作「甸服能治田出穀税者」，皆非。正義云「定本直云『服治田，出穀税』，無『甸』字」，可見當時本不一，而正義則定從定本也，疏中標起止亦無「甸」字可證。❻

163 禹貢荒服之外　閩、監、毛本作「荒」，岳本同，嘉靖本同，衛氏集説同，此本「荒」誤「流」。×

164 千里至曰流　惠棟挍宋本無此五字。

165 服治至穀税　閩、監、毛本同。惠棟挍宋本作「服治田出穀税」。

166 經云千里之外曰采　閩、監、毛本「云」作「文」，非也，考文引宋板亦作「云」。

167 要服其貢貨物是也　閩、監、毛本作「服」，此本「服」誤「邦」。×

168 注謂九至里流　閩、監、毛本同。惠棟挍宋本作「曰流」。盧文弨云：宋本此段標「曰流」二字，乃是釋經文，非釋注也。

天子三公節

169 天子至元士　惠棟挍宋本無此五字。

170 以明堂殷官二百　閩本同。惠棟挍宋本同。監、毛本「二」誤「三」，衛氏集説亦作「二」，「堂」下有「位」字。

171 禮記正義卷第十五終　惠棟挍宋本此行在疏「或舉殷也」之後，記云凡二十二頁。❼

172 禮記正義卷第十六　惠棟挍宋本分「大國三卿」以下爲卷十六。

173 大國三卿節　此本經「次國」上、「小國」上皆有「○」，嘉靖本同，非也。閩、監、毛本去「○」，是。❽

174 如今詔書除吏矣　惠棟挍宋本、監本、岳本、嘉靖本同。衛氏集説同。閩、監、毛本「矣」上衍「是」字。

175 大國至七人　惠棟挍宋本無此五字。

176 但大國三卿並受命於天子也　閩、監、毛本同。衛氏集説「也」作「耳」。

177 故此云下大夫五上士二十七人　閩、監、毛本同。惠棟挍宋本「五」下有「人」字，是也。考文引宋板「上」作「人」。山井鼎云：「或作『上』，或作『人』，俱脱一字，當作『下大夫五人上士二十七人』。」按，此考文與惠挍不同。

178 或欲因子男此文　惠棟挍宋本同。閩、監、毛本「文」誤「又」，衛氏集説同。

天子使其大夫爲三監節

179 天子使其至三人　惠棟挍宋本無此七字。

180 爲武庚也　閩、監本同。衛氏集説同。考文引宋板同。毛本「爲」誤「謂」。

天子之縣内諸侯節

181 **不得位**　閩、監、毛本同。衛氏集説同。惠棟挍宋本「位」作「世」，宋監本、岳本、嘉靖本同。○按，正義云「不得繼世之事」，則作「世」是也。

182 **天子至祿也**　惠棟挍宋本無此五字。

外諸侯節

183 **外諸侯嗣也**　惠棟挍宋本無此五字。

184 **管氏奪伯氏駢邑三百**　惠棟挍宋本同。閩、監、毛本「百」誤「伯」。×

制三公一命衮節

185 **制三至五命**　惠棟挍宋本無此五字。

186 **若加一命則爲上公**　閩、監、毛本作「若」，衛氏集説同，此本「若」誤「共」。×

187 **若有加則賜也者**　惠棟挍宋本「若」上有「○」。×

188 **若有加益者**　閩、監、毛本作「加」，衛氏集説同，此本「加」誤「如」。×

189 **又覲禮皆作衮**　閩、監、毛本同。惠棟挍宋本「又」作「及」，是也，衛氏集説同。

190 **按有虞氏皇而祭之下**　閩、監、毛本同。考文引宋板「皇」作「望」。

191 **土記位南方**　閩、監本同。毛本「記」作「託」。按，玉海集鄭易注作「土無正位，託于南方」，是亦作「託」字。

192 **周以黄目**　惠棟挍宋本同。閩、監、毛本「目」誤「也」。×

193 **故知虎蜼虞夏已飾於尊**　閩本同。惠棟挍宋本同。監、毛本「蜼」誤「彝」。

194 **藻者取其絜清有文**　閩、監、毛本「絜」作「潔」，俗「絜」字。下「絜白」同。

195 黻謂兩己相背 閩、監、毛本同。浦鏜按云「爲」誤「謂」，「己」當「弫」誤。

196 大意取象如此 閩、監、毛本作「大」，此本「大」誤「太」。

197 皆希以爲繡 惠棟挍宋本同。閩、監、毛本「希」作「絺」，衛氏集説同。按，周禮注作「希」，釋文云「本又作『絺』」。○按，依説文當作「黹」。

198 希之衣一章 監本同，衛氏集説亦作「希」，是也，閩、毛本「希」作「絺」。

199 絺衣一章 閩本同。惠棟挍宋本同。監、毛本「絺」作「希」。

200 裳法地章數偶 閩、監、毛本同。惠棟挍宋本「章」上有「故」字，衛氏集説同。

201 絺冕之衣獨繡者 閩本同。監、毛本「絺」作「希」。山井鼎云：「此疏中希冕之『希』，正、嘉二本共作『絺』。宋板或作『絺』，又作『希』，參差不同。今不復一一記之。但從糸者近是。」按，山井鼎説非也，此本疏中凡引經注成文作「希」者，皆仍作「希」，其非引經注成文則皆作「絺」，宋本當同此例，閩本一槩改從「絺」，監、毛本又一槩改從「希」，皆未知孔氏之意也。

202 祭社稷五祀則希冕 監、毛本同。衛氏集説同。閩本「希」作「絺」。

203 以絺冕陰類 閩本同。監、毛本「絺」作「希」。

204 韋弁服朱衣裳 閩、監、毛本作「朱」，此本「朱」誤「宋」。

205 王受諸侯朝覲於庿 監、毛本同。閩本「庿」作「廟」，下「其自祭餘庿」同。

206 又著以舞大夏 閩、監、毛本作「夏」，此本「夏」誤「厦」。

207 故知用朝服也　惠棟挍宋本作「服」。此本「服」誤「故」，閩、監、毛本同。

208 其玄端則二尺二寸　閩、監、毛本同。浦鏜挍「則」下補「袂」字。

209 袞冕故前後各十二旒　閩、監、毛本作「二」，此本「二」誤「一」。

210 絺冕五旒　閩本同。監、毛本「絺」作「希」。

211 王之皮弁會五采　閩、監本作「王」。此本「王」誤「玉」，毛本同。

212 擧首爲重故也　惠棟挍宋本有「首」字。此本「首」字脱，閩、監、毛本同。

213 孤之服自希冕而下　監、毛本同。閩本「希」作「絺」。

214 公之袞冕章數與王同　惠棟挍宋本有「章」字。此本「章」字脱，閩、監、毛本同。

215 三公執璧與子男同　監、毛本作「與」。此本「與」誤「輿」，閩本同。

216 其孤則絺冕　閩本同。監、毛本「絺」作「希」，下「無孤之國卿絺冕」、「以此言之卿絺冕」、「絺冕三旒」、「孤絺冕而下」並同。

217 天子孤卿　閩、監、毛本作「天」，此本「天」誤「大」。

218 故聘禮云主國之喪　閩、監、毛本同。惠棟挍宋本「云」作「王」，非。

219 諸侯卿大夫士以玄冠緇衣素裳爲朝服　閩、監、毛本作「士」。此本「士」誤「上」，考文引宋板同。

220 公以下諸冕　惠棟挍宋本作「公」。此本「公」誤「分」，閩、監、毛本同。

221 其旒及玉皆二采朱綠　惠棟挍宋本作

222 「二」。此本「二」誤「三」，閩、監、毛本同。

諸侯及卿大夫之冕韋皮弁 閩、監、毛本同。惠棟挍宋本「韋」下有「弁」字，與周禮弁師合。❾

223 繅玉皆三采 閩、監、毛本同。惠棟挍宋本「繅」作「藻」。

224 用玉三十二命之卿繅三就 閩、監、毛本同。惠棟挍宋本「命」上有「三」字，考文記宋板「命」上復有「二」字，亦與惠挍小異。○按，「二」即「三」字之誤，檢周禮注自得也。

225 再命之大夫繅再就 惠棟挍宋本作「繅」。此本「繅」誤「藻」，閩、監、毛本同。

226 韋弁皮弁則侯伯璂飾七 閩、毛本同。監本下「弁」誤「弃」。

227 其韋弁皮弁之會無結飾 閩、監本同。毛本「韋」誤「皮」。

228 冠弁兼於韋弁皮矣是也 閩、監、毛本「矣」改「弁」。惠棟挍宋本「矣」上有「弁」字，是。

大國之卿節

229 與下大夫一命 閩、監、毛本同。岳本同。嘉靖本同。衛氏集説同。石經闕，考文云古本「一」作「壹」。

230 大國至一命 惠棟挍宋本無此五字。

231 謂大國次國小國大夫皆同一命 閩、毛本同。監本「一」字漶滅。

凡官民材節

232 凡官至祿之 惠棟挍宋本無此五字。

233 正義曰爵謂正其秩次 惠棟挍宋本無「正義曰」三字。

爵人於朝節

234 與衆弃之 石經同。岳本同。嘉靖本同。閩、監、毛本「弃」作「棄」，衛氏集說同。

235 士遇之塗　閩、監、毛本同。石經同。岳本同。嘉靖本同。衛氏集說同。釋文出「之涂」，云「本又作『塗』」，正義本作「塗」。○按，古道塗字多作「涂」。

236 亦弗故生也　石經、岳本、嘉靖本、宋監本同，惠棟挍宋本亦作「亦」。閩、監、毛本「亦」誤「示」，衛氏集說同。按，正義云「非但不使，意在亦不欲使生」，正疏經文「亦」字義。石經考文提要云：宋大字本、余仁仲本、劉叔剛本、禮記纂言皆作「亦」。

237 困乏又無賙餼也　閩本、惠棟挍宋本、岳本、宋監本、嘉靖本同。衛氏集說同。監、毛本「又」誤「及」。

238 爵人至生也　惠棟挍宋本無此五字。

239 周則天子特假祖庿而拜授之　閩、監、毛本「庿」作「廟」，衛氏集說同。　✕

240 合所之適處而居之　閩、監、毛本同。衛氏集說「之適」作「適之」。

241 謂不以王政賦役駈使　監、毛本「駈」作「驅」，閩本「駈」字闕。　✕

242 解經亦弗故生　考文引宋板同。閩、監、毛本「亦」誤「示」。

243 是不故欲使其生也　閩、監本同。衛氏集說同。毛本「使」誤「死」。　✕

244 謂桎一梏二拲二　考文引宋板同。閩、監、毛本「二」作「三」。盧文弨云：按梏二、拲二與桎一是五種，從宋本是。

245 以人道絶也　惠棟挍宋本作「人」，此本「人」字殘闕。閩、監、毛本「人」作「夫」，非。

諸侯之於天子也節

246 諸侯至一朝　惠棟挍宋本無此五字。

247 諸侯朝於方岳之下　惠棟挍宋本同。衛氏集說同。閩、監、毛本「岳」作「嶽」。　✕

248 四年又徧　閩、監、毛本同。考文引宋板「又」作「乃」。

249 按鄭注尚書曰方諸侯　閩、監、毛本同。惠棟挍宋本「曰」作「四」，是也。

250 舉此一隅自外可知悉　閩、監本同。毛本「自」誤「道」。×

251 十二歲王如不巡守　閩、監、毛本作「不」，此本「不」誤「一」。×

252 左氏説周制　考文引宋板同。閩、監、毛本「制」誤「禮」。×

253 是鄭以歲聘問聘朝文無所出　閩、監、毛本同。惠棟挍宋本無「問」下「聘」字。

254 知有朝覲宗遇之禮　閩本同。監、毛本「有」誤「其」。×

255 異義天子聘諸侯　閩、監本同。毛本「天」誤「夫」。

256 守者收也爲天子循行守土收民　閩、監、毛本同。浦鏜云「牧」誤「收」。○按，浦鏜是也，作「牧」字與通典及初學記所引合。又孫志祖云：李善注東都賦引禮記逸禮曰「巡狩者何，巡者，循也。狩，牧也。謂天子巡行守牧也」，亦作「牧」之一證。×

257 道德大平　閩、監、毛本「大」作「太」，下「大煩」、「大疏」同。

258 謙敬重民之至也　閩、監、毛本同。浦鏜從禮器疏挍，「謙」改「謹」。

歲二月節

259 舉猶祭也　閩本同。惠棟挍宋本同。岳本同。嘉靖本同。衛氏集説同。監、毛本「祭」誤「宗」。

260 歲二至用特　惠棟挍宋本無此五字。

261 嶽之爲言桷也桷功德也　惠棟挍宋

本作「桷」，此本「桷」誤「桶」，閩、監、毛本改「桶」作「誦」，亦非也。山井鼎云：「白虎通作『桶』，恐『桷』字誤。風俗通作『角』。」盧文弨改從「觕」，云「觕」與「角」同。浦鏜改從「捔」。

262 其祭天之後乃望祀山川　閩、監、毛本「山」誤「三」，惠棟挍宋本亦作「山」，衛氏集說作「而後望祀山川」。

263 故云由此云二者言之　閩、監、毛本同。惠棟挍宋本無下「云」字。

264 今此王制所主岱宗柴者　閩、監、毛本同。惠棟挍宋本「主」作「注」，是也。

265 則亦王先見之　考文引宋板同。閩、監、毛本「亦王」作「王亦」，衛氏集說同。

266 鍾鼓之樂　閩、監、毛本「鍾」作「鐘」，衛氏集說作「鼓鍾之樂」。

267 山川在其國竟　惠棟挍宋本同。衛氏集說同。閩、監、毛本「竟」作「境」，俗字也。

268 宗庿是内神　閩、監、毛本「庿」作「廟」，衛氏集說同，下「宗廟可以表明爵等」、「大事于大廟」同。

269 即云五載一巡守　閩本同。惠棟挍宋本同。監、毛本「即」誤「既」。

270 郭注山在衡陽相南縣南　閩、監本同，「相」作「湘」，毛本亦作「湘」，「山」誤「云」。

271 今在廬江潛縣西　閩、監、毛本同。浦鏜挍「潛」改「灊」。按，爾雅釋山郭注作「灊」。

272 自魏武帝以來　閩、監、毛本同。齊召南云：按，「魏」字誤，徙衡之祀於霍自漢武帝始也，尚書疏作「漢」字是。

273 自此以上皆是巡守之禮　閩本同。惠棟挍宋本同。監、毛本「上」誤「下」。

274 以行禁令　閩、監、毛本作「令」，此本

「令」誤「今」。

275 管子又云封禪者　惠棟挍宋本作「子」。此本「子」誤「中」，閩、監、毛本因作「仲」，非也。

276 鄭因巡行連言封禪耳　閩、監、毛本同。惠棟挍宋本「行」作「守」。

277 不謂當時封禪也　閩本同。惠棟挍宋本同。監、毛本「謂」誤「得」。

278 孝經緯云　惠棟挍宋本同。閩、監、毛本「緯」誤「諱」。考文云宋板「云」字闕。

279 昔古封禪七十二家　閩、監、毛本同。惠棟挍宋本「昔」作「自」。

280 無懷氏封太山　閩、監、毛本「太」作「泰」，惠棟挍宋本作「大」。

281 帝舜禹湯　閩、監、毛本同。惠棟挍宋本無「帝」字。

11—282 禮記正義卷第十六終　惠棟挍宋本此行在疏「皆泰山旁小山名也」之後。記云凡二十一頁。❿

校記

❶南昌本出文改作「附釋音禮記注疏卷第十一」，上提三格。校語下有「禮記正義卷第十五」。

❷南昌本「毛本」下有「改作變」。

❸南昌本出文「等」作「篇」，校語「作」上有「篇」，無「此本誤篇」，有「是也」。

❹南昌本出文「書」作「師」。

❺南昌本無「閩、監、毛本如此」。

❻南昌本「定利」作「足利」。

❼南昌本出文改作「或舉殷也」，上提一格。校語「此行在疏此舉殷也之後」改作「此下標禮記正義卷第十五終」。

❽南昌本校語下有「〇惠棟挍宋本自此節起至歲二月止爲第十六卷，卷首題禮記正義卷第十六」。

❾南昌本出文「卿」上有「孤」。

❿南昌本出文改作「附釋音禮記注疏卷第十一終」，上提三格。校語無「此行在疏皆泰山旁小山名也之後」，下有「標禮記正義卷第十六終」。

禮記注疏校勘記卷十二

12—001 禮記正義卷第十七　惠棟挍宋本。[1]

王制

天子將出節

002 類乎上帝　閩、監、毛本同。石經同。岳本同。嘉靖本同。衛氏集説同。釋文本「類」作「禷」。

003 天子至乎禰　惠棟挍宋本無此五字。

004 是留尊者之命爲不敬也　閩、監本同。衛氏集説同。毛本「爲」誤「故」。×

005 先應反主祖廟故也　閩、監、毛本同。惠棟挍宋本「反」下有「行」字，考文引宋板「反」上有「行」字。案，惠棟挍不誤。

006 禱祈禮輕　閩、監本同。毛本「輕」誤「經」。×

007 類者於其正禮而爲之　閩、監、毛本同。惠棟挍宋本「於」作「依」。齊召南云：「小宗伯注『類者依其正禮而爲之』，依字訛於，遂不可解。」

008 是宜爲祭名也　閩、監本同。毛本「名」誤「義」，衛氏集説亦作「是宜爲祭名」。

天子無事與諸侯相見節

009 天子至天子　惠棟挍宋本無此五字。

010 此一節論諸侯朝天子　閩、監本同。衛氏集説同。毛本「一節」誤「天子」。

011 則此常朝别也　閩、監、毛本同。考文引宋板「則」下有「與」字。×

012 柷狀如漆筩　閩、監本同。衛氏集説同。毛本「筩」作「桶」。×

013 若七命以下　閩、監本同。衛氏集説同。毛本「以」作「已」。

014 朱中鼻寸　閩、監、毛本作「朱」，此本「朱」誤「未」。

015 三璋之勺形如圭瓚　考文引宋板同。閩、監、毛本「三」作「二」字。按，作「二」與考工記注不合。

天子命之教節

016 天子曰辟廱　閩、監、毛本同。石經同。岳本同。嘉靖本同。衛氏集説同。陳澔集説作「辟雍」，考文引古本同。石經考文提要云：宋大字本、宋本九經、南宋巾箱本、余仁仲本、劉叔剛本、禮記纂言俱作「廱」。

017 天子至頖宮　惠棟挍宋本無此五字。

018 及學名之事　閩、監本同。衛氏集説同。毛本「名」誤「明」。

019 遠郊上公五十里　閩、監、毛本作「上」，此本「上」誤「止」。

020 小學在四郊下文具也　閩、監、毛本「四」改「西」，衛氏集説同。

021 土廱水之外圓如璧　惠棟挍宋本「土」上有「築」字，衛氏集説同，「雝」作「廱」。閩、監、毛本「土」誤「王」，無「築」字，「雝」作「廱」。❷

022 是政教治理之事　閩、監、毛本作「政」，此本「政」誤「故」。

023 王在靈沼　閩、監、毛本如此，此本「在」字重，誤也。

天子將出征節

024 定兵謀也　閩、監、毛本作「也」，岳本同。嘉靖本同，衛氏集説同，此本「也」誤「反」。

025 以訊馘告　閩、監、毛本同。岳本同。嘉靖本同。衛氏集説同。石經「訊」作「訙」。釋文出「以訃」，云「本又作『誶』，音信，注同」。案，作「訃」始與「誶」字形相涉而訛。

026 天子至馘告 惠棟挍宋本無此五字。

027 按釋天云 惠棟挍宋本作「天」，衛氏集説同。此本「天」誤「奠」，閩、監、毛本同。

028 其神蓋蚩蚘 閩本同。惠棟挍宋本同。監、毛本「蚘」改「尤」，衛氏集説同。 ✕

029 及舜之攝位亦類于上帝 閩、監、毛本同。惠棟挍宋本「于」作「乎」，是也。

030 故異義夏侯歐陽説 閩、監本同。毛本「侯」誤「后」。 ✕

031 亦比類正禮而爲之 閩、監、毛本作「比」，此本「比」誤「此」。

032 春入學舍采合舞 閩本亦作「采」，與周禮大胥合。此本「采」誤「來」。監、毛本作「菜」，衛氏集説同。

天子諸侯無事節

033 諸侯不掩羣 閩、監、毛本同。石經同。岳本同。嘉靖本同。衛氏集説同。正義同。釋文出「不揜」，云「本又作『掩』」，考文引古本亦作「揜」。

034 下謂弊之 閩、監、毛本作「弊」，嘉靖本同，岳本同，衛氏集説同，此本「弊」作「幣」。

035 天子至覆巢 惠棟挍宋本無此五字。

036 一爲乾豆者 閩、監本同。考文引宋板同。毛本「爲」誤「謂」。 ✕

037 豆實非脯而云乾者 閩、監本同。衛氏集説同。毛本「而」誤「豆」。 ✕

038 故穀梁淵聖御名四年 閩本同，惟「故」字作「按」，考文作「故」。監、毛本作「穀梁桓四年」，衛氏集説同，下同。

039 次殺射髀骼 惠棟挍宋本同。閩、監、毛本「骼」作「骼」，衛氏集説同。○按，穀梁注作

「髂」，「髂」字見埤蒼，説文作「骼」，从骨，各聲，乃「骼」之本字。

040 射左髀達於右髃　閩、監、毛本同。衛氏集説同。浦鏜云：髃，詩傳作「髃」，釋文云「餘繞反」，疏謂水臁也。○有説詳公羊桓四年校勘記。

041 當以注爲正　閩、監、毛本同。惠棟挍宋本「注」上有「此」字。

042 言守取之無所擇也　閩、監、毛本同。惠棟挍宋本「所」作「强」。○按，周禮注作「所」，賈景伯疏同。

043 以春蒐之禮行之故也　閩本同。惠棟挍宋本同。監、毛本「也」誤「曰」。✕

044 天子四時田獵皆得圍　閩、監、毛本如此，此本「皆得圍」三字模糊。

045 經作綏字　閩、監本同。毛本「作」誤「在」。✕

046 下謂弊之者　閩、監、毛本作「弊」，此本「弊」誤「幣」，下「則弊之」同。

047 注云以旗者　閩、監、毛本作「以」，此本「以」誤「小」。

048 謂田獵罷致禽旌旗也　閩、監本同。考文引宋板同。毛本「旗」誤「禽」。✕

049 並與此緌不同也　閩、監本同。毛本「緌」誤「綏」。✕

050 云佐車止則百姓田獵　閩、監本同。毛本「田」誤「同」。✕

051 注佐車駈逆之車　閩、監、毛本「駈」作「驅」，下同。

052 使趍田者也　閩、監、毛本「趍」作「趨」。✕

053 時名不同也　閩、監、毛本同。衛氏集説同。惠棟按宋本「名」作「各」，是也。

054 春用火者　閩、監本同。毛本「用」誤「月」。

055 獸蟄伏獺祭魚　閩、監本同。考文引宋板同。毛本「魚」誤「云」。

056 其零落芟折則在十月也　閩、監、毛本同。考文引宋板「芟」作「茇」，謬。

057 仲夏斬陰木　閩、監本同。毛本「陰」誤「陽」，考文云宋板作「陰」。

058 按司爟云　閩、監本同。考文引宋板同。毛本「爟」誤「馬」。

059 按說文曰昆同也　閩、監、毛本同。惠棟按宋本「昆」作「蚰」。

060 據春時特甚　閩、監、毛本作「特」，此本「特」誤「待」。

冢宰制國用節

061 用地小大　閩本、惠棟按宋本、石經、宋監本、岳本、嘉靖本同。衛氏集說同。監、毛本「小大」二字倒。石經考文提要云：宋大字本、宋本九經、南宋巾箱本、余仁仲本、劉叔剛本、至善堂九經本皆作「小大」。

062 視年之豐耗　閩、監、毛本同。岳本同。嘉靖本同。衛氏集說同。石經「耗」作「秏」，宋監本同，釋文同，石經考文提要引宋大字本同。○按，作「秏」是也。秏者，乏無之謂。

063 當有九年之蓄　閩、監、毛本同。岳本同。嘉靖本同。衛氏集說同。釋文出「之畜」，云「後皆同」。

064 筭今年一歲經用之數　閩、監本同。岳本同。嘉靖本、衛氏集說同。毛本「筭」作「算」。

065 民無食菜之飢色　閩、監、毛本同。岳本同。衛氏集說同。嘉靖本「飢」作「饑」。

066 天子乃日舉以樂以食　惠棟按宋本無

上「以」字，岳本、宋監本、嘉靖本同，考文引足利本同。閩、監、毛本下「以」改「侑」，衛氏集說同。

067 冢宰至以樂　惠棟挍宋本無此五字。

068 每年之率入物分爲四分　惠棟挍宋本同。閩、監、毛本「物」作「均」。

069 三分而當年所用　閩、監、毛本「而」作「爲」，衛氏集說同。

070 大略有閏月十三　閩、監、毛本同。惠棟挍宋本「三」作「二」，是也，衛氏集說同。

071 故惟有九年之蓄是　閩、監、毛本同。惠棟挍宋本「是」作「也」，衛氏集說同。

072 兩義皆通　閩、監、毛本作「兩」，此本「兩」誤「面」。×

073 給謂給百官賓客及民人也　閩、監本同。衛氏集說同。毛本「民」誤「門」。×

074 石有時以仂　閩、監、毛本「仂」作「泐」，是也。×

075 以其圍之防　閩、監本同。毛本「圍」誤「爲」，衛氏集說「圍」字同，「防」作「仂」。×

076 捎其數　閩、監、毛本「數」作「藪」，衛氏集說同。○按，作「藪」與考工記同。

077 既殯已後　惠棟挍宋本同。閩、監、毛本「已」作「以」，衛氏集說同。×

078 指其繩體則謂之紼　惠棟挍宋本同。閩、監、毛本「指」誤「絙」，續通解作「指其成體」，其「成」字亦誤也。

079 則宗廟四時常祀　惠棟挍宋本同。閩、監、毛本「常」誤「當」。衛氏集說亦作「常」。

080 物被殘暴則虚耗　閩、監、毛本作「虚」，衛氏集說同，此本「虚」誤「靈」。×

081 浩浩是多大之義　惠棟挍宋本同。閩、監、毛本下「浩」作「者」，衛氏集説同。×

082 次三百七十四歲陰九　閩、監、毛本作「次」，此本「次」誤「欠」。×

083 次四百八十歲有陽九　閩、監、毛本作「有」，此本「有」誤「言」。×

084 次六百歲陰五謂水五年　惠棟挍宋本同。閩、監、毛本二「五」字皆作「三」，是也。

085 相并爲一千二百歲　惠棟挍宋本同。閩、監、毛本「并」誤「乘」。×

086 其災歲兩个　閩、監本「个」作「箇」，毛本作「個」，下同。

天子七日而殯節

087 喪不貳事　閩、監本同。石經同。岳本同。嘉靖本同。衛氏集説同。毛本「事」誤「車」，考文引宋板、古本、足利本作「事」。

088 天子至不祭　惠棟挍宋本無此五字。

089 必至三日者　閩、毛本同。監本「日」字闕。

090 此記者許以降二爲差　閩、監、毛本同。惠棟挍宋本「許」作「皆」。×

091 今左氏云踰月於義左氏爲短　閩、監本同。毛本「今」誤「會」，「於」誤「爲」，考文引宋板作「今」。

092 皆數往月往日　惠棟挍宋本作「往」。監本作「死」，非。

093 及大夫之踰月也　閩、監、毛本同。盧文弨云「及」當是「乃」。

094 易下邳傳其容説　監、毛本同。惠棟挍宋本「傳其」作「傳甘」，閩本「其」字闕。盧文弨云：「傳其」當作「侍其」，覆姓也，宋板作「甘」，更誤。

095 諸侯爲天子斬衰三年　閩、監本同。毛本「諸侯」、「天子」誤倒。

096 王使榮叔歸含且賵　閩、監本同。毛本「含」誤「舍」。

097 則是魯於天子一大夫會　閩、監本同。毛本「一」字闕。

098 我先君簡公在楚　閩、監、毛本作「先」，此本「先」誤「死」。

099 庶人至貳事　閩、監、毛本有「事」字，此本「事」字脱。

100 不須顯異　閩、監、毛本作「不」，此本「不」誤「本」。

101 餘居喪之外不供他事　閩、監、毛本同。惠棟挍宋本「餘」作「除」。

102 知縣封當爲縣窆者　惠棟挍宋本、閩、監、毛本作「窆」，此本「窆」誤「穿」。

103 若封是封土無縣擊之理　閩、監、毛本如此，此本「土」誤「上」，「繫」誤「係」。

104 故知爲窆也　閩、監、毛本作「知」，此本「知」字闕。

105 恐與不封相涉　閩、監、毛本「不」作「下」。

106 按異義公羊説　閩、監、毛本作「異」，此本「異」字闕。

107 卜葬先遠日　惠棟挍宋本作「卜」，此本「卜」誤「上」。閩、監、毛本「上」改「士」，亦非。

108 言不汲汲葬其親　閩、監、毛本作「言」，此本「言」作「吾」。❸

109 不可行事　閩、監、毛本同。惠棟挍宋本「不」上有「雨」字。

110 則在廟未發之時　閩、監、毛本作「廟」，衛氏集説同，此本「廟」字闕。

111 云封謂聚土爲墳者　閩、監本同。毛本「謂」誤「爲」。×

112 是周禮冢人文　毛本作「冢」，閩、監本「冢」作「塚」，此本「冢」誤「處」。

113 上貳是副二之貳　閩、監、毛本同。衛氏集説同。惠棟挍宋本「二」作「貳」。

114 下二是二三之二　閩、監本同。衛氏集説同。毛本下「二」作下「貳」。×

115 謂除服之後吉祭之時　閩、監、毛本如此，衛氏集説同，此本「除」誤「際」，「吉」誤「告」。

116 卒哭成事祔　閩、監、毛本同。衛氏集説同。惠棟挍宋本「祔」作「附」，下「卒哭成事祔皆少牢」同。

117 喪祭尚爾　監、毛本作「尚」，衛氏集説同。此本「尚」作「向」，閩本同。

118 是一時之言　閩、監、毛本同。衛氏集説同。惠棟挍宋本「言」作「事」。

天子七廟節

119 天子至於寢　惠棟挍宋本無此五字。

120 又引禮緯夏無大祖　閩本同。監、毛本「緯」誤「禕」。×

121 故漢侍中盧植説文云　閩、監、毛本同。惠棟挍宋本無「文」字。

122 禮器天子七廟堂七尺　閩、監、毛本同。惠棟挍宋本下「七」作「九」，與禮器合。

123 不復繼以別子　閩、監、毛本同。衛氏集説同。惠棟挍宋本「以」作「於」。×

124 故莊三年公羊傳云　監、毛本作「傳」，此本「傳」誤「庸」，閩本「傳」字闕。盧文弨云「傳」當作「經」。

天子諸侯宗廟之祭節

125 天子至地者　惠棟挍宋本無此五字。

126 論夏殷天子諸侯大夫四時祭宗廟　閩、監、毛本作「時」，此本「時」誤「命」。

127 以郊特牲已破禘爲禴　惠棟挍宋本同。閩、監、毛本「破」作「改」，非。×

128 按公羊傳曰　閩、監、毛本同。惠棟挍宋本「曰」作「云」。衛氏集説亦作「曰」。×

129 禘于大廟　惠棟挍宋本同。衛氏集説同。閩、監、毛本「大」作「太」。×

130 是禘爲殷祭　惠棟挍宋本同。衛氏集説同。閩、監、毛本「祭」誤「制」。

131 以韵句也　監、毛本同。惠棟挍宋本作「以韻」，衛氏集説同，閩本「韵」字闕。❹

132 今鄭注此視視其牲器　閩、監、毛本同。惠棟挍宋本「此」下有「云」字，續通解同。

133 禮記正義卷第十七終　惠棟挍宋本在疏「是晉人祭河也」之後，記云凡二十二頁。❺

134 禮記正義卷第十八　惠棟挍宋本分「天子諸侯祭因國」以下爲卷十八。×

天子諸侯祭因國節❻

135 昔夏后氏郊鯀　閩、監、毛本同。岳本同。嘉靖本同。衛氏集説同。惠棟挍宋本「鯀」作「鮌」，釋文同。○按，廣韻云：「禹父鯀。尚書本作『鯀』。」段玉裁云「鯀」乃「鯀」之譌字。

136 晉侯夢黃熊入國　監本同。岳本同。嘉靖本同。衛氏集説同。毛本「熊」作「能」。閩本「熊」字闕。釋文出「黃能」，云「本又作『熊』」。○按，段玉裁云：「凡左傳、國語中黃能字，後人皆改爲『黃熊』，非也。」

137 天子至後者　惠棟挍宋本無此五字。

138 夏后氏亦禘黄帝而郊鯀是夏郊鮌　監、毛本「鮌」作「鯀」，閩本「鮌」字模糊。按，五經文字「鯀，或作『鮌』」，是「鯀」、「鮌」本一字。此注字既作「鮌」，故疏用注文亦作「鮌」，其非用注文則作「鯀」，故疏中惟此一字作「鮌」。諸本不達此旨，凡疏中皆改作「鯀」，并注中之「鮌」亦改從「鯀」，失其意矣。

139 但不知名杞以否　閩、監、毛本同。惠棟挍宋本「以」作「與」，衛氏集説同。

140 鼈三足能　毛本同。惠棟挍宋本「能」字同，而「能」上又有「爲」字。閩、監本「能」誤「熊」，無「爲」字，是也。

141 先師或以爲黄能　閩、監、毛本「能」誤「熊」。

天子犆礿節

142 禘一犆一祫　閩、監、毛本作「祫」，石經同，岳本同，嘉靖本同，衛氏集説同，此本「祫」誤「洽」。

143 天子至烝祫　惠棟挍宋本無此五字。

144 故云祫禘祫嘗祫烝　閩、監、毛本作「嘗」，衛氏集説同，此本「嘗」誤「禘」。

145 丁卯大事于大廟　閩、監、毛本作「大廟」，此本誤「天廟」。

146 合先君之主於祖廟而祭之　閩、監本同。毛本「祖」誤「宗」。

147 皇氏之説也　閩、監、毛本同。惠棟挍宋本「説」下有「非」字，衛氏集説同。

148 云魯禮三年喪畢　閩、毛本同。監本「畢」誤「卑」。

149 於禮少四月　閩、毛本同。監本「四」誤「日」。

150 自此而後五年再殷祭　閩、監本同。毛本「而」作「以」。

151 以此相推況可知　閩、監、毛本作「況」，此本「況」作「兄」。○按，段玉裁云：「古矧兄、比兄字皆用『兄』，後乃用『況』字，又其後改作『況』，非也。」❼

152 是鄭以天子之禮與魯同也　惠棟挍宋本作「同」。此本「同」誤「國」，閩、監、毛本同。

153 哀姜之喪僖三年乃除　惠棟挍宋本作「姜」。此本「姜」誤「公」，閩、監本同，毛本「哀姜」作「閔公」，尤誤。

154 三年之喪則既潁　惠棟挍宋本同。閩、監、毛本「潁」誤「穎」。

155 此云三年喪畢　閩、監本同。毛本「云」誤「去」。

156 廟用脩　閩、監本同。毛本「脩」誤「修」。

157 故王肅論引賈逵語　閩、監、毛本作「逵」，此本「逵」誤「逹」。❽

158 吉禘於莊公　閩、監本同。毛本「於」誤「于」。

159 審遞昭穆　閩、監、毛本同。惠棟挍宋本「遞」作「諦」。

160 皆升合於其祖　閩、監、毛本同。惠棟挍宋本「其」作「大」。

161 禘則大王王季以上遷主祭於后稷之廟　毛本同。閩、監本「主」誤「王」。

162 南方諸侯春礿祭竟　閩、監、毛本作「春」，此本「春」誤「有」。

163 諸侯至烝祫　閩、監本同。毛本「祫」誤「礿」。

164 欲見先時祭　惠棟挍宋本作「欲」，此本「欲」字模糊，閩、監、毛本「欲」作「此」。

165 法不作禘　惠棟挍宋本作「作禘」，此本「作禘」二字模糊，閩、監、毛本作「重禘」。按，「重」字非也。

166 天子社稷皆大牢節　惠棟挍云：「天子」節、「庶羞」節，宋本合爲一節。

167 所謂羔豚而祭　閩、監、毛本作「豚」，岳本同，嘉靖本同，衛氏集説同，此本「豚」字闕。

168 四之日其早　閩、監、毛本同。岳本同。嘉靖本同。衛氏集説「早」作「蚤」。

169 稻以鴈　閩、監本同。石經同。岳本同。嘉靖本同。衛氏集説同。毛本「鴈」作「雁」。

170 庶人無故不食珍　閩、監、毛本作「珍」，石經同，岳本同，嘉靖本同，衛氏集説同，此本「珍」誤「殄」。

171 故謂祭饗　閩、監、毛本同。岳本同。嘉靖本同。衛氏集説「饗」作「享」。

172 天子至食珍　惠棟挍宋本無此五字。

173 注有田者既祭至祭韭　閩、監、毛本同。惠棟挍宋本無「者既祭」三字。

174 故禮記明堂位云　惠棟挍宋本作「位」，此本「位」誤「泣」，閩、監、毛本改「泣」爲「注」，亦非。

175 以禘禮祀周公於大廟　閩、毛本同。監本「祀」誤「記」。

176 譏其用七月　閩、監、毛本同。惠棟挍宋本「譏」作「議」。

177 非鄭云也　閩、監、毛本同。惠棟挍宋本「云」作「義」，是也。

178 其祭亦用孟月　惠棟挍宋本同。閩、監、毛本「其」誤「時」。

179 按春秋桓八年　監、毛本作「桓」。此本「桓」作「淵，聖御名」，閩本同，下「桓十四年」同。

180 鄭以爲公會王人于洮　閩、監本同。毛本「于」改「於」，下「禘于武宮」同。

181 汜閣荅曰　惠棟挍宋本作「汜」。此本「汜」誤「記」，閩、監、毛本同。考文引宋板「閣」作「閤」。浦鏜從月令疏挍亦改「記」作「汜」。○按，浦鏜是也，通典引亦作「汜閣」。

182 公有司私臣皆殽脀　閩、監、毛本作「殽」，此本「殽」誤「殺」。

183 故知謂祭也　閩、監、毛本同。衞氏集説「祭」下有「享」字。

184 其諸侯及大夫饗食賓得用牛也　閩、監本同。毛本「賓」作「實」，考文引宋板作「賓」。

庶羞不踰牲節

185 庶羞不踰牲　閩、監本同。石經同。岳本同。嘉靖本同。衞氏集説同。毛本「踰」誤「用」，考文引宋板作「踰」。

186 酏食糝食　閩本同。惠棟挍宋本同。衞氏集説同。監、毛本「酏」誤「馳」，考文引宋板「馳」作「配」，與惠挍不同，此考文之誤也。

187 以羊肉爲羞　閩、監、毛本同。衞氏集説「羞」下有「也」字。

古者公田節

188 古者至無征　惠棟挍宋本無此五字。

189 並非周法　惠棟挍宋本作「並」，衞氏集説同。此本「並」誤「若」，閩、監、毛本同。

190 故云古者　閩、監、毛本同。衞氏集説「云」作「言」。

191 或兼虞夏無以言之　惠棟挍宋本同。閩、監、毛本「無」作「殷」，衛氏集説作「或兼虞夏殷言之」，無「以」字。❾

192 闕竟上門也　惠棟挍宋本同。閩、監、毛本「竟」作「境」，衛氏集説同。

193 此夏殷法　閩、監、毛本作「殷」，衛氏集説同，此本「殷」誤「於」。

194 猶須譏禁　閩、監、毛本作「猶」，此本「猶」誤「酒」。

195 獺祭魚　閩、監、毛本作「獺」，此本「獺」誤「稅」。

196 圭絜白也　惠棟挍宋本同。閩、監、毛本「絜」作「潔」，衛氏集説同，下同。

197 故注云周禮之士田　閩、監、毛本作「禮」，此本「禮」作「棺」，當爲「官」之誤。❿

198 治公田美惡取於此　閩、監、毛本作「美」，此本「美」字模糊。

199 惟得五十畝之地　閩本同。惠棟挍宋本同。監、毛本「惟」誤「雖」。

200 稅皆通稅　閩、監、毛本同。惠棟挍宋本上「稅」字作「盡」。

201 此則計田雖不得什一　惠棟挍宋本同。閩、監、毛本「計」誤「井」。考文引宋板「井」作「圭」，非也。

202 又鄭注匠人云　惠棟挍宋本作「鄭注」。此本「鄭注」誤「葬匠」，閩、監、毛本同。衛氏集説作「案鄭注匠人云」。

203 稅夫無公田　惠棟挍宋本作「夫」，衛氏集説同。此本「夫」字殘闕，閩本同。監、毛本「夫」作「去」，誤。

204 制公田不稅夫　惠棟挍宋本同。閩、監、毛本「制」誤「惟」，衛氏集説同。

205 以春秋宣十五年云　閩、監、毛本作「宣」，衞氏集說同，此本「宣」誤「亨」。

206 以大都之田任畺地　惠棟挍宋本同，是也。閩、監、毛本「畺」作「疆」，衞氏集說同。

207 廛邑居里矣　閩本同。惠棟挍宋本同。監、毛本「居里」二字倒，衞氏集說同。盧文弨云宋本周禮注亦作「邑居里」。

208 又司馬云　閩、監、毛本同。浦鏜云「司馬」下當脱「法」字。

209 通爲匹馬　惠棟挍宋本作「匹」。此本「匹」誤「四」，閩、監、毛本同，衞氏集說同。

210 以此田上中下　閩、監、毛本作「此」，衞氏集說同，此本「此」誤「世」。

211 八家皆私百畝　閩本同。惠棟挍宋本同。衞氏集說同。監、毛本「家」誤「百」。

212 然畿外諸侯雖立公田　惠棟挍宋本作「畿」，衞氏集說同。此本「畿」誤「郊」，閩、監、毛本同。

213 其實諸侯郊外亦用貢法　閩、監、毛本同。衞氏集說同。惠棟挍宋本「外」作「內」。

214 九夫之田而稅一　閩本同。惠棟挍宋本同。衞氏集說同。監、毛本「九」誤「大」。

215 邦國亦異外內耳　閩、監、毛本如此，衞氏集說同，此本「國亦」誤「邱齊」。

216 大貉小貉　閩、監本如此，此本二「貉」字模糊，毛本誤「大輅小輅」。

217 皆九夫爲井八家共治公田八十畝　閩、監本同。考文引宋板同。毛本「夫」誤「家」，「共」誤「其」。

218 但不知諸侯郊內十夫　閩、監、毛本作「夫」，此本「夫」誤「大」。

219 若爲周制耳　監、毛本作「周」，此本「周」誤「你」，閩本此字闕，考文引宋板「周」作「作」。

220 注麓山足　閩、監、毛本「足」下有「也」字。

221 水鍾曰澤　惠棟挍宋本作「鍾」，與周禮大司徒注合，衛氏集説同。此本「鍾」作「鐘」，閩、監、毛本同。

222 林麓川澤之異也　惠棟挍宋本作「川」，衛氏集説同。此本「川」誤「山」，閩、監、毛本同。

223 是征謂税也　惠棟挍宋本作「征」。此本「征」誤「正」，閩、監、毛本同。

224 圭絜也　惠棟挍宋本同。閩、監、毛本「絜」作「潔」，下「絜白」同。

225 殷政寬厚　閩、監、毛本作「厚」，此本「厚」誤「辱」。

用民之力節

226 年歲雖豐　閩、監、毛本作「豐」，此本「豐」誤「豊」，下同。

田里不粥節

227 田里至不請　惠棟挍宋本無此五字。

228 不得輒請求餘處　閩、監本同。衛氏集説同。毛本「求」誤「其」。

司空執度度地節

229 沮謂萊沛　閩、監、毛本同。岳本同。嘉靖本同。衛氏集説同。釋文出「沛也」，是釋文本「沛」下有「也」字，考文引古本同。

230 司空至之食　惠棟挍宋本無此五字。

231 論司空居民并任以事食之事　閩、監、毛本同。衛氏集説同。惠棟挍宋本「并」作「井」。

232 草所生爲萊　閩、監本同。衛氏集説同。

毛本「爲」誤「謂」。

233 言沮地　閩、監、毛本如此，此本「沮地」誤「祖也」。

234 衍沃之所　閩、監、毛本同。衛氏集説「衍沃」作「沃衍」。

235 堪造邑井　惠棟挍宋本作「造」。此本「造」誤「達」，閩、監、毛本同，衛氏集説同。

236 則用力難重　閩、監、毛本作「難」，此本「難」誤「雖」。

237 按遺人云　閩、監、毛本作「遺」，此本「遺」誤「貴」。

238 凡國野之道　惠棟挍宋本作「野」，衛氏集説同。此本「野」誤「則」，閩、監、毛本「野」誤「家」。

239 老者食少　閩、監、毛本作「者」，衛氏集説同，此本「者」誤「之」。

240 老給壯糧　惠棟挍宋本作「糧」。此本「糧」誤「者」，閩、監、毛本同。

凡居民材節

241 必因天地寒煖燥濕　閩本同。石經同。岳本同。嘉靖本同。衛氏集説同。監、毛本「濕」作「溼」。○按，依説文當作「溼」，漢隸多以「濕」爲溼字。

242 使其材藝堪地氣也　閩、監、毛本同。岳本同。嘉靖本同。衛氏集説同。惠棟挍宋本「藝」作「埶」，宋監本同。

243 謂其情性緩急　惠棟挍宋本、宋監本、岳本、嘉靖本同。閩、監、毛本「情性」二字倒，衛氏集説同。

244 謂旃裘與絺綌　閩、監、毛本同。岳本同。嘉靖本同。衛氏集説同。釋文同。惠棟挍宋本「旃」作「氈」，宋監本同。○按，氈，正字。旃，假借字。

245 脩其教　閩、監本同。石經同。岳本同。嘉靖本同。衛氏集說同。毛本「脩」作「修」。

246 交趾足相鄉然　閩、監、毛本同。岳本同。嘉靖本同。衛氏集說「鄉」作「向」，釋文出「相嚮」。

247 卧則僢　閩、監、毛本同。岳本同。嘉靖本同。衛氏集說同。考文引古本、足利本「僢」上有「同」字。正義云：「正本直云『卧則僢足』，無『同』字，俗本有『同』字，誤也。」

248 衣羽毛　閩、監、毛本同。石經同。岳本同。嘉靖本同。衛氏集說同。惠棟挍宋本「羽毛」二字倒。

249 凡居至曰譯　惠棟挍宋本無此五字。

250 此一節論中國及四夷　閩、監、毛本如此，此本「中」字誤移入下行，此下六行行末一字遞移至七行「水性則信則誤」經而止，閩、監、毛本不誤。

251 王者居處　惠棟挍宋本同。閩、監、毛本「王」誤「五」，衛氏集說同。

252 各須順其性氣材藝　閩、監、毛本作「藝」，衛氏集說同，此本「藝」作「埶」。

253 注情性緩急　閩本同。惠棟挍宋本同。監、毛本「情性」二字倒。

254 從此以下至北方曰譯　惠棟挍宋本作「從」，此本「從」誤「後」，閩、監、毛本「後」改「自」。

255 雖不火食　閩、監、毛本作「雖」，此本「雖」誤「如」。

256 非惟彫額　閩、監本同。毛本「額」誤「刻」，考文引宋本作「額」。

257 故衣皮地氣寒　閩、監本同。毛本「地」誤「也」。

258 衣羽毛穴居者　惠棟挍宋本如此。此本「毛」下衍「於」字，閩、監、毛本同。

259 林木又少　閩、監、毛本作「木」，此本「木」誤「本」。

260 依東夷傳九種　閩、監、毛本同。衛氏集説同。段玉裁据後漢書「九種」下補「曰畎夷于夷方夷黄夷白夷赤夷玄夷風夷陽夷李巡注爾雅云」共二十五字，而後接「一曰玄菟」句。盧文弨依爾雅疏增作「依東夷傳夷有九種曰畎夷于夷方夷黄夷白夷赤夷玄夷風夷陽夷」，又共增二十二字。

261 三曰高驪　閩、監、毛本同。衛氏集説同。惠棟挍宋本「驪」作「麗」。

262 四曰滿飾　閩、監本同。衛氏集説同。毛本「滿」誤「蒲」。

263 七曰東屠　閩、監本同。衛氏集説同。毛本「屠」誤「家」。

264 一曰天笁　閩本同。監、毛本「笁」作「竺」，是也，衛氏集説同。

265 二曰咳首　閩、監、毛本同。衛氏集説同。惠棟挍宋本「首」作「者」。

266 四曰跛踵　閩本同。惠棟挍宋本同。監、毛本「跛」作「跂」，衛氏集説同。

267 八曰旁春　閩、監、毛本同。衛氏集説同。惠棟挍宋本「旁」作「韋」。盧文弨云：「韋」亦譌，皇侃論語疏作「旁脊」。

268 戎者兇也　閩、監、毛本同。衛氏集説同。惠棟挍宋本「也」作「戎」。

269 二曰戎央　閩本同。考文引宋板同。監、毛本「央」作「夷」，衛氏集説同。盧文弨云：戎夷，紺珠作「戎夫」，皇疏作「依貂」，爾雅疏作「戎夷」。

270 四曰單于　段玉裁挍本「單」作「箄」。

271 以辟蛟龍之害　閩、監本同。衞氏集説同。毛本「辟」作「避」。

272 正本直云　閩、監、毛本同。浦鏜挍云「正」疑「定」字誤。

273 卧則僢無同字　閩、監、毛本同。惠棟挍宋本「僢」下有「足」字。

274 是依其事類者也　閩、監、毛本同。惠棟挍宋本無「者」字。

凡居民量地節

275 凡居至興學　惠棟挍宋本無此五字。

12—276 禮記正義卷第十八終　惠棟挍宋本此行在疏「然後可得興學也」之後，記云凡十五頁。⓫

校　記

❶南昌本出文改作「附釋音禮記注疏卷第十二」，上提三格。校語下有「禮記正義卷第十七」。

❷南昌本出文「廱」作「雝」。

❸南昌本出文「言」作「吾」。校語「作」上有「吾」，下有「是也」，無「此本言作吾」。

❹南昌本此條移於132條之後。

❺南昌本出文改作「是晉人祭河也」，上提一格。校語「在疏是晉人祭河也之後」改作「此下標禮記正義卷第十七終」。

❻南昌本下有校語「惠棟挍宋本自此節起至凡居民量地節止爲第十八卷，卷首題禮記正義卷第十八」。

❼南昌本出文「況」作「兄」。

❽南昌本出文「語」作「説」。

❾南昌本出文無「無」字。

❿南昌本出文「禮」作「官」。校語「作禮」上有「官」，無「此本禮作棺，當爲官之誤」。

⓫南昌本出文改作「附釋音禮記注疏卷第十二終」，上提三格。校語「此行在疏然後可得興學也之後」改作「禮記正義卷第十八終」。

禮記注疏校勘記卷十三

13—001 禮記正義卷第十九　惠棟挍宋本。❶

王制

司徒脩六禮節

002 司徒脩六禮　閩、監本同。石經同。岳本同。嘉靖本同。衛氏集説同。毛本「脩」作「修」。

003 司徒使鄉簡擇以告者　閩、監本同。岳本同。嘉靖本同。衛氏集説同。毛本「鄉」誤「卿」。

004 中年考校　閩、監本同。岳本同。嘉靖本同。毛本「校」作「挍」。

005 使轉徙其居　閩、監本同。岳本同。嘉靖本同。衛氏集説同。毛本「轉」誤「専」，惠棟挍宋本「居」作「序」，「轉」字同，通典五十三引亦作「轉徙其序居」。

006 移名於司徒也　閩、監、毛本作「名」，岳本同，嘉靖本同，衛氏集説同，此本「名」誤「居」。❷

007 不給其繇役　閩、監、毛本同。岳本同。嘉靖本同。衛氏集説同。釋文出「傜役」，云「本又作『繇』」，正義作「繇」。○按，依説文當作「㑾」，从人，䍃聲，隸變而爲「傜」，或假而爲「繇」。作「傜」者，俗字。

008 棘當爲僰　惠棟挍宋本有「爲」字，宋監本、岳本、嘉靖本同，衛氏集説同。此本「爲」字脱，閩、監、毛本同。

009 夏官卿主邦政者　惠棟挍宋本作「主」，宋監本、岳本、嘉靖本同。此本「主」誤「王」。閩、監、毛本作「掌」，衛氏集説同。案，上注「司空」云「冬官，卿掌邦事者」，「司徒」云「地官，卿掌邦教者」，下注「司寇」云「秋官，卿掌刑者」，與此文法正同，此亦當以作「掌邦政者」爲是。

010 司徒至進士　惠棟挍宋本無此五字。

011 教學升進之事　閩、監本同。衛氏集説同。毛本「事」誤「士」。

012 脩六禮以節民性者　閩、監本同。考文引宋板同。毛本「六」誤「大」。

013 謂以恩惠遂及之　閩本同。監、毛本「遂」作「逮」，衛氏集説作「謂以恩意逮及之」。

014 尊上賢人　閩、監、毛本作「賢」，衛氏集説同，此本「賢」誤「貴」。

015 所以崇獎有德　閩、監本同。衛氏集説同。毛本「獎」誤「槳」。

016 簡去不肖　監、毛本作「去」，衛氏集説同。此本「去」誤「法」，閩本同。

017 非惟鄉人所教如此　閩、監本同。毛本「教」誤「故」。

018 皆司徒統領　閩、監本作「領」，考文引宋板同，此本「領」誤「須」，毛本誤「理」。

019 夫司徒帥領國之英俊之士　閩、監、毛本作「領」，此本「領」誤「須」。惠棟挍宋本「夫」作「大」，是也，衛氏集説同。

020 致仕則書傳略説云　監、毛本作「傳」，衛氏集説同。此本「傳」誤「德」，閩本同。

021 大夫爲父師　衛氏集説同。考文引宋板同。閩、監、毛本「父」誤「大」。

022 就黨學上齒　惠棟挍宋本同。閩、監本「上齒」作「習鄉」，毛本亦作「習鄉」，「就」誤「即」。

023 各在一處　監、毛本作「各」。此本「各」誤「名」，閩本同。

024 則不得同日也　閩、監、毛本作「日」，此本「日」誤「曰」。

025 言經中習鄉謂飲酒者　惠棟挍宋本作「鄉」。此本「鄉」誤「射」，閩、監、毛本同。

026 云鄉禮春秋射者解習射之處也　考文引宋板同。閩、監本同。毛本上「射」誤「弟」。

027 不別立黨學　閩、監本同。考文引宋板同。衛氏集説同。毛本「別」誤「必」。

028 既二百里爲野　閩、監本同，考文引宋板亦作「二」，毛本「二」誤「一」。

029 鄙師主正齒位以否　閩本同。惠棟挍宋本同。監、毛本「以」作「與」。

030 遠方至録也　閩、監、毛本同。惠棟挍宋本作「遠方九州之外齒猶録也」。

031 但居夷狄之内畔　惠棟挍宋本作「畔」，此本「畔」字闕，閩本「畔」作「也」。監、毛本「畔」作「地」，衛氏集説同。

032 爲其大遠　閩、監本同。考文引宋板同。毛本「爲」誤「謂」。×

033 可使至大學　閩、監、毛本同。惠棟挍宋本作「可使習禮者學大學」。×

034 曰俊士之人　惠棟挍宋本作「俊士」，此本「俊」下「士」字闕。閩、監本作「俊選」，非；毛本「俊選」作「選俊」，尤非。

035 十三入小學二十入大學　惠棟挍宋本同。閩、監、毛本「三」作「五」，衛氏集説同。

036 餘子十五入小學　惠棟挍宋本同。閩本同。監、毛本「五」誤「三」，衛氏集説同。

037 供學及司徒細碎之繇役也　惠棟挍宋本同。閩本同。衛氏集説、監、毛本「供」誤「俱」。

* 舉其大網　補，各本「網」作「綱」。案，作「網」誤。

038 教胄子者　閩、監、毛本作「胄」，此本「胄」誤「胃」，下「胄子」、「胄長」同。

039 依順此古昔先王之道　閩、監本同。衛氏集說同。毛本「古」下衍「者」字。×

040 則詩書禮樂之等　閩、監本同。毛本「之」字脱，衛氏集說「則」作「以」，亦無「之」字。×

041 造成此士　閩、監、毛本同。衛氏集說同。惠棟挍宋本「士」作「四」。×

042 春釋采合舞　閩、監、毛本「采」作「菜」，衛氏集說同。○按，作「采」與周禮合。

043 但遂其陰陽以爲偏主耳　閩、監、毛本、衛氏集說同。惠棟挍宋本「遂」作「逐」。浦鏜挍云「逐」誤「遂」。

044 皆以四術造焉　閩、監、毛本作「焉」，此本「焉」誤「馬」。

045 云大胥小胥皆樂官屬也者　閩、監、毛本如此，此本「胥皆」誤「有相」。

046 皆於東序　閩、監本同。衛氏集說同。毛本「序」誤「庠」。×

047 以與寄文相對　監、毛本同。閩本「相」字闕。×

048 寄非東方夷名　監、毛本同。閩本「寄」字闕。×

049 是寄旅之意　惠棟挍宋本同。閩、監、毛本「旅」字闕。×

050 則僰亦非西方夷名　惠棟挍宋本同。閩、監、毛本「亦非」二字闕。×

051 故以爲偪迫於夷狄也　考文引宋板

同。閩本「迫」字闕。監、毛本「迫」作「寄」，非。

052 又帝王世紀南北萬三千三百六十八里　惠棟挍宋本同。衛氏集説同。閩、監、毛三本闕「帝王」、「紀」、「南北萬三千三百六十八」十三字。

053 漢地既然則古亦應爾　惠棟挍宋本同。衛氏集説「古」作「周」，閩、監、毛本「然則古亦」四字闕。

054 大樂至進士　閩、監、毛本如此，此本「至進」二字倒。

055 即知但入仕者　閩、監、毛本同。衛氏集説「但」作「凡」，是也。

司馬辨論官材節

056 司馬至士齒　惠棟挍宋本無此五字。

057 故論語注云　閩、監本同。毛本「注」誤「語」，考文引宋板作「注」。

058 有發至發卒　閩、監、毛本同。惠棟挍宋本作「有發謂有軍師發卒」。

059 執技之事凡有三條　閩、監本同。衛氏集説同。毛本「事」誤「士」，「條」字殘闕。

060 見勇武　閩、監、毛本同。衛氏集説作「以見武勇」。

司寇正刑明辟節

061 左九棘　閩、監本同。岳本同。嘉靖本同。衛氏集説同。毛本「九」誤「右」。

062 假於鬼神時日卜筮　閩、監本同。石經同。岳本同。嘉靖本同。衛氏集説同。毛本「卜」誤「不」。

063 今時持喪葬築蓋　閩、監、毛本如此，岳本、嘉靖本同，衛氏集説同。此本「持」誤「特」，「築」誤「葬」。❹

064 而辭不可明　惠棟挍宋本作「明」，宋監本、

岳本、嘉靖本同，考文引足利本同。此本「明」誤「習」，閩、監、毛本同，衛氏集説同。❺

065 譏呵察　閩、監、毛本同。岳本同。嘉靖本同。衛氏集説同。釋文出「苛察」，云「本亦作『呵』」。

066 司寇至異言　惠棟挍宋本無此五字。

067 附謂施刑　閩、監、毛本同。考文引宋板「謂施」作「詖於」。×

068 即尚書云眚災肆赦是也　閩、監本同。毛本「尚」誤「上」。×

069 言斷其罪過　閩、監、毛本同。惠棟挍宋本「其」作「人」，衛氏集説作「謂斷人罪過」。

070 可以弁冕服金革之事　閩、監、毛本作「革」，此本「革」誤「華」。

071 閔子性孝　惠棟挍宋本作「孝」，此本「孝」誤「善」，閩、監、毛本同，蓋涉上「孔子蓋善之也」「善」字而譌。

072 正得吏告罪成之辭　閩、監本同。衛氏集説同。毛本「得」誤「聽」。

073 正以獄成告於大司寇者　閩、監、毛本作「以」，此本「以」誤「於」。×

074 又列獄成之辭　閩、監、毛本同。惠棟挍宋本「列」作「以」，衛氏集説同。

075 大司寇得正之告　閩、監、毛本作「正」，此本「正」誤「王」。

076 聽獄訟成以告於王也　惠棟挍宋本作「聽」，衛氏集説同。此本「聽」誤「一」，閩、監、毛本「一」改「以」，亦非。

077 如今劾矣　惠棟挍宋本亦作「矣」，與周禮鄉士注合，閩、監、毛本「矣」誤「奏」。

078 即是囚之狀辯爲要狀　閩、監、毛本同。惠棟挍宋本上「狀」作「伏」，「辯」下有

「録」字。衛氏集説「録」字亦有，「狀」字同。

079 孤卿大夫位焉　閩、監本同。毛本「孤」誤「故」。

080 槐之言懷也　閩、監、毛本作「槐」，此本「槐」誤「桾」。

081 故知司寇及正在焉　閩、監、毛本作「正」，此本「正」誤「王」。

082 則王令三公會其期　閩本同。惠棟挍宋本同。監、毛本「令」誤「命」。

083 王命六卿會之　閩、監本同。毛本「卿」誤「鄉」。

084 左道至俗禁　閩、監、毛本同。惠棟挍宋本作「左道若巫蠱及俗禁」。

085 右貴左賤　閩、監、毛本作「貴」，此本「貴」誤「賢」。

086 初江充曾犯大子　閩、監、毛本作「子」，此本「子」誤「人」。

087 後王將老欲立大子　閩本同。惠棟挍宋本同。監、毛本「後王將」作「見上年」。

088 遂遣丞相劉屈釐　閩本同。監、毛本「釐」作「氂」。

089 湖關老人　閩、監本同。毛本「湖」作「壺」。盧文弨云「壺」字是。

090 故思子望子歸來　閩、監、毛本同。齊召南云：「當作『築思子宮』，刊本相沿，誤脱築字、宫字耳。」

091 是蟲食器皿　閩、監本同。毛本「蟲」誤「蠱」。

092 鄭子臧好聚鷸冠　監、毛本作「鄭」，此本「鄭」誤「辨」，閩本此字闕。

093 ○行僞至衆殺○　閩本如此，此本下「○」脱，監本下「○」有，上「○」脱。毛本作「下行僞至衆殺上」，改二「○」作「下」、「上」字，大誤。

094 學非而博者　閩、監、毛本作「博」，此本「博」誤「傳」，下「而又廣博」、「辨博而澤」同。

095 皆是尊貴所合蓄之物　惠棟挍宋本作「所」，衞氏集説同。此本「所」誤「於」，閩、監、毛本同。

096 若其合法度　閩、監本同。毛本「若」誤「古」。

097 幅廣四尺八寸爲尺　閩、監、毛本同。惠棟挍本二「尺」字皆作「咫」，是也。

098 既夕敦杅之屬　監本同。毛本「杅」誤「杆」，閩本「杅」誤「杼」。

099 不得羣聚耳　閩、監本同。毛本「耳」誤「者」，衞氏集説「不」上有「但」字，「耳」字同。

大史典禮節

100 簡記策書也　閩、監、毛本同。岳本同。嘉靖本同。衞氏集説同。釋文「策書」作「札書」。

101 大史至諱惡　惠棟挍宋本無此五字。

102 天子齊戒受諫　閩、監、毛本作「戒」，此本「戒」誤「成」。

103 天子適諸侯必舍其祖廟　閩、監、毛本如此，此本「侯」誤「矦」，「必」誤「甲」。

104 是亦諱諸侯之祖父也　惠棟挍宋本同。衞氏集説同。閩、監、毛本「祖父」誤「禮籍」。

105 紂以甲子日死　閩、監、毛本作「紂」，此本「紂」誤「純」。

106 此惡亦兼餘事　惠棟挍宋本同。衞氏集説同。閩本「兼」字闕，監、毛本「兼」誤「謂」。

107 **天子齊戒受諫節**　惠棟挍云：「天子齊戒受諫」「戒」字起，至疏「知齊戒受諫是歲終者」「是」字止，宋本闕。

108 **質平也**　閩、監、毛本同。岳本同。嘉靖本同。惠棟挍宋本、宋監本「平」上有「猶」字，衞氏集說同。

109 **質王受之**　閩、監、毛本同。嘉靖本同。岳本「質」作「贊」，衞氏集說同，考文引宋板、古本、足利本同，宋監本亦作「贊」。

110 **天子至國用**　惠棟挍宋本無此五字。

111 **司會緫主羣官治要**　閩、毛本作「主」，衞氏集說同。此本「主」誤「王」，監本同。

112 **若今時先申帳目**　監、毛本同。衞氏集說同。閩本「帳目」闕。

113 **若以周法言之**　閩、監、毛本同。衞氏集說同。盧文弨云「周法」當作「夏法」。

114 **按夏傳司徒司馬司空三官**　惠棟挍宋本作「夏傳」，衞氏集說同。此本「夏傳」誤「曲禮」，閩、監、毛本同。

115 **禮記正義卷第十九終**　惠棟挍宋本此行在疏「特自質於天子也」之後，記云凡十九頁。❻

116 **禮記正義卷第二十**　惠棟挍宋本分「凡養老」以下爲卷二十。

凡養老節❼

117 **凡養至諸侯**　惠棟挍宋本無此五字。❽

118 **論虞夏殷周**　閩、監、毛本作「周」，衞氏集說同，此本「周」誤「同」。

119 **是四時凡四也**　閩、監本同。毛本「也」誤「時」。

120 **殽烝於俎行一獻之禮**　閩、監、毛本同。衞氏集說同。浦鏜挍「於」改「折」。

121 夏后氏以饗禮者　閩、監本同。衛氏集説同。毛本「饗」誤「獻」。

122 以虞氏帝道宏大　按,「以」乃「有」字之誤。

123 享大牢以禮食之　惠棟挍宋本同。衛氏集説同。閩、監、毛本「享」作「饗」。按,此本此疏「享」、「饗」二字前後錯出,閩、監、毛本則通作「饗」。

124 體薦則房烝　閩、監、毛本作「房」,衛氏集説同,此本「房」誤「戾」。

125 其禮亦有飫食　閩、監、毛本同。惠棟挍宋本「飫」作「飯」,衛氏集説同。

126 故春人云　監、毛本作「舂」,衛氏集説同。此本「舂」誤「春」,閩本「舂」字闕。

127 禮亦有飯食及酒者　惠棟挍宋本作「飯」,衛氏集説同。此本「飯」誤「飲」,閩、監、毛本同。

128 親戚宴饗則餚烝　監本作「餚」,此本「餚」誤「餔」,閩本同。毛本作「殽」,衛氏集説同。

129 詩毛傳云燕安也　惠棟挍宋本同。閩、監、毛本「詩毛」二字倒。

130 食與嘗連文故知食在秋　惠棟挍宋本作「與」,衛氏集説同。此本「與」誤「而」,閩、監、毛本同。

131 六十者宜養於小學　閩、監、毛本作「者」,此本「者」字闕。

八十拜君命節

132 遊謂出入止觀　閩本同,惠棟挍宋本同,岳本同,嘉靖本同,衛氏集説同,宋監本同,釋文亦作「止觀」,監、毛本「止」誤「上」。

133 九十日脩　閩、監本同。石經同。岳本同。嘉靖本同。衛氏集説同。毛本「脩」作「修」。

134 煖温　閩、監本同，岳本同，嘉靖本同，考文引宋板同。衛氏集説亦作「煖」，毛本「煖」誤「蜉」。

135 大夫士之老者揖君則退　閩、監、毛本同。岳本同。嘉靖本同。衛氏集説同。惠棟挍宋本「揖君」作「君揖」。案，正義云「君出揖之，是君揖老者，非老者揖君也」。朱子云「注『揖君』當作『君揖』」，是南宋人所見本已誤倒也。

136 八十至爲喪　惠棟挍宋本無此五字。

137 一坐於地而首再至於地　惠棟挍宋本作「至」，衛氏集説同。此本「至」誤「拜」，閩、監、毛本同。

138 雜記卿大夫士　閩、監、毛本作「卿」，此本「卿」誤「炳」。

139 節制在家自養之法　惠棟挍宋本同。監、毛本「自」作「食」，衛氏集説同，閩本「自」字闕。

140 故逆辨之也　閩、監、毛本「辨」作「辦」，下「可辨須辨」同。

141 故歲制　閩、監、毛本作「歲」，此本「歲」誤「戚」。

142 漸老彌切也　惠棟挍宋本作「漸」，此本「漸」誤「斬」，閩、監、毛本「漸」作「轉」。

143 惟絞紟衾冒死而后制者　閩、監、毛本同。考文引宋板「惟」作「唯」。

144 揖君則退　閩、監、毛本同。惠棟挍宋本「揖君」作「君揖」。

145 故云力政城道之役也　閩、監、毛本作「城」，此本「城」誤「故」。

146 戎事差輕六十不與服戎　閩、監本同。毛本「服戎」二字倒。

147 及孟氏說六十還兵是也　閩本同。惠棟挍宋本同。監、毛本「及」誤「又」，衛氏集說「及」作「如」。

148 其野王城之外力役又少　惠棟挍宋本作「役」，衛氏集說同。此本「役」誤「徒」，閩、監、毛本同。

149 故易孟氏詩韓氏皆云　惠棟挍宋本作「詩」。此本「詩」誤「說」，閩、監、毛本同。

150 經文云五十而爵　惠棟挍宋本作「文」，此本「文」誤「在」，閩、監、毛本「文」作「直」。

151 則喪服小功章云　閩、監、毛本同。衛氏集說「則」作「故」。

有虞氏養國老於上庠節

152 虞庠在國之西郊　閩、監、毛本同。石經同。岳本同。嘉靖本同。衛氏集說同。讀書脞録續編云：「據北史劉芳傳引作『四郊』，蓋『西』字誤也。四郊小學即東、西、南、北之四學，豈應偏置於西郊。祭義又云『天子設四學，當入學，而太子齒』，注云『四學謂周四郊之虞庠也』，正義引皇氏云『四郊虞庠，以四郊皆有虞庠』，其爲『四郊』之譌無疑。」又云：「文王世子『凡語于郊者』，正義云『郊，西郊也。周以虞庠爲小學，在西郊，以西方成就之地故也』。是孔氏所據本已誤。」〇按，孫志祖是也。上「大學在郊」，正義云「周則大學在國，小學在四郊。下文具也」，即據此文而言作「四郊」，不作「西郊」，此正文之僅存者。文王世子「凡語于郊」，正義既說「西」爲「西方成就」，又云「或偏在四郊」，亦兩存其義也。❾

153 有虞氏皇而祭　閩、監、毛本同，石經同，岳本同，嘉靖本同，衛氏集說同，正義本亦作「皇」。釋文出「翌」，云「音皇，本又作『皇』」。

154 縞衣而養老　閩、監本同。岳本同。嘉靖本同。衛氏集說同。毛本「縞」誤「鎬」，石經「縞」

字闕。

155 皇冕屬也　閩、監、毛本作「皇」，岳本同，嘉靖本同，衛氏集説同，此本「皇」誤「元」。

156 其冠則牟追　閩、監、毛本作「牟」，岳本同，嘉靖本同，衛氏集説同，此本「牟」誤「弁」，釋文出「則牟追」。

157 將徙於諸侯　閩、監本同。石經同。岳本同。嘉靖本同。衛氏集説同。考文引宋板同。毛本「徙」誤「徒」。

158 有虞至從政　惠棟挍宋本無此五字。

159 此四代養老之處　閩、監本同。衛氏集説同。毛本「四」誤「三」，考文引宋板作「四」。

160 大夫以上當養從國老之法　毛本作「當」，此本誤「堂」，正德本同，閩本「當」字闕，監本「當」誤「〇」，衛氏集説無「當」字。

161 鄭注引此周人養國老於東膠　惠棟挍宋本同。衛氏集説同。閩本引此二字闕，監本誤作「〇注」，毛本改作「王制」二字，亦非。

162 貴取物成　惠棟挍宋本同。閩、監、毛本「物」誤「有」，衛氏集説同。

163 爲有虞氏之庠制者　閩、監本同。衛氏集説同。毛本「爲」誤「於」。　×

164 讀如成周宣謝災之謝　閩本同。考文引宋板同。監、毛本「謝」作「榭」，「災」作「火」，衛氏集説同，鄉射注作「如成周宣榭災之榭」。案，説文無「榭」字，經傳通作「謝」。荀子王霸篇「臺謝甚高」，楊倞注云「『謝』與『榭』同」。左氏、穀梁宣十六年傳「成周宣榭火」，釋文皆云「榭，本作『謝』」。⑩

165 言鄉學亦爲庠制　閩、監本同。衛氏集説同。毛本「言」誤「以」。　×

166 以皐陶謨謂之虞夏書　惠棟挍宋本同。衛氏集説「之」字同，閩、毛本「之」字闕，監本「之」誤「〇」。

167 以經云夏后氏燕衣而養老　閩本同。惠棟挍宋本同。衛氏集説同。監、毛本「衣」誤「服」。

168 周人燕用玄衣　惠棟挍宋本作「用」，衛氏集説同。此本「用」誤「月」，閩、監、毛本「用」誤「服」。

169 其冠未聞　惠棟挍宋本作「其冠」，衛氏集説同；此本「其冠」誤「質衣」，閩、監、毛本同。

170 以爲與夏周同　閩、監、毛本同。衛氏集説、惠棟挍宋本無「周」字，「同」下有「冠」字，續通解同。

171 諸侯各以爲朝服　閩、監本同。毛本「各」誤「名」。

172 玉藻文引之者　閩、毛本同。監本「文」誤「又」。

173 追猶堆也　監本同。衛氏集説同。毛本「堆」誤「推」，閩本「堆」字漶滅。

174 新甿之治皆聽之　惠棟挍宋本作「甿」，衛氏集説同。此本「甿」誤「而」，閩、監、毛本同。

175 王肅及庾氏等　閩、監本同。毛本「庾」誤「虞」。

少而無父者謂之孤節

176 少而至常餼　惠棟挍宋本無此五字。

177 何草不黄　閩、監、毛本同。惠棟挍宋本「黄」作「玄」，衛氏集説同。

178 崔杼生成及疆而寡　閩、監本同。衛氏集説同。毛本「疆」作「彊」。

179 瘖聾節　惠棟挍云：「瘖聾」節、「道路」節，宋本分「朋友不相踰」以上合「瘖聾」節爲一節。

180 瘖聾至食之　惠棟挍宋本無此五字。

181 戚施植鎛　惠棟挍宋本作「植」，毛本「植」作「直」，此本「植」誤「權」，閩、監本同，衛氏集説同。通解亦作「植」。○按，作「直」與國語合。

182 蘧除蒙璆　毛本同。閩、監本「蘧除」作「籧篨」，衛氏集説同，下「蘧篨」放此。案，國語晉語「籧篨」字從艸，補音從竹。

183 盧戟柄也　毛本作「戟」，衛氏集説同。此本「戟」誤「戰」，閩、監本同。○按，韋昭國語注「柄」作「柲」。

184 矇瞍循聲　閩、監本同。衛氏集説同。毛本「循」作「修」。○按，作「修」與國語合，韋注云：「無目，於音聲審，故使修之。」

185 官師所不材　閩、監、毛本作「材」，衛氏集説同，此本「材」誤「林」。

186 宜於掌土　閩、監、毛本同。衛氏集説同。通解同。盧文弨挍「掌」改「裔」，下「置於掌土」同。○按，盧文弨是也，晉語作「以實裔土」，注云「裔，荒裔」。

187 設文不具　閩、監本作「具」，考文引宋板同。此本「具」誤「其」，毛本同，衛氏集説作「説文不具」。

188 道路節　惠棟挍云：「輕任并」以下，宋本合下節「君子耆老」二句爲一節。

189 道中三途　閩、監、毛本同。惠棟挍宋本「中」作「有」，宋監本同。岳本作「道有三塗」，嘉靖本同，衛氏集説同。

190 兄之齒鴈行　閩、監本同。石經同。岳本同。

嘉靖本同。衛氏集説同。毛本「鴈」作「雁」。

191 **斑白者不提挈** 石經如此，岳本同，嘉靖本同，衛氏集説同，惠棟挍宋本亦有「者」字。此本「斑」作「班」，「者」字脱，閩、監、毛本「斑」字同，「者」字亦脱。釋文出「提契」，云「本亦作『挈』」。

192 **雜色曰斑** 閩、監本作「斑」，岳本同，嘉靖本同，衛氏集説同。此本「斑」作「班」，毛本同。

193 **輕任并重任分** 惠棟挍宋本無此六字。

194 **父齒老也** 監本作「老」，衛氏集説同；此本「老」誤「者」，閩、毛本同。

君子耆老節

195 **徒猶空也** 閩、監本同。岳本同。嘉靖本同。衛氏集説同。毛本「空」誤「黨」。

196 **大夫祭器不假節** 陳澔集説移此一節在上文「燕衣不踰祭服，寢不踰廟」下。

197 **大夫祭器不假** 惠棟挍宋本無此六字。

方一里者節

198 **方一至億畝** 惠棟挍宋本無此五字。

199 **總計天子畿外内諸侯之地大小** 閩、監本作「大小」，衛氏集説同。此本「大小」誤「大大」，毛本誤「大夫」，惠棟挍宋本作「小大」。

200 **闊二百步** 閩、監、毛本同。衛氏集説同。考文引宋板「二」作「三」。

201 **經籍錯亂** 閩、監本作「籍」，衛氏集説同。此本「籍」誤「藉」，毛本同。

202 **字相交涉** 閩、監、毛本作「涉」，衛氏集説同，此本「涉」誤「步」。

203 **鄭未注之前** 閩、監本作「未」，考文引宋板同。此本「未」誤「朱」，毛本同。[11]

自恒山至於南河節

204 **山陵林麓** 閩、監、毛本作「陵」，石經同，岳本同，嘉靖本同，衛氏集説同，此本「陵」誤「陽」。

205 自恆至億畝　惠棟挍宋本無此五字。

206 九州方三千里　閩、監本同。衛氏集説同。毛本「三」誤「一」，考文云宋板作「三」。

古者以周尺八尺爲步節

207 周尺之數　閩、監、毛本作「尺」，岳本同，嘉靖本同，衛氏集説同，此本「尺」誤「又」。

208 古者至二分　惠棟挍宋本無此五字。

209 當今東田百五十二畝　閩、監本同。考文引宋板同。衛氏集説同。毛本「五十二」作「二十五」。

210 七十一步有餘　惠棟挍宋本作「有」，衛氏集説同。此本「有」誤「者」，閩、監、毛本同。

211 經文錯亂　閩、監、毛本作「文」，衛氏集説同，此本「文」誤「云」。

212 鎮圭尺有二寸　閩、監、毛本作「圭」，此本「圭」誤「吉」。

213 乃是六十四寸　閩、監、毛本作「乃」，此本「乃」誤「刀」。

214 則今步皆少於古步　閩、監、毛本作「少」，此本「少」誤「步」。

215 是今步別剩寸六寸　閩、監、毛本上「寸」作「十」，衛氏集説同。考文引宋板「十六寸」作「六十寸」。

216 外剩十六寸而計之　惠棟挍宋本作「外」，衛氏集説同。此本「外」誤「小」，閩、監、毛本同。

217 計古之一畝之田　閩、監、毛本如此，衛氏集説同，此本「一」誤「今」，「田」誤「王」。

218 得爲今田一百二十五步　閩本同。惠棟挍宋本同。衛氏集説同。監、毛本「得」

誤「待」。

219 是今田每一畝之上　閩、監、毛本作「田」。此本「田」誤「曰」，下「則方百畝之田」同。

220 從北嚮南　閩、監、毛本作「北」，衛氏集説同，此本「北」誤「此」。

221 相併爲五千步　惠棟挍宋本作「併」，衛氏集説同。此本「併」誤「伊」，閩、監、毛本同。

方千里者節

222 方千里者　閩、毛本同。石經同。岳本同。嘉靖本同。衛氏集説同。監本「方」字闕。

223 封方百里者三十國　閩、監、毛本作「三」，岳本同，嘉靖本同，衛氏集説同，此本「三」誤「二」，石經「三十」作「卅」。

224 名山大澤不以封　公羊襄十五年疏引作「不以盼」。

225 方千至間田　惠棟挍宋本無此五字。

226 凡千里之方　閩、監、毛本作「千」，衛氏集説同，此本「千」誤「十」。

227 前文云立大國三十　惠棟挍宋本同。衛氏集説同。閩本「立」字闕，監、毛本「立」誤「〇」。

228 剩十里方有二十　閩、監、毛本如此，此本下「十」誤「一」，衛氏集説作「剩十里之方二十」。

229 今就百里之方三十里之中　閩、監、毛本同。衛氏集説同。惠棟挍宋本無下「里」字。

230 則其餘方百里者十　閩、監、毛本作「十」，衛氏集説同，此本「十」誤「一」。

天子之縣内節

231 天子至十六　惠棟挍宋本無此五字。

232 畿内本供天子又有郊關鄉遂　惠棟挍宋本如此。此本「供」字闕，「又」誤「之」，閩、監、毛本「之」字同，「供」誤「爲」，衛氏集説同。

233 王子弟采邑　閩、監、毛本作「采」，衛氏集説同，此本「采」誤「木」。

234 諸侯之下士節　惠棟挍云：「諸侯之下士」節，宋本分「諸侯之大夫不世爵禄」以上爲一節，「六禮」以下宋本另爲一節。

235 卿食二百八十八人　閩、監本同。石經同。岳本同。嘉靖本同。衛氏集説同。考文引宋板同。毛本下「八」誤「人」，下「八政」同。

236 方伯爲朝天子　閩本同。石經同。岳本同。嘉靖本同。宋監本同。衛氏集説同。監、毛本「朝」誤「明」，釋文作「爲朝」，考文引宋板亦作「朝」。

237 給齊戒自潔清之用　閩、監、毛本同。嘉靖本同。衛氏集説同。惠棟挍宋本「潔」作「絜」，岳本同，釋文同，宋監本同。

238 鄉鄉飲酒　閩本同。岳本同。嘉靖本同。衛氏集説同。惠棟挍宋本同。宋監本同。監、毛本脱一「鄉」字。

239 諸侯至數制　惠棟挍宋本無此五字。

240 前云諸侯下士視上農夫　閩、監、毛本作「上」，衛氏集説同，此本「上」誤「下」。

241 前文下大夫倍上士　考文引宋板同。閩、監、毛本「文」作「云」，衛氏集説同。

242 君食二千至之卿○　閩、監、毛本同。考文引宋板作「君食二千八百八十人者」。

243 君食千四百四十人者　惠棟挍宋本同。衛氏集説同。閩、監、毛本「君」上衍「故」字，緣此本及宋板「君」上有空闕誤補也。

244 次國之卿命於其君○　閩、監、毛本同。惠棟挍宋本「〇」作「者」。

245 其天子之士卿大夫無文　閩、監本同。毛本「無」誤「之」。

246 鄭宣王母弟　閩、監本同。毛本「宣」誤「先」。

247 按司裘諸侯則共熊侯豹侯　閩、監、毛本如此，衛氏集説同。此本「裘」誤「袭」，「熊」作「能」。

248 以君其國〇　閩、監、毛本同。惠棟挍宋本「〇」作「者」。

249 鄭必知兼畿外列國者　惠棟挍宋本作「者」，衛氏集説同。此本「者」誤「賢」，閩、監、毛本同。

250 謂諸侯世子未遇爵命　惠棟挍宋本作「爵」，此本「爵」誤「豹」，閩本同。監、毛本「爵」作「錫」，衛氏集説同。

251 則王命次子守其采邑　惠棟挍宋本如此，衛氏集説同。此本「守」誤「行」，「采」作「秩」，閩、監、毛本同。

252 不世爵祿諸侯降於天子　閩、監、毛本同。惠棟挍宋本「祿」下有「者」字。

253 禮記正義卷第二十終　惠棟挍宋本此行在疏「是據諸侯卿大夫也」之後，記云凡十九頁。⑫

254 禮記卷第四經四千三百三十九字注五千一百六十一字　宋監本。

13—255 禮記卷第四經四千四百三十字注五千一百五十八字　嘉靖本。

校記

❶南昌本出文改作「附釋音禮記注疏卷第十三」，上提

三格。校語下有「禮記正義卷第十九」。

❷南昌本出文「名」作「居」。

❸南昌本校語「諸」作「掌」。

❹南昌本校語下有「今訂正」。

❺南昌本出文「明」作「習」。

❻南昌本出文改作「特自質於天子也」，上提一格。校語「此行在踈特自質於天子也之後」改作「此下標禮記正義卷第十九終」。

❼南昌本下有校語「惠棟挍宋本自此至諸侯之下士節止爲第二十卷，卷首題禮記正義卷第二十」。

❽南昌本無「本」字。

❾文選樓本、南昌本均作「集誤」，學海堂本作「集説」。

❿南昌本「板」作「本」。

⓫南昌本無「毛本同」。

⓬南昌本出文改作「附釋音禮記注疏卷第十三終」，上提三格。校語「此行在疏是據諸侯卿大夫也之後」改作「禮記正義卷第二十終」。下有「宋監本禮記卷第四，經四千三百三十九字，注五千一百六十一字。嘉靖本禮記卷第四，經四千四百三十字，注五千一百五十八字」。

禮記注疏校勘記卷十四

14—001 禮記正義卷第二十一　惠棟挍宋本。

002 月令第六　案，此本卷首標題如第一卷首標題之失，移「鄭氏注」三字在前，又脱去「禮記」二字，十五卷至十九卷盡然。石經月令以御删定升爲卷第一，削去「禮記鄭氏注」五字，而別標「李林甫」等銜名與序，不可爲典要也。

003 以其記十二月政之所行也　閩、監、毛本「記」作「紀」，衛氏集説同。

004 以禮家好事抄合之　惠棟挍宋本同。閩、監、毛本「禮家」二字倒。衛氏集説亦作「禮家」。

005 集諸儒士著爲十二月紀　惠棟挍宋本同。閩、監、毛本「士」誤「所」，衛氏集説同。

006 十月爲授朔　惠棟挍宋本同。衛氏集説同。閩、監、毛本「授」誤「受」。

007 建太常日月之章　閩、監、毛本同。惠棟挍宋本「太」作「大」，衛氏集説同。

008 月令者包天地陰陽之事　閩、監、毛本同。考文引宋板「月令」上闕字。

009 易有大極　閩、監、毛本「大」作「太」。

010 虛無之氣　閩、監、毛本同。惠棟挍宋本「無」作「无」。

011 皆爲氣形之始也　閩、監本同。考文引宋板同。毛本「始」誤「氣」。

012 地在其中　閩、監、毛本同。衛氏集説同。考文引宋板「其」作「於」。

013 **楊雄桓譚**　閩、監本同。毛本「楊」作「揚」。○按，當作「楊」，从木，不从扌。

014 **星復舊處**　閩、監本同。衛氏集説同。毛本「星」誤「夜」。×

015 **天如彈丸圍圜**　閩、監、毛本作「圜」，衛氏集説同，此本「圜」誤「園」。

016 **此爲二十八宿周回直徑之數也**　閩、監本同。毛本「爲」誤「圍」。惠棟挍宋本「回」作「迴」，衛氏集説同。

017 **北極高於地三十六度**　閩本同。監、毛本「三」誤「二」。×

018 **冬南夏北**　毛本同。衛氏集説同。閩、監本「冬」誤「東」。×

019 **秋冬放此可知**　閩、監、毛本作「放」，此本「放」誤「故」。

020 **日體在角星之西**　閩、監、毛本作「星」，此本「星」誤「屖」。

021 **此皆厤乖違**　閩、監、毛本作「違」，此本「違」誤「遠」。

022 **鄭無指解**　閩、監、毛本作「指」，衛氏集説同，此本「指」誤「指」。

023 **故具言之耳**　惠棟挍宋本作「具」，衛氏集説同。此本「具」誤「其」，閩、監、毛本同。❷

024 **正月假上八萬里**　閩、監、毛本作「月」，衛氏集説同，此本「月」誤「日」。

025 **以天去地十九萬三千五百里**　惠棟挍宋本作「九」。此本「九」作「五」，閩、監、毛本同，衛氏集説同。

026 **委曲俱見考靈耀注**　惠棟挍宋本作「見」，衛氏集説同。此本「見」誤「其」，閩本同。監、毛本「見」作「具」。

027 日月五星則右行　閩、監本同。衛氏集説同。毛本「右」誤「左」。×

028 今麻象之説　閩、監、毛本同。衛氏集説「象」作「家」。×

029 自五日至八日　閩、監、毛本作「自」，此本「自」誤「日」。

030 行次疾日行十三度餘　惠棟挍宋本作「三」，衛氏集説同。此本「三」誤「二」，閩、監、毛本同。

031 今四百九十九分　閩、監、毛本如此，衛氏集説同，此本上「九」字誤「女」。

032 初危十六度　惠棟挍宋本有「度」字，衛氏集説同。此本「度」字脱，閩、監、毛本同。

033 終於張十六度　惠棟挍宋本有「於」字，衛氏集説同。此本「於」字脱，閩、監、毛本同。

034 天顯也　惠棟挍宋本有「天」字。此本「天」字闕，閩、監、毛本同。

035 其體底下戴萬物　閩、監、毛本同。考文引宋板「戴」作「載」。×

036 星精陽之榮也　閩、監、毛本同。浦鏜挍云「陽精」字誤倒。案，爾雅疏亦作「陽精」。

037 或後人更有增是　閩、監、毛本同。浦鏜從爾雅疏挍「是」改「足」。

孟春之月節

038 日月會於輙訾　閩、監、毛本同。岳本同。嘉靖本同。衛氏集説「諏」作「娵」。釋文出「於陬」，云「本又作『娵』」。案，正義皆作「娵」。

039 孟春至尾中　惠棟挍宋本無此五字。

040 但有一月之内　閩、監、毛本同。衛氏集説「有」作「在」。

041 前星以過於午　惠棟挍宋本同。閩、監、毛本「以」作「巳」，衛氏集説同。

042 明者昏早見而旦晚没　閩、監本同。衛氏集説同。毛本「晚」誤「暗」。

043 不可正依厤法　惠棟挍宋本、衛氏集説、閩本同。監、毛本「厤」誤「律」。×

044 禮緯爲庶長稱孟　閩、監、毛本同。盧文弨挍云：「爲」當作「謂」，下「亦爲之庶長」同。

045 月不可分　閩、監、毛本同。衛氏集説同。惠棟挍宋本「月」作「日」。

046 合兩半而成一日　閩、監、毛本作「一」，衛氏集説同，此本「一」誤「二」。

047 則是每辰有三十度　惠棟挍宋本作「三」，衛氏集説同。此本「三」誤「二」，閩、監、毛本同。

048 斗謂北斗　閩、監、毛本作「北」，此本誤「此」。

049 昧稷於未　閩本同。監、毛本「稷」作「䅘」。按，漢書作「䅘」，惠棟挍宋本「稷」作「䅘」。

050 留孰於酉　閩本同。惠棟挍宋本同。監、毛本「孰」誤「執」。×

其日甲乙節

051 君統臣功也　閩、監、毛本同。岳本同。嘉靖本同。衛氏集説同。正義曰「君統臣功也者」，又曰「俗本云『君統臣功』，定本云『君統功』，無『臣』字，義俱通也」，是正義本從俗本也。

052 其日甲乙　惠棟挍宋本無此四字。

053 注乙之至功也　閩、監本同。毛本「功也」作「之功」，惠棟挍宋本作「臣功」。×

054 云月爲之佐者　惠棟挍宋本作「爲之」，

衛氏集説同。此本「爲之」二字倒，閩、監、毛本同。

055 則應孟春爲甲　惠棟挍宋本有「爲」字。此本「爲」字脱，閩、監、毛本同。

056 今三春總云甲乙者　閩本同。惠棟挍宋本同。監本「三」字殘缺，毛本「三」字闕。

057 則壬任也　閩、監本同。毛本「壬」誤「云」。

058 義俱通也　閩、監、毛本作「俱」，此本「俱」誤「其」。

其帝大皞節

059 其帝大皞　衛氏集説同。石經「皞」作「暤」，岳本同。閩、監、毛本作「皡」，嘉靖本同，注疏放此。

060 此蒼精之君　閩、監、毛本同。岳本同。嘉靖本同。衛氏集説同。惠棟挍宋本、宋監本「蒼」作「倉」。

061 自古以來　閩、監、毛本作「自」，岳本同，嘉靖本同，衛氏集説同，此本「自」誤「官」。

062 其帝至句芒　惠棟挍宋本無此五字。

063 故先建春以奉天　閩、監本同。毛本「天」誤「尺」。

064 然後列昆蟲之别　惠棟挍宋本作「别」，衛氏集説同。此本「别」誤「列」，閩、監、毛本同。

065 故言鐘律　閩、毛本同。監本「鐘」作「鍾」，衛氏集説同。

066 音聲可以彰　閩、監、毛本同。惠棟挍宋本「音」作「均」，「彰」作「章」，衛氏集説「章」字同。

067 効初氣之序也　閩、監、毛本同。衛氏集説同。惠棟挍宋本「効」作「效」。

068 **木德之君** 閩、監、毛本作「木」，此本「木」誤「不」。

069 **大皞言帝** 閩、監、毛本作「帝」，此本「帝」誤「宿」。

070 **句芒有主木之功** 閩本同。考文引宋板同。監、毛本「主」作「生」，衛氏集説同。案，上云「句芒者，主木之官」，此作「主」字不誤。

071 **故天下號曰庖犧氏** 閩、監、毛本作「天」，此本「天」誤「夫」。

072 **又帝王世紀云** 惠棟挍宋本作「王」。此本「王」誤「主」，閩、監、毛本同。

073 **或作密戲氏者** 惠棟挍宋本作「密」。此本「密」誤「宓」，閩、監、毛本同。

074 **密字誤也** 閩本同。惠棟挍宋本同。監、毛本「密」誤「宓」。

075 **當宀下著必** 惠棟挍宋本作「宀」。此本「宀」誤「山」，閩、監、毛本同，衛氏集説同。

076 **該爲蓐收** 閩、監、毛本作「蓐」，衛氏集説同，此本「蓐」誤「犁」。

077 **自顓頊以來天下之號** 閩、監、毛本同。考文引宋板「下」作「子」，是也。

078 **雖以地爲號** 閩、監、毛本同。惠棟挍宋本「地」上有「其」字。

079 **其蟲鱗節** 惠棟挍云：「其蟲」節，宋本分本句爲一節，「其音角」另爲一節。

080 **春氣和則角聲調** 閩、監、毛本作「調」，岳本同，嘉靖本同，衛氏集説同，此本「調」誤「謂」。

081 **其音角** 惠棟挍宋本無此三字。

082 **生於黄鐘律之九寸爲宮** 惠棟挍宋本有「於」字，衛氏集説同。此本「於」字脱，閩、毛本同。監本「鍾」作「鐘」。

083 **於弦則九九八十一絲也** 監、毛本作「弦」，衛氏集説同，閩本作「絃」，此本「弦」誤「管」。

084 **物成熟可章度也** 閩、監、毛本同。衛氏集説同。惠棟挍宋本「熟」作「孰」。浦鏜云：漢志作「孰」，古「熟」字。○按，曹憲云：「玉篇始有『熟』字。」

085 **所以黄鐘在子** 閩本同。衛氏集説同。監、毛本「鐘」作「鍾」，下「黄鍾含藏陽氣」同。

086 **羽爲水** 閩、監、毛本同。惠棟挍宋本「爲」作「主」，衛氏集説同。 ×

087 **物謂人之所用財物** 惠棟挍宋本同。衛氏集説同。閩、監、毛本「謂」誤「爲」。 ×

律中大蔟節

088 **林鍾之所生** 閩本同。岳本同。嘉靖本同。衛氏集説同。監、毛本「鍾」作「鐘」，疏中「鍾」字放此。

089 **木之臭味也** 惠棟挍宋本同。宋監本同。岳本同。嘉靖本同。閩、監、毛本「臭味」二字倒，衛氏集説同。

090 **奠于主北** 閩、監、毛本作「北」，岳本同，衛氏集説同。此本「北」誤「比」，嘉靖本同。

091 **略如祭宗廟之儀** 惠棟挍宋本同。岳本同。嘉靖本同。衛氏集説同。閩、監、毛本「如」誤「于」。宋監本「祭」作「察」，非。

092 **律中大蔟** 惠棟挍宋本無此四字。

093 **必在於其此者** 閩、監、毛本同。衛氏集説無「其」字。

094 **角是春時之音** 閩、監、毛本作「角」，衛氏集説同，此本「角」誤「用」。 ×

095 **斷兩節間而吹之** 閩、監本同。毛本

「斷」字闕。

096 以聽鳳凰之鳴　閩、監、毛本同。衛氏集説同。惠棟按宋本「凰」作「皇」。○按，「皇」、「凰」正俗字。

097 雌鳴則爲六呂　閩、監、毛本同。惠棟按宋本無「則」字。

098 位在於丑　閩、監、毛本同。惠棟按宋本無「在」字。○按，無「在」字與上下文同。

099 蔟湊也　閩本同。惠棟按宋本同。監、毛本「湊」作「奏」，下「湊地」同。

100 夾鍾鍾種也　閩、監、毛本作「種」。此本「種」誤「鍾」，下「而出種物也」同。

101 位於卯在二月　閩、監本同。毛本「二」誤「三」，考文引宋板亦作「二」。

102 姑洗洗之言絜也　閩、監、毛本作「姑」。此本「姑」誤「沽」，下「洗物姑絜」、「旅助姑洗」、「上生姑洗」、「姑洗又下生」、「姑洗長七寸」皆同。

103 著於其中　閩、監、毛本作「著」。此本「著」作「署」，非也。

104 位在午　○按，「在」字亦當作「於」，與上下文同。❸

105 使長大茂盛也　閩本同。惠棟按宋本同。監、毛本「茂」作「楙」。按，漢志作「楙」。

106 南呂南任也　閩本同。惠棟按宋本同。監、毛本「呂」誤「宮」。

107 該藏萬物　監、毛本「藏」作「臧」，閩本「該藏」二字漶滅。

108 故鄭周禮大師注云　惠棟按宋本同。閩、監、毛本「師」誤「司」。

109 則以陰陽六體爲黃鍾初九也　閩、監、毛本同。衛氏集説「爲」下有「之」字。

110 其實一籥　閩、監、毛本同。惠棟挍宋本「籥」作「龠」，衛氏集説同。○按，作「龠」是也，从竹者非管龠字。

111 上生者三分益一　監、毛本有「上」字，衛氏集説同。此本「上」字脱，閩本同。

112 同是初位故爲夫婦　閩、監、毛本同。衛氏集説「婦」作「妻」。

113 量者籥合升斗斛　閩本同。惠棟挍宋本、監、毛本「籥」作「龠」，下「黄鍾之籥」同。

114 而五量如之　閩、監、毛本「如」作「加」。按，漢志作「而五量嘉矣」。

115 户閉塗疊必周密　閩、監、毛本作「閉」，此本「閉」誤「閑」。浦鏜挍「疊」改「釁」，是也。

116 以木爲按　閩、監、毛本「按」作「案」，是也，下「一按」同。

117 於室中四時位上埋之地　惠棟挍宋本作「地」。此本「地」誤「取」，屬下讀，閩、監、毛本同，衛氏集説同。❹

118 形則有彼此之殊又爲月　閩、監、毛本作「月」，此本「月」誤「日」。

119 所以二十五者　閩、監、毛本如此，此本「五」下誤「空」。

120 今所不取　閩、監、毛本同。惠棟挍宋本「取」作「載」。

121 所以木味酸　閩、監、毛本同。考文引宋板「酸」下有「者」字，衛氏集説同。

122 焦之氣味　閩、監本同。毛本「焦」作「火」，考文引宋板亦作「焦」，衛氏集説同。

123 甘味生於百穀　惠棟挍宋本同。閩、監、毛本「甘味」二字倒。

124 在口則辛　閩、監、毛本作「口」，此本「口」誤「日」。

125 作譴誥者爾　惠棟挍宋本「誥」作「告」，閩、監、毛本「誥」作「詰」。○按，作「告」與祭法注合。

126 所以春位當脾者　惠棟挍宋本同。衛氏集説同。閩、監、毛本「春位」作「立春」，非。

127 牲立南首　閩本同。惠棟挍宋本同。監、毛本「立」誤「位」，衛氏集説同。

128 今文尚書歐陽説　閩、監本同。毛本「歐」誤「毆」。按，惠棟云歐陽之説本諸内經。

129 許慎按月令　閩、監、毛本同。惠棟挍宋本「按」上有「謹」字。

130 雖廟室廟門有别　閩、監、毛本同。衛氏集説同。浦鏜從續通解挍，「廟室」下補「廟堂」二字。

131 此謂殷禮也　閩、監本同。考文引宋板同。毛本「也」誤「之」。

132 故宫正注云　惠棟挍宋本作「注」，衛氏集説同。此本「注」誤「法」，閩、監、毛本同。

133 則是祝官　閩、監、毛本作「祝」，衛氏集説同，此本「祝」作「祀」。❺

134 祭户所以先設席於奥　閩、監、毛本作「於」，衛氏集説同，此本「於」誤「度」。

135 中間設主祭黍祭肉　閩、監、毛本同。衛氏集説同。浦鏜挍「祭肉」下增「祭醴」二字。盧文弨挍云「祭醴」按注當有。

東風解凍節

136 魚上冰　毛本同。石經同。岳本同。嘉靖本同。衛氏集説同。閩、監本「冰」作「氷」，注疏放此。

137 記時候凡有五句　惠棟挍宋本作「凡」。此本「凡」誤「大」，閩、監、毛本同。

138 正月啓蟄即驚也　閩、監、毛本同。惠棟挍宋本「蟄」下又有「啓」字。

139 穀雨爲三月中　閩、監、毛本作「三」，此本「三」誤「二」。

140 言雪散爲雨水也　閩、監、毛本作「水」，此本「水」誤「東」。

141 謂暑既將退伏而潛處　惠棟挍宋本同。衛氏集説「潛」字同，無「既」字，閩、監、毛本「潛」誤「漸」。

142 謂之寒露　惠棟挍宋本、閩、監、毛本「露」下有「者」字。

143 每氣中半分之爲四十八氣　惠棟挍宋本、毛本、衛氏集説並同。閩、監本「四」誤「二」，下「四十八箭」同。

144 氣間五日有餘　閩、監、毛本作「日」，此本「日」誤「尺」。

145 條風即東風也　閩、監、毛本如此，衛氏集説同，此本「條風」誤「也凋」。

146 月初雨水也　閩、監、毛本如此，此本「水」誤「於」。

147 禮記正義卷第二十一終　惠棟挍宋本此行在疏「鴻字皆爲候也」之下，又記云凡二十頁。❻

148 禮記正義卷第二十二　惠棟挍宋本分「天子居青陽左个」以下爲卷廿二。

天子居青陽左个節❼　×

149 駕倉龍　閩、監、毛本同。岳本同。嘉靖本同。衛氏集説同。石經「倉」作「蒼」，下「倉玉」同。

150 其器疏以達　閩、監、毛本同。石經同。岳本同。嘉靖本同。衛氏集説同。釋文出「其噐」，云「本又作『器』，同」。案，玉篇引作「其器延以達」。

151 有鸞和之節而飾之以青　閩、監、毛本如此，宋監本同，岳本同，嘉靖本同，衛氏集說同。此本「鸞」誤「故」，「飾」誤「節」。

152 凡所服玉　閩、監、毛本作「玉」，岳本同，嘉靖本同，衛氏集說同，此本「玉」誤「王」。

153 及所珮者之衡璜也　岳本同。嘉靖本同。宋監本、閩、監、毛本「珮」作「佩」，衛氏集說同。案，此本正義亦皆作「佩」。○按，「佩」正字，「珮」俗作字。

154 天子龍衮以祭　閩、監、毛本同。岳本同。嘉靖本同。衛氏集說同。釋文出「龍卷」，云「本又作『衮』」。○按，作「卷」與玉藻合。

155 與此皆殊　閩、監本同。岳本同。嘉靖本同。衛氏集說同。考文引宋板同。毛本「與」誤「於」。

156 天子至以達　惠棟按宋本無此五字。

157 所建旌旗　閩、監、毛本如此，此本「旌」誤「族」，衛氏集說「旗」作「旂」。

158 則知聽朔皆堂　閩、監、毛本作「聽」，衛氏集說同，此本「聽」誤「聚」。

159 出廋人職　閩、監、毛本同。惠棟按宋本「廋」作「庾」。

160 云凡所服玉　閩、毛本同。監本「凡」誤「己」。

161 佩玉上有葱衡　閩、監、毛本作「上」，衛氏集說同，此本「上」誤「正」。

162 以雙璜懸於兩畔繩之下端　惠棟按宋本同。閩、監、毛本「璜」誤「衡」，衛氏集說同。

163 又以牙懸於中繩下端　閩、監、毛本如此，衛氏集說同。此本「牙」誤「无」，「繩」誤「緝」。

164 稷五穀之長屬土　閩、監、毛本作「稷」，此本「稷」誤「授」。

165 **王之不極則有馬禍**　閩本同。監、毛本「王」作「皇」，衛氏集説同，下「屬王極」同。

166 **冬食黍與彘者**　閩、監、毛本如此，此本「冬」誤「多」，「彘」誤「通」。

167 **殷乘木路**　惠棟挍宋本同。衛氏集説同。閩、監、毛本「乘」誤「時」。

168 **明月令所云**　惠棟挍宋本作「所」。此本「所」誤「故」，閩、監、毛本同。

是月也以立春節

169 **天子乃齊**　閩、監、毛本同。岳本同。嘉靖本同。衛氏集説同。石經「齊」作「齋」。釋文出「乃齊」，云「本亦作『齋』，卷内放此」。案，正義亦作「齋」。

170 **天子親帥三公九卿**　閩、監、毛本同。岳本同。嘉靖本同。衛氏集説同。石經作「天子親率公卿」。案，石經此類皆經删改，非原刻如此，後月令中如此類不出。

171 **還反賞公卿諸侯大夫於朝**　閩、監、毛本同。岳本同。嘉靖本同。衛氏集説同。石經「反」作「乃」，釋文出「還乃」。陳澔集説本脱「諸侯」二字。石經考文提要云：案，正義曰「孟夏云還乃行賞封諸侯，孟秋云還乃賞軍帥武人於朝，孟冬云還乃賞死事恤孤寡」，是四時皆作「還乃」也。後漢書郎顗傳章懷注「禮記『正月迎春於東，還乃賞公卿、諸侯、大夫於朝』」，是唐初本如此。九經古義云：「吕覽『反』作『乃』。案，穆天子傳云『天子還返』，還返連文，月令是也。」

172 **祭倉帝靈威仰**　監本同。岳本同。嘉靖本同。閩、毛本「倉」作「蒼」，衛氏集説同。案，此本正義亦作「蒼」。

173 **是月至於朝**　惠棟挍宋本無此五字。

174 **但至立春之時**　閩、監、毛本同。惠棟挍宋本「時」作「節」。

175 中間小異　閩、監本同。毛本「小」誤「水」，考文引宋板作「小」。

176 周法四時迎氣　閩、監、毛本同。衛氏集説同。考文引宋板「四」作「五」。盧文弨挍云通考祀五帝篇引此亦作「五」。

177 揔三百六十五日四分之一　閩、監、毛本同。惠棟挍宋本「分」下有「日」字。

178 南曰祀　惠棟挍宋本同。閩、監、毛本「祀」誤「紀」。

179 饗帝於郊而風雨寒暑時　閩、監、毛本同。惠棟挍宋本「雨」下有「節」字，衛氏集説同。案，此句下申云「是人帝，何能使風雨寒暑得時」，但申時，不申節，是此句中無「節」字也。

180 則靈威仰之盛德也　惠棟挍宋本同。閩、監、毛本「盛」誤「靈」，衛氏集説亦作「盛」。

命相布德和令節

181 毋有不當　閩、監、毛本同。岳本同。嘉靖本同。衛氏集説同。石經「毋」作「無」，釋文出「毋有」，云「本亦作『無』」。○按，石經作「無」，是據釋文亦作之本也。

182 命相至不當　惠棟挍宋本無此五字。

183 三公者何　閩、監本同。毛本「三」誤「云」。

乃命大史節

184 乃命至爲常　惠棟挍宋本無此五字。

185 日月五星並逆行天右行　閩、監本同。考文引宋板同。毛本「右」誤「左」。盧文弨挍云「逆」下「行」字當誤衍。

186 若其推步不明算厤失所　惠棟挍宋本作「算」，衛氏集説同。此本「算」誤「等」，閩、監、毛本同。

是月也天子乃以元日節

187 大微之帝也　岳本同。嘉靖本同。惠棟挍宋本同。閩、監、毛本「大」作「太」，衛氏集説同。

188 措之于參保介之御間　閩、監、毛本同。岳本同。嘉靖本同。衛氏集説同。段玉裁挍依正義本作「御之」，是也。吕覽「于參」作「參于」。

189 躬耕帝藉　宋監本同。岳本同。嘉靖本同。惠棟挍宋本同。衛氏集説同。閩、監、毛本「藉」誤「籍」，釋文出「帝藉」，云「在亦反」，石經字亦作「藉」，注放此。

190 蓋郊後吉辰也　閩、監、毛本同。嘉靖本同。衛氏集説同。惠棟挍宋本「辰」作「亥」，岳本同。考文引古本同。岳本禮記考證云：「『吉亥』猶詩云『吉日雖戊』，疏以陰陽式法亥爲天，故耕用亥日。皇氏云『正月建寅，日月會辰在亥。故耕用亥』，其明證也。本改作『吉辰』，反失其義。」❽

191 耒耜之曲木也　閩、毛本同。監本同。嘉靖本同。衛氏集説同。段玉裁挍本云蜀大字本「耜」作「耕」，是也。監本誤作「耜之上曲也」。❾

192 是月至勞酒　惠棟挍宋本無此五字。

193 含樞紐　惠棟挍宋本作「紐」，衛氏集説同。此本「紐」誤「紀」，閩、監、毛本同。

194 皆是主參乘　閩、監本同。毛本「主」誤「王」，衛氏集説亦作「主」，無「是」字。

195 王之下各三其上也　監、毛本作「王」，衛氏集説同。此本「王」誤「三」。閩本同。

是月也天氣下降節

196 土長冒橛　閩、監、毛本同。岳本同。嘉靖本同。衛氏集説同。釋文出「氣上」，云「時掌反。注『土上』同」，是釋文本作「土上」，正義本作「土長也」。考文引古本、足利本「長」作「上」，同釋文本也。

197 審端經術　閩、監、毛本「經」作「徑」，岳本同，嘉靖本同，衞氏集説同。釋文出「經術」，云「古定反，注同」，吕覽亦作「經」。此本注疏俱作「徑」。

198 相視也　惠棟挍宋本作「也」，岳本同，嘉靖本同，衞氏集説同。此本「也」誤「之」，閩、監、毛本同。

199 説所以命田舍東郊之意也　惠棟挍宋本作「田」，宋監本同，岳本同，嘉靖本同，衞氏集説同。此本「田」誤「國」，閩、監、毛本同。

200 天氣至不惑　惠棟挍宋本無此五字。

201 地體凝凍　閩、監本同。考文引宋板同。毛本「凝凍」誤「疑東」。×

202 地又在下　惠棟挍宋本作「又」。此本「又」誤「以」，閩、監、毛本同。×

203 似若陽歸於天　閩、監本同。毛本「似」誤「以」。×

204 而劉洽氾閣皇侃之徒　閩、監、毛本作「洽」，此本「洽」誤「佮」。案，「氾」當作「汜」，惟監本不誤。

205 以陽氣從五月下降　惠棟挍宋本如此，此本「陽」下誤衍一「○」，閩、監、毛本「○」改「之」，亦非。

206 鄭所引農書勝之十八篇　閩、監、毛本同。浦鏜挍云：「鄭所引農書」五字當衍文，「勝之」上當脱「氾」字。○按，浦鏜是也。

207 漢書注氾音汎　監、毛本如此。此本「音汎」細書作「氾音汎」，閩本同，考文引宋板同。

208 成帝時爲侍郎　閩、監、毛本同。浦鏜挍「侍」改「議」。○按，浦鏜是也，作「侍」與漢書注不合。

209 土長冒撅者　閩本同。監、毛本「撅」作

「槪」，下「置撅」、「冒撅」同。

210 謂置槪以候土　監、毛本作「土」。此本「土」誤「上」，閩本同。

211 可拔而去之　閩、監、毛本作「去」，此本「去」誤「云」。

212 命遣田畯官舍於郊之上　閩、監、毛本同。惠棟挍宋本「官」上有「之」字，是也。

213 審正田之徑路　閩、監、毛本作「審」，此本「審」誤「容」。

214 以田農之事無稱術者　閩、監、毛本作「田」，此本誤「肉」。

215 膠東庸生所傳者　閩、監本同。考文引宋板同。毛本「傳」誤「復」。

216 晁錯所受　閩本同。監、毛本「晁」作「鼂」。

217 夏侯歐陽所傳者　閩、監本同。毛本「歐」誤「毆」。

218 欲明其政理田事　惠棟挍宋本作「理」。此本「理」誤「謂」，閩、監、毛本同。

219 又先定其封疆徑遂　閩、監、毛本「其」作「此」。

220 是月也命樂正節　惠棟挍云：「是月」節，宋本分「禁止伐木」以下另爲一節。案，此本「禁止伐木」上有「〇」，「是月也不可以稱兵」上有「〇」，嘉靖本同，閩、監、毛本去二「〇」。

221 乃脩祭典　閩、監本同。岳本同。衛氏集說同。毛本「脩」作「修」，嘉靖本同，石經同。

222 歲始省録也　惠棟挍宋本有「也」字，宋監本同，岳本同，衛氏集說同。此本「也」字脱，閩、監、毛本同，嘉靖本同。考文云古本「也」作「之」。

223 盛德所在　閩、監、毛本同。岳本同。嘉靖本同。衛氏集説同。考文引宋板「盛」作「威」。盧文弨挍云「威」字非。

224 掩骼埋胔　閩、監、毛本同。岳本同。嘉靖本同。衛氏集説同。石經同。釋文出「埋胔」，云「胔，本亦作『骴』」。洪頤煊云：「按説文云『鳥獸殘骨曰骴，從骨，此聲』，明堂、月令曰『掩骼埋骴』，周禮蜡氏注引此亦作『骴』，吕氏春秋作『髊』，高誘注云『髊，讀如水漬物之漬。白骨曰骼，有肉曰髊』。髊、骴古同聲通用。」○按，胔、髊皆「骴」字之或體。釋文云：「本亦作『骴』」，是正字，説詳段玉裁説文注。

225 謂死氣逆生也　閩、監、毛本同。嘉靖本同。岳本「謂」作「爲」，衛氏集説同，考文引宋板、古本、足利本同。

226 稱兵必天殃　閩、監、毛本同。岳本同。嘉靖本同。衛氏集説同。石經「必」下有「有」字，考文引古本、足利本同，吕覽同。

227 主人則可　閩、監、毛本作「主」，岳本同，嘉靖本同，衛氏集説同，此本「主」誤「至」。

228 是月至用牝　惠棟挍宋本無此五字。

229 其祀既卑　閩、監本同。衛氏集説同。毛本「卑」誤「畢」。

230 若天地宗廟　惠棟挍宋本作「若」。此本「若」誤「者」，閩、監、毛本同，衛氏集説亦作「若」。

231 禁止至之紀　閩、監、毛本同。盧文弨挍云疏「當分屬禁止」五字例不標。

232 若國家隨時所須　監、毛本作「家」，衛氏集説同。此本「家」誤「寧」，閩本同。

233 巢若其夭鳥之巢則覆之　閩、監、毛本作「若」，此本「若」誤「居」。

234 夭爲生而已出者　惠棟挍宋本作

「出」，衞氏集説同。此本「出」誤「生」，閩、監、毛本同。

235 故魯語云　閩、監、毛本作「語」，此本「語」誤「桓」。

236 蜡氏云掌除骴　閩、監本同。毛本「蜡」作「錯」。×

237 注爲客至可也　閩、監、毛本「可也」作「則可」。×

238 我爲主人也　閩、監、毛本「爲」作「謂」，衞氏集説同。×

239 故云無變天之道　閩、監、毛本作「云」，此本「云」誤「四」。

240 故鄭此注以陰政亂陽　閩、監、毛本「亂」作「犯」。×

241 春爲仁　閩、監、毛本作「春」，此本「春」誤「者」。

孟春行夏令節

242 則雨水不時　閩、監、毛本同。岳本同。嘉靖本同。衞氏集説同。石經同。案，吕覽「雨水」作「風雨」。此正義前既云「雨水不時」，後又云「此風雨不時者」，亦岐出。

243 四月於消息爲乾　閩、監、毛本作「消」，岳本同，嘉靖本同，衞氏集説同，此本「消」誤「時」。

244 正月宿直尾箕　閩、監、毛本同。岳本同。衞氏集説同。嘉靖本「正」字闕。×

245 孟春至不入　惠棟挍宋本無此五字。

246 水潦爲敗是也　閩、監本同。毛本「爲」誤「無」。×

247 並爲天灾　惠棟挍宋本作「灾」，閩、監、毛本「灾」作「災」，此本「灾」誤「炎」。

248 如此之類是也　惠棟挍宋本同。閩、監、毛本「此」作「是」。×

249 序行令之事　閩、監本同。衛氏集説同。毛本「事」誤「時」。×

250 己之至爲乾也　閩本同。監、毛本無「也」字，與注合。

251 凡孟月失令　閩、監本同。毛本「失」誤「夫」。×

252 以同爲孟仲季　閩、監本同。考文引宋板同。毛本「同」誤「伺」。×

253 寅爲天漢之津　毛本如此，衛氏集説同。此本「津」誤「律」，閩本同，監本「天」、「津」誤「大」、「律」。

254 注云申之氣乘之　閩、監、毛本「注云」作「○注」。×

255 正月至爲焱　閩、監、毛本「焱」作「猋」，是也，下「焱風」、「謂之焱」、「爲焱」皆同。

256 案鄭注洪範　閩、監本同。毛本「鄭」字闕。×

257 尚妃之所好故好雨也　惠棟挍宋本作「妃」。此本「妃」誤「妻」，閩、監、毛本同，衛氏集説同，又監本「故」字漶滅。

14—258 惡物乘之　閩、監本同。考文引宋板同。毛本「乘」誤「成」。

校記

❶南昌本出文改作「附釋音禮記注疏卷第十四」，上提三格。校語下有「禮記正義卷第二十一」。

❷南昌本出文「具」作「其」。

❸南昌本無「字亦」，下有「上文位在於丑在字亦誤衍」。

❹南昌本「誤」作「作」。

❺南昌本出文「祝」作「祀」，校語上「作」字上有「祀」，無「此本祝作祀」。

❻南昌本出文改作「鴻字皆爲候也」，上提一格。校語「此行在疏鴻字皆爲候也之下」改作「此下標禮記正義卷第二十一終」，删「又」字。

❼南昌本下增校語「惠棟挍宋本自此節起至仲春行秋令節止爲第二十二卷，卷首題禮記正義卷第二十二」。

❽南昌本「雖戊」作「維戊」，「用亥其明證也」「用」作「月」。

❾南昌本出文「曲木」作「上曲」。

禮記注疏校勘記卷十五

月令

15—001 仲春之月節　惠棟挍云：「仲春」節、「其日」節、「始雨」節、「天子」節，宋本分「其器」疏「以達」之上，合前三節爲一節。

002 弧在輿鬼南　閩、毛本同。岳本同。嘉靖本同。衛氏集説同。監本「輿」誤「與」。×

003 仲春至星中　惠棟挍宋本無此五字。

004 言萬物降落而收斂　閩、監、毛本同。惠棟挍宋本無「萬」字，衛氏集説同。

005 應一百八十二度餘　閩、監、毛本作「二」，衛氏集説同，此本「二」誤「一」。

006 孔安國注尚書與此則別　閩、監本同。考文引宋板同。毛本「與」誤「如」。×

其日甲乙節

007 律中夾鍾　岳本同。嘉靖本同。衛氏集説同。閩、監、毛本「鍾」作「鐘」，石經同。釋文出「夾鍾」。注疏放此。

008 周語曰夾鍾出四隙之細　宋監本作「語」，岳本同，嘉靖本同，衛氏集説同，毛本同。此本「語」誤「誥」，閩、監本同。×

009 是於一寸分爲二千一百八十七分　惠棟挍宋本作「是於」。此本「是於」二字倒，閩、監、毛本同，衛氏集説同。

010 則是二千一百八十七分寸之一千三百五十三也　閩、監本同。毛本「二」字闕。×

始雨水節

011 鳩搏穀也　監、毛本作「搏」，岳本同，嘉靖本同，衛氏集説同。此本「搏」誤「搏」，閩本同。釋文出「搏穀」，云「音博」。

012 釋鳥云鳲鳩鴶鵴　閩、監、毛本同。衛氏集説同。浦鏜挍「鳴」改「鳲」。按，浦鏜是也。

013 天子居青陽大廟節　惠棟挍宋本「是月也安萌牙」以下合下「玄鳥」節、「后妃」節爲一節。

014 安萌牙　惠棟挍宋本同。宋監本同。岳本同。石經同。閩、監、毛本「牙」作「芽」，嘉靖本同，衛氏集説同。案，吕覽亦作「牙」。○按，依説文萌芽字作「芽」，从艸，牙聲。古多以「牙」爲「芽」。

015 祀社日用甲　閩、監、毛本作「甲」，岳本同，嘉靖本同，衛氏集説同，此本「甲」誤「中」。

016 囹圄所以禁守繫者　閩、監、毛本作「繫」，岳本同，嘉靖本同，衛氏集説同，此本「繫」誤「竪」。

017 掠謂捶治人　惠棟挍宋本作「捶」，岳本同，嘉靖本同，衛氏集説同，閩、監、毛本「捶」作「棰」。此本「捶」誤「種」，釋文出「捶治」。

018 是月至獄訟　惠棟挍宋本無此五字。

019 自日夜分至正權概　閩、監、毛本作「正」。此本「正」誤「平」，惠棟挍宋本同。

020 后土者五官之后土　閩、監、毛本同。考文引宋板「者」下有「謂」字，衛氏集説同。

021 周曰圜土　閩、監、毛本作「曰」，此本「曰」誤「王」。

022 魏曰司空是也　閩、監、毛本作「空」，衛氏集説同，此本「空」誤「室」。

023 上罪梏拲而桎拲爲在手　閩、監、毛本如此，此本上「拲」誤「拳」，下「拲」誤「恭」，

「爲」誤「雷」。

024 冷剛問云　閩本同。惠棟挍宋本同。監、毛本「冷」作「泠」。盧文弨挍云作「冷剛」非。

025 前足施梏也　閩、監、毛本如此，衛氏集説同。此本「足」字闕，「施梏」誤「我居」。

026 云肆謂死刑暴尸者　閩、監、毛本如此，此本「刑暴」誤「兩日」。

027 故周禮鄉士　閩、監、毛本作「鄉」，此本「鄉」誤「日」。

是月也玄鳥至節

028 以太牢祠于高禖　監、毛本同。岳本「太」作「大」，嘉靖本同，衛氏集説同，石經同。石經考文提要：宋大字本、宋本九經、余仁仲本俱作「大」。

029 嫁娶之象也　惠棟挍宋本作「嫁娶」，宋監本同，岳本同，嘉靖本同，衛氏集説同。此本「嫁娶」二字倒，閩、監、毛本同。

030 故娀簡狄也　監、毛本同。考文引宋板「故」下有「云」字。

031 云後王以爲禖官嘉祥　惠棟挍宋本同。監、毛本「禖」作「媒」。

032 是爲禖官嘉祥　惠棟挍宋本作「禖」，衛氏集説同。此本「禖」作「媒」，監、毛本同。○按，依注文當作「媒」，不作「禖」，故下云「變媒言禖」。❶

033 立此高辛而爲禖神故也　監、毛本同。衛氏集説無「故」字。

034 是高辛已前舊有　監、毛本同。考文引宋板無「是」字。

035 高者尊也　監、毛本同。衛氏集説同。惠棟挍宋本「高」誤「爲」。

036 又生民及玄鳥毛詩傳云　監、毛本同。惠棟挍宋本無「詩」字，衛氏集説亦作「毛傳云」。

037 **簡狄從帝而祈于郊禖**　監、毛本同。惠棟挍宋本「祈」作「祠」。衛氏集說亦作「祈」，無「而」字。

038 **必自有媒氏**　惠棟挍宋本作「媒」。此本「媒」作「禖」，監、毛本同。❷

039 **娀簡狄吞鳳子之後**　監、毛本同。段玉裁挍本「鳳」改「鳦」。

040 **後王爲媒官嘉祥**　監、毛本「媒」作「禖」，下「以先媒配之」、「後王以是爲媒官之嘉祥」、「其古昔先媒」、「此立爲媒神者」同。○按，段玉裁挍本「王」下有「以」字。

041 **則簡狄亦高辛氏之後世之妃**　惠棟挍宋本同。監、毛本「狄」誤「妃」。×

042 **高禖爲配祭之人**　監、毛本作「配」，此本「配」誤「則」。×

043 **及譙周古史**　惠棟挍宋本作「史」。此本「史」誤「本」，監、毛本同。×

后妃帥九嬪御節

044 **天子有夫人有嬪**　監、毛本同。岳本同。嘉靖本同。衛氏集說同。惠棟挍宋本「嬪」上有「九」字。

045 **禮之禖下其子必得天材**　監、毛本如此，岳本同，衛氏集說同。此本「材」誤「林」。嘉靖本「下」誤「卜」。

046 **是月也日夜分節**　惠棟挍云：「是月也日夜分」節、「耕者少舍」節、「毋竭川澤」節，宋本合爲一節。

047 **容止猶動靜**　監本同。岳本同。嘉靖本同。衛氏集說同。毛本「猶」誤「有」，考文引宋板作「猶」。×

048 **則同度量鈞衡石**　監本同。岳本同。衛氏集説、嘉靖本同。石經同。釋文同。考文引宋板作「度量」，毛本「度量」二字倒。

049 角斗甬　閩、監、毛本作「甬」，岳本同，嘉靖本同，衛氏集説同。此本「甬」誤「角」，釋文出「斗甬」，呂覽「甬」作「桶」。盧文弨挍云：廣疋方斛謂之「桶」，「桶」與「甬」同。

050 正義曰日夜分　惠棟挍宋本同。閩本「日」上誤有空闕，監、毛本補「此」字，非也。

051 鄭康成注尚書云日中星　閩、監、毛本同。齊召南云「星」下當有「鳥」字。

052 則正月未皆動　監本作「未」，惠棟挍宋本作「末」。

053 人之所用　閩、監、毛本作「用」，此本「用」字闕。　×

054 皆漢書律麻志文　惠棟挍宋本同。衛氏集説同。閩、監、毛本「文」誤「云」。　×

055 其實一籥　閩本同。監、毛本「籥」作「龠」，下「合籥」、「一籥容」同。

056 五量加矣　閩本同。惠棟挍宋本同。監、毛本「加」作「嘉」。

是月也耕者少舍節

057 乃脩闔扇　閩、監本同。岳本同。嘉靖本同。衛氏集説同。毛本「脩」作「修」，石經同。

058 用竹⿱竹韋曰扇　閩本同。岳本同。嘉靖本同。監、毛本「⿱竹韋」作「葦」。

059 云凡廟前曰廟　閩、監、毛本作「凡」，此本「凡」誤「比」。　×

是月也毋竭川澤節

060 以饗司寒　閩、監、毛本同。岳本同。嘉靖本同。衛氏集説同。惠棟挍宋本「饗」作「享」，考文引古本同。

061 以傳云祭寒而藏之　閩、監、毛本作

「傳」，此本「傳」誤「舊」。×

062 以其祭水神色尚黑　閩本同。惠棟挍宋本同。監、毛本「水」誤「氷」。×

063 但建辰火星在卯　惠棟挍宋本作「卯」。此本「卯」誤「昴」，閩、監、毛本同。

064 所以校一月也　按，「挍」下疑脱「遅」字。

上丁節

065 萬舞入學　閩、監、毛本同。嘉靖本同。衛氏集説同。惠棟挍宋本「舞」作「用」，正義同，宋監本同，岳本同，考文引古本同，足利本同。○按，大戴記正作「用」。

066 順時達物也　閩、監本同。岳本同。嘉靖本同。衛氏集説同。考文引宋板同。考文引古本同，足利本同。毛本「達」誤「逹」。×

067 仲丁　閩、監、毛本同。岳本同。嘉靖本同。衛氏集説同。釋文出「中丁」，云「音仲，本亦作『仲』」，正義本作「仲」。

068 入學習樂　閩、監、毛本作「樂」，岳本同，嘉靖本同，衛氏集説同，此本「樂」誤「舞」。❸

069 爲季春將習合樂也　閩、監、毛本同。嘉靖本同。惠棟挍宋本無「習」字，宋監本同，岳本同，衛氏集説同，考文引古本、足利本同。案，「習」字衍。

070 則大胥春入學舍采合舞一也　閩、監、毛本「采」作「菜」。衛氏集説「則」作「即」，「采」作「菜」。

071 據人所學謂之習舞　閩、監、毛本作「謂」，此本「謂」誤「請」。×

072 自是春秋常所合樂也　閩、監、毛本作「自」，衛氏集説同，此本「自」誤「向」。×

073 皆天子親往　閩、監、毛本作「天」，衛氏集説同，此本「天」誤「大」。×

074 以仲春習舞習樂之時　閩、監、毛本作「習樂」，衛氏集説同，此本「習樂」誤「春樂」。

075 故惟命樂師　閩、監、毛本作「惟」，此本「惟」誤「推」。

076 天子親在不云樂正者　惠棟挍宋本同。閩、監、毛本「在」作「往」，衛氏集説同。

077 何須别云飲酎　閩、監本如此。此本「酎」誤「酌」。毛本「别」誤「用」，考文引宋板作「别」。

078 樂師脩鞀鞞　閩、監、毛本作「鞀」，此本「鞀」字闕。

079 以季夏土王　閩、監、毛本作「土」，此本「土」誤「上」。

080 季秋習吹之時　閩、監本同。毛本「秋」誤「夏」。

081 亦用禮樂也　閩、監、毛本作「樂」，此本「樂」誤「案」。

082 十月條場　閩、監、毛本「條」作「滌」，是也。

083 濟彼公堂　閩本同。監、毛本「濟」作「躋」，是也。

084 共是一事　閩、監、毛本作「一」，此本「一」誤「二」。

085 何知不先習舞　惠棟挍宋本作「何」。此本「何」作「向」，閩、監、毛本同。❹

086 舍采合舞舍即釋　惠棟挍宋本作「采」，此本「采」作「菜」，閩、監、毛本同，下「何以亦云春舍采」同。

087 萬用入學者　考文引宋板同。閩、監、毛本「用」作「舞」。案，作「用」是也。

088 **干舞稱萬者**　毛本如此，考文引宋板同。此本「干」誤「于」，監本同，閩本「干」誤「於」。❺

089 **故樂亦稱萬**　閩、監、毛本作「故」，此本「故」誤「欲」。

090 **但孟春仲春習舞以久**　閩、監、毛本同。衞氏集説「以」作「已」。

091 **不須更習**　考文引宋板作「更」，衞氏集説同。此本「更」誤「臾」，閩、監、毛本同。❻

092 **是月也祀不用犧牲節**　惠棟挍云：「是月」節、「仲春」節，宋本合爲一節。

093 **當祀者古以玉帛而已**　閩、監、毛本同。岳本同。嘉靖本同。衞氏集説同。考文引古本、足利本「古」作「告」。

094 **祀不至皮幣**　惠棟挍宋本無此五字。

095 **其應祀之時**　惠棟挍宋本作「時」，衞氏集説同。此本「時」誤「特」，閩、監、毛本同。

仲春行秋令節

096 **麥乃不熟**　閩、監、毛本同。衞氏集説同。石經同。惠棟挍宋本「熟」作「孰」，岳本同，嘉靖本同，宋監本同。

097 **其國至來征**　閩、監、毛本同。惠棟挍宋本「國」下有「大水」二字。

098 **國乃至爲害**　毛本如此。此本脱「至」字，閩、監本同。

099 **禮記正義卷第二十二終**　惠棟挍宋本此行在疏「故無其災也」之下，又記云凡二十四頁。❼

100 **禮記正義卷第二十三**　惠棟挍宋本分「季春之月」以下爲卷廿三。

101 **季春之月節**　惠棟挍云：「季春」節、

「其日」節、「桐始華」節、「天子」節，宋本分「其器疏以達」之上，合前三節爲一節。❽

102 季春至牛中　惠棟挍宋本無此五字。

103 旦女三度中　閩本同。監、毛本「三」作「二」，衛氏集説同。

104 日在胃九度凡三十度　閩、監、毛本同。衛氏集説同。盧文弨挍云：「九度」下有缺文，當云「昏張十度中，旦斗二十五度中。三統厤二月之節，日在奎五度，自奎五度至胃七度」，共補三十二字，然後接「以凡三十度」云云，差爲脗合。

105 日没之時稍在酉　閩、監本同。衛氏集説同。毛本「没」誤「投」，「酉」誤「西」。×

其日甲乙節

106 姑洗所以脩絜百物　閩、監、毛本作「姑」，岳本同，嘉靖本同，衛氏集説同，此本「姑」誤「如」。

107 取三寸益一十爲四寸　閩、監本同。惠棟挍宋本、毛本「十」作「寸」，衛氏集説同。×

108 揔二寸八分　閩、監本同。衛氏集説同。考文引宋板「寸」作「十」。

桐始華節

109 田鼠化爲鴽　閩、監、毛本同。岳本同。嘉靖本同。衛氏集説同。石經同。釋文出「爲鴽」，云「音如」。孫星衍夏小正經文正字云：「『鴽』當爲『鴑』。説文『翟，牟母也，或作鴑』。今從如，誤。」

110 蓱始生　惠棟挍宋本作「蓱」，岳本同，嘉靖本同，衛氏集説同，石經同。此本「蓱」誤「萍」，閩、監、毛本同，釋文出「蓱始」。石經考文提要云：按鄭注「蓱，萍也」，則經文非「萍」明甚，宋大字本亦作「蓱」。❾

111 鴽母無　閩本同。岳本同。嘉靖本同。考文引古本同，足利本同。正德本同。惠棟挍宋本、宋監本「母」作「毋」，釋文本作「母無」。監、毛本

「母無」改「鴾毋」，衛氏集説同。正義云「今此注作『母無』，『母』當作『牟』，謂牟無也」，可證注文本作「母無」，不作「鴾毋」。

112 螮蝀謂之虹　閩、監、毛本同。岳本同。嘉靖本同。衛氏集説同。釋文出「蝃」，云「本又作『螮』，亦作『蜇』」，正義作「螮」。

113 正義曰鴽母無　閩本同。惠棟挍宋本同。監、毛本「母無」作「鴾毋」。

114 某氏云謂䳺也　閩本同。惠棟挍宋本同。監、毛本「某」誤「郭」。

115 一名牟毋　閩本同。惠棟挍宋本同。監、毛本「牟」改「鴾」。

116 舍人云毋作無　閩、監、毛本同。段玉裁挍本「云」改「本」，是也。

117 按易乾道變化　閩、監、毛本同。惠棟挍宋本「易」下有「云」字。

118 天子居青陽右个節　惠棟挍云：「是月也天子乃薦鞠衣于先帝」以下半節，宋本合下「是月也生氣方盛」至「不可以內」爲一節。案，此本「是月也」上作「〇」，嘉靖本同，閩、監、毛本去「〇」。

119 舟牧主舟之官也　監、毛本作「主」，岳本同，嘉靖本同，衛氏集説同。此本「主」誤「王」，閩本同。

120 備傾漏也　惠棟挍宋本作「漏」，宋監本同，岳本同，嘉靖本同，考文引古本、足利本同。此本「漏」誤「備」，閩、監、毛本同，衛氏集説同。❿

121 是月至先帝　惠棟挍宋本無此五字。

122 至無有敢惰　閩、監本同。毛本「惰」誤「隋」。

123 故云是月也　閩、監、毛本作「是」，此本「是」誤「艮」。

124 論牛馬犧牲合育之事　閩本「合」誤「舍」，監本「合」誤「含」，毛本「合」誤「舍」。

125 并磔攘九門　閩、監本同。毛本「九」誤「也」，考文引宋板作「九」。

126 祭五帝自服大裘　閩、監、毛本作「裘」，衛氏集説同，此本「裘」誤「麥」。

127 春時惟祭大皞　閩、監、毛本作「惟」，此本「惟」誤「推」。

128 故何允云　閩、監、毛本作「允」，此本「允」誤「斛」。

129 王權賀瑒熊氏等　惠棟挍宋本作「瑒」。此本「瑒」誤「埸」，閩、監、毛本同。

130 並以爲在明堂　閩、監、毛本作「堂」，此本「堂」誤「常」。

131 案爾雅釋魚云鮥鮛鮪　惠棟挍宋本有「鮪」字，衛氏集説同。此本「鮪」字脱，閩、監、毛本同。

132 似鱣而小　監、毛本作「似」，衛氏集説同。此本「似」誤「以」，閩本同。

133 王鮪似鱣口在頷下　閩、監、毛本如此，此本「似」誤「以」，「頷」作「領」。

134 是月也生氣方盛節　惠棟挍宋本「天子布德行惠」以下，合下「命司空」節、「命野虞」節、「命工師」節爲一節。盧文弨挍云：案，「百工咸理」節似亦當併入上節。

135 陽氣發泄　閩、監、毛本同。岳本同。嘉靖本同。衛氏集説同。石經「泄」作「洩」，釋文出「發泄」。

136 以物遂散之時　閩、監、毛本「遂」作「宣」，衛氏集説同，惠棟挍宋本亦作「宣」。

137 當順天散物　閩、監、毛本作「物」，衛氏

集説同，此本「物」誤「均」。×

138 納之在内也　閩、監、毛本同。惠棟挍宋本無「也」字，衛氏集説同。

139 發倉至乏絶　閩、監、毛本同。惠棟挍宋本無此五字。

140 謂王者勸勉此諸侯　閩、監、毛本作「王」。此本「王」誤「正」。×

141 謂其德行貞純　惠棟挍宋本作「純」，衛氏集説同。此本「純」誤「絶」，閩、監、毛本同。

是月也命司空曰節

142 脩利隄防　閩、監本同。衛氏集説同。毛本「脩」作「修」，岳本同，嘉靖本同，石經同。×

143 羅罔畢翳　惠棟挍宋本同。宋監本同。岳本同。嘉靖本同。石經此處殘缺。閩、監、毛本「罔」作「網」，衛氏集説同，注同。

144 故每以也結之　監、毛本作「也」，此本「也」誤「野」，閩本同。×

145 罬謂之罦　閩、監、毛本作「罬」，此本「罬」誤「疑」。×

146 於此季春之時不得用之　閩、監、毛本「用之」作「用耳」，衛氏集説同。×

是月也命野虞無伐桑柘節

147 趍農急也　嘉靖本同。閩、監、毛本「趍」作「趨」，岳本同，衛氏集説同，考文引古本「趍」作「趣」。

148 曲薄也　閩、監本同。岳本同。嘉靖本同。衛氏集説同。毛本「薄」誤「簿」。

149 縫線組紃之事　閩、監、毛本作「線」，岳本同，嘉靖本同，衛氏集説同。此本「線」誤「綿」，釋文出「線」，云「息賤反」。

150 按釋鳥云鶌鳩戴鵀　惠棟挍宋本作「鶌鳩」。此本「鶌鳩」誤「鵰鳩」，閩、監、毛本同，衛氏集説同。

151 戴勝一名鵖鴔　惠棟挍宋本作「鵖鴔」。此本「鵖鴔」誤「鵖鳩」，閩、監、毛本同，衛氏集説同。⓫

152 鳴鳩自關而東　惠棟挍宋本作「鳴」。此本「鳴」誤「鳴」，閩、監、毛本同。

153 槌縣蠶薄柱也　惠棟挍宋本作「柱」，衛氏集説同。此本「柱」誤「枉」，閩、監、毛本同。

154 齊謂之㭁　閩、監、毛本同。盧文弨挍「㭁」改「样」。

155 若尋常留養蠶　閩、監、毛本同。惠棟挍宋本無「留」字。

156 及諸臣之妻者　閩、監、毛本作「臣」，此本「臣」字闕。○按，注「妻」下有「也」字。

157 故熊氏云案馬質注云　惠棟挍宋本作「案」。此本「案」誤「桑」，閩、監、毛本同。

是月也命工師節

158 是謂效其功　閩、監、毛本同。惠棟挍宋本「謂效」作「課効」，衛氏集説亦作「課」。

159 幹器之木也　閩、監本同。岳本同。嘉靖本同。衛氏集説同。毛本「幹」作「榦」，下及疏同。○按，當作「榦」，从木、倝聲。作「幹」者，俗字也。

百工咸理節

160 今月令無于時　閩、監、毛本同。岳本同。嘉靖本「于」誤「干」。

161 百工至蕩上心　惠棟挍宋本無此六字。

162 當依氣序　惠棟挍宋本作「氣」，是也，衛氏集説同。此本「氣」誤「器」，閩、監、毛本同。

163 合膠漆絲之三材　惠棟挍宋本作「合」。此本「合」誤「令」，閩、監、毛本同。

164 是月之末節　惠棟挍云：「是月之末」節、「命國難」節，宋本合爲一節。

165 天子乃率三公九卿諸侯大夫　惠棟挍宋本同。岳本同。嘉靖本同。閩、監、毛本「率」作「帥」，衛氏集說同。案，吕覽亦作「率」。

166 則就牧之牡而合之　惠棟挍宋本、宋監本並作「牡」，岳本同，衛氏集說同。此本「牡」誤「牝」，閩、監、毛本同，嘉靖本同。疏「就牡而合之」放此。

167 乃合至其數　惠棟挍宋本無此五字。

168 皆書其見在之數　閩、監本同。衛氏集說同。毛本「見」誤「先」，考文引宋板作「見」。

命國難節

169 命國難九門磔攘　閩、監、毛本同。岳本同。嘉靖本同。衛氏集說同。石經「攘」字同，「難」作「儺」，考文引古本同。釋文出「國難」，出「禳」，云「本又作『攘』」。

170 昴有大陵積尸之氣　閩、監、毛本如此，岳本同，嘉靖本同，衛氏集說同。此本「大」字闕，「尸」誤「尺」。

171 氣佚則厲鬼隨而出行　閩、監、毛本作「厲」，岳本同，嘉靖本同，衛氏集說同，此本「厲」誤「萬」。

172 索室毆疫以逐之　閩、監、毛本如此，岳本同，衛氏集說同。此本「索」誤「素」，「毆」誤「歐」，嘉靖本「索」字同，「毆」誤「歐」，釋文出「索室毆疫」。○按，依說文當作「毆」。⑫

173 引石氏星經　閩、監、毛本作「石」，此本「石」誤「不」。

174 大陵八星在胃北　閩、監本作「北」，此本「北」誤「此」，毛本同，惠棟挍宋本亦作「北」。

175 鄭注云時難　閩、監、毛本作「鄭」，此本「鄭」誤「難」。

季春行冬令節

176 季春至大恐　惠棟挍宋本無此五字。

177 寒氣時發天災也　閩、監、毛本作「天」，此本「天」誤「云」。

行夏令節

178 未之氣乘之也　閩、監、毛本作「乘」，岳本同，嘉靖本同，衛氏集説同，此本「乘」誤「来」。

179 民多至不收　惠棟挍宋本無此五字。

180 民多疾疫　閩、監、毛本同。考文引宋板「疾」作「病」。

行秋令節

181 陰氣勝也　閩、監、毛本同。岳本同。嘉靖本、衛氏集説「勝」作「盛」。考文引古本「陰」作「金」。

182 淫雨早降　閩、監、毛本「早」作「蚤」。案，石經文「蚤」作「早」。

孟夏之月節

183 孟夏之月節　惠棟挍云：「孟夏」節、「其日」節、「螻蟈」節、「天子」節、「是月」節、「以立夏」節，宋本合爲一節。

184 孟夏至女中　惠棟挍宋本無此五字。

185 正義曰三統厤　閩、監、毛本如此，衛氏集説同，此本「統厤」誤「疏皆」。

186 四月節日在畢十二度　毛本作「十」，衛氏集説同。此本「十」誤「止」，閩、監本「十」誤「上」。

187 去日二百一十四度　閩、監、毛本同。衛氏集説同。惠棟挍宋本「二」作「一」。

188 日在昴十一度　惠棟挍宋本作「昴」，此本「昴」誤「品」。閩、監、毛本「昴」誤「畢」，衛氏集説同。

189 旦虛九度中　閩、監、毛本同。衞氏集説同。盧文弨挍云：宋書「旦虛二度中」，當從之。

190 鬼四度　閩、監、毛本作「鬼」，此本「鬼」誤「昴」。

191 七星七度　惠棟挍宋本如此，衞氏集説同。此本誤「土星十度」，閩、監、毛本同。

其日丙丁節

192 丙之言炳也日之行　閩、監、毛本同。岳本同。嘉靖本同。衞氏集説同。段玉裁云「炳也」下當補「丁之言强也」五字。

193 著德立功者也　閩、監本同。岳本同。嘉靖本同。衞氏集説同。毛本「立」誤「旨」，考文引宋板亦作「立」。

194 炎帝大庭氏也　閩、監、毛本作「大」，岳本同，嘉靖本同，衞氏集説同，此本「大」誤「火」。

195 顓頊氏之子曰黎　惠棟挍宋本、宋監本並同。岳本同。嘉靖本同。考文引足利本同。閩、監、毛本「黎」作「犁」，衞氏集説同。

196 以其微清　閩、監、毛本作「微」，岳本同，嘉靖本同，衞氏集説同。此本「微」誤「徵」，疏同。

197 律長六寸　閩、毛本同。岳本同。嘉靖本同。衞氏集説同。監本「寸」誤「十」。

198 祭先胏　惠棟挍宋本同。嘉靖本同。閩、監、毛本「胏」作「肺」，岳本同，衞氏集説同，石經同。注放此。岳本禮記考證曰：「『胏』當改『肺』。案，説文『肺，金藏也。从肉，市聲』，無作『胏』者。蓋『朿』與『𣎵』同，加肉成『胏』，乃乾胏之『胏』，非肺肝之『肺』也。」

199 先席於門之奥　閩、監、毛本作「席」，岳本同，嘉靖本同，衞氏集説同，此本「席」誤「帝」。

200 乃制胏及心肝爲俎　毛本同，岳本同，嘉靖本、衞氏集説同，正義亦作「制」，閩、監本「制」誤「祭」。

201 祭醴三　惠棟挍宋本作「三」，岳本同，考文引足利本同。此本「三」誤「二」，閩、監、毛本同，嘉靖本同，衞氏集説同。

202 春秋説云炎帝　惠棟挍宋本同。衞氏集説同。閩、監、毛本「云」誤「文」。

203 微清者數少爲清　惠棟挍宋本有「微」字。此本「微」字脱，閩、監、毛本同。

204 則二寸除二萬九千三百六十六爲二寸　閩、監、毛本同。衞氏集説同。浦鏜挍云「二萬」當「三萬」誤。案，浦挍是也。

205 通前爲六寸　惠棟挍宋本作「寸」，衞氏集説同。此本「寸」誤「十」，閩、監、毛本同，下「中吕長六寸」同。

206 皆竈在廟門外之東　閩、監、毛本作「在」，衞氏集説同，此本「在」誤「注」。

207 云東面設主於竈陘者　閩、監、毛本作「主」，此本「主」誤「至」。

208 俱置俎上　惠棟挍宋本作「上」，衞氏集説同。此本「上」誤「逝」，閩、監、毛本同。

209 此主位西嚮　閩、監、毛本作「位」，此本「位」作「值」。

210 云又設盛于俎南者　閩、毛本同。監本「南」誤「俎」。

211 祭醴三者　閩、監本同。毛本「三」誤「二」。

212 以禮成於三故也　閩、監、毛本作「三」，衞氏集説同，此本「三」誤「二」。

213 上祀户云祭肉三脾一腎再　惠棟挍宋本作「脾」。此本「脾」作「肺」，衞氏集説同。○按，作「脾」是也。⑬

214 此醴實於尊　閩、監本作「尊」，衛氏集説同。此本「尊」誤「奠」，毛本同。×

215 祭三者始扱一祭　閩、監、毛本「三」作「二」，衛氏集説同。

216 准特牲少牢　惠棟挍宋本同。閩、監、毛本「准」誤「唯」，衛氏集説同。

217 稍東西向　閩、監、毛本同。衛氏集説同。惠棟挍宋本「向」作「面」。

218 在菹醢之東　閩、監、毛本作「東」，衛氏集説同，此本「東」誤「乘」。×

219 此唯云祭黍或無稷也　惠棟挍宋本作「此」。此本「此」誤「北」，閩、監、毛本同，衛氏集説同。×

220 此配竈神而祭者　惠棟挍宋本作「祭」，衛氏集説同。此本「祭」誤「粱」，閩、監、毛本同。×

221 是先炊之人　閩、監、毛本作「炊」，衛氏集説同，此本「炊」誤「欣」。×

螻蟈鳴節

222 蚯蚓出　閩、監、毛本同。嘉靖本同。衛氏集説同。石經同。惠棟挍宋本「蚯」作「丘」，岳本同，釋文出「丘蚓」。

223 王瓜萆挈也　閩、毛本同。岳本同。嘉靖本同。正義同。監本「挈」誤「絜」，衛氏集説同，考文引宋本「挈」作「𢪱」，釋文出「萆挈」。

224 今月令云王萯生　閩、監、毛本作「王」，岳本同，嘉靖本同，衛氏集説同，此本「王」誤「土」。×

225 王萯秀　閩、監本同。岳本同。嘉靖本同。衛氏集説同。考文引宋板同。毛本「秀」作「莠」。○按，夏小正亦作「王萯秀」。段玉裁云：豳風四月「秀葽」，疑「葽」即王萯也。×

226 鄭司農注云　監、毛本作「注」。此本「注」誤「蛙」，閩本同。

227 王瓜萆挈者本草文　惠棟挍宋本作「者」，衛氏集説同。此本「者」誤「魯」，閩、監、毛本同。

天子居明堂左个節

228 其器高以粗　閩、監本同。岳本同。嘉靖本同。衛氏集説同。石經同。毛本「粗」作「麤」，注同，釋文出「以粗」。

229 菽實孚甲堅合屬水　惠棟挍宋本、宋監本亦作「水」，閩、監、毛本同，岳本同，嘉靖本同。衛氏集説「水」作「木」，考文引宋板同。○按，作「木」非也。鄭注麥屬木，黍屬火，麻屬金，菽屬水，稷屬土，五穀所配之方如是。

230 亦以安性也　閩、監、毛本作「性」，岳本同，嘉靖本同，衛氏集説同，此本「性」字闕。

是月也以立夏節

231 大史謁之天子曰　惠棟挍宋本、宋監本並作「大」，閩本同，岳本同，嘉靖本同，衛氏集説同。監、毛本「大」作「太」，注同，石經同。

乃命樂師節

232 命太尉　閩、監、毛本同。惠棟挍宋本「太」作「大」，宋監本同，岳本同，嘉靖本同，衛氏集説同。注放此。

233 贊桀俊　宋監本亦作「桀」，惠棟挍宋本同，岳本同，嘉靖本同，正義同。閩、監、毛本「桀」作「傑」，衛氏集説同，石經同。注放此。○按，「傑」正字，「桀」假借字。

234 贊猶出也　惠棟挍宋本標起訖作「贊出」。

235 爲妨蠶農之事　閩、監、毛本同。岳本同。嘉靖本同。衛氏集説「蠶農」二字倒。

236 命司徒巡行縣鄙　宋監本亦作「巡」，惠棟挍宋本同，岳本同，嘉靖本同。閩、監、毛本「巡」作

「循」，衛氏集説同。

237 **急趍於農也**　閩、監、毛本「趍」作「趨」，岳本同，嘉靖本同，衛氏集説同，考文引古本作「急趣農也」。

238 **靡草薺亭歷之屬**　惠棟挍宋本同。宋監本同。岳本同。嘉靖本同。考文引足利本同。閩、監、毛本「亭歷」作「葶藶」，衛氏集説同。盧文弨挍云初學記皆從艸。

239 **乃命樂師習合禮樂○正義曰**　閩、監、毛本同。惠棟挍宋本「乃命樂師習合禮樂」在「正義曰」下，又監、毛本「乃」誤「及」。

240 **事異於上故言是月也**　閩、監、毛本同。惠棟挍宋本無「也」字。

241 **注贊出至於古**　惠棟挍宋本同。閩、監、毛本「出」作「猶」。

242 **故云出桀俊**　閩、監、毛本「桀」作「傑」。×

243 **故鄭注鄉大夫職云**　惠棟挍宋本作「鄉」。此本「鄉」誤「卿」，閩、監、毛本同。⓮

244 **蔡氏辨名記曰**　閩、監、毛本同。衛氏集説同。段玉裁挍本云「蔡氏」之下當有「引」字。

245 **按中候握何紀云**　閩本同。監、毛本「何」作「河」，是也。×

246 **按漢書百官表云太尉**　惠棟挍宋本作「云」。此本「云」誤「此」，閩、監、毛本同。×

247 **此等未通識於古**　惠棟挍宋本作「識」。此本「識」誤「職」，閩、監、毛本同。

248 **今直云遂屬**　惠棟挍宋本作「直」，衛氏集説同。此本「直」誤「有」，閩、監、毛本同。

249 **蠶事畢節**　惠棟挍云：「蠶事畢」節、「是月也天子飲酎」節，宋本合爲一節。

250 蠶事至之服　惠棟挍宋本無此五字。

251 所以惟皆稅其繭　閩、監、毛本作「惟」，衛氏集說同，此本「惟」誤「推」。×

是月也天子飲酎節

252 孟冬云大飲蒸　閩、監、毛本同。嘉靖本同。岳本「蒸」作「烝」，衛氏集說同，釋文出「飲蒸」。

253 稠醴厚故爲醇也　閩、監、毛本同。衛氏集說同。山井鼎云：「『醴』恐『醲』誤。」

孟夏行秋令節

254 申之氣乘之也　閩、監、毛本作「申」，岳本同，衛氏集說同。此本「申」誤「中」，嘉靖本同。

行冬令節

255 孟夏至入保　惠棟挍宋本無此五字。

256 行冬至城郭　惠棟挍宋本無此五字。

257 此二句共爲一事也　閩、監、毛本同。惠棟挍宋本無「也」字，衛氏集說同。×

行春令節

258 不得成也　閩、監、毛本同。岳本同。嘉靖本同。衛氏集說同。考文引宋板「成」作「訟」，非。

15—259 行春至不實　惠棟挍宋本無此五字。

校記

❶ 南昌本出文「禖」作「媒」。校語「作禖」上有「媒」字，移「監、毛本同」一句於「惠棟挍宋本」句上，刪「此本禖作媒」。

❷ 南昌本出文「媒」作「禖」。校語無「媒」字。

❸ 南昌本出文「樂」作「舞」。校語「作」上有「舞」，「樂誤舞」作「誤」。

❹ 南昌本出文「何」作「向」。校語「何作」作「誤作」。

❺南昌本出文「干」作「于」。校語「如此」作「于作干」，無「此本干誤于」，「干誤於」作「作於，尤誤」。

❻南昌本出文「更」作「臾」。校語「作更」上有「臾」字，「更誤臾」無「更」字。

❼南昌本出文改作「故無其災也」，上提一格。校語「此行在疏故無其災也之下」改作「下標禮記正義卷第二十二終」。

❽南昌本下有校語「○惠棟挍宋本自此節起至仲夏行秋令節止爲第二十三卷，卷首題禮記正義卷第二十三」。

❾南昌本出文「蓱」作「萍」。校語「宋本」下有「萍」字，「蓱誤萍」作「作萍，誤」。

❿南昌本出文「漏」作「側」。校語「作漏」上有「側」，「備」作「側」，「毛本同」作「毛本及」，「集説同」作「集説並作側」。

⓫南昌本出文「鴡鴂」作「鴡鳩」。校語無「鴡鴂」二字。

⓬南昌本校語上「歐」作「毆」。

⓭南昌本出文「脾」作「肺」，校語「脾作肺」無「脾」字。

⓮南昌本校語「鄉語卿」無「鄉」字。

禮記注疏校勘記卷十六

月令

16—001 仲夏之月節　惠棟挍云：「仲夏」節、「其日」節、「小暑」節、「天子」節，宋本合爲一節。

002 仲夏至危中　惠棟挍宋本無此五字。

003 五月節日在井十六度　惠棟挍宋本作「節」，此本「節」誤「五」，閩、監、毛本同，衛氏集説同，下「五月節日在井三度」同。

004 昏角十度中　閩、監、毛本作「十」，衛氏集説同，此本「十」誤「中」。×

005 旦危九度中　閩、監、毛本同。衛氏集説同。盧文弨挍云宋書作「危七度」，是。

其日丙丁節

006 各應其時　閩、監、毛本作「各」，衛氏集説同，此本「各」誤「名」。×

007 獻酬之禮　閩、監、毛本作「酬」，此本「酬」誤「醻」。×

小暑至節

008 鶪始鳴　惠棟挍宋本作「鶪」，岳本同，石經同，釋文同。此本「鶪」誤「鵙」，閩、監、毛本同，嘉靖本同，衛氏集説同。

009 皆記時候也　閩、監、毛本同。岳本同。衛氏集説同。嘉靖本「候」誤「促」。×

010 鵙博勞也　閩、監本同。衛氏集説同。考文引宋板同。惠棟挍宋本「鵙」作「鶪」。毛本「鵙」字同，「博」作「搏」，嘉靖本同。岳本作「鶪搏」。釋文出「搏勞」，云「音博，又作『伯』」。○按，博、摶皆雙聲假借。

011 反舌百舌鳥　閩、監、毛本同。岳本同。衛氏集説同。嘉靖本「鳥」作「也」。

012 方言云　閩、監、毛本同。盧文弨挍云據藝文類聚非方言乃鄭志也。段玉裁挍本亦云「方言」二字當作「鄭志」。

013 譚魯以南　閩本同。監、毛本「譚」誤「潭」。盧文弨挍「潭」改「沛」。

014 謂之食厖　閩、監、毛本同。盧文弨挍云「食厖」疑「食疣」。

015 齊杞以東　閩、監、毛本同。盧文弨挍本「杞」改「濟」。

016 然名其子同云蟔蛸也　監、毛本作「蛸」。此本「蛸」作「蜋」，閩本同。❶

017 云摶勞者　閩、毛本同。監本「摶」作「博」。

018 百勞鳴將寒之候　閩、監、毛本同。衛氏集説同。惠棟挍宋本「百」作「伯」，與詩箋同。

019 蔡云蟲名蠹也　惠棟挍宋本作「名」，此本「名」誤「鳴」，閩、監、毛本同。

020 通卦驗曰摶勞鳴　閩本同。監、毛本「摶」作「博」。

021 又靡信云　閩本同。考文引宋板同。監、毛本「靡」作「縻」，是也。

天子居明堂大廟節

022 天子居明堂太廟　閩、監、毛本同。岳本「太」作「大」，嘉靖本同，衛氏集説同，石經同，注「太廟」、「太室」同。

是月也命樂師節

023 脩鞀鞞鼓　閩、監本同。岳本同。衛氏集説同。毛本「脩」作「修」，嘉靖本同。注放此。

024 **飭鍾磬柷敔** 閩本同。嘉靖本同。衛氏集説同。監、毛本「鍾」作「鐘」，岳本同，釋文同。

025 **是月至柷敔** 惠棟挍宋本無此五字。

026 **瑟者釋樂云** 毛本同。閩、監本「瑟」誤「琴」。

027 **音之布告如歸灑** 閩本同。惠棟挍宋本「歸」作「埽」。按，「埽」字是也。監、毛本作「音之變布如灑出」。盧文弨挍云：本作「音多變布如灑出」也，宋本亦譌。

028 **併兩而吹之** 閩、監、毛本作「兩」，此本「兩」誤「雨」。

029 **戈鉤孑戟** 惠棟挍宋本如此。此本「鉤孑」誤「釣子」。閩、監本「鉤」字同，「孑」誤「子」，衛氏集説同。毛本亦作「鉤孑」。

030 **釋名云竽汙也** 監、毛本作「汙」。此本「汙」誤「訏」，閩本同。

031 **列管瓠中** 閩、監、毛本同。盧文弨云「瓠」當作「匏」。

032 **圍三寸一孔上出** 監、毛本作「寸」。此本「寸」誤「十」，閩本同。

033 **篪七空** 毛本作「空」。此本「空」誤「室」，閩、監本同，衛氏集説同。

034 **聲如鶯兒啼** 閩本同。監、毛本「鶯」作「嬰」。

035 **簧者笙之名也** 閩、監、毛本同。衛氏集説同。段玉裁挍本云「名」當作「舌」。

036 **釋名磬罄也** 閩、監、毛本同。考文引宋板「名」下有「云」字，是也。

037 **中有椎柄連底桐之** 惠棟挍宋本「桐」作「挏」。閩、監、毛本「桐」作「撞」，衛氏集説同。浦鏜挍云：撞，爾雅注作「挏」，大孔切。❷

038 命有司爲民祈祀節　惠棟挍云：「命有司」節、「農乃登」節、「令民」節、「毋燒」節、「挺重」節、「游牝」節，宋本合爲一節。

039 古者上公　惠棟挍宋本、宋監本作「公」，岳本同，衛氏集説同。此本「公」誤「古」，閩、監、毛本同，嘉靖本同。浦鏜從假樂、雲漢詩疏挍作「古者上公以下」，考文引古本亦作「古者上公以下」。

040 雩之正常以四月　閩本同。監、毛本「常」作「當」，岳本同，嘉靖本同，衛氏集説同。

041 亦脩雩禮以求雨　閩、毛本同。岳本同。嘉靖本同。衛氏集説同。監本「雨」誤「而」。

042 命有至穀實　惠棟挍宋本無此五字。

043 故制禮此月爲雩　閩、監、毛本同。衛氏集説同。惠棟挍宋本「月」作「時」。

044 不可偏祭一天　惠棟挍宋本作「一」，是也，衛氏集説同。此本「一」誤「之」，閩、監、毛本同。

045 以自外至者無主不止　惠棟挍宋本作「止」。此本「止」作「正」，閩、監、毛本同，衛氏集説同。❸

046 少皞配白招拒　閩、監、毛本如此，衛氏集説同，此本「招拒」誤「格非」。

047 則龍見而雩是也　閩、監、毛本同。考文引宋板「龍見」作「能國」，誤也。

048 服注云雩遠也　閩、監、毛本同。考文引宋板「云」字闕。

049 僖三年正月不雨　惠棟挍宋本作「三」。此本「三」誤「二」，閩、監、毛本同。

050 文二年文十年　惠棟挍宋本作「十」。此本「十」誤「七」，閩、監、毛本同。

051 爲脩旱雩得禮　閩、監、毛本作「雩」，此

本「雩」誤「虐」。 ×

052 **故僖十一年夏大旱是也**　惠棟挍宋本同。閩、監、毛本「十」上有「二」字。案，有「二」字是也。

農乃登黍節

053 **含桃櫻桃也**　閩、監、毛本同。岳本同。嘉靖本同。衛氏集説同。惠棟挍宋本「櫻」下衍「汝」字。又此本「櫻」字誤作「攖」，疏同，各本皆作「櫻」，釋文亦出「櫻」。

054 **黍稷於是始孰**　閩、監、毛本「孰」作「熟」，下「未孰」、「新孰」同。

055 **以此果先成**　閩、監、毛本作「先」，此本「先」誤「未」。 ×

056 **其實諸果亦時薦**　惠棟挍宋本同。衛氏集説同。閩、監、毛本「亦」誤「於」。 ×

令民毋艾藍以染節 ×

057 **若及旱栽移**　閩、監、毛本同。考文引宋板「旱」作「早」。按，作「早」是也，又此本「栽」誤「裁」。 ×

毋燒灰節

058 **毋燒灰**　閩、監、毛本同。岳本同。嘉靖本同。衛氏集説同。案，吕覽「灰」作「炭」。

059 **毋暴布**　閩、監本同。岳本同。嘉靖本同。衛氏集説同。毛本「暴」作「㬥」，釋文出「暴布」。

060 **不以陰功干大陽之事**　閩本同。岳本同。嘉靖本同。衛氏集説同。監、毛本「大」作「太」，釋文出「大陽」。

061 **關市無索者**　閩、監、毛本作「者」，此本「者」誤「著」。 ×

挺重囚節

062 **益其食**　閩、監本同。岳本同。嘉靖本同。衛氏集説同。毛本「食」誤「長」，考文引宋板作「食」。

063 **皇氏以爲增益囚之飲食**　惠棟挍宋本同。閩、監、毛本「飲」作「飯」。

游牝別羣節

064 **則縶騰駒**　閩、監、毛本同。岳本同。嘉靖本同。衛氏集説同。石經同。釋文出「則執」，云「蔡本作『縶』」，考文引古本「贄」作「執」。❹

065 **爲其牡氣有餘相蹄齧也**　惠棟挍宋本「牡」作「壯」，考文引古本、足利本同，岳本同，嘉靖本同。閩、監、毛本誤「牝」，衛氏集説同。

066 **廋人職曰**　閩、毛本作「廋」，岳本同，衛氏集説同，釋文同。此本「廋」誤「瘦」，嘉靖本同。監本「瘦」誤「度」。×

067 **掌十有二閑之政教以阜馬佚特**　閩、監、毛本如此，岳本同，嘉靖本同，衛氏集説同，此本「掌」誤「韋」、「阜」誤「韋」。×

068 **每閑馬有二百一十六匹**　閩、監、毛本同。衛氏集説同。惠棟挍宋本「匹」作「疋」。

069 **是月也日長至節**　惠棟挍云：「是月也日長至」節、「君子」節、「薄滋味」節、「嗜欲」節、「鹿角解」節、「是月也毋用火」節，宋本合爲一節。

070 **是月至生分**　惠棟挍宋本無此五字。

071 **感陰氣成者死**　閩、監本同。衛氏集説同。毛本「感」誤「於」。×

君子齊戒節

072 **進猶御見也**　閩、監、毛本同。衛氏集説同。考文引古本「猶」作「謂」。

073 **作樂五日**　閩、監、毛本作「日」，岳本同，嘉靖本同，衛氏集説同，此本「日」誤「目」。×

074 **齊戒所以敬道萌陰也**　閩、監、毛本作「也」，衛氏集説同，此本「也」誤「屯」。×

075 或調律磨　閩本「磨」作「厤」。監、毛本作「歷」，衛氏集説同。○按，「磨」乃「磿」字之誤，古多假「磿」爲「厤」，戰國策厤室字，史記樂毅傳作「磿」，可證也。

076 絲爲絃　閩本同。惠棟挍宋本同。監、毛本「絃」作「弦」。

077 與神靈之氣通　閩、監、毛本作「靈」，此本「靈」誤「露」。

×

078 冬至祭祭天圜丘　閩本同。監、毛本「祭」字不重，空缺一字。衛氏集説作「冬至祭天」，是也，考文引宋本同。❺

薄滋味節

079 注爲其至傷人　閩、監、毛本同。惠棟挍宋本作「注爲其氣異此時傷人」。

080 此時傷人　閩、毛本同。監本「時」誤「恃」。

×

節耆欲節

081 節耆欲　閩、監、毛本同。岳本同。衛氏集説同。嘉靖本初作「耆」，後改「嗜」。釋文出「嗜欲」，石經作「節嗜慾」，考文引古本、足利本「耆」亦作「嗜」。盧文弨挍云：耆，惠棟本改作「嗜」，疑宋本亦作「嗜」也。○按，嗜，正字。耆，假借字。

鹿角解節

082 木堇榮　閩、監、毛本同。岳本同。嘉靖本同。衛氏集説同。釋文出「木堇」。考文引古本「堇」作「槿」。案，正義標起止作「槿」。

083 木槿至蒸也　閩、監、毛本同。惠棟挍宋本「蒸也」作「王蒸」。

084 椴木槿　閩、監、毛本同。盧文弨挍云「椴」當作「椵」。

085 某氏云別三名　閩本同。惠棟挍宋本同。監、毛本「某」誤「郭」、「三」誤「二」。

仲夏行冬令節

086 陽爲雨陰起脅之凝爲雹　閩、監、毛本如此，岳本同，嘉靖本同，衛氏集説同，此本「雨」誤「助」、「凝」誤「疑」。×

行春令節

087 則五穀晚熟　閩、監、毛本同。衛氏集説同。石經同。岳本「熟」作「孰」，嘉靖本同。○按，「孰」、「熟」古今字。

行秋令節

088 八月宿直昴畢爲天獄　閩、監、毛本同。岳本同。嘉靖本同。衛氏集説同。考文引古本「爲」上有「昴」字。山井鼎云：「宋板『八月宿直昴畢』下後人補寫『昴』字，不知據何本也。」嚴杰云：「考文所云古本多不足據。開元占經云『黄帝曰昴，天牢獄也』，又云『巫咸曰畢爲天獄』，是昴、畢並爲天獄之證，注文必不舍畢而言昴。古本『爲』上有『昴』字非也。」

089 行秋至於疫　惠棟挍宋本無此五字。

090 禮記正義卷第二十三終　惠棟挍宋本此行在疏「民殃於疫人災也」之後，又記云凡二十五頁。❻

091 禮記正義卷第二十四　惠棟挍宋本分「季夏之月」以下爲卷廿四。×

092 季夏之月節　惠棟挍云：「季夏」節、「其日」節，宋本合爲一節。❼

093 季夏至奎中　惠棟挍宋本無此五字。

094 昏箕三度中　閩、監本同。衛氏集説同。毛本「三」作「二」。×

095 日在井三十二度　閩、監、毛本同。衛氏集説同。盧文弨挍云宋書六月節日在鬼一度弱。此「井三十二度」當作「井三十三」，差只一度。

096 旦東壁八度中　閩、監、毛本同。衛氏集説同。盧文弨挍云宋書作「壁六度」，是。

其日丙丁節

097 引周語曰下者　惠棟挍宋本同。閩、監、毛本「曰」作「以」。×

098 林衆鍾聚　閩、監、毛本作「林」，此本「林」誤「休」。×

099 温風始至節　惠棟挍云：「温風」節、「天子」節、「命澤人」節，宋本分「澤人納材葦」一句合上二節爲一節。

100 腐草爲螢　閩、監、毛本同。岳本同。嘉靖本同。衛氏集説同。石經同。釋文出「腐草爲熒」，云「本又作『螢』，或作『腐草化爲螢』者，非也」。洪頤煊九經古義補云：「按，吕氏春秋、淮南子、周書時訓解皆有『化』字。藝文類聚三引月令亦有『化』字。」○按，有「化」字非也。正義引蔡氏云「鳩化爲鷹，鷹還化爲鳩，故併『化』」，今腐草爲螢，螢不復爲腐草，故不併化。

101 鷹學習謂擾搏也　閩、監、毛本同。岳本同。嘉靖本同。衛氏集説同。惠棟挍宋本無「謂」字。

102 六月鷹始摯　閩、監、毛本同。岳本同。嘉靖本同。衛氏集説同。釋文出「始摯」，云「本亦作『摯』」。×

103 但居其壁　閩、監、毛本同。衛氏集説「其」作「在」。

104 此六月何言有鷹學習乎　惠棟挍宋本作「有」，此本「有」字闕，閩、監、毛本「有」誤「曰」。

105 腹下如火光　閩、監、毛本同。衛氏集説同。惠棟挍宋本無「光」字。

天子居明堂右个節

106 鼉皮又可以冒鼓　閩、監、毛本同。岳本

同。衞氏集説同。嘉靖本「又」誤「人」。 ×

107 或非止一月所爲　閩、監、毛本作「止」，此本「止」誤「立」。 ×

108 是獻人職文　閩、監、毛本作「獻」，此本「獻」誤「獻」。 ×

109 又云凡取龜用秋時是夏之秋也者　閩、監、毛本如此，此本「云」字空闕，「是夏之秋也者」六字亦闕，惠棟挍宋本無「是夏之秋也者」六字。

110 言記之者非也　閩、監、毛本同。惠棟挍宋本作「言記者之非」，無「也」字。

111 命澤人納材葦節　惠棟挍宋本「是月也命四監」以下爲一節。案，此本「命澤人」上不作「○」，是連上爲一節。「是月也」上作「○」，是自爲節，嘉靖本同。衞氏集説「命澤人納材葦」句經注亦屬上節。

112 民皆當出力爲艾之　毛本作「當」，岳本同，嘉靖本同，衞氏集説同。此本「當」誤「常」，閩、監本同。 ×

113 北辰耀魄寶　閩、監、毛本作「寶」，此本同，嘉靖本、衞氏集説同，此本「寶」字闕。

114 冬至所祭於圜丘也上帝大微五帝　閩、監、毛本同。衞氏集説同。惠棟挍宋本「圜」作「圓」、「大」作「太」，嘉靖本同，岳本「圓」字同，「太」亦作「大」。

115 命四至祈福　惠棟挍宋本無此五字。

116 自命婦官至等給之度　閩、監、毛本同。惠棟挍宋本「給」作「級」。

117 論禁斷餘事　閩、監、毛本如此，此本「論」、「斷餘」三字闕。

118 自土潤溽暑　閩、監、毛本同。惠棟挍宋本「溽」作「辱」。

119 故復言是月　閩、監、毛本作「復」，此本

「復」誤「後」。

120 案周禮有山虞澤虞　閩、監、毛本作「有」，此本「有」誤「者」。×

121 知百縣非諸侯　閩、監、毛本作「知」，此本「知」字闕。×

122 秩常釋詁文　惠棟挍宋本作「詁」，是也。此本「詁」作「古」，閩、監、毛本同。×

123 更無别五帝之文　閩、監、毛本作「無」，此本「無」字闕。

124 是月也命婦官節　惠棟挍云：「是月也命婦官」節、「黑黄」節，宋本合爲一節。

125 命婦至差貸　惠棟挍宋本無此五字。

126 若周則於夏豫浸治染纁玄之石　閩、監、毛本如此，此本「豫」字闕、「治」作「始」，衞氏集説作「周則於夏豫浸治染纁玄之色也」。

127 已用謂之色此對文耳　閩、監、毛本如此，此本「已用」作「色周」，「耳」誤「章」。

黑黄倉赤節

128 黑黄倉赤　惠棟挍宋本同。岳本同。嘉靖本同。閩、監、毛本「倉」作「蒼」，衞氏集説同，石經同。石經考文提要云：宋大字本、九經、南宋巾箱本、余仁仲本、劉叔剛本、至善堂九經本皆作「倉」。

129 以别貴賤等給之度　閩、監、毛本同。嘉靖本同。衞氏集説同。岳本「給」作「級」，石經同。案，石經作「級」，蓋依吕覽。

130 旍旗及章識也　閩、監、毛本作「及」，岳本同，嘉靖本同，衞氏集説同，此本「及」誤「文」。

131 赬末長終幅　閩、監本作「赬末」，衞氏集説同，考文引宋板同，與司常注合。此本「赬」字闕，毛本「赬末」誤「賔末」。

132 是月也樹木方盛節　惠棟挍云：「是月也樹木方盛」節、「毋舉大事」節、「水潦」節，宋本合爲一節。

133 乃命虞人　閩、監、毛本同。岳本同。嘉靖本同。衛氏集説同。陳澔集説本脱「乃」字。石經考文提要云：宋大字本、宋本九經、南宋巾箱本、余仁仲本、劉叔剛本皆有「乃」字。

134 爲其未堅刃也　閩、監、毛本作「刃」，岳本同，嘉靖本同。此本「刃」字闕，衛氏集説同，「刃」作「韌」。❽

135 土雖寄王四季　閩、監、毛本同。衛氏集説同。惠棟挍宋本「四」上有「於」字。

136 位當建未之月　閩、監、毛本作「建」，此本「建」誤「違」。×

毋舉大事節

137 大事興徭役以有爲　閩、監、毛本同。岳本同。惠棟挍宋本、宋監本「徭」作「繇」，嘉靖本同，衛氏集説同，又「興」上有「謂」字。釋文出「徭役」。考文引古本「事」下有「謂」字。

138 謂出繇役之令以預驚民也　惠棟挍宋本同。宋監本同。岳本同。嘉靖本同。閩、監、毛本「繇」作「徭」，「預」作「豫」，衛氏集説「繇」字同，「預」亦作「豫」。○按，説文有「豫」無「預」。

水潦盛昌節

139 動之則致害也　閩、監、毛本同。岳本同。嘉靖本同。衛氏集説同。考文引古本「害」上有「災」字。盧文弨挍云「災」字按疏亦有。

140 未有東井　惠棟挍宋本同。閩、監、毛本「有」作「值」，衛氏集説同。

141 土地本受天雨澤水潦　閩本同。惠棟挍宋本同。監、毛本「地」誤「神」。×

142 干養氣者　惠棟挍宋本作「干」。此本「干」誤「于」，閩、監、毛本同。

143 犯土而天罰之者　閩、監本同。毛本「土」誤「上」。×

144 今若干地　閩、監、毛本如此，此本「今」誤「令」，「地」誤「也」。×

145 若動地則致天災害　閩、監、毛本同。惠棟挍宋本「天」作「干」，衛氏集説同。

146 是月也土潤溽暑節　惠棟挍云：「是月也土潤」節、「可以糞田疇」節，宋本合爲一節。

147 土潤溽暑　閩、監、毛本同。岳本同。嘉靖本同。衛氏集説同。石經同。惠棟挍宋本「溽」作「辱」，宋監本同，考文引古本同。釋文出「辱暑」，云「本或作『溽』」。注此本作「潤辱」，與惠棟挍宋本同，各本俱作「溽」。

148 謂塗溼也　監、毛本作「溼」，岳本作「濕」，嘉靖本同，衛氏集説同。此本「溼」誤「温」，閩本同。○按，溼，正字。濕，假借字。

149 薙謂迫地芟草也　惠棟挍宋本作「地」，宋監本同，岳本同，嘉靖本同。此本「地」誤「也」，閩、監、毛本同，衛氏集説同。×

150 流水潦畜於其中　閩、監、毛本作「流」，惠棟挍宋本、宋監本同，岳本同，嘉靖本同，衛氏集説同，此本「流」誤「大」。×

151 大雨至熱湯　惠棟挍宋本無此五字。

152 土既潤辱　閩、監、毛本「辱」作「溽」。

153 行猶通彼也　閩、監、毛本同。衛氏集説同。惠棟挍宋本「彼」作「被」。

154 謂迫地芟除草名也　閩、監本同。毛本「地」誤「也」。×

155 行於所燒田中　閩、監、毛本作「行」，此本「行」誤「者」。×

156 又蓄水漬之　閩、監本同。毛本「又」誤「文」，衛氏集説作「又畜水浸漬之」。

157 水熱而沫沸　閩、監本作「沫」，衛氏集説同。此本「沫」誤「洙」，閩本同。

158 謂耕反其萌牙　閩、監、毛本「牙」作「芽」。×

159 以兹其斫其生者　惠棟挍宋本亦作「兹其」，與周禮注合，閩本同，監、毛本「兹其」誤「鎡具」。

160 夷之以鉤鎌　閩、監、毛本同。惠棟挍宋本「鎌」作「鎌」。

161 若今取茭矣　閩、監、毛本作「茭」，此本「茭」作「菱」。

162 則實不成孰　惠棟挍宋本作「孰」，與周禮注同，監本作「熟」。×

163 以耜測湅土劉之　閩、監、毛本同。惠棟挍宋本「湅」作「涷」。浦鏜挍「測」改「側」。○按，段玉裁云：以「畟畟良耜」傳、箋證之，則當作「測」，浦鏜非也。

可以糞田疇節

164 可以美土彊　惠棟挍宋本、宋監本並作「彊」，岳本同，嘉靖本同，石經同。此本「彊」誤「疆」，閩、監、毛本同，衛氏集説同，注放此。釋文出「土彊」，云「注同」。此本疏中皆作「彊」，不誤。

165 土潤溽　閩、監、毛本同。岳本同。嘉靖本同。衛氏集説同。考文引宋板「溽」作「辱」，古本同。

166 可以至土彊　閩、監、毛本「彊」誤「疆」，下同。×

167 彊槩磊魄難耕之地　閩、監、毛本作「槩」，此本「槩」誤「臨」。×

168 土潤辱　閩、監、毛本「辱」作「溽」。

169 使肥易也　閩、監、毛本作「易」，此本「易」誤「爲」。×

季夏節

170 季夏至遷徙　惠棟挍宋本無此五字。

行秋令節

171 邱隰至女災　惠棟挍宋本無此五字。

172 及禾稼不熟此地災也　閩、監、毛本同。惠棟挍宋本無「此」字，衛氏集説同。

行冬令節

173 寒風至入保　惠棟挍宋本無此五字。❾

174 中央土節　惠棟挍云：「中央」節、「其日」節、「其蟲」節、「其音」節、「律中」節、「其數」節、「天子」節，宋本合爲一節。

175 物體質礙　閩、監、毛本同。惠棟挍宋本「礙」作「礙」，衛氏集説作「物體窒礙」。

176 輒寄王十八日也　惠棟挍宋本作「王」，此本「王」誤「五」，閩、監、毛本「王」誤「二」。

其日戊己節

177 在黄道之西至季秋　閩、監、毛本作「秋」，此本「秋」誤「夏」。×

其帝黄帝節

178 后土亦顓頊氏之子曰黎　毛本「土」誤「氏」，「黎」作「犂」，閩本、監本、衛氏集説本亦作「犂」，考文引古本作「藜」，餘本並作「黎」。○按，依説文當作「黎」，假借作「黎」，誤作「藜」，俗省作「犂」。❿

其蟲倮節

179 犂食於火土　閩、監、毛本作「食」，衛氏集説同，此本「食」誤「合」。×

180 恒淺毛　閩、監、毛本作「恒」，岳本同，嘉靖本同，衛氏集説同，此本「恒」誤「淺」。

181 案仲夏云　惠棟挍宋本作「案」，閩本同。此本「案」誤「以」，監、毛本同，衛氏集説同。

182 至六月土王之時　閩、監本同。衛氏集説同。毛本「時」誤「非」，考文引宋板作「時」。

183 物轉盛大　閩、監、毛本「盛」作「壯」，衛氏集説同。×

184 西云狐貉之屬　閩、監、毛本同。衛氏集説同。惠棟挍宋本「貉」作「狢」。

律中黃鍾之宮節

185 律中黃鍾之宮　閩本同。岳本同。嘉靖本同。衛氏集説同。監、毛本「鍾」作「鐘」，石經同，餘放此。

186 五聲具終於六十焉　閩、監、毛本作「具」，岳本同，嘉靖本同，衛氏集説同，此本「具」誤「是」。

187 本位在子　惠棟挍宋本同。衛氏集説同。閩、監、毛本「位」誤「謂」。×

188 案六月林鍾之律　閩、監、毛本作「案」，此本「按」誤「候」。×

189 案黃鍾之均調　惠棟挍宋本作「案」。此本「案」誤「故」，閩、監、毛本同。×

其數五節

190 土主中央　閩、監、毛本同。岳本同。衛氏集説同。嘉靖本「主」誤「生」。×

191 是以名室爲霤云者　惠棟挍宋本作「以」。此本「以」誤「所」，閩、監、毛本同。

192 故毛云陶其土而復之　閩、監本同。毛本「云」誤「詩」，考文引宋板作「云」。

193 鄭云復者復於土上　惠棟挍宋本作「復」。此本「復」誤「複」，閩、監、毛本同。

194 故庾蔚云　段玉裁挍本「云」上有「之」字。

195 複謂地上累土謂之穴　閩、監、毛本同。段玉裁挍本下「謂」改「爲」，盧文弨挍本亦云當作「爲」。

196 前祀户注已備言也　閩、監本同。毛本「言」誤「下」。

天子居大廟大室節

197 器圜者象土周帀於四時　惠棟挍宋本作「帀」，岳本作「匝」。此本「帀」誤「布」，閩、監、毛本同，嘉靖本同，衛氏集説同，考文引古本「帀」作「迊」。

198 閎讀如紘　閩、監、毛本同。岳本同。嘉靖本同。衛氏集説同。段玉裁挍本「如」改「爲」。

199 東西九筵　閩、監、毛本作「筵」，衛氏集説同，此本「筵」誤「步」。

200 南北七筵　惠棟挍宋本作「七筵」，衛氏集説同，此本「七筵」誤「九步」。

201 則五室並皆二筵　閩、監、毛本作「五」，衛氏集説同，此本「五」誤「王」。

202 以夏之世室　惠棟挍宋本作「之世」，衛氏集説同。此本「之世」誤「月大」，閩、監、毛本同。

203 則周之明堂　閩、監、毛本作「堂」，此本「堂」誤「當」。

204 象土周匝於四時者　惠棟挍宋本「匝」作「帀」，閩、監、毛本「匝」誤「布」，下「周匝」同。

孟秋之月節

205 孟秋至畢中　惠棟挍宋本無此五字。

206 昏箕二度中　閩、監、毛本同。衛氏集説同。盧文弨挍本云：宋書「箕三度」非是，下「翼二度」是。

其日庚辛節

207 成熟萬物　閩、監、毛本同。衛氏集説同。岳本「熟」作「孰」，嘉靖本同。

208 又因以爲日名焉　惠棟挍宋本作「又」，宋監本同，岳本同，嘉靖本同，考文引古本、足利本同。此本「又」誤「人」，閩、監、毛本同，衛氏集説同。

209 該爲蓐收　閩、監、毛本同。衛氏集説同。惠棟挍宋本「蓐」作「辱」，下「蓐收者」同。

210 言秋時萬物摧辱而收斂　閩本同。監、毛本「辱」作「蓐」，衛氏集説同。

其蟲毛節

211 生旃毛也　惠棟挍宋本作「也」，宋監本同，岳本同，嘉靖本同，衛氏集説同。此本「也」誤「出」，閩、監、毛本同。

212 今於徵五十四上更加十八　惠棟挍宋本如此，衛氏集説同。此本「四上」誤「有四」，閩、監、毛本同。⓫

213 爲商聲之濁次於宮　惠棟挍宋本如此，衛氏集説無「爲」字，「聲」字同。此本無「爲」字，「聲」誤「音」，「之」字誤重。閩、監、毛本無「爲」字，「聲」誤「音」，「之」字不重。

214 謂商聲雜亂感動人心　惠棟挍宋本作「雜亂」，此本「雜亂」誤「足以」，閩、監、毛本同。

律中夷則節

215 令情性傾陂　考文引宋板作「令」。此本「令」誤「今」，閩、監、毛本同。

216 益前四寸爲五寸　惠棟挍宋本如此，衛氏集説同。此本上「寸」字脱，閩、監、毛本同。

其數九節

217 於藏直肝　惠棟挍宋本同。宋監本同。岳本同。嘉靖本同。考文引古本、足利本同。閩、監、毛本「直」作「值」。○按，古多以「直」爲「值」。

218 其他皆如祭竈之禮也　閩、監、毛本同。惠棟挍宋本「也」作「者」。

219 及祭醴三　惠棟挍宋本作「醴」。此本「醴」誤「體」，閩、監、毛本及衛氏集説同。

220 天子居緫章左个節　惠棟挍云：「天子」節，宋本分「其器廉以深」之上合「孟秋」節、「其日」節、「其蟲」節、「律中」節、「其數」節、「涼風」節爲一節。⑫

221 駕白駱　閩、監、毛本作「駱」，岳本同，嘉靖本同，衛氏集説同，石經同，此本「駱」誤「輅」，釋文出「白駱」。

222 是月也以立秋節　惠棟挍云：「是月也以立秋」節、「命百官」節，宋本合爲一節。

223 順彼遠方　閩、監、毛本作「遠」，岳本同，嘉靖本同，衛氏集説同，石經同，此本「遠」誤「還」。

224 察創視折　閩、監、毛本作「折」，岳本同，嘉靖本同，衛氏集説同，此本「折」誤「析」。

225 創之淺者曰傷　閩、監、毛本同。嘉靖本同。衛氏集説同。岳本「淺」作「殘」。×

226 於是始孰　惠棟挍宋本、宋監本亦作「孰」，岳本同，嘉靖本同。閩、監、毛本「孰」作「熟」，衛氏集説同。×

227 是月至寢廟　惠棟挍宋本無此五字。

228 完隄坊　閩、監、毛本同。衛氏集説同。岳本「坊」作「防」，嘉靖本同。釋文出「防」，云「本又作坊」。石經考文提要云：宋本九經、南宋巾箱本皆作「防」。

229 八月宿直畢　閩、監、毛本作「直」，岳本同，嘉靖本同，衛氏集說同，此本「直」誤「在」。

230 脩宮室　閩、監本同。岳本同。嘉靖本同。衛氏集說同。毛本「脩」作「修」，石經同。

231 坏牆垣　閩、監、毛本同。岳本同。嘉靖本同。衛氏集說同。釋文同。石經「牆垣」二字倒。石經考文提要云：坊本作「垣牆」，此沿唐石經之誤，宋大字本、宋本九經、南宋巾箱本、余仁仲本、劉叔剛本皆作「墻垣」。

232 此其月也而禁封諸侯割地　惠棟挍宋本如此，岳本同，嘉靖本同，衛氏集說同，考文引古本、足利本同。此本「月也而禁」四字闕，閩、監、毛本補「嘗並秋而禁」五字，其「嘗並秋」三字誤也，宋監本亦作「此其月也」，無「秋」字。

233 嘗謂秋祭　閩、監、毛本作「謂」，此本「謂」誤「諸」。

孟秋行冬令節

234 營室主武事　閩、監、毛本同。嘉靖本同。衛氏集說同。惠棟挍宋本「事」作「士」，岳本同，考文引古本同。案，此本疏標起止作「士」，下又作「事」，岐出，下「孟冬天子乃命將帥講武」注亦有此五字，而各本皆作「武士」，是此亦當定作「士」也。

235 孟秋至乃來　惠棟挍宋本無此五字。

236 越伐吳吳王使王孫雄　閩本同。惠棟挍宋本同。監、毛本脱一「吳」字。

237 注營室至武士　閩、監、毛本「士」作「事」，非。下文「是主武事也」，惠棟挍宋本「事」亦作「士」。

行春令節

238 其國至無實　惠棟挍宋本無此五字。

行夏令節

239 寒熱所爲也　惠棟挍宋本作「也」，宋監本同，岳本同，嘉靖本同，衛氏集說同，考文引古本、足利本同。此本「也」字闕，閩、監、毛本誤「者」。

240 今月令瘧疾爲疾疫　惠棟挍宋本如此，宋監本同，岳本同，嘉靖本同，考文引古本、足利本同。此本下「疾」字闕，閩、監、毛本「疾」作「厲」。

仲秋之月節

241 日月會于壽星　閩、監、毛本同。岳本「于」作「於」，嘉靖本同，衛氏集説同，考文引古本、足利本同。盧文弨挍云作「於」與前一例。

242 仲秋至觿中　惠棟挍宋本無此五字。

243 去日一百二度旦井二度中　惠棟挍宋本作「一百二度」。此本作「一百六度」，其「六」字誤也，閩、監、毛本同，衛氏集説同。

244 昬斗二十四度中　閩、監、毛本同。衛氏集説同。盧文弨挍云宋書「斗二十五度少强」。

其日庚辛節

245 三分去一　閩、監本同。毛本「三」誤「二」。

盲風至節

246 九月丹鳥羞白鳥　閩本、監本、毛本同。岳本同。嘉靖本同。衛氏集説同。惠棟挍宋本「九」作「八」，又云「八月」作「九月」，傳寫之誤。按，惠棟説非也，正義明言「大戴禮『八月，丹鳥羞白鳥』，今云『九月』者，鄭所見本異也」，可見孔氏所依用本作「九月」。

247 玄鳥鷰者　閩、監、毛本「鷰」作「燕」。○按，燕，正字。鷰，俗字。

248 而云不以中國爲居　惠棟挍宋本作「云」。此本「云」誤「亦」，閩、監、毛本同。

249 天子居總章大廟　惠棟挍云：「天子」節，宋本分「其器廉以深」之上合前「仲秋」節、「其日」節、「盲風」節爲一節，「是月也養衰老」以下爲一節。

250 西堂當大室也　閩、監、毛本作「當」，岳本同，嘉靖本同，衛氏集説同，此本「當」誤「常」。

251 行麋粥飲食　閩、監、毛本同。岳本同。衛氏集説同。嘉靖本「麋」誤「靡」，釋文出「麋粥」。

252 是月至其殃　惠棟挍宋本無此五字。

253 自乃命祝宰　閩本同。惠棟挍宋本同。監、毛本「祝宰」二字倒。○按，監本、毛本是，鄭注謂「宰祝，大宰、大祝也」。

254 事異於上　閩、監、毛本作「事」，此本「事」誤「重」。

255 故言是月自可以築城郭　閩、監、毛本如此，此本「是月自」三字誤在末行，而以下行「課種麥」三字移入此行，此行以下三行首三字俱移上一行。

256 至行罪無疑　閩、監、毛本同。惠棟挍宋本「無」作「无」。

257 勸課種麥爲農爲民　惠棟挍宋本如此。此本「課種麥」三字誤在上行，而以下行「甬論晝」三字移入此行。閩、監、毛本「課種麥」作「種通論」，非也。

258 至角斗甬論晝夜既等　惠棟挍宋本同。閩、監、毛本「晝」誤「日」。

259 齊平度量　惠棟挍宋本作「平」。此本「平」誤「乎」，閩、監、毛本同。

260 至慎因其類　閩、監、毛本如此，此本「慎因」誤「頃取」。

261 無逆于天　閩本同。惠棟挍宋本同。監、毛本「于」作「於」。

262 亦事異於前　惠棟挍宋本同。閩、監、毛本「亦」誤「是」。

263 引詩七月流火者　惠棟挍宋本作

「引」。此本「引」誤「別」，閩、監、毛本同。

是月也乃命宰祝節

264 量小大　惠棟挍宋本同。宋監本同。岳本同。嘉靖本同。石經同。閩、監、毛本「小大」二字倒，衛氏集説同。石經考文提要云：宋大字本、宋本九經、南宋巾箱本、余仁仲本、劉叔剛本、至善堂九經本皆作「小大」。

265 於鳥獸肥充之時　閩、監、毛本作「肥充」，岳本同，嘉靖本同，衛氏集説同，此本「肥充」誤「服允」。

266 大宰大祝主祭祀之官也　閩、監、毛本同。岳本同。嘉靖本同。衛氏集説同。惠棟挍宋本「祀」作「祝」。

267 所察也　閩、監本同。岳本同。嘉靖本同。衛氏集説同。毛本「察」誤「祭」，考文引宋本作「察」。

268 乃命至其饗　惠棟挍宋本無此五字。

269 五方本異其色　閩、監、毛本作「本」，衛氏集説同，此本「本」誤「中」。

270 大皞配東亦用青　惠棟挍宋本作「青」，衛氏集説同。此本「青」誤「書」，閩、監、毛本同。

天子乃難節

271 是涼反熱　惠棟挍宋本同。閩、監、毛本「反」誤「及」。

272 則諸侯以下不得難陽氣也　閩、監、毛本同。衛氏集説同。考文引宋板無「陽」字。

273 又牧人云　惠棟挍宋本有「云」字，衛氏集説同。此本「云」字脱，閩、監、毛本同。

274 凡毀事用駹可也　閩、監、毛本同。衛氏集説同。惠棟挍宋本「駹」作「尨」，下「用駹」同。○按，周禮並作「尨」。

275 凡沈辜侯禳共其羊牲　惠棟挍宋本

有「羊」字。此本「羊」字脱，閩、監、毛本同，衛氏集説同。

276 是則用羊用犬用雞也　惠棟挍宋本有「是」字，衛氏集説同。此本「是」字脱，閩、監、毛本同。

277 蓋大難用牛　閩本同。惠棟挍宋本同。衛氏集説同。監、毛本「大」誤「犬」。✕

278 其餘雜禳大者用羊　惠棟挍宋本有「禳」字，衛氏集説同。此本「禳」字脱，閩、監、毛本同。⑬

以犬嘗麻節

279 麻始熟也　閩、監、毛本同。衛氏集説同。岳本「熟」作「孰」，惠棟挍宋本同，嘉靖本同。

280 入地隋曰竇　毛本作「隋」，岳本同，衛氏集説「隋」誤「惰」。釋文出「隋曰」，云「他果反，謂狹而長」。此本「隋」誤「圓」，閩、監本同，嘉靖本同。

281 仲秋命庶民畢入于室　惠棟挍宋本如此，宋監本同，岳本同，嘉靖本同，考文引古本、足利本同。此本「仲秋命庶」四字闕，閩本同。監、毛本「命庶」誤「農隙」，衛氏集説同。

282 注隋曰至其災　惠棟挍宋本作「其災」，此本「其災」二字闕，閩本同，監、毛本「其災」誤「而長」。

283 正義曰隋者似方非方　監、毛本如此，衛氏集説同。此本「正義曰隋」四字闕，閩本同。

284 以其名竇與窖相似故云隋曰竇方曰窖者　惠棟挍宋本如此，此本「似故云隋曰竇方」七字闕，閩本同，監、毛本「似故云隋」四字闕，「曰竇」誤「而謂」。

285 無罹其災者於此仲秋之時　惠棟挍宋本如此，此本「其災者於此」五字闕，閩本「者於此」三字闕，監、毛本「於此」誤「言當」。

286 此時殺害氣將欲至　惠棟挍宋本同。閩、監、毛本「至」誤「出」。

287 民當入室無在田野　惠棟挍宋本如此，衛氏集說同。此本「入室無在」四字闕，閩本同，監、毛本「在」誤「處」。無，監本作「毋」。

288 曰爲改歲入此室處　閩、監、毛本如此，此本「爲改歲入」四字闕。

289 暫時入室　惠棟挍宋本作「暫」。此本「暫」字闕，閩本同。監、毛本「暫」作「乘」，衛氏集說同。

290 須出野收斂　閩、監、毛本作「斂」，此本「斂」字闕。

乃命有司節

故八月種麥

是月也日夜分節

291 雷始收聲　唐石經「始」作「乃」。王引之云本作「雷乃始收」，初學記、周禮韗人疏可證，淮南時則篇同，說詳經義述聞。

292 謂稍小之也　閩、監、毛本作「小」，岳本同，嘉靖本同，衛氏集說同，此本「小」誤「水」。

293 此甫八月中雨氣未止　閩、監本同。岳本同。衛氏集說同。考文引宋板、古本、足利本同。毛本「雨氣」作「氣雨」，嘉靖本同。按，正義云「畢星主雨，故云『雨氣未止』」，「雨氣」非「氣雨」。

294 天根見九月末也　閩、監、毛本作「末」，岳本同，嘉靖本同，衛氏集說同，此本「末」誤「本」。

295 季秋除道致梁　閩、監、毛本同。岳本同。嘉靖本同。衛氏集說同。正義亦作「致」，考文引古本「致」作「置」。

296 云此甫八月中雨氣未止　監、毛本作「雨氣」，此本「雨氣」二字誤倒。

297 水畢除道　按，國語周語作「雨畢」。

298 治道所以便行旅通也　閩、監、毛本如此，此本「旅通」二字闕。○按，「治」當作「除」。韋注無「通也」二字。

299 成梁所以使民不涉　按，韋注作「所以便民使不涉也」。

300 皆國語文　按，「文」字上當有「注」字。

301 而韋昭注國語　閩、監、毛本作「韋昭」，此本「韋昭」誤「堂睹」。×

302 見靈公與孔寧儀行父如夏氏　閩本同。惠棟挍宋本同。監、毛本「氏」誤「云」。×

303 農既收刈當運輂　惠棟挍宋本作「刈」。此本「刈」誤「則」，閩、監、毛本同。×

304 日夜分則同度量節　惠棟挍云：宋本分「角斗甬」之上合前「是月也乃命宰祝」節、「天子」節、「以犬」節、「乃命有司」節、「日夜分」節爲一節。

305 是月至其類　惠棟挍宋本無此五字。

306 不爲節礙　閩、監、毛本作「礙」，衛氏集説同，此本「礙」誤「硍」。×

307 故云合諸侯舉兵衆也　閩、監本同。毛本「兵」誤「邱」。×

仲秋行春令節

308 心爲大火　宋監本亦作「心爲大火」，惠棟挍宋本同，岳本同，嘉靖本同，衛氏集説同，閩、監、毛本「火」下衍「也」字。×

309 仲秋至有恐　惠棟挍宋本無此五字。

行夏令節

310 其國至復生　惠棟挍宋本無此五字。

311 五穀復生地災也　閩、監、毛本作

「五」，此本「五」誤「九」。

行冬令節

312 冬主閉藏　閩、監、毛本同。岳本同。嘉靖本同。衛氏集説同。惠棟挍宋本無「藏」字。

313 風災至蚤死　惠棟挍宋本無此五字。

16—314 草木蚤死地災也　閩、監、毛本同。衛氏集説同。惠棟挍宋本無「也」字。

校記

❶南昌本出文「蛸」作「蜋」。校語移「閩本同」一句於「監、毛本」句上，「作蛸」上有「蜋」字，無「此本蛸作蜋」。

❷南昌本「桐作撞」作「桐作同」。

❸南昌本出文「止」作「正」。校語「此本止作正」無「止」字。

❹南昌本「贊」作「縶」。

❺南昌本出文無「天」字。

❻南昌本出文改作「民殃於疫人災也」，上提一格。校語「此行在蹠民殃於疫人災也之後」改作「此下標禮記正義卷第二十三終」。

❼南昌本下有校語「〇惠棟挍宋本自此節起至合諸侯制百縣節止爲第二十四卷，卷首題」。

❽南昌本出文「刃」作「刀」。

❾南昌本出文「寒風」作「風寒」。

❿南昌本「犁」作「犂」。

⓫南昌本出文「五」上有「數」字。

⓬南昌本「器」作「氣」。

⓭南昌本無「衛氏集説同」及後「禳字」，下有「毛本大誤犬」。

禮記注疏校勘記卷十七

月令

17—001 季秋之月節 惠棟挍云：「季秋」節、「其日」節、「鴻雁」節，宋本合下「天子」節「其器廉以深」之上爲一節。❶

002 而斗建戌之辰也 閩、毛本同。岳本同。嘉靖本同。衛氏集説同。監本「戌」誤「戊」。

003 季秋至柳中 惠棟挍宋本無此五字。

004 日在亢一度 閩、監本同。毛本「一」字闕。

005 昏牛八度中 閩、監、毛本作「牛」，衛氏集説同，此本「牛」誤「生」。

006 旦柳十二度中 毛本同。閩、監本「二」作「一」，衛氏集説同。

其日庚辛節

007 示民軌儀 惠棟挍宋本如此，宋監本同，岳本同。此本「民」上衍小「民」字，閩、監、毛本同，嘉靖本同，衛氏集説同。❷

008 今夾鍾七寸取六寸 閩、監本同。衛氏集説同。毛本「鍾」誤「中」。考文引宋板亦作「鍾」。

鴻雁來賓節

009 鞠有黄華 閩、監、毛本同。岳本同。嘉靖本同。衛氏集説同。考文引古本「鞠」作「菊」，石經同。釋文出「鞠」，云「本又作『菊』」。○按，依説文當作「蘜」，从艸，鞠省聲。

010 豺乃祭獸戮禽 閩、監、毛本同。岳本同。嘉靖本同。衛氏集説同。釋文出「僇禽」，云「本或作『戮』」。○按，依説文作「戮」是也。

天子居總章右个節

011 駕白駱　閩、監本同。岳本同。嘉靖本同。衛氏集説同。毛本「駱」誤「輅」，考文引宋板作「駱」。

012 是月也申嚴號令節　惠棟校云：「是月也申嚴號令」節、「乃命冢宰」節，宋本合爲一節。

013 命百至宣出　惠棟校宋本無此五字。

014 無有一人不勤務收斂内物　閩、監、毛本同。衛氏集説「内」作「其」。×

乃命冢宰節

015 藏帝藉之收於神倉　惠棟校宋本同。岳本同。嘉靖本同。衛氏集説同。閩、監、毛本「藉」作「籍」，注及疏同。○按，依説文當作「耤」，从耒，昔聲。

016 其義非　惠棟校宋本如此。此本「非」誤「亦」，閩、監本同。毛本「其義亦」改「義亦同」，大謬。

017 云帝藉所耕千畝者　閩、監、毛本作「耕」，此本「耕」誤「藉」。×

018 祇又訓爲敬　閩、監本同。毛本「又」誤「有」。×

019 是月也霜始降節　惠棟校云：「是月也霜始降」節、「乃命有司」節、「大饗帝」節、「嘗犧牲告備」節、「合諸侯」節，宋本合爲一節。

020 是月也霜始降　惠棟校宋本無此六字。

021 則須更云是月　閩、監、毛本作「云」，此本「云」作「去」。×

022 蟄蟲閉户　閩、監本同。考文引宋板同。毛本「蟄」作「蜇」。

023 先薦寢廟事重　閩、監、毛本如此，此本「廟事」二字倒。

是月也大饗帝節

024 遍祭五帝也　閩、監、毛本同。嘉靖本同。惠棟挍宋本「遍」作「徧」。岳本同。衛氏集説同。釋文出「徧祭」，云「音遍」。○按，徧，正字。遍，俗字。

025 三牲魚腊　閩、監、毛本作「腊」，此本「腊」誤「膳」。×

026 帥執事而卜日　考文引宋板作「日」，衛氏集説同。此本「日」誤「曰」，閩、監、毛本同。×

027 此既五帝皆饗　惠棟挍宋本作「既」，衛氏集説同。此本「既」作「謂」，閩、監、毛本同。❸

嘗犧牲節❹

028 使有司祭于羣神　閩、監、毛本同。衛氏集説同。岳本「于」作「乎」，嘉靖本同，考文引足利本同，惠棟挍宋本亦作「乎」，疏中仍作「于」。

029 於時有司常祭　閩、監本同。毛本「時」誤「神」，惠棟挍宋本「時」字同，「常」作「嘗」。

030 注嘗者至禮畢而告焉　閩、監、毛本同。惠棟挍宋本無「禮畢而」三字。

031 以祈穀實雩上帝之後　閩、監、毛本如此，此本「實」誤「嘗」，「上」作「五」。×

032 是雩帝之外　閩、監、毛本如此，衛氏集説同。此本「是」誤「具」，「之」作「以」。×

033 別雩羣神　閩、監本同。毛本「神」誤「祀」，衛氏集説亦作「神」。

合諸侯制百縣節

034 無有所私　閩、監本同。岳本同。嘉靖本同。衛氏集説同。考文引宋板、古本、足利本同。毛本「私」誤「司」。

035 使諸侯及鄉遂之官　閩、監本同。岳本同。嘉靖本同。衛氏集説同。考文引宋板同。毛本「官」誤「國」。

036 貢職謂所入天子　惠棟挍宋本有「謂」字，宋監本同，岳本同，考文引古本、足利本同。此本「謂」字脱，閩、監、毛本同，嘉靖本同，衛氏集説同。續通解亦有「謂」字。

037 土地所宜之物爲節度　閩、監、毛本作「度」，此本「度」誤「受」。×

038 言既給郊廟重事事百縣等物　閩、監、毛本同。衛氏集説下「事」作「其」。

039 自爲水瑞　閩、監、毛本作「爲」，此本「爲」誤「焉」。×

040 謂成方也　閩、監、毛本「成」作「城」。○按，作「城」與周禮典命合。

041 禮記正義卷第二十四終　惠棟挍宋本此行在疏「正歲縣治象之法于象魏是也」之下，又記云凡二十七頁。❺

042 禮記正義卷第二十五　惠棟挍宋本分「是月也天子乃教」以下爲卷廿五。

是月也天子乃教於田獵節❻ ×

043 弓矢殳矛戈戟也馬政　閩、監、毛本如此，岳本同，嘉靖本同，衛氏集説同。此本「也」誤「班」，「政」誤「故」。

044 校人職曰　閩、監本同。岳本同。嘉靖本同。衛氏集説同。毛本「校」作「挍」，餘放此。

045 是月至馬政　惠棟挍宋本無此五字。

046 命僕節　惠棟挍云：「命僕」節、「司徒」節、「天子」節、「命主祠」節，宋本合爲一節。

047 鄉遂載物　閩、監、毛本同。岳本同。嘉靖本同。衛氏集説同。浦鏜挍云：依疏文當本作「師遂」，此係後人挍正。○按，浦鏜是也。

048 **以其尊卑等級** 閩、監本同。毛本「卑」誤「早」。

049 **課舉以言之** 閩、監、毛本同。衛氏集説「課」作「雜」。案，「雜」字是也。

050 **析羽爲旌** 閩本同。衛氏集説同。考文引宋板同。監、毛本「析」誤「折」。

051 **遂中里宰鄰長也** 閩、監本同。毛本「鄰」誤「臨」。

052 **百官卿大夫也** 惠棟挍宋本同。監、毛本「卿」誤「鄉」，閩本「卿」字模糊。

053 **按周禮云鄉遂** 閩、監本同。毛本「禮」誤「里」，考文引宋板亦作「禮」。

054 **云鄉遂載物** 惠棟挍宋本作「載」。此本「載」誤「轉」，閩、監、毛本同。

055 **以冬閉無事** 閩、監、毛本同。浦鏜挍云：「閉」當「閑」字誤，與「閒」同。

056 **褐纏旃以爲門** 惠棟挍宋本同。閩、監、毛本「褐」作「揭」。

司徒搢扑節

057 **有司表貉誓民** 閩、監本同。考文引宋板同。毛本「貉」誤「輅」。

058 **掌大田役治徒庶之政令** 惠棟挍宋本作「大」。此本「大」誤「火」，閩、監、毛本同。

059 **則云無干車** 閩、監本同。毛本「干」誤「于」。

060 **今此大閱之誓** 毛本同。閩、監本「此」誤「比」。

061 **而注旌旂不作冬法** 惠棟挍宋本同。閩、監、毛本「旂」誤「旗」。

062 **熊氏以爲此文載旌旐** 閩、監本同。

毛本「旃」誤「施」，考文引宋板亦作「旃」。

天子乃厲飾節

063 俗本作餝非也　閩、監本「餝」誤「飾」，毛本作「飭」。案，唐人書寫「飾」、「飭」兩字混而爲一，並食傍作芳，見顔師古匡謬正俗。

命主祠節

064 四方四方有功於方之神也　閩、監、毛本同。衞氏集説作「四方有功於四方之神也」。

065 春時土方施生　閩、監本同。衞氏集説同。毛本「土」誤「四」。

066 冬獵亦何以知然　閩本同。衞氏集説同。監、毛本「獵」誤「臘」。

067 按鄭注秋獮祀方　惠棟挍宋本亦作「獮」，閩、毛本同，衞氏集説同，監本「獮」誤「稱」。

068 云秋田主祭四方　閩、監本同。衞氏集説同。毛本「主」誤「方」。

069 入獻禽以享蒸　閩本同。監、毛本「蒸」作「烝」，衞氏集説同。

070 冬田主用衆　閩本同。惠棟挍宋本同。監、毛本「衆」誤「祭」。

071 如可見矣　閩、監、毛本同。衞氏集説同，「如」作「始」。

072 是月也草木黄落節　惠棟挍云：「是月」節至「行春令」節，宋本合爲一節。

073 蟄蟲咸俯在内　王念孫云：「内」當作「穴」。下言「皆墐其户」，「户」即穴之户也。穴、内二字篆隸相似，故「穴」多譌作「内」。

074 墐爲塗閉之　閩、監、毛本同。嘉靖本同。岳本「爲」作「謂」，衞氏集説同，考文引古本、足利本同。

075 而又塗寒其戶穴　閩、監本同。考文引宋板同。毛本「塞」誤「寒」。

乃趣獄刑節

076 許人主從時　閩、監本同。衛氏集說同。考文引宋板同。毛本「人主」二字倒。

077 供養不宜　閩、監本同。衛氏集說同。毛本「供」作「共」。

行冬令節

078 土地分裂　閩、監本同。岳本同。嘉靖本同。衛氏集說同。石經同。考文引宋板、古本、足利本同。毛本「地」誤「多」。

079 行冬至分裂　閩、監本同。毛本「行」上衍「注」字。

080 國多盜賊　閩、監本同。毛本「國」字脱。

081 四陰在地上　閩、監本同。衛氏集說同。毛本「四」誤「因」。

行春令節

082 則煖風來至　閩、監本同。岳本同。嘉靖本同。衛氏集說同。石經同。毛本「煖」作「暖」，疏同。

083 孟冬之月節　惠棟挍云：「孟冬」節、「其日」節、「其蟲」節、「律中」節、「其數」節、「水始」節、「天子」節，宋本合爲一節。

084 按元嘉麻　閩、監、毛本同。衛氏集說無「按」字。

其日壬癸節

085 日之行東北從黑道　閩、監、毛本同。嘉靖本同。衛氏集說同。岳本「東」作「冬」，考文引古本同。岳本考證云：「案，日有九道。河圖帝覽嬉云『黑道二，出黃道北』，後漢書云『青、白、黑、赤各一道，其交必于黃道，故爲九』，博雅釋天『月行九道，立冬、冬至，北從黑道二，蓋立冬星辰南遊，日則北遊。冬至星辰南遊之極，日北遊之極』，以此推之，青、白、赤、黑俱在四正，而非四隅，此不得云『東北從黑道』矣。觀上『孟春』注云『春，東從青道』，是其句法一例。諸本疑『冬』爲『東』誤，而改之，謬矣。」

086 揆然萌牙　惠棟挍宋本同。岳本同。嘉靖本同。閩、監、毛本「牙」作「芽」。

087 顓頊高陽氏也　閩、監、毛本同。嘉靖本同。衛氏集説同。岳本「也」字脱。

其蟲介節

088 冬氣和則羽聲調　惠棟挍宋本如此，宋監本同，岳本同，嘉靖本同，衛氏集説同。此本「調」字誤重，閩、監、毛本同。

律中應鍾節

089 律中應鍾　閩本同。岳本同。嘉靖本同。衛氏集説同。監、毛本「鍾」作「鐘」，石經同。

090 九分寸之一爲三分　閩本同。衛氏集説同。監、毛本「三」誤「二」。×

091 注云閟藏塞也　惠棟挍宋本有「云」字，衛氏集説同。此本「云」字脱，閩、監、毛本同。

092 百物可鍾藏　惠棟挍宋本同。閩本同。監、毛本「鍾」誤「種」，衛氏集説同。

其數六節

093 爲軷壤　閩、監、毛本同。岳本同。嘉靖本同。衛氏集説同。釋文出「壤」，云「如丈反」。齊召南挍云：「按，『壤』字當作『壇』。周禮大馭疏引此注作『爲軷壇』是也，又本節疏可證。」案，齊挍是也，曾子問「諸侯適天子」節疏引此注亦作「壇」。

094 毀宗躐行　閩、監本同。衛氏集説同。考文引宋本同。毛本「躐」誤「王」。×

095 蓋以菩芻棘柏为神主也　閩、監本同。衛氏集説同。考文引宋板同。毛本「柏」誤「北」。×

天子居玄堂左个節

096 旂與衣雖人功所爲　惠棟挍宋本如此，衛氏集説同。此本「功所爲」三字闕，閩、監、毛本「功所爲」誤「所常用」。

097 不可純青故用蒼之淺色　閩、監、毛本如此，此本「青故」二字闕。

098 亦以朱深而赤淺　惠棟挍宋本如此，此本「亦以」二字闕，閩、監、毛本「亦」誤「蓋」。

099 赤玉與蒼玉同　閩、監、毛本如此，此本「蒼玉」二字闕。

100 亦以黑深而玄淺　閩、監、毛本如此，此本「黑深」二字闕。

101 與夏同也　惠棟挍宋本如此，此本「同也」二字闕，閩、監、毛本「同也」誤「亦同」，考文引宋板作「亦同也」。

102 猶如夏云赤玉　閩、監、毛本如此，此本「夏云」二字闕。

103 今月至誤也　惠棟挍宋本無「也」字，「至」下有「之」字。

104 鄭以此月乘軫路　惠棟挍宋本如此，此本「以此月」三字闕，閩、監、毛本「以此月」誤「注云」二字。

105 當衣旁著㐱　閩、監本同。考文引宋板同。毛本「著」誤「者」。

106 以車旁爲之　惠棟挍宋本作「之」，此本「之」字闕，閩、監、毛本「之」誤「軫」。

107 鄭雖以袗爲同　閩、監、毛本作「袗」，此本「袗」誤「於」。

是月也以立冬節

108 顔涿聚　閩、監、毛本同。岳本同。嘉靖本同。衛氏集説同。正義亦作「涿」。釋文出「椓聚」，云「又作『涿聚』」，云「又作『涿』」。

109 魯哀十一年　閩、監、毛本同。惠棟挍宋本「哀」下有「公」字。

110 是月也命大史節　惠棟挍云：「是月也」節、「是察」節，宋本合爲一節。

111 龜之繇文也　閩、毛本同。嘉靖本同。衛氏集説同。岳本同，改刊作「繇」。

112 是月也至吉凶　惠棟挍宋本有「吉」字。此本「吉」字脱，閩、監、毛本同。

113 事異於上立冬之日　監、毛本作「立」。此本「立」誤「位」，閩本同。

114 自大飲蒸　閩本同。惠棟挍宋本同。監、毛本「蒸」作「烝」，後倣此。

115 勞農講武　惠棟挍宋本作「勞」。此本「勞」誤「祭」，閩、監、毛本同。

116 正義曰是月大史之官　閩、監、毛本同。惠棟挍宋本無「正義曰」三字。

117 審卦吉凶者　閩、毛本同。監本「者」誤「著」。

118 而秦十月爲歲首　閩、監、毛本「而」作「謂」。

119 與周與上春釁龜　按，次「與」字當作「禮」。

120 故龜繇云釁之　閩、監、毛本作「云」，此本「云」誤「法」。

是察阿黨節

121 是察阿黨　閩、監、毛本同。岳本同。嘉靖本同。衛氏集説同。考文引古本、足利本作「是月也阿黨」。

122 是察至掩蔽　閩、監、毛本同。考文引宋板「察」作「月」。山井鼎云：「謹按，作『察』者，正合于經文矣。而宋板作『月』者，蓋經文本作『是月也，察阿黨』。而宋板以下諸本皆脱『月也』二字明矣。是亦足證古本之可據也。」按，山井鼎非也。上節正義云「從『命大史』至『無有掩蔽』，論釁祠龜筴，察阿黨，事異於上立冬之日，故別言『是月也』」，可見唐人據以作正義本，此節合於上節，不重出「是月也」三字。宋板疏標起止「是察」作「是月」，字偶誤耳，而考文引古本、足利本即據是改經文「是察阿黨」作「是月也察阿黨」，亦足見其作僞之端委矣。❼

123 是月也天子始裘節　惠棟挍云：「是月也天子始裘」節、「命有司曰」節、「坏城郭」節、「飭喪紀」節，宋本合爲一節。按，此節「命有司曰」上此本有「〇」，是別爲一節。閩、監、毛本去「〇」，是混爲一節。

124 謂府庫囷倉有藏物　閩、監本同。岳本同。嘉靖本同。衞氏集説同。毛本「藏」誤「財」。

125 命司徒循行積聚　閩、監、毛本同。岳本同。嘉靖本同。衞氏集説同。陳澔集説本「司徒」誤「有司」。石經考文提要云：宋大字本、宋本九經、南宋巾箱本、余仁仲本、劉叔剛本皆作「司徒」。

126 易舍萬象　惠棟挍宋本作「象」，此本「象」字模糊，閩、監、毛本「象」誤「物」。

127 陽歸於虛無　閩、監、毛本同。衞氏集説同。惠棟挍宋本「無」作「无」。

坏城郭節

128 脩鍵閉　閩、監本同。岳本同。嘉靖本同。衞氏集説同。毛本「脩」作「修」，石經同。

129 鍵牡閉牝也　閩、監、毛本如此，岳本同，嘉靖本同，衞氏集説同，釋文同，此本「牝」誤「牡」。

130 今月令疆或爲壟　閩、監本同。岳本同。嘉靖本同。考文引宋板同。毛本「爲」誤「謂」。

131 防擬盜賊　閩、監本同。衞氏集説同。

毛本「防」誤「仍」。

132 此物以鐵爲之　惠棟挍宋本如此，衛氏集説同。此本「此物」二字脱，閩、監、毛本同。

133 按檀弓注云　閩、監本同。毛本「注」誤「許」。

134 若云鄰里然也　閩、監本同。考文引宋板同。毛本「鄰」誤「鄉」。

135 每云牝飛及牝亡　閩、監、毛本同。惠棟挍宋本下「牝」作「牡」。盧文弨挍云上「牝」亦當作「牡」。

136 謂失其鏁須須則牡也　閩、監本同。考文引宋板同。毛本「鏁」誤「獵」，「牡」誤「者」。

137 謂掘溝壍　閩本同。惠棟挍宋本同。監、毛本「壍」作「塹」，衛氏集説同。

飭喪紀節

138 塋丘壟之大小　閩、監、毛本同。岳本同。嘉靖本同。衛氏集説同。考文引古本「大小」作「小大」，石經同。

139 高卑厚薄之度　閩、監、毛本同。岳本同。嘉靖本同。衛氏集説同。惠棟挍宋本「厚薄」作「薄厚」，石經同。

140 漢律列侯墳高四丈　閩本同。惠棟挍宋本同。監、毛本「丈」作「尺」，衛氏集説同。○按，作「尺」與鄭注家人合。

141 又注檀弓云　閩本同。惠棟挍宋本同。監、毛本作「又檀弓注云」，衛氏集説同。

是月也命工師節

142 按度程　閩、監、毛本同。岳本「按」作「案」，嘉靖本同，衛氏集説同，石經同。石經考文提要云：宋大字本、宋本九經、南宋巾箱本、余仁仲本皆作「案」。

143 以察其信　閩、監、毛本同。岳本同。衛氏集説同。嘉靖本「察」誤「祭」。

144 冬閉無事　閩、監本作「閉」，考文引宋板同，衛氏集説同。此本「閉」誤「閑」，毛本作「閒」。

145 謂於按此器舊來制度大小　閩、監、毛本同。浦鏜挍本「於」改「考」。

146 祭器尊云度　惠棟挍宋本同。閩、監、毛本「云」誤「也」。×

147 是月也大飲烝節　惠棟挍云：「是月」節、「天子」節、「勞農」節、「天子乃命將帥」節，宋本合爲一節。

148 天子諸侯與其羣臣飲酒於大學　閩、監本同。岳本同。嘉靖本同。衛氏集説同。考文引宋板、古本、足利本同。毛本「諸侯與其」誤倒作「與其諸侯」。

149 别之於他　閩、監、毛本同。岳本同。嘉靖本同。衛氏集説同。盧文弨挍本据豳風疏「他」改「燕」。

150 郡國以鄉飲酒禮代之　惠棟挍宋本同。宋監本同。岳本同。嘉靖本同。考文引足利本同。閩、監、毛本「郡」誤「羣」，衛氏集説同。

151 烝謂有牲體爲俎也　惠棟挍宋本作「烝」，考文引古本同。此本「烝」誤「燕」，閩、監、毛本同，岳本同，嘉靖本同，衛氏集説同。○按，正義亦作「烝」。

152 是頌大飲之詩　閩、監、毛本同。岳本同。嘉靖本同。衛氏集説同。盧文弨挍本据豳風疏「頌」上增「豳」字。

153 故宣十六年左氏云　閩、監、毛本同。惠棟挍宋本「氏」作「傳」。

154 臣下慶君命受福無疆也　閩、監、毛本同。浦鏜挍「命」改「會」。

天子乃祈來年于天宗節

155 謂大割牲以祠公社　閩、監、毛本同。惠棟挍宋本「祠」作「祀」。

156 以上公配祭　閩、監本同。衛氏集説同。毛本「公」誤「功」。

157 非但祭社　閩、監、毛本作「非」，衛氏集説同，此本「非」誤「祭」。

158 又祭門閭　惠棟挍宋本同。衛氏集説同。閩、監、毛本「又」誤「及」。

159 其臘先祖五祀　閩、監本同。毛本「祀」誤「社」。

160 故以大飲敘在祈年之前　閩、毛本同。衛氏集説同。監本「在」誤「其」。

161 以至六變而蜡祭　惠棟挍宋本作「至」。此本「至」作「致」，閩、監、毛本同。

162 下季冬云天之神　惠棟挍宋本作「冬」，衛氏集説同。此本「冬」誤「終」，閩、監、毛本同。

163 凡郊天之時日月從祀　閩、監、毛本如此，此本「時」誤「昨」，「祀」誤「相」。

164 仲秋獵得禽獸　閩、監本同。考文引宋板同。毛本「獵」誤「臘」。

165 月令殷禮言之　閩本、毛本同。監本「令」作「合」。

勞農以休息之節

166 一國之人皆若狂者　閩、監本同。毛本「狂」誤「在」。

167 是周亦有臘名也　閩本同。惠棟挍宋本同。監、毛本「也」誤「矣」。

天子乃命將帥節

168 夏小正十一月王狩　閩、監、毛本作「二」，岳本同，嘉靖本同，衞氏集說同，此本「一」誤「二」。×

169 孟冬行春令節　惠棟挍云：「孟冬」節、「行夏令」節、「行秋令」節，宋本合爲一節。

170 則涷閉不密　監、毛本同。岳本同。嘉靖本同。衞氏集說同。閩本「涷」誤「涑」，疏同。石經「涷」字殘闕。

行秋令節

171 天災也小兵時起　惠棟挍宋本如此。此本「小」上衍「○」，閩、監、毛本同。

172 按春秋說云　閩本同。惠棟挍宋本同。衞氏集說同。監、毛本「說」誤「記」。×

173 示威行伐也　閩、監本同。衞氏集說同。毛本「伐」誤「法」。×

174 仲冬之月節　惠棟挍云：「仲冬」節、「其日」節、「冰益壯」節、「命有司」節，宋本合爲一節。

175 昬壁五度中　監本作「壁」，衞氏集說同。此本「壁」誤「璧」，閩、毛本同。×

176 旦亢七度中　毛本同。衞氏集說同。閩、監本「旦」誤「三」。×

177 昬氏九度中　閩、監、毛本同。衞氏集說同。盧文弨挍本云：「氏」本作「室」，是。下有「晝漏」，則此亦當有「晝漏四十五刻六分」八字，然他月無之。

其日壬癸節

178 律中黃鍾　閩本同。岳本同。嘉靖本同。衞氏集說同。監、毛本「鍾」作「鐘」，石經同，餘放此，注疏放此。

179 黃五色莫盛焉　惠棟挍宋本作「莫」，

衛氏集説同。此本「莫」誤「黄」，閩、監、毛本同。

180 故陽氣始種於泉　閩、監本同。衛氏集説同。考文引宋板同。毛本「泉」誤「前」。○按，漢志「始」作「施」，「泉」上有「黄」字。

181 作事宣徧　閩本同。惠棟挍宋本同。監、毛本「宣」誤「宜」。

冰益壯節

182 鶡旦不鳴　閩、監、毛本同。岳本同。嘉靖本同。衛氏集説同。釋文出「曷旦」，云「本亦作『鶡』」。考文引古本「鶡」作「曷」，石經作「鶡鳥不鳴」。○按，説文「鶡」下云「山雉」，「鴠」下云「渴鴠」。段玉裁云：「渴鴠」當依月令作「曷旦」，淺人改之也。

命有司曰節

183 地氣沮泄　閩、監、毛本同。岳本同。嘉靖本同。衛氏集説同。石經作「地氣且洩」，考文引古本亦作「且」。山井鼎曰：「謹按，足利本字作『沮泄』，而其訓與『方』、『將』字同。由此觀之，則後誤作水旁且明矣。」石經考文提要曰：按，吕氏春秋作「且泄」，蓋一陽初生，方將萌動，亦承上「孟冬行春令則陽氣上泄也」。

184 是命告羣官事異於上　閩、監本同。考文引宋板同。毛本「上」誤「生」。

185 則孟冬云謹蓋藏是也　閩、監、毛本同。衛氏集説「云」作「之」。

186 爲陰氣凝固　閩、監本同。考文引宋板同。毛本「陰」誤「陽」。

187 以堅固汝閉塞之事　閩、監、毛本同。衛氏集説同。惠棟挍宋本「閉」作「所」。

188 令地沮泄　閩、監、毛本同。衛氏集説「地」下有「氣」字。

189 告有司云　惠棟挍宋本作「告」。此本

「告」誤「若」，閩、監、毛本同。

190 是月也命奄尹節　惠棟挍云：「是月」節、「乃命大酋」節、「天子」節、「山林」節、「是月」節、「芸始生」節、「日短」節、「行秋」節、「行春」節，宋本合爲一節。

191 審門閭　閩、監、毛本同。岳本同。嘉靖本同。衛氏集説同。石經同。浦鏜挍云：按，蔡氏邕云「宮中之門曰闈，閹尹之職也」。閭，里門，非閹主所主，當作「闈」。

192 幾出入及開閉之屬　惠棟挍宋本同。岳本同。閩、監、毛本「幾」作「譏」，嘉靖本同，衛氏集説同。

193 淫謂女功奢僞怪好物也　宋監本同。閩本同。惠棟挍宋本同。岳本同。嘉靖本、監、毛本「謂」誤「雖」。

194 命奄尹者謂正也　閩、監、毛本同。浦鏜挍云「者」下當脱「尹」字。

195 申重之政令　閩、監、毛本同。衛氏集説「之」作「其」。

196 務所質素　閩、監、毛本同。衛氏集説「所」作「在」。

197 此奄尹奄官之尹　惠棟挍宋本作「官」，此本「官」誤「宮」，閩、監、毛本同。

乃命大酋節

198 麴蘗必時　惠棟挍宋本作「蘗」，岳本同，嘉靖本同，衛氏集説同。此本「蘗」誤「蘖」，閩、監、毛本同。

199 火齋腥孰之調也　閩、監、毛本同。岳本同。嘉靖本同。衛氏集説同。考文引宋板「調」作「謂」，非。❽

200 湛熾必絜者湛漬也　惠棟挍宋本如此。此本「湛漬也」誤「香清也」，閩、監、毛本同。

201 此大酋監作　惠棟挍宋本作「監」。此本

「監」誤「證」，閩、監、毛本同。×

202 至春而爲酒者　惠棟挍宋本如此，此本「春」下衍「事」字，閩、監、毛本「事」作「時」。

203 證此十一月命大酋作酒之事　惠棟挍宋本同，是也。閩、監、毛本「命」作「令」。×

天子命有司節

204 此收斂尤急之時　閩、監、毛本同。岳本同。嘉靖本同。衞氏集説同。惠棟挍宋本無「之」字。

205 人有取者不罪　閩、監、毛本同。岳本同。嘉靖本同。衞氏集説同。惠棟挍宋本「不」作「公」，非。

206 縶收牛馬　閩、監、毛本同。岳本同。嘉靖本同。衞氏集説同。考文引足利本「收」作「牧」。按，正義云俗本作「牧」，定本作「收」。

山林藪澤節

207 故爲草木實也　惠棟挍宋本同。衞氏集説同。閩、監、毛本「實」誤「食」。×

208 藪澤蔬食蔆芡之屬　閩本「蔆」作「菱」，「芡」誤「茨」。監本「菱」字同，「芡」字殘闕。毛本亦作「菱」，「蔬」誤「蹠」。

是月也日短至節

209 蕩謂物動將萌牙也　惠棟挍宋本有「將」字，宋監本同，岳本同，考文引古本、足利本同。此本「將」字脱，閩、監、毛本同，嘉靖本同，衞氏集説同。盧文弨挍云：初學記作「謂物將萌牙者」，亦有「將」字也。

210 此言去聲色又相反　惠棟挍宋本同。宋監本同。岳本同。嘉靖本同。考文引足利本同。閩、監、毛本「反」作「違」，衞氏集説同。

211 此易乾鑿度文　閩、監、毛本同。浦鏜挍「乾鑿度」改「通卦驗」。惠棟挍云當是「通卦驗」。

芸始生節

212 水泉動潤上行　閩、監本同。岳本同。嘉靖本同。衛氏集說、考文引宋板同。釋文出「作行」。毛本「行」誤「下」。

213 以其俱香草　惠棟挍宋本作「俱」。此本「俱」誤「具」，閩、監、毛本同。✕

214 蚯蚓在穴　惠棟挍宋本作「在」，衛氏集說同。此本「在」誤「出」，閩、監、毛本同。✕

日短至節

215 十一月麋角隕墜是也　閩、監、毛本同。衛氏集說同。惠棟挍宋本「墜」作「墮」。

216 此所以助天地之閉藏也　惠棟挍宋本有「所」字，宋監本同，岳本同，考文引古本、足利本同。此本「所」字脱，閩、監、毛本同，嘉靖本同，衛氏集說同。

217 霜露之氣散相亂也　惠棟挍宋本作「露」，宋監本同，岳本同，衛氏集說同，考文引足利本同。此本「露」誤「降」，閩、監、毛本同，嘉靖本同。

行秋令節

218 酉宿直昴畢　惠棟挍宋本亦作「直」，岳本同，嘉靖本同，考文引古本、足利本同。閩、監、毛本「直」作「值」，衛氏集說同。❾

219 子宿直虛危　惠棟挍宋本同。岳本同。嘉靖本同。考文引古本、足利本同。閩、監、毛本「直」作「值」，衛氏集說同。

220 虛危內有瓜瓠　閩、監、毛本同。岳本同。嘉靖本同。衛氏集說同。惠棟挍宋本無「虛危」二字。✕

221 兵亦軍之氣　閩、監、毛本同。岳本同。嘉靖本同。衛氏集說「軍」作「金」，考文引古本「軍」作「畢」。○按，集說是也。

行春令節

222 孚甲之象　閩、監、毛本同。惠棟挍宋本、宋監本並作「孚甲象也」，岳本同，嘉靖本同。衛氏集説作「孚甲之象也」，考文古本同。

223 季冬之月節　惠棟挍云：「季冬」節、「其日」節、「鴈北鄉」節、「天子」節、「征鳥」節、「乃畢山川」節、「是月」節、「冰方盛」節、「冰以入」節、「命樂師」節、「乃命」節，宋本合爲一節。

224 日在牛三度　閩、監、毛本同。衛氏集説同。盧文弨挍從本書「日」上增「小寒」二字。

225 昏奎十五度中　毛本作「奎」，衛氏集説同。此本「奎」誤「金」，閩、監本同。　✕

226 旦氏十三度中　閩、監本同。衛氏集説同。毛本「中」字闕。　✕

其日壬癸節

227 則爲一百四　惠棟挍宋本有「爲」字，衛氏集説同。此本「爲」字脱，閩、監、毛本同。

228 宣氣而聚物　閩、監、毛本同。浦鏜挍「聚」改「牙」。○按，浦鏜是也，作「聚」與漢志不合。

鴈北鄉節

229 鴈北鄉　閩、監本同。岳本同。嘉靖本同。衛氏集説同。石經同。毛本「鴈」作「雁」，疏放此。

230 鵲始巢　閩、監、毛本作「巢」，岳本同，嘉靖本同，衛氏集説同，石經同，此本「巢」誤「其」。

231 雉雊雞乳在立春節　閩、監本同。考文引宋板同。毛本「雊」誤「惟」。

天子居玄堂右个節

232 出土牛以送寒氣　閩、監本同。岳本同。嘉靖本同。衛氏集説同。毛本「牛」誤「地」。

233 今難去陰氣　閩、監、毛本同。考文引宋板「今」作「令」。

234 又土能刻水　考文引宋板同。閩、監、毛本「刻」作「克」，衛氏集説同。

235 持水之陰氣　惠棟挍宋本作「持」。此本「持」誤「特」，閩、監、毛本同，衛氏集説同。

236 墳四星在危東南　閩、監、毛本同。衛氏集説同。盧文弨挍云「墳」下當有「墓」字。

237 以此季冬大難爲不及民也　閩、監、毛本同。惠棟挍宋本「此」作「比」。

238 今鄭注論語鄉人難云　惠棟挍宋本亦作「難」，閩本同，監、毛本「難」作「儺」。

征鳥厲疾節

239 某氏云　閩本同。惠棟挍宋本作「某氏曰」。監、毛本作「樊光云」，衛氏集説同。⑩

240 則鷞鳩之謂也　閩、監本同。考文引宋板同。毛本「鳩」字脱。

乃畢山川之祀節

241 司中司命風師雨師　閩、監、毛本同。岳本同。嘉靖本同。衛氏集説同。考文引古本、足利本「雨師」下有「之屬是」三字。

242 則一變而致羽物山林之祇　惠棟挍宋本同。閩、監、毛本「祇」誤「祈」。

243 再變而致鱗物川澤之祇　閩、監本同。考文引宋板同。毛本「祇」誤「祈」。

244 但孟月其文不具　閩、監、毛本「月」作「冬」。

245 故鄭先云孟月祭宗　閩、監本同。毛本「鄭先」二字倒。

是月也命漁師節

246 此時魚絜美　宋監本亦作「絜」，惠棟挍宋本同，疏標起訖同，岳本同，嘉靖本同。閩、監、毛本「絜」作「潔」，衛氏集説同。

247 是其常事　毛本同。閩、監本「常」誤「嘗」。×

冰方盛節

248 腹厚至無堅　閩、監、毛本同。惠棟挍宋本「無堅」作「謂虚」。

249 是北方七宿之道　閩、監本同。衛氏集説同。考文引宋板同。毛本「七」誤「也」。×

冰以入節

250 脩耒耜　閩、監本同。岳本、衛氏集説同。毛本「脩」作「修」，嘉靖本同，石經同。

251 雖有鎡錤　閩、監、毛本同。惠棟挍宋本「錤」作「基」，衛氏集説同。

命樂師節 ×

252 與族人大飲　閩、監、毛本作「飲」，岳本同，嘉靖本同，衛氏集説同，此本「飲」誤「飭」。×

253 大傳云　閩、監、毛本作「大」，此本「大」誤「失」。×

254 以一年頓停　閩、監、毛本作「頓」，衛氏集説同，此本「頓」誤「頼」。×

255 云凡用樂必有禮　閩、監、毛本如此，此本「云凡」誤「去此」。×

256 謂卿大夫士　惠棟挍宋本同。閩、監、毛本「謂」誤「爲」。×

乃命四監節

257 薪施炊爨　閩、監、毛本作「爨」，岳本同，衛氏集説同。此本「爨」誤「釁」，嘉靖本同，釋文出「炊爨」。

258 證薪是麄大可析之物　閩、監本同。毛本「析」誤「折」。×

259 是月也日窮于次節　惠棟挍云：

「是月也」節、「歲且」節、「天子」節、「乃命大史」節、「乃命同姓」節、「命宰」節、「凡在」節、「季冬」節、「行春」節、「行夏」節，宋本合爲一節。

260 月窮于紀　閩、監本同。岳本同。嘉靖本同。衛氏集説同。石經同。毛本「紀」誤「幾」。

261 皆周匝於故處也　閩、監、毛本同。岳本同。嘉靖本同。衛氏集説同。惠棟校宋本「匝」作「帀」，宋監本同。又各本俱作「處」，此本「處」誤「度」。

262 紀會也　閩、監、毛本同。岳本同。嘉靖本同。衛氏集説同。考文引古本「會」上有「猶」字。盧文弨校云初學記同。○按，考文所據古本非取諸正義，即取諸唐宋人類書，此其一也。

263 每月移次他辰　惠棟校宋本作「月」，衛氏集説同。此本「月」誤「引」，閩、監、毛本同。

264 每日雖周天一匝　閩、監、毛本作「匝」，衛氏集説同，惠棟校宋本作「帀」，此本「匝」誤「而」。

歲且更始節

265 此月令之内　閩、監、毛本作「此」，衛氏集説「此」誤「凡」，此本「此」誤「日」。

天子乃與公卿大夫節

266 飭國至殷也　閩、監、毛本同。惠棟校宋本「殷也」作「夏殷」。

267 以王者損益　閩、監本同。衛氏集説同。毛本「王」字殘闕。

乃命大史節

268 乃命太史　閩本同。嘉靖本同。監、毛本「太」作「大」，岳本同，衛氏集説同。

269 此所與諸侯共者也　閩、監本同。岳本同。嘉靖本同。衛氏集説同。毛本「者」誤

「之」，考文引宋板亦作「者」。

270 乃命至之饗　閩、監、毛本同。惠棟挍宋本「饗」作「享」。

271 來歲方祭祀須犧牲　惠棟挍宋本如此。此本「方祭」下誤重「方祭」二字，閩、監、毛本同。衛氏集説作「來歲祭祀所須犧牲」。

272 犧牲出諸侯之國　閩、監本同。考文引宋板同。毛本「侯」誤「使」。×

273 專王之土　監本同。衛氏集説同。閩本「土」誤「士」，毛本「土」誤「上」。×

命宰歷卿大夫節

274 土田之數　閩、監本同。岳本同。嘉靖本同。衛氏集説同。毛本「土」誤「士」。

275 准土田多少之數　閩本同。惠棟挍宋本同。監、毛本「准」作「準」，衛氏集説同。

凡在天下九州之民者節

276 凡在天下九州之民者　各本同。坊本「州」誤「川」。

行春令節

277 此月物甫萌牙　閩、監本同。岳本同。嘉靖本、衛氏集説同。毛本「牙」作「芽」，疏放此。

278 謂惡之甚也　閩、監本同。衛氏集説同。考文引宋板同。毛本「甚」誤「盛」。

279 禮記正義卷第二十五終　惠棟挍宋本此行在疏「冰凍消釋地災也」之後，又記云凡二十七頁。[11]

280 禮記卷第五經四千三百三十九字注五千三百六十一字　宋監本。×

17—281 禮記卷第五經五千九十一字注九千六百六十三字　嘉靖本。×

校記

❶南昌本「器」作「氣」。

❷南昌本「小民」無「民」字。

❸南昌本出文「既」作「謂」。校語移「閩、監、毛本同」一句於「惠棟挍宋本」句上，「作既」上有「謂」，無「此本既作謂」。

❹南昌本「㩘」作「犧」。

❺南昌本出文改作「正歲縣治象之法于象魏」，上提一格。校語「此行在疏正歲縣治象之法于象魏是也之下」改作「此下標禮記正義卷第二十四終」。

❻南昌本下有校語「惠棟挍宋本自此節起至月令終爲第二十五卷，卷首題禮記正義卷第二十五」。

❼南昌本「合於上節」作「合爲上節」。

❽南昌本出文「齋」作「齊」。

❾南昌本校語下有「下直虛危同」。

❿南昌本「閩」下有「監」字，無「光」字。

⓫南昌本出文改作「附釋音禮記注疏卷第十七終」，上提三格。校語「此行在疏冰凍消釋地災也之後」改作「禮記正義卷第二十五終」，無「又」字，「頁」下有「宋監本禮記卷第五，經四千三百三十九字，注五千三百六十一字。嘉靖本禮記卷第五，經五千九十一字，注九千六百六十三字」。

禮記注疏校勘記卷十八

18—001 禮記正義卷第二十六 惠棟挍宋本。❶

002 曾子問第七 此本「第七」二字脱，各本有。

曾子問曰君薨而世子生節

003 命毋哭 閩、監本同。石經同。岳本同。衛氏集説同。毛本「毋」誤「母」，嘉靖本同。

004 几筵於殯東 閩、監、毛本同。岳本同。衛氏集説、嘉靖本「殯」誤「賓」。

005 彼爲父在始生未命 閩、監本同。毛本「爲」誤「謂」。

006 明卿大夫等不裨冕也 閩、監、毛本同。惠棟挍宋本「夫」下有「士」字。

007 於西階南注 閩本同。惠棟挍宋本同。監、毛本「注」作「〇」。

008 丈夫即位于門外 惠棟挍宋本同。閩、監、毛本「丈」誤「大」。

009 若君喪大斂 閩本同。惠棟挍宋本同。監、毛本「喪」誤「哭」。

010 衮衣者裨之上也 惠棟挍宋本同。閩、監、毛本「也」誤「者」。

011 謂噫歆之聲三所出警神也 閩、監、毛本同。浦鏜挍「出」改「以」。

012 升奠幣于殯東几上哭降者 閩、監本「東」誤「事」。毛本「几」誤「凡」。

013 按阮諶禮圖云 閩、監、毛本作「諶」，此本「諶」誤「繼」。

014 天子下室喪奠有素几 閩、監、毛本作「喪」，此本「喪」誤「稂」。

015 未虞施几筵常於下室　閩、監、毛本如此，此本「几筵常」誤「又几筵」。

016 今按既夕禮　惠棟挍宋本作「既」。此本「既」誤「朝」，閩、監、毛本同。

017 凡喪事右素几　閩、監本同。毛本「凡」作「几」。

018 喪事謂几奠也　閩、監本同。毛本「几」作「凡」，下「謂几」、「奠几」二「几」字同。

019 然殯宮几筵爲朝夕之奠　閩、監、毛本作「几」，此本「几」誤「用」。按，上文亦有「然殯宮几筵」句。

020 故於常几筵之外　閩、監、毛本作「常」，此本「常」誤「宮」。

021 父兄堂下北面　閩、監本同。毛本「北」誤「比」。

022 故先哭後奠　惠棟挍宋本作「故」，此本「故」誤「設」，閩、監、毛本同。

023 所以小宰舉幣　閩本同。監、毛本「以」誤「主」。

024 凡祭祀贊王幣爵之事　惠棟挍宋本作「王」。此本「王」誤「玉」，閩、監、毛本同。○按，作「王」是也，詳周禮挍勘記。

三曰衆主人節

025 宰宗人詔贊君事者　閩、監、毛本作「詔」，岳本同，嘉靖本同。此本「詔」誤「語」，衞氏集説「詔」字無，通典六十八亦作「宰宗人詔贊君事者」。

026 祝聲三曰　閩、監、毛本同。岳本同。嘉靖本同。衞氏集説同。石經同。考文引宋板、古本、足利本「曰」上有「告」字，通典引無「告」字。

027 降東反位皆祖　閩、監、毛本如此，岳本同，嘉靖本同，衛氏集説同，石經同。此本「東」誤「秉」，「袒」誤「祖」。

028 成子禮也　閩、監、毛本作「禮」，岳本同，嘉靖本同，衛氏集説同，此本「禮」誤「證」。

029 正義曰此一節　惠棟挍宋本如此。此本「此」上衍「云」字，閩、監、毛本同。

030 初告生已用　毛本作「已用」。此本「用」誤「月」，閩、監本同。

031 以經云如初　閩、監、毛本作「以」，此本「以」作「此」。

032 此大宰大宗等　閩、監本同。考文引宋板同。毛本誤倒作「大宗大宰」。

033 明其時當在堂　毛本同。閩、監本「明」誤「名」。

034 於時大宰大宗　閩、監本同。考文引宋板同。毛本「時」作「是」。

035 祝在子之西而北面當殯之東南　閩、監本同。衛氏集説同。毛本「而北」二字誤倒。

036 若其須詔相之時　閩、監本同。毛本「詔」誤「召」，考文引宋板亦作「詔」。

037 或就子前而西面也　惠棟挍宋本作「面」。此本「面」誤「南」，閩、監、毛本同。

038 前告主哀甚　閩、監、毛本同。考文引宋板「主」作「生」。○按，即指前「某之子生敢告」是也。

039 故亦祝宰宗人在堂上北面哭　閩、監、毛本如此，此本「北面」誤「皆曰」。❷

曾子問曰如已葬而世子生節

040 告生也　閩、監、毛本同。岳本同。嘉靖本同。衛氏集説同。考文引古本「生」作「主」，據正義當作「主」。

041 以交神明葬竟又服受服　惠棟挍宋本作「明」，衛氏集説同。此本「明」誤「用」，閩、監、毛本同。

042 喪之大節更畢　閩、監本「節更」作「事便」，毛本「節」作「事」，「更」字同，衛氏集説「節更」作「事既」。

043 亦無復有此事　按，「此」字衍文。

044 則攝主不復與羣臣列位西階下　惠棟挍宋本作「復」。此本「復」誤「服」，閩、監、毛本同，衛氏集説同。

045 不云束帛者　閩、監本作「束」，考文引宋板同。此本「束」誤「執」，毛本同。

046 三人例是升者　閩、監、毛本如此，此本「人例」誤「不自」。×

047 葬後神事之　閩、監本同。衛氏集説同。此本「神事」二字倒，毛本同。

048 三日不見也　惠棟挍宋本作「日」。此本「日」誤「月」，閩、監、毛本同。

049 其成服衰絰　閩、監、毛本如此，此本「成」字闕。

050 前三日名之　閩、監、毛本作「名」，此本「名」誤「明」。×

051 故三日因名之　閩、監、毛本同，惠棟挍宋本「之」下有「也」字。

孔子曰諸侯適天子節

052 聘禮曰出祖釋軷　閩、監、毛本有「曰」字，岳本同，嘉靖本同，衛氏集説同，此本「曰」字脱。

053 論諸侯朝覲天子將出之禮　閩、監、毛本有「覲」字，衛氏集説同，此本「覲」字脱。

054 與此相類　閩、監本同。毛本「與」誤「于」。×

055 明諸侯將行　閩、監、毛本作「將」，衛氏集說同，此本「將」誤「弱」。

056 喪禮有毀宗躐行　閩、監、毛本如此，此本「毀」字闕，「宗」誤「注」。

057 燔烈其肉爲尸羞　監、毛本作「燔」，此本「燔」誤「䊩」，閩本誤「膰」。

058 故犬人云　閩、監本同。毛本「犬」誤「大」。

059 謂諸侯也　閩、監本同。毛本「謂」誤「爲」。

060 既行祭軷竟　閩、監、毛本如此，此本「軷」字闕。

061 馭下祀　監本誤「祀」，惠棟挍宋本「祀」作「祝」，與周禮合。

062 及登酌僕　閩、監、毛本作「酌」，此本「酌」字闕。閩、監本「登」字同，考文引宋板亦作「登」。毛本「登」字作「祭」，依周禮改。

063 祭軓乃飲　惠棟挍宋本作「軓」，此本「軓」誤「議」，閩、監、毛本「軓」誤「軹」。

064 軓謂車軾前是也　閩、監本同。毛本「軓」誤「軌」，又閩、監、毛本作「軾」，此本「軾」誤「軔」。

065 義或然也壇名山　閩、監、毛本如此，此本「或」、「山」二字闕。

066 此義爲勝也　閩、監、毛本如此，此本「此」誤「注」，「勝」誤「新」。

067 理不客殊　閩、監本同。惠棟挍宋本「客」作「容」，毛本同，「理」作「禮」。

曾子問曰並有喪節

068 遂脩葬事　閩、監本同。岳本同。衛氏集說同。毛本「脩」作「修」，嘉靖本同，石經同。

069 其虞也先重而後輕　閩、監本同。石經同。嘉靖本同。岳本同。衛氏集説同。考文引宋板、古本、足利本同。毛本「虞」誤「處」。

070 先葬母之時　惠棟挍宋本作「葬」。此本「葬」誤「喪」，閩、監、毛本同。衛氏集説亦作「先葬母」。

071 不於殯宮爲父設奠　閩、監本同。衛氏集説同。毛本「設」誤「喪」。

072 不朝夕更改新奠　閩、監本同。衛氏集説同。毛本「朝夕」作「哀次」。

073 次謂大門外之右　閩、監本同。衛氏集説同。考文引宋板同。毛本「大」誤「之」。×

074 孝子悲哀　閩、監本作「悲」，衛氏集説同，考文引宋板同。此本「悲」字闕，毛本「悲」誤「告」。

075 故行葬母之時出門外　惠棟挍宋本如此。此本「出」字闕，「外」字脱，閩、監、毛本「外」字亦脱，又毛本「門」誤「行」。❸

076 其重喪在殯　閩、監、毛本作「喪」，此本「喪」誤「後」。×

077 即陳葬事設盥陳鼎　惠棟挍宋本同。閩、監本「葬」誤「喪」，毛本同，「盥」字闕。×

曾子問曰將冠子節

078 徹饌而埽　毛本同。石經同。岳本同。嘉靖本同。衛氏集説同。閩、監本「埽」誤「歸」，釋文出「徹饌埽」。

079 若是大門内之喪則廢　閩、監、毛本作「大」，此本「大」誤「同」。×

080 設醴以禮冠者之身　閩、監本同。毛本「禮」誤「醴」。×

081 以初欲迎賓之時　閩、監、毛本作「初」，此本「初」誤「禮」。×

082 今忽聞喪　閩、監本同。毛本「忽」誤「復」。

083 令使清絜更新　閩、監本同。毛本亦作「令」，「絜」作「潔」，衛氏集説同。惠棟挍宋本「令」作「今」。

084 孔子言冠日尚遠　閩、監本同。毛本「日」誤「者」。

085 不可除喪更改爲吉冠也　閩、毛本同。監本「吉」誤「言」。

086 又釋父没加冠之禮　閩、監本作「加」，毛本「加」誤「既」，此本「加」字闕。

087 醴子之後始醴賓　閩、監本作「之」，考文引宋板同。此本「之」字闕，毛本「之」誤「者」。

088 廢謂子身冠廢　惠棟挍宋板作「廢」，閩、監、毛本「廢」誤「發」，此本闕。

089 按士冠禮　閩本同。惠棟挍宋本同。監、毛本「禮」誤「醴」。

090 雖適子與庶子同用醮　惠棟挍宋本作「同」。此本「同」誤「可」，閩、監、毛本同。

091 雖在周前因而用也　惠棟挍宋本作「因」，續通解同。此本「因」誤「同」，閩、監、毛本同。

092 云不醴明不爲改冠者　閩、監、毛本「不爲」二字倒。

093 按士冠禮云若孤子　惠棟挍宋本同。閩、監、毛本「冠」誤「喪」。

曾子問曰祭如之何節

094 尸既席坐　閩、監本同。毛本「既」作「即」。○按，作「即」與特牲饋食禮合。

095 祝酌授尸　閩、監本同。毛本「授」誤「受」。

096 **尸以酢主人**　按，儀禮「酢」作「醋」。注云「醋，報也。古文『醋』作『酢』」，是經文作「醋」不作「酢」也，下同。

097 **主婦酌獻祝**　閩、毛本同，惠棟挍宋本亦作「主」，監本「主」誤「王」。×

098 **北面酬賓酬賓訖**　閩、監、毛本同。惠棟挍宋本「酬賓」二字不重。

099 **曾子問曰大功之喪節**　惠棟挍云：「曾子問曰相識有喪服」以下宋本另爲一節。按此本「以下者曾子問曰」上有「○」，閩、監、毛本無。

100 **士則朋友奠**　閩、監、毛本同。石經同。岳本同。嘉靖本同。衛氏集説同。釋文出「士則朋友」，云「一本作『士則朋友奠』」，正義有「奠」字。

101 **非此之謂也**　閩、監本同。毛本「此」誤「所」。×

102 **非月半之殷奠也**　考文引宋板同。閩、監、毛本「月半」二字倒。

103 **斬衰既練乃祭**　閩本同。惠棟挍宋本同。監、毛本「乃」誤「及」。×

曾子問曰廢喪服節

104 **爲其忘哀疾也**　閩、監、毛本同。岳本同。嘉靖本同。衛氏集説同。續通解「疾」作「戚」。

105 **曾子至可也**　惠棟挍宋本無此五字。

106 **不得即與他人饋奠之事**　惠棟挍宋本有「即」字，衛氏集説同。此本「即」字脱，閩、監、毛本同。

曾子問曰昏禮既納幣節

107 **女氏許諾而弗敢嫁**　閩本同。惠棟挍宋本同。石經同。岳本同。嘉靖本同。衛氏集説同。監、毛本「弗」誤「不」。石經考文提要云：宋大字本、宋本九經、南宋巾箱本、余仁仲本、劉叔剛本、三禮攷注、九經誤字皆作「弗」。

108 謂若彼家死者之身　惠棟挍宋本作「若」。此本「若」誤「名」，閩、監、毛本同。

109 來迎魯公之女而爲婦　惠棟挍宋本作「婦」。此本「婦」誤「歸」，閩、監、毛本同。

110 伯姬遣使來弔　閩、監本同。毛本「來」誤「而」。×

111 此家父不在　閩本同。惠棟挍宋本「在」作「存」，監、毛本「在」誤「亡」。

112 亦以彼初葬訖　閩本同。惠棟挍宋本同。監、毛本「彼」作「被」。

曾子問曰親迎女在塗節 ×

113 嫁服者士妻褖衣　閩、監、毛本作「士」，此本「士」誤「事」。×

女在塗節

114 喪服期云女子子在室爲父箭笄　閩、監本同。毛本「期」誤「記」，「父」下衍「母」字。

孔子曰男不入節

115 重世變也　閩本同。惠棟挍宋本同。岳本同。嘉靖本同。衛氏集說同。監、毛本「世」誤「時」。

116 聞壻家有齊衰大功之喪　閩本同。衛氏集說同。監、毛本「喪」誤「服」。×

117 改其親迎之服　監、毛本作「迎」，衛氏集說同。此本「迎」誤「近」，閩本同。

三月而廟見節

118 婦有供養之禮　閩、監、毛本同。岳本同。嘉靖本同。釋文同。惠棟挍宋本「供」作「共」，宋監本亦作「共」，衛氏集說同。

119 歸葬于女氏之黨　閩、監本同。石經同。岳本同。嘉靖本同。衛氏集說同。毛本「于」誤「於」。

120 取女有吉日而女死如之何　閩、監、毛本同。石經同。岳本同。嘉靖本同。衛氏集説同。考文引宋板、古本、足利本「如」上有「則」字。

121 正義曰此謂舅姑亡者　惠棟挍宋本無「正義曰」三字。

122 至三月乃奠菜於舅姑之廟　惠棟挍宋本同。閩、監、毛本「至」字脱。

123 若舅姑偏有没者　閩、監、毛本作「偏」，衛氏集説同，此本「偏」誤「徧」。　×

124 將反葬於女氏之黨　閩、監本同。衛氏集説同。考文引宋板同。毛本「反」誤「及」。

125 及止哀次　閩、監本同。毛本「止」誤「上」。　×

126 壻於女未有期之恩　閩、監本同。毛本「於」誤「以」，考文引宋板亦作「於」。

曾子問曰喪有二孤節

127 及反藏諸祖廟　惠棟挍宋本作「藏」，宋監本同，石經同，岳本同，衛氏集説同，考文引古本、足利本同。此本「藏」誤「葬」，閩、監、毛本同，嘉靖本同。石經考文提要云：宋大字本、劉叔剛本、至善堂九經本皆作「藏」。

128 以魯哀公二年夏卒　閩、毛本同。岳本同。嘉靖本同。衛氏集説同。監本「魯」誤「曾」。　×

129 桓公名小白作霸主　惠棟挍宋本同。閩本同。監、毛本「霸」誤「僞」。　×

130 言作假主以行　閩、監本同。毛本「作」誤「則」。　×

131 舉兵爲南伐楚　按，「爲」當作「謂」。

132 此孔子荅曾子之時　閩、監、毛本「此」作「以」。

* 行之以以否　補：案，兩「以」字誤重。

133 畏季子之威　閩、監、毛本同。考文引宋板「季」作「康」，衛氏集説亦作「畏康子」。

曾子問曰古者師行節

134 載于齊車　閩、監本同。石經同。岳本同。嘉靖本同。衛氏集説同。毛本「于」誤「於」。×

135 齊車金路　閩、監本同。岳本同。嘉靖本同。衛氏集説同。毛本「路」作「輅」。按，釋文云「齊車，祭祀所乘金輅也」，毛本依釋文改。○按，作「路」是也，輅者，車之一名耳。

136 蹕止行也　閩、監、毛本同。嘉靖本同。衛氏集説同。惠棟挍宋本「也」作「者」，岳本同，考文引古本同，足利本作「者也」。

137 告于祖禰　閩、監本同。石經同。岳本同。嘉靖本同。衛氏集説同。毛本「于」誤「於」，下「載于齊車」同。

138 曾子至命也　惠棟挍宋本無此五字。

139 陳國苦縣賴鄉曲仁里也　閩、監、毛本同。浦鏜挍云「里」下脱「人」字。

140 此實凶事而云象者　惠棟挍宋本有「者」字。此本「者」字脱，閩、監、毛本同。

141 以其祫祭於祖　閩、監本同。考文引宋板同。毛本「祖」誤「主」。×

142 若王入大祖廟中　閩、監、毛本同。衛氏集説「王」作「主」。

143 似壓於尊者也　閩、監、毛本同。衛氏集説「似」作「以」。

144 而後始就停舍之處　閩、監本同。考文引宋板同。毛本「就停」誤「將行」。×

145 埋諸兩階之間　閩、監本同。毛本「諸」誤「在」。×

146 即埋之兩階之間　閩、監、毛本同。惠棟挍宋本無下「之」字。

147 若將所告遠祖幣玉行者　惠棟挍宋本作「若」，衛氏集說同。此本「若」誤「告」，閩、監、毛本同。

148 不陳幣玉也　惠棟挍宋本同。衛氏集說同。監本「玉」誤「王」，毛本「玉」字闕。

子游問曰喪慈母節

149 猶無戚容　閩、監本同。衛氏集說同。考文引宋板、古本同。毛本「猶」作「又」。岳本亦作「猶」，「戚」作「慼」，嘉靖本同，考文引足利本同。○按，依說文當作「慽」，从忄，戚聲，「戚」爲「慽」之假借字也。

150 大夫以下所使妾無子者　閩、監本同。惠棟挍宋本「所」下有「父」字，毛本同。❹

151 故知此慈母如母　惠棟挍宋本作「知」。此本「知」誤「乃」，閩、監、毛本同。

152 其大夫及公子適妻子亦三母　考文引宋板同。閩、監、毛本「三」誤「二」。×

153 云謂之慈母　閩、監本同。毛本「謂」誤「爲」。×

154 得爲巳母大功也　閩、監、毛本同。惠棟挍宋本「巳」作「己」，是也。

155 則其母厭屈　閩、監、毛本「厭」作「壓」，衛氏集說同。×

156 本應三年　閩、監本同。毛本「應」字闕。×

157 故今還練冠　惠棟挍宋本作「還」。此本「還」誤「應」，閩、監、毛本同，衛氏集說同。

158 蓋謂庶子上爲其母　閩、監本同。毛本「上」作「王」。

曾子問曰諸侯旅見天子節

159 既陳謂夙興　閩、監本同。岳本同。嘉靖本同。衛氏集説同。考文引宋板同。毛本「陳」誤「成」。

160 曾子至則廢　惠棟挍宋本無此五字。

161 餘廟有火亦廢朝　監、毛本作「亦」。此本「亦」誤「赤」，閩本同。

162 言充其陽也　惠棟挍宋本作「充」，此本「充」字闕。閩、監、毛本「充」作「助」，衛氏集説同。浦鏜挍云穀梁傳作「充」。

163 食可知也　惠棟挍宋本作「也」，此本「也」字闕，閩、監、毛本「也」作「矣」。

164 馳走者救日之備也　惠棟挍宋本作「日」。此本「日」誤「者」，閩、監、毛本同。

165 此經曰后夫人之喪　閩、監、毛本同。惠棟挍宋本「曰」作「云」。

166 故云君之夫人　監、毛本如此，惠棟挍宋本同。此本誤作「故云天子之夫人」，閩本同。❺

167 假令在後堂朝　閩、監、毛本同。考文引宋板「堂」作「當」。

168 謂通取中央而言之　閩、監本同。毛本「謂」誤「故」。

169 在未殺牲之前　惠棟挍宋本作「在」，衛氏集説同。此本「在」字闕，閩、監、毛本「在」作「是」。

170 於時筵尸於户外殺牲薦血毛行朝踐之禮　惠棟挍宋本如此。閩、監、毛本「筵」誤「迎」，「殺牲」誤「親割」，「毛」誤「而」。此本「筵」、「殺牲」、「毛」四字闕。

171 更迎尸入坐於奥　惠棟挍宋本作「更」，衛氏集説同。此本「更」字闕，閩、監、毛本「更」誤「及」。

172 祀五帝納亨　惠棟挍宋本作「亨」，衛氏集説同。此本「亨」誤「享」，閩、監、毛本同，下「納亨」同。

173 亦得爲祭初不迎尸也　閩、監本同。毛本「亦」誤「乃」。

×

18—174 禮記正義卷第二十六終　惠棟校宋本此行在疏「亦得爲祭初不迎尸也」之後，記云凡三十三頁。❻

校記

❶南昌本出文改作「附釋音禮記注疏卷第十八」，上提三格。校語下有「禮記正義卷第二十六」。

❷南昌本出文「北面」作「皆曰」。校語「如此」作「皆曰作北面」，無「此本」下「北面」，「誤」下「皆曰」改作「也」。

❸南昌本校語「門」作「外」。

❹南昌本校語「下」作「上」。

❺南昌本出文「君」作「天子」。校語「如此」作「君之夫人」，「誤作故云天子之夫人」作「君作天子，非也」，「閩本同」作「天子閩本亦誤」。

❻南昌本出文改作「附釋音禮記注疏卷第十八終」，上提三格。校語「此行在疏亦得爲祭初不迎尸也之後」改作「禮記正義卷第二十六終」。

禮記注疏校勘記卷十九

19—001 禮記正義卷第二十七　惠棟挍宋本。❶

曾子問　天子崩未殯節

002 自啓至于反哭　閩、監本同。岳本同。嘉靖本同。石經同。毛本「于」誤「於」，衛氏集説同，疏倣此。

003 畢獻祝而後止　閩、監本同。岳本同。嘉靖本同。衛氏集説同。毛本「畢獻祝」作「祝畢獻」。

004 俎豆既陳　閩、監本同。石經同。岳本同。嘉靖本同。衛氏集説同。考文引宋板、古本、足利本同。毛本「既」誤「及」。

005 自薨比至于殯　閩、監本同。石經同。岳本同。嘉靖本同。衛氏集説同。毛本「于」誤「於」，下「至于反哭」同，後凡「于」字倣此。

006 天子至天子　監本作「至天子」，惠棟挍宋本作「至而已」。

007 天子諸侯祭禮既亡　閩、毛本同。監本「亡」誤「盛」。×

008 祝延尸于奥　惠棟挍宋本作「祝」，衛氏集説同。此本「祝」誤「祀」，閩、監、毛本同。

009 鄭注少牢云士九飯　閩、監本同。衛氏集説同。毛本「士」誤「十」。×

010 以初崩哀慼　惠棟挍宋本作「慼」，衛氏集説同。此本「慼」誤「感」，閩、監、毛本同，通典五十二引作「以初崩哀戚」。

011 三飯不侑酳　惠棟挍宋本有「侑」字。此本「侑」字無，閩、監、毛本同。

012 謂迎尸入奧之後　閩、監、毛本作「迎」，此本「迎」誤「近」。

013 唯祭天地社稷爲越紼而行事　考文引宋板有「祭」字。此本「祭」字脱，與王制不合，閩、監、毛本同。

014 何趙商之意葬時郊社之祭不行　閩、監、毛本同。惠棟挍宋本「何趙商之意」五字作「既云」二字。

015 自啓反哭當辟此郊社之日　閩、監、毛本同。浦鏜挍云「啟」下脱「至」字。

016 故不爲越紼也　閩、監本同。毛本「也」誤「出」。

017 此釋詁文　閩、監本同。毛本「詁」誤「詰」。

018 謂諸侯五祀亦如天子　閩、監本同。考文引宋板同。毛本「五」誤「大」。

019 得奉循天子者也　閩、監、毛本同。惠棟挍宋本無「者」字。

曾子問曰大夫之祭節

020 主人酌酒酳尸　閩本作「酳」，惠棟挍宋本同，衞氏集説同。此本「酳」字闕，監本、毛本「酳」誤「獻」。

021 小功與緦麻　閩、監本同。毛本「與」誤「於」。

022 其祭尸十一飯訖　監、毛本如此。此本「十」上誤衍一「○」，閩本同。

023 佐食在室中户西北面　閩本同。監、毛本「户」誤「尸」。

024 此謂鼎俎既陳臨祭之時　閩、監本

同。毛本「臨」誤「器」。 ×

曾子問曰大夫士有私喪節❷

025 曾子至禮也　惠棟挍宋本無此五字。

026 主人謂適子仕官者　閩、監、毛本同。衛氏集説「官」作「宦」。下「支子仕官」同。

027 曾子問曰父母之喪節　惠棟云：「曾子問曰父母」節、「孔子曰先王」節，宋本合爲一節。

028 曾子問曰　惠棟挍宋本有「問」字，石經同，岳本同，嘉靖本、衛氏集説同，考文引古本、足利本同。此本「問」字脱，閩、監、毛本同。石經考文提要云：宋大字本、宋本九經、南宋巾箱本、余仁仲本、至善堂九經本皆有「問」字。

029 曾子至可乎　惠棟挍宋本無此五字。

孔子曰先王制禮節 ×

030 假令春夏祭　考文引宋板作「令」，衛氏集説同。此本「令」誤「今」，閩、監、毛本同。 ×

031 己伸孝心也　閩、監本同。考文引宋板同。毛本「心」誤「子」。 ×

曾子問曰君薨節 ×

032 孔子至夕否　惠棟挍宋本無此五字。 ×

曰君既啟節

033 曰君至送君　惠棟挍宋本無此五字。

034 其君喪袝與卒哭　閩、監本同。考文引宋板同。衛氏集説同。毛本「與」誤「於」。 ×

035 曰君未殯節　惠棟云：「曰君未殯」節，宋本分「大夫室老」以下另爲一節。

036 内子大夫適妻也　惠棟挍宋本有「適」字，岳本同，嘉靖本同，毛本同，衛氏集説同。此本「適」字脱，閩、監本同。釋文出「適妻」。

037 曰君至夕否　惠棟挍宋本無此五字。

038 以殯君恆在君所　閩、監本同，衛氏集說亦作「以殯君」，毛本「殯」上誤衍「未」字。×

039 若尋常朝夕　閩、監本同。考文引宋板同。毛本「夕」誤「之」。×

040 若其臨君之殯日　閩、監本同。惠棟挍宋本作「殯之」，毛本同。

041 注云大夫至其事　閩、監本同。毛本「夫」誤「士」。惠棟挍宋本無「注云」二字，作「大夫至朝夕否」。

042 君既殯而婦有舅姑之喪　惠棟挍宋本作「婦」，衛氏集說同。此本「婦」誤「歸」，閩、監、毛本同。

賤不誄貴節

043 讀之以作謚　惠棟挍宋本作「讀」，岳本同，嘉靖本同，考文引足利本同。此本「讀」誤「誄」，閩、監、毛本同，衛氏集說同。

044 禮當言誄於天子也　閩、監、毛本同。岳本同。嘉靖本同。衛氏集說同。浦鏜挍云「言」當「請」字誤。按，正義作「請」。

045 所以然者凡謚如此是其禮也所以然者凡謚表其實行　閩本同。監、毛本無「如此是其禮也所以然者凡謚」十字。案，此十字蓋涉上文誤衍，監、毛本削之，是也，或以「細行則受細名大行則受大名」十字易之，非。按，惠棟挍宋本無此十字。❸

046 則各欲光揚在上之美　閩本同。考文引宋板同。監、毛本「各」誤「名」。×

047 則諸侯理當言誄於天子　閩本同。惠棟挍宋本同。監、毛本「言」作「請」。案，上云「大夫當請誄於君」，則此亦宜作「請」也。

048 明諸侯之喪亦然　監、毛本如此，衛氏集說同。此本「明」下誤衍「謚明」二字，閩本同。

曾子問曰君出疆節

049 此謂君已大斂　閩、監、毛本同。岳本同。嘉靖本「已」作「以」。 ×

050 共之以待其來也　閩、監、毛本同。嘉靖本同。衛氏集說同。岳本「待」誤「侍」。

051 於此正棺而服殯服　閩、監本同。岳本同。嘉靖本同。衛氏集說同。毛本「棺」誤「冠」。 ×

052 曾子至節也　惠棟挍宋本無此五字。

053 此論諸侯在外死以喪歸之事　考文引宋板作「在」，衛氏集說同。此本「在」作「出」，閩、監、毛本同。

054 今其入也如之何　惠棟挍宋本作「今」。此本「今」誤「令」，閩、監、毛本同。 ×

055 諸公椑內猶有兕　惠棟挍宋本如此，衛氏集說同。此本「公」上衍「侯」字，閩、監、毛本同。

056 諸侯以椑爲親身也　閩、監本同。毛本「椑爲」二字倒。 ×

057 年未老　閩、監本同。考文引宋板同。毛本「未」誤「夫」。 ×

058 於時大斂之後　閩、監本同。考文引宋板同。毛本「時」誤「是」。 ×

059 散帶垂按士喪禮　閩、監本同。毛本「垂」下有「者」字。

060 大鬲散帶垂　閩、監本同。考文引宋板同。毛本「鬲」誤「高」。 ×

061 經特云共殯服者　考文引宋板作「服」。此本「服」誤「臨」，閩、監、毛本同。 ×

062 如似賓客　閩、監本同。毛本「似」誤「以」。 ×

063 謂菆塗既畢而成服也　閩、監本同。考文引宋板同。衛氏集説同。毛本「塗」誤「服」，「畢」誤「殯」。×

064 周柩入毁宗　閩、監本同。毛本「周」誤「廟」。×

065 唯首著免　閩、監本同。衛氏集説同。毛本「免」作「冕」。

066 不由西階也　閩、監本同。毛本「階」誤「時」。×

曾子問曰君之喪節

067 既引及塗　閩、監、毛本同。石經同。岳本同。嘉靖本同。衛氏集説同。釋文出「及涂」字。按，古道塗字多作「涂」。

068 布深衣扱上衽　宋監本亦作「扱」，閩本同，岳本同，嘉靖本同，考文引宋板、古本、足利本同。監本「扱」誤「扳」，衛氏集説同，毛本「扱」誤「扳」，「上」誤「止」，釋文出「扱上衽」。

069 曾子至而往　惠棟挍宋本無此五字。

070 或父母葬聞君喪之事　閩、監、毛本作「聞」，衛氏集説同。此本「聞」誤「間」，下「今忽聞君」同。

071 今君喪既引在塗　惠棟挍宋本、閩、監、毛本「今」誤「矣」。

072 若待封墳既畢　考文引宋本作「若」，閩、監、毛本「若」誤「君」，衛氏集説作「若葬封墳既畢」。

073 必在子還之後　閩、監本同。衛氏集説同。毛本「在」作「待」。

074 無免於堩　惠棟挍宋本同。閩、監、毛本「堩」誤「恒」，衛氏集説同。

曾子問曰宗子爲士節

075 曾子至常事　惠棟挍宋本無此五字。

076 告神止稱宗子　閩、監本同。毛本「神」作「時」。

077 介是副二之義　閩本同。監、毛本「二」作「貳」。衛氏集説同。

078 若宗子有罪節　惠棟挍云：「若宗子」節，宋本分「攝主」以下爲一節，「布奠於賓」之下爲一節，「不歸肉」之下爲一節。

079 迎尸之前　惠棟挍宋本作「尸」，岳本同，嘉靖本同，衛氏集説同。此本「尸」誤「王」，閩、監、毛本誤「主」，通典五十一引亦作「迎尸」。

080 謂與祭者留之共燕　閩、監、毛本同。岳本同。嘉靖本同。衛氏集説同。考文云宋板、古本、足利本「謂」作「諸」。釋文出「諸與」，通典五十一引亦作「諸與祭者」。按，正義作「諸」。

081 其辭于賓曰　閩、監、毛本同，石經同，岳本同，嘉靖本同，衛氏集説同，通典亦作「辭」。釋文出「其詞」，云「下及注同」。

082 宗兄若宗弟　閩、監本同。岳本同。嘉靖本同。衛氏集説同。考文引宋板同。毛本下「宗」誤「子」。

083 若宗至其辭　惠棟挍宋本無此五字。

084 而祝命尸挼　閩本同，惠棟挍宋本亦作「挼」，監、毛本作「綏」。浦鏜云「挼」下脱「祭」字。

085 主人主婦交相致爵　考文引宋板作「交」。此本「交」誤「主」，閩、監、毛本同。

086 嗣子舉奠　閩、監、毛本作「嗣」，此本「嗣」誤「似」。

087 長兄弟酬衆賓衆賓酬衆兄弟　閩、監、毛本同。惠棟挍宋本「衆賓」二字不重。

088 佐食徹尸薦俎　惠棟挍宋本作「俎」，與特牲饋食禮合，毛本不誤。此本「俎」誤「短」，

閩、監本同。×

089 士攝大夫唯宗子也　閩、監、毛本作「唯」，此本「唯」誤「難」。×

090 不敢備禮　閩、監、毛本同。考文引宋板「敢」作「故」，非也。

091 陽是神之厭飫　閩、監、毛本同。衛氏集説「陽」作「厭」。

092 今攝主謙退　惠棟挍宋本作「今」，衛氏集説同。此本「今」誤「所」，閩、監、毛本同。×

093 不旅者　閩、監、毛本同。惠棟挍宋本無「者」字。

094 謂所將祭旅酬之時　閩、監、毛本同。許宗彥「所」改「於」，「祭」改「行」。

095 不嘏不綏祭者　閩、監、毛本、惠棟挍宋本無「者」字。

096 先爲綏祭　閩、監、毛本同。惠棟挍宋本「爲」作「受」。案，下文有此句，仍作「爲」。

097 祝告神辭曰　惠棟挍宋本作「辭」。此本「辭」誤「辟」，閩、監、毛本同。×

098 以某妃配某氏　閩、監本同。惠棟挍宋本同。毛本「妃」誤「姓」。

099 是室奧陰靜之處　閩、監本同。考文引宋板同。毛本「靜」誤「爵」。×

100 得户明白之處　閩本同。惠棟挍宋本同。監、毛本「得」誤「謂」。×

101 其上大夫當自賓尸　閩、監、毛本同。衛氏集説同。×

102 墮是滅毀之名　閩、監本同。毛本「滅」誤「滅」。×

103 此則不旅酬之事　閩、監、毛本同。衛氏集説「則」作「即」。

104 故主云諸與祭者留之共燕　閩、監本同。毛本「諸」誤「謂」，考文引宋板「主」作「注」，「諸」字同。×

曾子問曰宗子去在他國節

105 曾子至祭也　惠棟挍宋本無此五字。

106 論曾子以孔子上文云　閩、監、毛本同。浦鏜挍云「論」字當衍文。

107 何須云不祭廟辟正主也　閩、監本同。考文引宋板同。毛本「祭」誤「在」。×

108 本國不得有廟　閩、監本同。毛本「本」誤「木」。×

109 復稱名不得稱介　閩、監、毛本同。許宗彦「復」改「徒」。

110 謂順於古義　閩、監本同。毛本「順」誤「庶」。×

111 注首本也誣猶妄也　閩、監、毛本同。浦鏜挍云「八」字當衍文。

112 曾子問曰祭必有尸乎節　惠棟挍云：「祭必有尸」節，宋本分「殤不備祭」以下另爲一節。

113 殤不祔祭　閩、監、毛本同。岳本同。嘉靖本同。衛氏集説同。釋文出「不祔祭」，云「本亦作『祔』」。石經初刻是「附」，後改作「祔」。正義作「祔」。❹

114 祔當爲備　閩、監本同。岳本同。嘉靖本同。衛氏集説同。毛本「爲」誤「謂」。×

115 迎尸之前　惠棟挍宋本同。岳本同。宋監本同。嘉靖本同。衛氏集説同。閩、監、毛本「之」誤「於」，通典五十二亦作「之」。×

116 尸謖之後　閩、監、毛本同。岳本同。嘉靖本同。衛氏集説同。考文引宋板「謖」作「饌」，云古本作「起」。通典五十二亦作「諤」。

117 曾子至陽厭　惠棟挍宋本無此五字。

118 神本虛無　閩、監、毛本同。惠棟挍宋本「無」作「无」。

119 祭末尸既起之後　閩、監本作「末」，衛氏集說同，考文引宋板同。此本「末」誤「未」，毛本同。

120 其理亦可　惠棟挍宋本如此。此本「可」誤「耳」，閩本同，監本「耳」作「爾」，毛本作「其禮亦爾」。

121 其祭殤有於陰厭者　監、毛本作「於」。此本「於」誤「所」，閩本同。

122 一祭之中　惠棟挍宋本作「一」，衛氏集說同。此本「一」誤「二」，閩、監、毛本同。

孔子曰宗子爲殤節

123 明不序昭穆立之廟　閩、監、毛本作「廟」，岳本同，嘉靖本同，衛氏集說同。此本「廟」作「庿」，疏同。

124 孔子至後也○正義曰　惠棟挍宋本無此八字。

其吉祭特牲節

125 祭殤不舉　閩本同。石經同。岳本同。嘉靖本同。衛氏集說同。考文引宋板、古本、足利本同。監、毛本「舉」下衍「肺」字。石經考文提要云：宋大字本、宋本九經、南宋巾箱本、余仁仲本、劉叔剛本、至善堂九經本皆無「肺」字。按，正義云「以經云『不舉肺，無所俎』」，是孔氏所據本有「肺」字也，監本蓋據此補。

126 其吉至特牲○正義曰　惠棟挍宋本無此八字，此本「至」字作「祭」。❺

127 注尊宗至吉祭　閩、監本同。毛本「吉」誤「音」。

128 不告利成者謂祭畢　閩、監本同。毛本「祭」誤「既」。

凡殤與無後者節

129 爲有異居之道也　閩、監、毛本同。岳本同。嘉靖本同。惠棟挍宋本無「也」字，衞氏集説同，通典五十二「也」字有。

130 凡殤至陽厭○正義曰　惠棟挍宋本無此八字。

131 今既無後祭之當於宗子祖廟　閩、監本同。考文引宋板同。毛本「於」誤「與」。

132 昆弟諸父是宗子期親　惠棟挍宋本作「期」，衞氏集説同。此本「期」誤「家」，閩、監、毛本同。

133 其祭諸父得於曾祖廟也　閩、監本同。考文引宋板同。毛本「於」作「與」。

134 大功雖有同財之義　惠棟挍宋本作「義」，衞氏集説同。此本「義」誤「葬」，閩、監、毛本同。

曾子問曰葬引至于堩節

135 變謂異禮　閩、監本同。岳本同。嘉靖本同。衞氏集説同。毛本「禮」誤「體」。

136 不知其已之遲數　閩、監、毛本同。石經同。岳本同。衞氏集説同。嘉靖本「知」誤「如」。

137 侵晨夜則近姦寇　閩、監、毛本同。岳本同。衞氏集説同。嘉靖本「姦」作「奸」。

138 吾聞諸老耼云　閩、監本同。石經同。岳本同。嘉靖本同。衞氏集説同。毛本「諸」誤「之」。

139 曾子至耼云　惠棟挍宋本無此五字。

140 言若日食而務速葬　閩、監本同。毛本「速葬」二字倒。

曾子問曰爲君使節

141 自卿大夫之家曰私館　岳本同。嘉靖本同。惠棟挍宋本、宋監本及閩、監、毛本「夫」下有

「士」字，石經同，衛氏集説同。案疏「士」字當有。

142 公館若今縣官宮也　閩本同。惠棟挍宋本同。疏同。岳本同。嘉靖本同。考文引古本同。監、毛本「宮」作「舍」，衛氏集説同。

143 公所爲君所命使舍己者　監、毛本作「公」，岳本同，嘉靖本同，衛氏集説同。此本「公」誤「宮」，閩本同。

144 曾子至謂也　惠棟挍宋本無此五字。

145 君所命停客之處　閩、監、毛本同。衛氏集説「客」作「舍」。

146 大夫館於士　監、毛本作「士」。此本「士」誤「王」，閩本同。

曾子問曰下殤土周節

147 土周堲周也　閩、監、毛本同。岳本同。嘉靖本同。衛氏集説同。釋文出「即周」，云「又作『堲』，下同」。

148 周人以夏后氏之堲周葬下殤　閩、監本同。岳本同。嘉靖本同。考文引宋板同。衛氏集説同。毛本「下」誤「夏」。惠棟挍宋本「堲」作「即」，下同。

149 長殤有送葬車者　閩、監本同。岳本同。嘉靖本同。考文引宋板同。衛氏集説同。毛本「送」誤「所」。

150 曾子至始也　惠棟挍宋本無此五字。

151 周人用特葬下殤之喪　惠棟挍宋本同。閩、監、毛本「葬」誤「喪」。

152 故用土周而　惠棟挍宋本作「故」。此本「故」誤「所」，閩、監、毛本同。此本第二十頁止此，其二十一頁全脱，閩、監、毛本同，因共空白二十三行，今據惠棟挍宋本補如左。❻

153 葬於園中也○遂輿機而往者輿猶抗也機者以木爲之狀如牀無脚及

軌簣也先用一繩直於中央係著兩頭之楅又別取一繩係一邊材横鉤中央直繩報還鉤材往還取帀兩邊悉然而後以尸置於繩上抗舉以往園中臨斂時當塈周之上先縮除直繩則兩邊交鉤之繩悉各離解而尸從機中央零落入於塈周中故曰輿機而往也○塗邇故也者塗路也邇近也若成人墓遠則以棺衣棺於宫中此下殤葬於園是路去家甚近故先用機舉尸往園中而後棺斂故曰塗邇故也○注土周至餘機○正義曰按檀弓云夏后氏之塈周葬中殤下殤故知土周是塈周也云周人以夏后氏之塈周葬下殤於園中者檀弓云中殤下殤此直云葬下殤土周葬於園者以經云下殤故指下殤爲言檀弓所云據士及庶人也若諸侯長中殤適者車三乘下殤車一乘既有遣車即不得塈周輿機而葬也諸侯庶長殤中殤車一乘則宗子亦不用塈周輿機而葬其下殤則輿機其大夫之適長殤中殤遣車一乘亦不輿機下殤無遣則輿機也然則王之適庶長中下殤皆有遣車並不輿機士及庶人適庶皆無遣車則中下殤並皆輿機故熊氏云若無遣車中從下殤其長殤既無遣車年又長大不可與下殤同葢棺斂於宫中載棺而往之墓從成人也○今墓遠則其葬也如之何○今謂曾子見時世禮變皆棺斂下殤於宫中而葬之於墓與成人同隆今既遠不復用輿機於尸爲當用人抗舉棺而往墓爲當用車

載棺而往墓邪問其葬儀故云如之何○昔者史佚有子而死下殤也墓遠○此舉失禮所由之人史佚周初良史武王周公成王時臣也有子下殤而死○墓遠者史佚欲不葬於園而載尸往墓及棺而葬之其墓稍遠猶豫未定注史佚武王時賢史也○正義曰史佚文王武王時臣故國語稱訪於辛尹尚書稱逸祝册是也但下殤之喪非成人之要故史佚猶有不知○召公謂至宮中○召公名奭見史佚欲依下殤禮而不棺斂於宮中而欲車載往墓猶豫未定故勸之令棺斂於宮中如成人也○史佚曰吾敢乎哉者言吾雖欲如此猶不敢恐違禮者所譏注畏知禮也者是畏周公也不欲直指○召公言於周公者言猶問也史佚既畏周公故召公爲諮問於周公述其事狀以決之者周公曰豈不可者周公聞召公之問故荅云豈豈者怪拒之辭先怪拒之又云不可不可是不許之辭○史佚行之者召公述周公曰豈不可之辭以語史佚史佚不達其指猶言周公豈不可是許之辭故行棺衣宮中之禮也○下殤用棺衣棺自史佚始也○更據失禮所由也然此云棺衣棺於宮中自史佚爲始明昔非惟於宮中不棺亦不衣也而不言於宮中者略從可知也　惠棟挍宋本如此。考文所錄同，而有一二處異：「夏后氏之堲周葬中殤下殤」無「下殤」二字；「檀弓所言據士及庶人也」，「言」作「云」；「下殤無遺車」，無「車」字；「與成人同隆」，「隆」作「路」；「爲當用人抗舉棺」，「舉」作「與」；「述其事狀以決之」，「之」下有「者」字；「是許之之辭」，「之」字不重；又「注史佚」上、「注畏知禮」上皆有空闕。浦鏜挍從儀禮經傳通解續補入亦有少不同：「往還取市」，「市」上有「一」字；「爲當用人抗舉棺」，「舉」作「輿」；「夏后氏之塱周葬中殤下殤」，「下殤」二字有；「檀弓所言」，「言」亦作「云」；「下殤無遺車」，亦無「車」字；「與成人同隆」，「隆」亦作「路」，屬下讀。❼

曾子問曰卿大夫節

154 曾子至前驅　惠棟挍宋本無此五字。

155 且舍公館待事畢　閩、監、毛本同。惠棟挍宋本「待」上有「以」字。

156 孔子曰尸冕而出　閩、監、毛本同。浦鏜挍「冕」上增「弁」字。

157 遂爲曾子廣說事尸之法　閩、監、毛本同。考文引宋板「爲」作「與」。

158 以君之先祖有爲士者　考文引宋板作「祖」，衛氏集說同。此本「祖」誤「視」。閩、監、毛本同。

子夏問曰三年之喪節

159 殷人既葬而致事　閩、監、毛本同。石經同。岳本同。嘉靖本同。衛氏集說同。宋監本下有「周人卒哭而致事」七字，考文引古本、足利本同。段玉裁云：「公羊宣元年注有『周人卒哭而致事』一句，疏統謂曾子問文。岳氏云興國本禮記有『周人卒哭而致事』一句，大書爲經文。」按，此同公羊注疏，而與本疏不合。

160 周卒哭而致事　惠棟挍宋本作「周」，岳本同，考文引足利本同。此本「周」誤「則」，閩、監、毛本同，嘉靖本同，衛氏集說同。浦鏜挍云：按皇氏疏則「周人卒哭致事」是鄭君從夏殷推而知之，當是注文，而孔氏云「孔子既前荅周人卒哭而致事」，則又似屬經文，而誤入注耳。

161 征之作費誓　閩、監、毛本同。岳本同。嘉靖本同。宋監本同。衛氏集説同。釋文「費」作「柒」。

162 子夏至知也　閩、監本同。毛本「知」誤「之」。惠棟挍宋本無此五字。

163 思親彌深　閩本同。監、毛本「彌」誤「禰」。×

164 謂人臣遭親之喪　閩、監、毛本同。惠棟挍宋本無「人」字，衛氏集説同。

165 是不奪情以從利祿　惠棟挍宋本作「從」，衛氏集説同。此本「從」作「求」，閩、監、毛本同。❽

166 故云此之謂乎　閩、監本同。考文引宋板同。毛本「乎」誤「也」。×

167 是君忠恕也孝也　閩本、毛本如此。○按，「忠」字乃衍文。

168 孔子既前荅周人卒哭而致事　閩、監本同。考文引宋板同。毛本「而」誤「子」。×

169 疑其於禮當然　閩、監本同。考文引宋板同。毛本「疑」作「以」。

170 封於魯　閩、監本同。考文引宋本同。毛本「於」誤「放」。×

171 然周公致政之後　惠棟挍宋本作「政」。此本「政」誤「仕」，閩、監、毛本同。

172 成王即位之時　閩、監本同。毛本「成」誤「二」。×

19—173 禮記正義卷第二十七終　惠棟挍宋本著此行在疏「是不得此禮也」之下，記云凡三十頁。❾

校記

❶南昌本出文改作「附釋音禮記注疏卷第十九」，上提三格。校語下有「禮記正義卷第二十七」。

❷南昌本無「士」字。

❸南昌本四「十」下有「二」字。
❹南昌本「出不祔祭」「祔」作「附」。
❺南昌本無「此本『至』字作『祭』」。
❻南昌本無「如左」。
❼南昌本出文無「○遂」至「可知也」。校語有「補，此本此葉缺，明監、毛本同。據校勘記補栞。記云」。
❽南昌本出文「從」作「求」。
❾南昌本出文改作「是不得此禮也」，上提一格。校語「著此行在疏是不得此禮也之下」改作「此下標禮記正義卷第二十七終」。

禮記注疏校勘記卷二十

20—001 禮記正義卷第二十八　惠棟挍宋本。❶

文王世子第八

002 論在上教下説庠序　閩、監、毛本同。浦鏜挍「説」改「設」。

003 釋奠先聖先師　閩、監本同。毛本「釋」誤「設」。×

004 文王之爲世子節　惠棟挍云：「文王」節、「食上」節，宋本合爲一節。

005 文王至復初　閩、監、毛本同。惠棟挍宋本「復初」作「日三」。

006 按緯候之説　閩本同。監、毛本「候」誤「侯」。×

食上節

007 食上必在視寒煖之節　閩、監本同。石經同。岳本同。嘉靖本同。衛氏集説同。毛本「煖」作「暖」。

008 武王不説冠帶而養　閩、監、毛本同。石經同。岳本同。嘉靖本同。衛氏集説同。釋文出「不税」，云「本亦作『脱』，又作『説』」，正義本作「説」。○按，依説文當作「挩」，从扌，兑聲。

009 文王一飯　閩、監、毛本同。石經同。岳本同。嘉靖本同。衛氏集説同。釋文出「壹」，云「本亦作『一』」。×

010 食上必在視寒煖之節食下問所膳至乃間　閩、監、毛本同。惠棟挍宋本作「食上至後退」五字。

011 是庶幾爲慕尚之義　閩、監本同。毛本「是」誤「尚」。考文云宋板「是」字同。惠棟挍宋本「慕」作「尊」。

012 其間有空隙故云　惠棟挍宋本如此，衛氏集説同。此本「隙」下衍「病」字，閩、監、毛本同。

文王謂武王曰節

013 夢帝與我九齡　閩、監、毛本同。石經同。岳本同。嘉靖本同。衛氏集説同。釋文出「九聆」，云「本亦作齡」，正義以皇氏解「九齡」爲「鈴鐸」，而云「偏驗書本，『齡』皆從齒」。

014 則此受命之後也　閩、監本同。岳本同。嘉靖本同。考文引宋板同。衛氏集説同。毛本「此」誤「有」。×

015 言與爾三者　閩、監、毛本同。岳本同。嘉靖本同。衛氏集説同。釋文出「予爾」。

016 文王至而終　惠棟挍宋本無此五字。

017 言王終久有之　閩、監本同。毛本「久」誤「九」。×

018 言我於百年中　閩本同。惠棟挍宋本同。監、毛本「於」誤「齡」。×

019 注年天氣也至成之　閩、監、毛本同。惠棟挍宋本無「氣也」二字。❷

020 俱有零落之義　監、毛本作「零」是也。此本「齡」誤「齒」。惠棟挍宋本作「齡」，閩本同。

成王幼節

021 不能涖阼　閩、監、毛本同。石經同。岳本同。嘉靖本同。衛氏集説同。釋文「涖」作「莅」，注同。

022 成王幼不能至子也　惠棟挍宋本無此八字。

023 **凡學世子節** 惠棟挍云：此節疏「則四夷之樂皆教之也」「四」字起至下節疏「養老乞言及合語之禮」「語」字止，宋本闕。

024 **四時各有宜學** 岳本同。嘉靖本同。考文引宋板、古本、足利本同。閩、監、毛本「宜」上有「所」字，衛氏集説同。盧文弨云：「所」字當有，「宜」字絶句，否則「學」字當重。

025 **干盾也** 閩、監、毛本同。岳本同。嘉靖本同。衛氏集説同。釋文出「干楯」。考文引古本「盾」作「楯」。

026 **戈句孑戟也** 閩、監、毛本作「孑」，岳本同，衛氏集説同。此本「孑」誤「矛」，嘉靖本同，釋文出「句孑」。❸

027 **小樂正學干** 惠棟挍宋本同。石經同。岳本同。嘉靖本同。衛氏集説同。閩、監、毛本「樂」誤「學」。

028 **舍菜合舞** 閩、監、毛本同。岳本同。嘉靖本同。衛氏集説同。釋文出「舍采」，云「後『舍采』同」。

029 **於功易成也** 閩、監、毛本同。岳本同。嘉靖本同。衛氏集説同。惠棟挍宋本無「成」字。

030 **與巳同也** 閩、監、毛本同。嘉靖本同。惠棟挍宋本「巳」作「己」，岳本同，衛氏集説同。✕

031 **凡學至上庠** 惠棟挍宋本無此五字。

032 **此一節是第二節** 閩、監、毛本同。惠棟挍宋本「是」上有「還」字。

033 **必各逐四時所宜** 惠棟挍宋本作「逐」。此本「逐」誤「遂」，閩、監、毛本同。✕

034 **謂大學也** 閩、監、毛本同。衛氏集説同。惠棟挍宋本「大」作「入」。按，「入」字非。

035 云羽籥籥舞象文也　惠棟挍宋本同。閩、監、毛本「也」下有「者」字。×

036 鄭引詩左手執籥　考文引宋板如此。此本「鄭引」二字倒，閩、監、毛本同。

037 故謂之大樂正也小樂正也　閩、監、毛本同。惠棟挍宋本無「小樂正也」四字，衛氏集説同。

038 是小雅鼓鍾之詩　考文引宋板同。衛氏集説同。閩、監本「鍾」作「鐘」，毛本「鍾」誤「樂」。

039 播彼詩之音節　考文引宋板同。閩、監、毛本「彼」作「被」。

040 合周家爲言耳　考文引宋板作「合」，衛氏集説同。此本「合」誤「含」，閩、監、毛本同。×

041 以湯伐桀　閩本同。監、毛本「伐」作「放」。

042 又此學虞學也　閩、監、毛本同。許宗彦挍改作「又此學書於虞學」。

043 更何所教也　閩、監本同。考文引宋板同。毛本「教」誤「學」。×

044 凡祭與養老乞言節　惠棟挍云：宋本分「大樂正」以下另爲一節。

045 則大司成　惠棟挍宋本作「則」，宋監本同，岳本同，嘉靖本同。此本「則」誤「即」，閩、監、毛本同，衛氏集説同。×

046 師氏掌以美詔王　岳本同。嘉靖本同。考文引古本、足利本同。閩、監、毛本「美」作「媺」，與周禮合，衛氏集説同，疏同。

047 云合語謂鄉射鄉飲酒大射燕射之屬也者　閩、監、毛本同。惠棟挍宋本「也」作「三」。

048 大樂至授數　閩、監、毛本同。惠棟挍宋本此五字無。❹

049 故云詔之東序此大樂正　閩、監本同。毛本「此」誤「也」。

050 大司成論説在東序　閩、監、毛本同。惠棟挍宋本此八字無。❺

凡侍坐於大司成者節

051 凡侍至不問　惠棟挍宋本無此五字。

052 辟後來問者列事未盡不問者　閩、監、毛本「列」上有「〇」。

凡學節

053 春官釋奠于其先師　閩、監本同。石經同。岳本同。嘉靖本同。衛氏集説本同。毛本「于」作「於」，下「必釋奠於先聖先師」、「儐于東序」同。杜氏通典亦並作「于」。

054 凡學至如之　惠棟挍宋本無此五字。

055 頗能記其鏗鎗鼓舞　閩本同。惠棟挍宋本同。監、毛本「鎗」作「鏘」。

凡始立學者節

056 凡始至以弊　惠棟挍宋本無此五字。❻

057 天子命之使立學者　惠棟挍宋本同。閩、監、毛本「使」作「始」，衛氏集説同。

058 按釁器用幣　閩、監、毛本同。惠棟挍宋本「按」上有「今」字，續通解同。

059 若諸侯正立時王一代之學　閩、監、毛本同。衛氏集説「正」作「止」。

060 共在鄉學　閩、監本同。考文引宋板同。毛本「共」誤「故」。

061 凡釋奠者節　惠棟挍云：「凡釋奠」節，宋本分「大合樂」以下另爲一節。

062 若唐虞有夔伯夷　岳本同。嘉靖本同。

惠棟挍宋本同。考文引古本、足利本同。閩、監、毛本「夔」下衍「龍」字，衛氏集説同。正義有「龍」字，蓋亦衍文。通典五十三引亦作「夔伯夷」，無「龍」字。

063 明日乃息司正徵唯所欲　閩、監、毛本同。嘉靖本同。衛氏集説同。岳本同，「正」下衍「云」字。

064 凡釋至養老　惠棟挍宋本無此五字。

065 則不須與鄰國合也　閩、監本同。考文引宋板同。毛本「與」誤「於」。

066 凡大合樂必遂養老　惠棟挍宋本無此五字。

凡語于郊者節

067 曲藝爲小技能也　閩、監、毛本同。岳本同。嘉靖本同。衛氏集説「爲」作「謂」。

068 俟事官之缺者以代之　閩、監本同。岳本同。嘉靖本同。衛氏集説同。考文引宋板同。毛本「代」誤「待」。

069 或徧在四郊　閩、監本同。衛氏集説同。毛本「四」誤「西」。

070 謂小小技術　閩、監、毛本同。惠棟挍宋本「術」下有「也」字。

071 始立學者節　惠棟挍云：「始立學」節、「教世子」節，宋本合爲一節。

072 始立學者既興器用幣至可也　惠棟挍宋本無此十二字。

073 此既釋菜禮輕　閩、監本同。考文引宋板同。毛本「輕」誤「器」。

074 若魯國之比　閩、毛本同。監本「比」誤「北」。

075 凡三王教世子節　惠棟挍云：「凡三王」節、「設四輔」節、「昔者周公」節、「知爲人子」節、「抗世子法」節、「行一物」節，宋本合爲一節。盧文弨挍云：按疏只當合「設四輔」爲一節，其「仲尼曰」至「行一物」另爲一節。

076 **樂所以脩內也**　閩、監本同。石經同。岳本同。衛氏集説同。毛本「脩」作「修」，嘉靖本同，下「脩外」同。

077 **立太傅少傅以養之**　惠棟挍宋本同。石經同。宋監本同。岳本同。嘉靖本同。衛氏集説同。閩、監、毛本「大」作「太」。釋文上出「大師」，云「音泰」，下「大學」、「大傅」、「大祖」、「大寢」皆同。石經考文提要云：宋大字本、宋本九經、南宋巾箱本、余仁仲本、劉叔剛本皆作「大」，下「大傅」並同。

078 **以有四人維持之**　閩、監、毛本同。岳本同。嘉靖本同。衛氏集説同。考文引宋板「有」作「其」。

079 **凡三至疑丞**　惠棟挍宋本無此五字。

080 **此一節是第三節中**　閩、監、毛本同。盧文弨挍「三」改「二」，云：卷首疏分析甚明，此尚是第二節。按，盧文弨挍是也，下「仲尼曰」節疏當同此。

081 **樂是喜樂之事**　閩、監本同。毛本「是」誤「事」。

082 **乃可通達流行**　閩、監本同。考文引宋板同。毛本「通」誤「退」。

設四輔節

083 **正義曰設四輔及三公**　惠棟挍宋本無「正義曰」三字。

084 **案尚書大傳云**　閩、監本同。毛本「大」誤「太」。

是故抗世子法節

085 **亦學此禮於成王側**　閩、監本同。岳本同。嘉靖本同。衛氏集説同。考文引宋板同。

毛本「禮」誤「學」。

行一物節

086 然而衆知父子之道矣　閩、監本同。石經同。岳本同。嘉靖本同。衛氏集説同。毛本「之」誤「知」。

087 然而衆著於君臣之義也　各本同。正義云：「俗本皆云『著於君臣之義』，而定本無『著』字，義亦通。」

088 一一人也　閩、監、毛本如此，岳本同，嘉靖本同，衛氏集説同，此本下「一」誤「司」。

089 行一至踐阼　閩、監、毛本同。惠棟挍宋本「踐阼」作「謂也」。

090 易文言云貞固　閩、監本同。毛本「言」誤「也」。

091 庶子之正節　惠棟挍云：「庶子」節、「其登餕」節、「庶子治之」節、「其在軍」節、「五廟」節，宋本合爲一節。

092 掌羣臣之班　閩、監本同。岳本同。嘉靖本同。衛氏集説同。考文引宋板同。毛本「班」誤「位」。

093 庶子至以官　惠棟挍宋本無此五字。

094 此一節是第四節中之上節也　閩、監、毛本同。浦鏜挍「四」改「三」。盧文弨挍云「四」當作「三」。

095 故讀爲政也　閩、監本同。毛本「政」誤「正」。

096 内朝至寢庭　閩、監、毛本同。惠棟挍宋本「至」作「路」，是也。

097 王族故士虎士　惠棟挍宋本亦作「故」。按，鄭注司士云：「故士，故爲士，晚退留宿衛者。」閩、監本「故」誤「旅」，衛氏集説同，毛本誤「族」。

098 按大射卿西面北上　閩、監、毛本同。衛氏集説同。毛本「卿」誤「鄉」。×

099 故云亦司馬之屬司馬　閩、監、毛本同。浦鏜挍云下「司馬」二字當衍文。×

100 官官各司其事　閩、監、毛本同。惠棟挍宋本「其」作「故」。

其登餕節

101 其登至上嗣○　閩、監、毛本有此五字一「○」，此本脱。按，「○」下諸本有「正義曰」三字，惠棟挍宋本無。

102 此一登之文包此三事　閩、監本同。衛氏集説同。考文引宋板同。毛本「一」誤「卉」。×

庶子治之節

103 以次主人　宋監本、惠棟挍宋本亦並作「次」，閩、監本同，石經同，岳本同，嘉靖本同，衛氏集説同，考文引宋板、古本、足利本同，毛本「次」誤「俟」。

104 正義曰庶子治之　惠棟挍宋本無上三字。

105 治之至行列中　閩、監、毛本同。惠棟挍宋本無「行」字。

106 使主人在上居喪主也　閩、監本同。毛本上「主」誤「王」。嚴杰按，「居」疑「爲」字之誤。

107 故於齊衰而稱麤也　惠棟挍宋本作「齊」。此本「齊」誤「斬」，閩、監、毛本同。

108 謂得入齊衰之限　閩、監本同。毛本「限」誤「下」。×

109 則主人猶不得在父兄之下而齒列焉　閩、監、毛本同。浦鏜挍作「然主人亦不得下而與之序齒列焉」。❼

110 親者至者希　閩、監、毛本同。惠棟挍宋本作「親者稠疏者希」。

111 若大功則一年三會食　閩、監本同。衛氏集説同。毛本「若」誤「苦」。×

其在軍節

112 行以遷主　惠棟挍宋本作「行」，岳本同，嘉靖本同，衛氏集説同，考文引古本、足利本同。此本「行」誤「所」，閩、監、毛本同。×

113 正室守大廟　閩、監、毛本同。岳本同。嘉靖本同。衛氏集説同。石經「大」作「太」。

114 諸父守貴宮貴室　閩、監、毛本同。石經同。岳本同。嘉靖本同。衛氏集説同。正義同。釋文出「諸父守貴室」，云「本或作『守貴宮貴室』」，正義云「皇氏云『或俗本無貴宮者，定本有貴宮』」。

115 及諸子孫之行　閩、監、毛本同。衛氏集説同。惠棟挍宋本「行」作「後」。

五廟之孫節

116 冠取妻必告　閩、監、毛本同。石經同。岳本同。嘉靖本同。衛氏集説同。惠棟挍宋本「妻」下有「者」字，考文引古本、足利本「取」作「娶」，無「者」字。

117 禮記正義卷第二十八終　惠棟挍宋本此行在疏「贈送也」之後，記云凡二十七頁。❽

118 禮記正義卷第二十九　惠棟挍宋本分「公族其有死罪」以下爲卷廿九。×

公族其有死罪節❾

119 纖讀爲殲殲刺也　閩、監、毛本同。岳本同。嘉靖本同。衛氏集説同。惠棟挍宋本上「殲」作「鑯」。案，釋文上出「則纖」，云「依注音鑯，之林反，刺也，徐子廉反。注本或作『纖』，讀爲殲者，是依徐音而改也」，下出「鑯刺」。九經古義云：「案釋文則當云『纖讀爲鑯』，故下注訓爲刺。今本皆從徐音，誤爲『殲』。」盧文弨挍云兩「殲」字俱當從釋文作「鍼」。

120 宮割臏墨劓刖　閩、監、毛本同。岳本同。嘉靖本同。衛氏集説同。盧文弨挍云：通考作「刺割」，此「宮」字誤，公族無宮刑也。疏作「宮」。

121 讞之言白也　閩、監本同。岳本同。嘉靖本同。衛氏集説同。考文引宋板同。毛本「白」誤「某」。

122 欲寬其罪出於刑也　閩、監、毛本同。岳本同。嘉靖本同。衛氏集説同。考文引宋板「欲」作「欽」。

123 公族至哭之　惠棟挍宋本無此五字。

124 有司行法之事　閩、監本同。衛氏集説同。毛本「行」誤「刑」。

125 又云罄盡也　閩、監本同。考文引宋板同。毛本「盡」字闕。

126 於甸人之官也　閩、監本同。衛氏集説同。考文引宋板同。毛本「於」誤「與」。

127 有司又曰在大辟　惠棟挍宋本同。閩、監、毛本「曰」作「白」。

128 左傳云室如縣罄　惠棟挍宋本同。閩、監、毛本「罄」作「磬」，下「杜預云罄盡也」同。

129 用法謂其法律平斷其罪　閩、監、毛本同。衛氏集説「謂」下有「用」字。

130 公族雖無宮刑　閩、監、毛本同。浦鏜挍「無」改「犯」。

131 是重慎刑殺其族類也　閩、監本同。考文引宋板同。毛本「殺」誤「設」。

132 公族朝于內朝節　惠棟挍云：「公族」節、「五廟之孫」節，宋本合爲一節。

133 公族至達矣　惠棟挍宋本無此五字。

134 外朝主尊别 閩、監、毛本同。衞氏集説同。許宗彦「别」改「卑」。

135 豈得相遺棄 惠棟挍宋本作「遺」。此本「遺」誤「責」，閩本同，監、毛本「遺」誤「背」，衞氏集説云「不相遺棄」。

136 其族至殺也者 閩、監本同。毛本「族」誤「次」。

五廟之孫節

137 五廟至類也 閩、監、毛本同。惠棟挍宋本「類」作「親」。○按，諸本此下有「○」及「正義曰」三字，惠棟挍宋本無。

138 所以必告必赴者 惠棟挍宋本如此。此本上「必」字脱，閩、監、毛本同。

139 而先在第八結者 閩、監本同。考文引宋板同。毛本「八」誤「人」。

140 鄭康成注云 惠棟挍宋本如此。此本「注」下衍「法」字，閩、監、毛本同。

141 謂同族不宮者是也 閩、監本同。考文引宋板同。毛本「宮」誤「公」。

天子視學節

142 使有司攝其事 閩、監本同。岳本同。嘉靖本同。衞氏集説同。毛本「司」誤「私」。

143 示天下之孝悌也 閩、監、毛本同。岳本同。嘉靖本同。惠棟挍宋本「悌」作「弟」，衞氏集説同。考文云古本「之」作「以」。通典六十七亦作「示天下之孝悌也」。

144 席位之處 惠棟挍宋本作「席」，宋監本同，岳本同，嘉靖本同，衞氏集説同，考文引足利本同。此本「席」誤「帝」，閩、監、毛本同。

145 退脩之 閩、監本同。石經同。岳本同。衞氏集説同。毛本「脩」作「修」，嘉靖本同，注同，通典引經文亦並作「脩」。

146 乃席工於西階上　閩、監、毛本作「工」，岳本同，衛氏集說同。此本「工」誤「正」，嘉靖本同，考文引古本、足利本同，通典亦作「席工」。❿

147 既歌謂樂正告正歌備也　閩、監、毛本同。岳本同。嘉靖本同。衛氏集說同。正義云：「定本云『正歌云工歌備』，誤也。『工』當爲『正』也。」

148 説合樂之所美　惠棟挍宋本作「説」，宋監本同，岳本同，嘉靖本同，考文引古本、足利本同。此本「説」誤「諸」，閩、監、毛本同，衛氏集說同，通解亦作「説」。×

149 前歌後舞　惠棟挍宋本作「舞」，宋監本同，岳本同，嘉靖本同，衛氏集說同，考文引古本、足利本同。此本「舞」誤「武」，閩、監、毛本同。×

150 謂無筭樂　閩、監本同。岳本同。嘉靖本同。衛氏集說同。考文引宋板、古本、足利本同。毛本「無」誤「舞」。×

151 反養老幼于東序　閩、監本同。石經同。岳本同。嘉靖本同。衛氏集說同。毛本「于」作「於」。陳澔集說引馮氏曰：「石梁先生於此經塗去『幼』字，今按疏有其義而鄭注無『養幼』之文，疑是訛本竄入一字。」按，此挍是也，通典六十七正作「反養老于東序」，無「幼」字。

152 王於燕之末　閩、監、毛本同。岳本同。衛氏集說同。嘉靖本「末」誤「未」。

153 大夫勤於朝　閩、監、毛本作「勤」，岳本同，嘉靖本同，衛氏集說同，此本「勤」誤「動」。×

154 天子視學大昕鼓所以警衆也至之以仁也　閩本同。監、毛本作「天子視學至終之以仁也」，惠棟挍宋本無此十七字。

155 遂作樂發其歌咏　惠棟挍宋本如此，衛氏集說同。此本「樂」下衍「聲」字，閩、監、毛本同。

156 退脩之以孝養也　閩、監、毛本同。惠棟挍宋本「也」作「者」。

157 既歌而語以成之也者　惠棟挍宋本同。閩、監、毛本「既」上衍「一」字。

158 興謂發起文王武王之有德　閩、監、毛本同。惠棟挍宋本「謂發起」下有「謂起發」三字。

159 無筭樂之終也　閩、監、毛本同。衞氏集説同。惠棟挍宋本「之」作「已」。

160 王家但自養老　惠棟挍宋本作「但」，此本「但」作「恒」，閩、監、毛本同。

161 是父兄事也　閩、監、毛本同。衞氏集説「事」下有「之」字。

162 云取象三辰五星者三辰謂日月星　閩、監、毛本同。考文引宋板無「五星者三辰」五字。

163 介席西階上東面　閩、監、毛本作「上」，衞氏集説同，此本「上」誤「生」。

164 約鄉飲酒禮文知之也　惠棟挍宋本作「約」，衞氏集説同。此本「約」誤「酌」，閩、監、毛本同。

165 今文是泰誓之文也　閩、監、毛本同。浦鏜挍云「是」字當在「今文」上。

166 諸侯既爲畿外　閩、監本同。毛本「諸」誤「詩」。

是故聖人之記事也節

167 是故至以仁　惠棟挍宋本無此五字。

168 是故聖人之記事也者　閩、監本同。毛本「也者」二字倒。

169 是本於孝弟故也　閩、監本同。毛本「本」誤「木」。

是故古之人節

170 念事之終始常於學 閩、監、毛本同。岳本同。衛氏集説同。嘉靖本「念」誤「命」。×

171 是故至于學 惠棟挍宋本無此五字。

世子之記曰節

172 言此存其記 閩、監本同。岳本同。嘉靖本同。衛氏集説同。毛本「其」誤「具」。×

173 又不及武王一飯再飯 閩、監、毛本同。岳本同。嘉靖本同。衛氏集説同。考文引古本「武王」作「文王」。盧文弨挍云：作「文王」是，疏只言「文王」。

174 世子至復初 惠棟挍宋本無此五字。

175 恐是世子親視齊戒之事 閩本同。惠棟挍宋本同。監、毛本「視」誤「親」。×

176 故知冠衣皆玄也 閩、監、毛本同。惠棟挍宋本「皆」作「俱」。

177 禮記卷第六經五千七百六十四字注五千五百字 宋監本。⓫

20—178 禮記卷第六經五千七百七十二字注五千五百二十五字 嘉靖本。×

校記

❶南昌本出文改作「附釋音禮記注疏卷第二十」，上提三格。校語下有「禮記正義卷第二十八」。
❷南昌本出文「年」作「言」。
❸南昌本出文「矛」作「矛」。
❹南昌本「此五字無」作「無此五字」。
❺南昌本「此八字無」作「無此八字」。
❻南昌本出文「弊」作「幣」。
❼南昌本校語無「焉」字。
❽南昌本出文改作「贈送也」，上提一格。校語「此行

在疏贈送也之後」改作「此下標禮記正義卷第二十八終」。

❾南昌本下有校語「惠棟挍宋本自此節起至言偃復問曰如此乎禮之急也節止爲第二十九卷。卷首題禮記正義卷第二十九」。

❿南昌本出文「工」作「正」。

⓫南昌本出文改作「附釋音禮記注疏卷第二十終」，上提三格。校語「宋監本」上有「惠棟挍宋本禮記正義卷第二十九」，「宋監本」下增「禮記卷第六，經五千七百六十四字，注五千五百字。嘉靖本禮記卷第六，經五千七百七十二字，注五千五百二十五字」。

禮記注疏校勘記卷二十一

禮運第九

21—001 以曾子所問事類既煩雜　惠棟挍宋本同。閩本「所」誤「問」，「問事」二字闕，監、毛本「所問事」誤「問篇之」。

002 昔者仲尼與於蜡賓節　惠棟挍云：「昔者」節、「大道」節、「今大道」節，宋本合爲一節。

003 合聚萬物而索饗之　閩、監本同。岳本同。嘉靖本同。衛氏集説同。考文引宋板同。毛本「聚」誤「祭」，疏同。×

004 志謂識古文　閩、監、毛本同。岳本同。嘉靖本同。衛氏集説同。考文引古本、足利本「古」下有「之」字。

005 昔者至而嘆　惠棟挍宋本無此五字。

006 明孔子爲禮不行而致發嘆　閩、監本同。毛本「致」誤「至」。×

007 凡説事必須因漸　閩、監本同。考文引宋板同。毛本「漸」誤「慚」。×

008 祭百神曰蜡　閩、監、毛本作「神」，衛氏集説同，此本「神」誤「祥」。×

009 舊縣法象使民觀之處　閩本同。惠棟挍宋本同。監本「象」下衍「魏」字，衛氏集説同。毛本衍「魏」字，「舊」誤「二」。

010 以其縣法象魏魏巍也　監、毛本如此。此本一「魏」字脱，閩本同，考文引宋板同。

011 字子游魯人也　閩、監、毛本同。齊召南云：「魯人」當作「吴人」，今常熟縣即子游故里。

012 謂廣大道德之行五帝時也　惠棟挍宋本同。閩、監、毛本「大道德」三字闕。

013 并與夏殷周三代英異之主　考文引宋板同。監、毛本「殷」作「商」，閩本「殷周三」三字闕，

014 未猶不也逮猶及也　監、毛本同。閩本「不也逮」三字闕。

015 雖然不見大道　惠棟挍宋本同。閩、監、毛本「不見大」三字闕。

016 尚可知於前代也　惠棟挍宋本同。閩、監、毛本「前代也」三字闕。

017 周公此大道在禹湯之前　惠棟挍宋本同。閩、監、毛本「周公此大道」五字闕。

018 案辨名記云　惠棟挍宋本同。閩、監、毛本「記云」二字闕。

019 萬人曰傑　監、毛本同。考文引宋板同。閩本「人曰」二字闕。

020 是俊選之尤異者　惠棟挍宋本同。閩本「是」字闕，監、毛本「是」誤「而」。

021 即禹湯文武三王之中俊異者　閩、監、毛本作「王」，此本「王」誤「正」。×

022 志是記識之名　閩本同。惠棟挍宋本同。監、毛本「是」誤「謂」。×

023 故周禮云　監、毛本同。考文引宋板同。閩本「禮」字闕。×

大道之行也節

024 矜寡孤獨廢疾者　閩、監、毛本同。岳本同。嘉靖本同。石經「廢」作「癈」，衛氏集説同。○按，「癈」爲正字，「廢」爲假借字。

025 不必藏於巳　閩、監、毛本同。嘉靖本同。惠棟挍宋本「巳」作「己」，宋監本同，石經同，岳本同，

026 大道至大同　閩、監、毛本如此，此本下「大」字脱。衛氏集説同，下「爲巳」並同。

027 謂伯奮仲堪　閩、監本如此，考文引宋板同。毛本「堪」誤「康」，此本「仲堪」誤作「註字」。×

028 脩習睦親也　閩、監、毛本同。惠棟挍宋本「習」下有「也」字。

029 所用謂不愛其力　閩、監本同。考文引宋板同。毛本「愛」誤「受」。×

030 禪位授聖謂堯授舜也　閩、監本同。毛本「謂」作「是」。

031 謂不以天位爲己家之有而授子也　惠棟挍宋本有「而」字。此本「而」字脱，閩、監、毛本同。

032 不以瞽叟爲祖宗　閩、監本同。毛本「祖宗」二字倒。

033 是無吝嗇之心　閩、毛本「嗇」作「惜」，監本亦作「惜」，「吝」誤「客」。

今大道既隱節

034 敦朴之本也教令之稠　宋監本同。毛本同。岳本同。嘉靖本同。考文引宋板同。衛氏集説同。閩本「本也教」三字闕，監本闕「本也」二字。

035 盜賊多有　監、毛本同。岳本同。嘉靖本同。衛氏集説同。閩本「盜賊多」三字闕。

036 正義曰前明五帝已竟　惠棟挍宋本無「正義曰」三字。

037 此明三代俊英之事　閩、監、毛本同。衛氏集説同。惠棟挍宋本「事」下有「也」字。

038 城内城郭外城也　監、毛本如此，衛氏集説同，無「也」字。此本「外」下「城」字脱，閩本同，考文引宋板「外城」作「城外」。

039 溝池城之壍　閩、監本同。衛氏集説同。毛本「壍」作「塹」。

040 然此五德即仁義禮知信也　閩、監本同。毛本「即」誤「則」。×

041 雖在富貴埶位　閩、監本同。毛本「埶」作「勢」。

042 對士文云事君　閩本同。監、毛本「文」作「又」。

043 故云兵由此起也　監、毛本作「由」。此本「由」誤「猶」，閩本同。

言偃復問曰如此乎禮之急也節

044 言偃至正也　惠棟挍宋本無此五字。

045 若桀紂也　閩、監、毛本作「桀」，此本「桀」誤「傑」。×

046 證人若無禮　惠棟挍宋本如此，此本脱「無」字，閩、監、毛本有「無」字，脱「若」字。

047 臣子無禮之人　閩、監、毛本同。許宗彦挍「子」下增「刺」字。

048 其本尊大　惠棟挍宋本同。閩、監、毛本「大」誤「天」。×

049 列於鬼神　閩、監、毛本「神」下有「者」字。

050 言聖人制禮　閩、監、毛本「人」作「王」，下「聖人既法」同。

051 布列法於鬼神　惠棟挍宋本如此，此本「列」下有空闕，閩、監、毛本補「效」字。

052 謂法於鬼神以制禮　閩、監、毛本無「於」字。

053 故祀天禋地　閩、監、毛本作「禋」，衛氏集説同，此本「禋」誤「煙」。×

* 教民報上之義　補，閩、監、毛本「報」作「嚴」。

054 曉達喪禮　惠棟挍宋本如此，衛氏集説同。此本脱「喪」字，閩、監、毛本「喪」誤「於」。

055 聘是臣之事君　閩、監、毛本有「君」字，衛氏集説同，此本「君」字脱。❶

056 昭二十五年左傳文　惠棟挍宋本如此，此本「文」誤「云」。閩、監、毛本「文」下增「云」字，衛氏集説同。

057 謂教令由於祖廟出者　閩、監、毛本「出」作「下」。×

058 是取興作於山川鬼神也　閩、監、毛本「興作」下有「法度」二字。

059 下文云降於五祀之謂制度　閩、監、毛本如此，此本「文」上衍「也」字，「云」上衍「又」字。

060 始謂中霤門户竈行之法　閩、監、毛本同。浦鏜挍「謂」改「爲」。

061 下文又云必本於天　監、毛本如此，此本「又云」作「云又」。惠棟挍宋本作「又有」，閩本同。

062 此文本天效地之下　毛本同。閩、監本「效」作「殽」。惠棟挍宋本「文」作「又」。

063 以制禮既卑　惠棟挍宋本同。閩、監本「卑」作「畢」，衛氏集説同，毛本「畢」作「降」。

064 故下文云殽以降命　閩、監本作「命」。×此本「命」誤「令」，毛本同。

065 故鄭解此云　惠棟挍宋本有「解」字。此本「解」字脱，閩、監、毛本同。

* 聖聖人參於天地　補：案，「聖聖」誤重。

066 禮記正義卷第二十九終　惠棟挍

宋本此行在疏「其義非也」之後，記云凡二十三頁。❷

067 禮記正義卷第三十　惠棟挍宋本分「言偃復問曰夫子之極言禮也」以下爲卷卅。✕

068 言偃復問曰夫子之極言禮也節　惠棟挍云：「言偃」節、「夫禮」節、「昔者先王」節、「故玄酒」節、「作其祝號」節，宋本合爲一節。❸

069 言偃至觀之　惠棟挍宋本無此五字。

070 前云大道之行　閩、監本同。毛本「前」誤「則」。✕

071 論披檢二記之書　惠棟挍宋本作「二」。此本「二」誤「工」，閩、監、毛本同。✕

072 至承天之祜　閩、監本同。毛本「祜」誤「詁」。✕

073 薦上古中古之食　閩、監本同。毛本「中」誤「下」。✕

074 故觀其夏道可成以不　閩本同。監、毛本「以」作「與」。

075 而得夏家四時之書焉　惠棟挍宋本作「焉」。此本「焉」誤「爲」，閩、監、毛本同。✕

076 即下云夫禮之初以下是也　惠棟挍宋本同。閩、監本「下是也」三字闕，毛本三字亦闕，又「禮」誤「節」，「初」誤「所」。

077 觀此夏禮堪成與不　惠棟挍宋本同。閩、監、毛本「禮堪成與」四字闕。

078 以下云而不足徵○注杞　監、毛本同。考文引宋板同。閩本「足徵○注」四字闕。

079 武王下車而封夏后氏之後　監、毛本同。考文引宋板同。閩本「封夏后氏」四字闕。

080 **求夏后之後**　監、毛本如此，惠棟挍宋本「后」下有「氏」字。

081 **而得東樓公封之於杞**　惠棟挍宋本同。閩、監、毛本「東樓公封」四字闕。

082 **徵驗之義故爲成**　惠棟挍宋本同。閩、監、毛本「驗之義故」四字闕。

083 **而云無賢君不足與成者**　監、毛本同。考文引宋板同。閩本「賢君不足」四字闕。

084 **先言坤者熊氏去**　惠棟挍宋本有「云」字。此本脱，閩、監、毛本同。❹

085 **案孔子以大聖之姿**　閩、監本同。考文引宋板同。毛本「以」誤「姿」，「姿」誤「初」。×

086 **定禮樂**　閩、監本作「定」。此本「定」誤「足」，毛本同。×

087 **黄帝墳典**　閩、監、毛本同。齊召南挍「黄」改「皇」。按，齊挍是也，孔安國尚書序云：「三皇之書謂之三墳，五帝之書謂之五典。」

夫禮之初節

088 **地藏謂葬**　閩、監本同。岳本同。嘉靖本同。衛氏集説同。考文引宋板同。毛本「謂」誤「爲」。×

089 **以水桃洮黍米**　閩、監、毛本「桃」作「洮」，衛氏集説同。❺

090 **或捭析豚肉**　閩、監本同。毛本「析」誤「柝」。×

091 **以鬼神享德不享味也**　閩、監、毛本「享」作「饗」，衛氏集説同。

092 **故士冠禮云**　惠棟挍宋本作「禮」。此本「禮」誤「記」，閩、監、毛本同。×

093 出塙也廣雅文　閩、監、毛本同。惠棟校宋本「文」作「云」，非也。

094 上言古代質素此言後世漸文　閩、監、毛本同。毛本「上」誤「土」，「世」誤「代」。

095 釋所以天望地藏之意　閩、監本同。毛本「意」作「義」。

096 故以天望招之於天　閩、監本同。毛本「招」誤「拓」。考文引宋本「故」作「所」。

097 與死者北首　閩、監、毛本同。惠棟校宋本「與」作「及」。

098 前文云燔黍捭豚謂中古之時　惠棟校宋本同。閩、監、毛本「燔黍捭豚謂中古之」八字闕。

099 但中古神農未有宮室上棟下宇　惠棟校宋本同。閩、監、毛本「中古神農未有宮室」八字闕。

100 及在五帝以來　閩、監、毛本同。浦鏜校「及」改「乃」。

101 此及其死也而云升屋則非神農時也　惠棟校宋本同。閩、監、毛本「也而云升屋則非神農」九字闕。

102 以爲五帝時或爲三王時皇氏以爲　惠棟校宋本同。閩、監、毛本「時或爲三王時皇氏以」九字闕。

昔者先王節

103 夏則居橧巢　閩、監、毛本同。石經同。岳本同。嘉靖本同。衛氏集説同。釋文出「居橧」，云「本又作『增』，又作『曾』，同，則登反」，出「樔」云「本又作『巢』」。考文引古本、足利本「橧」作「櫓」。洪頤煊九經古義補云：「按，太平御覽五十五引作『櫓』，家語問禮篇亦作『櫓』，劉熙釋名云『櫓，露也。露上無屋覆也』，左傳『楚子登巢車以望晉軍』，杜注云『巢車，車上加櫓』，孔氏正義引説文云『轈，兵高車加巢以望敵也』，『櫓，澤中守草樓也』，『巢』與『櫓』皆樓之別名，今本作『橧』，傳寫之誤。」

104 **寒則累土暑則聚薪柴居其上**　毛本同。岳本同。嘉靖本同。衛氏集説本同。閩、監本十二字闕。按，此節閩、監本經注多闕，「合土」以下至節末全闕，毛本已完補，兹不復載。❻

105 **食腥也**　此注文三字在「未有火化」句下，毛本同，岳本同，嘉靖本同，衛氏集説同，閩、監本並脱。 ×

106 **作起**　此「後聖有作」句下注，毛本同，岳本同，嘉靖本同，衛氏集説同，閩、監本脱。 ×

107 **然後脩火之利**　閩、監本同。石經同。岳本同。嘉靖本同。衛氏集説同。毛本「脩」作「修」。

108 **孰治萬物**　閩、監、毛本同。嘉靖本同。衛氏集説同。考文引古本、足利本「治」作「治」。按，「治」非也，此本疏亦作「治」，字之誤也。

109 **瓦瓴甓及甒大**　毛本同。岳本同。嘉靖本同。釋文出「令甓及甒大也」。考文云「甒大」下有「也」字。

110 **以爲臺榭宮室牖户**　石經同。岳本同。嘉靖本同。衛氏集説同。毛本「牖」誤「牗」。

111 **榭器之所藏也**　此「以爲臺榭宮室牖户」注文，監本空闕。

112 **以炮**　諸本同，監本空闕。

113 **裹燒之也**　此「以炮」注文，諸本同，監本空闕。

114 **以燔**　諸本同，監本空闕。

115 **加於火上**　此「以燔」注文，諸本同，監本空闕。

116 **以亨**　諸本同，監本空闕。

117 **煑之鑊也**　此「以亨」注文，諸本同，監本空闕。

118 以炙　諸本同，監本空闕。

119 貫之火上　此「以炙」注文，諸本同，監本空闕。

120 以爲醴酪　諸本同，監本空闕。

121 烝釀之也酪酢截　此「以爲醴酪」注文，諸本同，監本空闕。

122 治其麻絲以爲布帛以養生送死以事鬼神上帝皆從其朔　諸本同，監本空闕。

123 朔亦初也亦謂今行之然　此「皆從其朔」注文，諸本同，監本空闕。

124 疏　閩、監、毛本此節疏文多闕，此「疏」字亦闕，惟此本及惠棟挍宋本完善，今具録於左。浦鏜挍從儀禮經傳通解續補入，亦同。❼

125 昔者先王至其朔　惠棟挍宋本作「昔者至羽皮」。○正義曰此一節更論上古之事昔者先王既云未有宮室則揔是五帝之前云未有火化之事則唯爲伏犧之前以上文中古神農有火故也○冬則居營窟　監、毛本「營窟」誤「橧巢」。者營累其土而爲窟地高則穴於地地下則窟於地上謂於地上累土而爲窟○夏則居橧巢者謂橧聚其薪以爲巢○飲其血茹其毛者雖食鳥獸之肉若不能飽者則茹食其毛以助飽也若漢時蘇武以雪雜羊毛而食之是其類也○後聖至其朔○正義曰此一節論中古神農及五帝并三王之事各隨文解之○後聖有作者謂上古之後聖人作起○然後脩火之利者謂神農也火利言脩者火利先有用之簡少至神農更脩益使多故云脩知者以世本

云燧人出火案鄭六藝論云燧人在伏犧之前凡六紀九十一代廣雅云一紀二十六萬七千年六紀計一百六十萬二千年也 ×

126 注孰冶萬物　閩、監、毛本作「冶」。此本「冶」誤「治」，下「冶謂陶鑄也」同。×

127 檀弓云有虞氏之瓦棺　閩、監本同。毛本「云」作「曰」。×

128 瓬甂謂之甓　惠棟挍宋本作「甂」。此本「甂」誤「甗」，閩、監、毛本同。×

故玄酒在室節

129 管磬鍾鼓　岳本同。嘉靖本同。衛氏集說同。閩、監、毛本「鍾」作「鐘」，石經同。

130 與其先祖　閩本同。石經同。岳本同。嘉靖本同。衛氏集說同。考文引宋板、古本、足利本同。監、毛本「與」誤「舉」。

131 南北陳之俎設於鼎西　惠棟挍宋本同。衛氏集說同。閩、監、毛本「北」誤「其」，「設」誤「豆」。

132 當序西面北上俎皆設於鼎西　惠棟挍宋本同。衛氏集說同。閩、監、毛本「當」誤「堂」，「俎」誤「此」。

133 祭統云尸南面　閩、毛本同。監本「南」誤「甫」。×

134 則承受天之祜福也　考文引宋板同。衛氏集說同。閩、監、毛本「承」誤「特」。

135 轉寫益澄字耳　考文引宋板同。閩、監、毛本「益」誤「盎」，下「誤益澄」字同。×

136 又以澄爲清酒　惠棟挍宋本同。閩、監、毛本「又」誤「文」。×

137 各是一物皆不言酒　閩、監本同。毛本「各」誤「皆」，「皆」誤「各」。×

138 非爲三酒之中清酒也　閩、監、毛本同。盧文弨挍云「爲」當作「謂」。

139 與五禘之禮同　閩、監本同。毛本「與」誤「於」。惠棟挍宋本「五」作「王」，續通解同。

140 侯伯子男祫禘皆用二齊　惠棟挍宋本作「祫」，續通解同。此本「祫」誤「於」，閩、監、毛本同。

141 朝踐君夫人酌醴齊　閩、監、毛本同。浦鏜挍云「夫人」二字當衍。

142 酢諸臣用事酒　惠棟挍宋本作「事」。此本「事」誤「昔」，閩、監、毛本同。

143 故禮器云君親制祭　閩、監本同。考文引宋板同。毛本「制」誤「致」，下「君制祭」同。

144 爲進孰時　閩、監、毛本同。續通解「爲」作「君」，非。

145 其祫祭之法　惠棟挍宋本作「祭」，續通解同。此本「祭」誤「禘」，閩、監、毛本同。

146 黄彝盛鬱鬯　惠棟挍宋本如此，續通解同。此本「鬱鬯」誤「玄酒」，閩、監、毛本同。

147 其明水鬱鬯陳之　惠棟挍宋本如此。此本「鬱鬯陳之」誤「玄酒之尊」，閩、監、毛本同。

148 祝在後侑之　惠棟挍宋本作「祝」，續通解同。此本「祝」誤「人」，閩、監、毛本同。

149 圜鐘爲宫　閩、監、毛本同。惠棟挍宋本「圜」作「圓」。按，周禮作「圜」。

150 九變而致人鬼　惠棟挍宋本作「致」，續通解同。此本「致」作「降」，閩、監、毛本同。

151 衆尸皆同在太廟中　惠棟挍宋本如此，此本「同在大」誤「在太太」。閩本脱「同」字，「太」字上空闕，監、毛本亦脱「同」字。

152 又出以墮于主前　閩本同。惠棟挍宋本同。監、毛本「墮」誤「薦」。

153 置於北墉下　閩、監本同。毛本「墉」誤「牖」。

154 乃退而合亨　惠棟挍宋本作「乃」，續通解同。此本「乃」誤「知」，閩、監、毛本同。

155 至薦孰之時陳於堂　惠棟挍宋本同。閩、監、毛本「陳於堂」三字闕。

156 乃後延主入室　惠棟挍宋本作「主」，續通解同。此本「主」誤「人」，閩、監、毛本「主」作「尸」。

157 酌奠於饌南故郊特牲　惠棟挍宋本同。此本「奠於饌南故」五字闕，閩、監、毛本同。

158 既奠之後又取腸間脂　惠棟挍宋本同。閩、監、毛本「既奠之後又」五字闕。

159 謂薦孰時當此大合樂也　惠棟挍宋本同。閩、監、毛本「時當此大合」五字闕。

160 主人拜以妥尸　惠棟挍宋本同。閩、監、毛本「主人拜」三字闕。

161 變朝踐云朝獻尊相因也　閩、毛本同。監本「獻」誤「踐」。

162 王可以獻諸侯　惠棟挍宋本作「可」。此本「可」誤「所」，閩、監、毛本同。

163 崔氏以爲后獻皆用爵　閩、監、毛本同。盧文弨挍云「用」下當有「瑤」字。

164 瑤爵謂尸卒食　監、毛本同。閩本「尸卒」二字闕。

165 王既酳尸后亞獻之　閩、監本同。毛本「亞」誤「亦」。

166 則后未酳尸以前不用也　惠棟挍宋

本同。閩、監、毛本「以前不用也」五字闕。

167 用璧角璧散可知　監、毛本同。考文引宋板同。閩本「璧角璧散可」五字闕。

168 諸臣加爵用璧角璧散　惠棟挍宋本同。閩、監、毛本「諸臣加爵用」五字闕。

169 禘祭在夏醴齊盎齊　惠棟挍宋本同。閩、監、毛本「在夏醴齊盎」五字闕。

170 王朝踐獻用醴齊后亞獻用盎齊　惠棟挍宋本同。閩、監、毛本「醴齊后亞獻」五字闕。

171 王酳尸因朝踐醴齊　惠棟挍宋本同。閩、監、毛本「王酳尸因朝」五字闕，又毛本「踐」誤「醆」。

172 亦用沈齊禘祭無降神之樂　惠棟挍宋本同。閩、監、毛本「沈齊禘祭無」五字闕。×

173 始有降神之樂又未毀廟者　惠棟挍宋本同。閩、監、毛本「樂又未毀廟」五字闕。又惠棟挍宋本作「神」。此本「神」誤「被」，閩、監、毛本同。×

174 天子時祭用二齊者　惠棟挍宋本同。閩、監、毛本「祭用二齊者」五字闕。

175 秋冬用著尊盛醴齊用壺尊盛盎齊　惠棟挍宋本同。閩、監、毛本「尊盛醴齊用」五字闕。

176 皆云兩者以一尊盛明水　惠棟挍宋本同。閩、監、毛本「以一尊盛明」五字闕，又毛本「者」作「著」。○按，作「著」與周禮司尊彝合。

作其祝號節

177 疏布以幂　石經作「幂」，岳本同，釋文同。此本「幂」誤「羃」，閩、監、毛本同，嘉靖本同，衞氏集説同，注疏放此。○按，依説文當作「幎」，从巾，冥聲，其字亦作「羃」，誤作「幂」，俗作「羃」。

178 三曰祇號　閩、監本同。岳本同。衞氏集説同。毛本「衹」誤「祇」，嘉靖本同。釋文出「示號」，與周禮大祝合，云「本又作『祇』」。

179 五曰齎號　嘉靖本同。閩、監、毛本「齎」作「齍」，岳本同，衛氏集説同。釋文出「齍號」。按，周禮作「齍」。

180 孰其殽　閩、監本同。岳本同。嘉靖本同。衛氏集説同。考文引宋板同。毛本「殽」誤「酳」，疏同。×

181 蒻蒲蓆也　惠棟挍宋本有「席」字，宋監本同，岳本同，嘉靖本同，考文引古本同。此本「席」字脱，閩、監、毛本同，衛氏集説同。

182 上通無莫　閩、監、毛本同。岳本同。嘉靖本同。衛氏集説同。段玉裁挍「無」改「元」。盧文弨挍云：按疏此本作「元莫」，正本「元」作「无」。按，作「元」是也，正義云「上通元氣寂寞」，是注當作「元莫」之明證。又云「定本『元』字作『无』，謂虛無寂寞義或然也」，謂之「義或然」者，是正義本不從定本作「无莫」也。

183 籩豆鉶羹　閩、監、毛本同。石經同。岳本同。嘉靖本同。衛氏集説同。釋文出「鈃」，云「本作『鉶』」。

184 解子游以禮所成也　毛本同。岳本同。嘉靖本同。閩、監本「子游以禮所成也」七字闕。×

185 史祝稱之以告鬼神　惠棟挍宋本同。閩、監、毛本「史祝」作「祝史」，衛氏集説同。

186 謂朝踐之時　閩、監本同。衛氏集説同。毛本「踐」誤「夕」。×

187 孰其殽骨體也　閩、監、毛本「殽」下有「者殽」二字，惠棟挍宋本同。

188 上通無莫者　閩、監、毛本同。段玉裁挍本「無」改「元」。

189 證莫爲虛無　閩、監本同。毛本「無」誤「文」。惠棟挍宋本「無」下有「也」字。

190 正本元字作無　閩、監、毛本同。惠棟挍宋本「無」作「无」。段玉裁挍本云「正」當作「定」。

191 此論祭饋之節　惠棟挍宋本有「此」字，衛氏集説同。此本「此」字脱，閩、監、毛本同。

192 饗食賓客兄弟也　惠棟挍宋本有「也」字，衛氏集説同。此本「也」字脱，閩、監、毛本同。

193 承致多福無疆　閩、監、毛本作「承」，衛氏集説同，此本「承」作「丞」。

194 孔子曰嗚呼哀哉節　惠棟挍云：「孔子」節，宋本分「魯之郊禘」另爲一節。

195 孔子至適矣　惠棟挍宋本無此五字。

196 未言自歎之意　閩、監本同。惠棟挍宋本同。毛本「未」誤「末」。×

197 更何之適而觀禮乎　閩、監本同。毛本「之適」二字倒。×

198 杞之郊也節　閩、監、毛本分「祝嘏」以下另爲一節。×

199 杞之至守也　惠棟挍宋本無此五字。

200 是其子孫常所保守　閩、監本同。毛本「常」誤「當」。衛氏集説同。×

祝嘏莫敢易其常節

201 祝嘏至大假　惠棟挍宋本無此五字。

202 言天子諸侯所祭之時　閩、監本同。毛本「諸侯」二字誤在「所祭」下。

203 故上文承天之祜　閩、監、毛本「文」作「云」，下「次文是謂合莫」、「又次文是謂大假」並同。

204 鄭云將言今不然　閩、監、毛本同。考文云宋板「鄭」上有「故」字。

205 不如大祥大假之等　閩、監本如此，此本「假」上衍「祥」字，毛本「如」作「知」。

祝嘏辭説節

206 祝嘏至幽國　惠棟挍宋本無此五字。

207 幽闇也　閩、監、毛本有「闇」字，岳本同，嘉靖本同，衞氏集説同，此本「闇」字脱。

208 國闇者　閩、監、毛本同。岳本同。嘉靖本同。衞氏集説同。考文引古本作「闇國者」。❽

醆斝及尸節

209 醆斝至僭君　惠棟挍宋本無此五字。

冕弁兵革節

210 冕弁至脅君　惠棟挍宋本無此五字。

211 脅劫脅也　閩、監、毛本同。惠棟挍宋本無下「脅」字。

大夫具官節 ×

212 官事不攝焉得儉　閩、監本同。岳本同。嘉靖本同。考文引宋板同。衞氏集説同。毛本「焉」誤「言」。×

213 大夫至亂國　惠棟挍宋本無此五字。×

214 與君相敵　閩、監本同。衞氏集説同。毛本「君」誤「臣」。×

故仕於公曰臣節

215 故仕至同國　惠棟挍宋本無此五字。

216 即自稱曰僕　閩、監本同。毛本「即」作「則」。

故天子有田節

217 大夫有采以處其子孫　惠棟挍宋本、宋監本同。閩、監、毛本同。石經同。岳本同。嘉靖本同。衞氏集説同。考文引古本、足利本「采」下有「地」字。案，「地」字正義亦有。

218 自拱勑也　閩、監本同。岳本同。嘉靖本同。衞氏集説同。毛本「勑」作「敕」。

219 **陳靈公與孔甯**　閩、監、毛本同。岳本同。嘉靖本同。惠棟挍宋本「甯」作「寗」，宋監本同，衞氏集説同。釋文出「孔甯」，云「本又作『寗』」。案，左傳作「寗」，公羊作「甯」，各依字讀。

220 **以取弑焉**　閩、監、毛本同。嘉靖本同。衞氏集説同。岳本脱「焉」字，釋文出「取殺」。

221 **故天子至爲謔**　惠棟挍宋本無此六字。

222 **若有其大功德**　惠棟挍宋本同。閩、監、毛本「有其」作「其有」，是也。

223 **謂今惡起文**　閩、監、毛本同。浦鏜挍云「謂」疑「爲」字誤。

* **故注云言今不言然也**　補：案，「不」下「言」字誤衍。

224 **後楚殺徵舒**　惠棟挍宋本作「楚」。此本「楚」誤「取」，閩、監、毛本同。

×

225 **是故禮者節**　惠棟挍云：「是故」節，宋本分「政不正」以下另爲一節。

226 **肅駿也**　閩、監、毛本同。岳本同。嘉靖本同。衞氏集説同。釋文「駿」作「峻」。

227 **是故至君也**　惠棟挍宋本無此五字。

228 **大臣至俗敝**　惠棟挍宋本無此五字。

229 **按釋詁文云**　惠棟挍宋本作「詁」。此本「詁」誤「古」，閩、監、毛本同，下「釋詁文又云」同。

故政者節

230 **謂輝光於外**　閩、監、毛本同。衞氏集説同。岳本「輝」作「煇」，嘉靖本同，釋文出「煇光」。○按，「煇」、「輝」正俗字。

231 **自祖率而下至于禰**　閩、監本同。岳本同。嘉靖本同。衞氏集説同。考文引宋板同。毛本「禰」誤「彌」。

×

232 故政至固也　惠棟挍宋本無此五字。

233 施政於外　惠棟挍宋本如此，衛氏集説同，監本、毛本「施」誤「則」，此本「施政」誤「則故」。

234 若政之美盛　閩、監本同。毛本「美」誤「本」，衛氏集説亦作「美」。

235 鄭云藏謂煇光於外　閩、監本同。毛本「煇」作「輝」。×

236 爲昏媾姻亞　閩、監本同。毛本「爲」誤「而」。×

237 此亦當云必本於地　閩、監、毛本同。惠棟挍宋本無「必」字。

238 故云之謂殽地　惠棟挍宋本有「之」字。此本「之」字脱，閩、監、毛本同。

239 之謂制度者　閩、監本同。毛本「謂」誤「爲」。×

240 初造五祀之人　閩本同。衛氏集説同。監、毛本「人」誤「神」。×

241 所以藏其身而堅固　惠棟挍宋本同。閩、監、毛本「所以藏」三字闕。

242 案昭二十五年左傳云　監、毛本同。考文引宋板同。閩本「五年左」三字闕。

243 以象天明　監、毛本同。考文引宋板同。閩本「象天明」三字闕。

244 以類其震曜殺戮　監、毛本同。考文引宋板同。閩本「其震曜」三字闕。

245 皆法天之所爲　惠棟挍宋本同。閩、監、毛本「法天之」三字闕。

246 下云社者神地之道　惠棟挍宋本同。閩、監、毛本「社者神」三字闕。

247 有五地之物生者　監、毛本同。考文引宋板同。閩本「之物生」三字闕。

248 各有所生五地總生萬物　惠棟挍宋本同。閩、監、毛本「有所生」三字闕。

249 注大傳至義也　考文引宋板同。閩本「大傳」二字闕，監、毛本「大傳」誤「自禰」。

250 言用禰之仁依循而上　監、毛本同。考文引宋板同。閩本「仁依循」三字闕。

251 以至于禰高者尊重　考文引宋板同。衛氏集説同。閩本「高者」二字闕，監、毛本「高」誤「遠」。

252 祖廟之中自然有此仁義　閩、監本同。衛氏集説同。毛本「祖廟」誤「社稷」。×

253 人君法之施此仁義教令　惠棟挍宋本同。閩、監、毛本「施此仁義」四字闕。

21—254 此五祀鄭云有中霤　惠棟挍宋本同。閩、監、毛本「五祀鄭云」四字闕。

校記

❶南昌本「脱」作「闕」。

❷南昌本出文改作「其義非也」，上提一格。校語「此行在疏其義非也之後」改作「此下標禮記正義卷第二十九終」。

❸南昌本校語下有「○惠棟校宋本自此節起至故人者其天地之德節止爲第三十卷，卷首題禮記正義卷第三十」。

❹文選樓本、南昌本出文作「去」，學海堂本作「云」。

❺南昌本出文「洮」作「釋」。

❻南昌本無「兹不復載」。

❼南昌本無「今具録於左」。

❽南昌本無「引」字。

禮記注疏校勘記卷二十二

禮運

故聖人參於天地節

22—001 並於鬼神　閩、監本同。石經同。嘉靖本同。衛氏集説同。毛本「並」作「竝」，岳本同，注疏倣此。

002 禮之序也　閩、監本同。石經同。岳本同。嘉靖本同。衛氏集説同。考文引宋板同。毛本「禮」誤「體」。×

003 並并也　閩、監、毛本同。嘉靖本同。衛氏集説同。岳本「并」作「併」。釋文出「並併」。

004 故聖至治也　閩、監、毛本「治」作「地」，不誤。惠棟挍宋本無此五字。

005 謂與作器物　閩、毛本同。監本「與」誤「興」。×

006 無過差也　閩、監、毛本同。考文云宋板「也」作「矣」。

故君者所明也節

007 故君至其生　惠棟挍宋本無此五字。

008 覆述上文　閩、監本同。毛本「述」誤「説」。×

故用人之知節

009 故用至之變　惠棟挍宋本無此五字。

010 故云去之　閩、監本同。毛本「之」誤「者」。×

011 退去其姧詐者　閩、監本「姧」作「姦」，衛氏集説作「奸」。

012 變當至圍入　閩、監本同。毛本「入」誤

「人」。

故聖人耐以天下爲一家節

013 故聖至爲之　惠棟挍宋本無此五字。

014 所能以天下和合　閩、監本同。毛本「所」誤「此」。

015 則下文爭奪相殺是也　閩、監本同。考文引宋板同。毛本「爭」誤「尊」。

016 按說文云耐者鬚也　閩、監、毛本同。浦鏜挍「耐」改「而」，是也。○按，「鬚」當作「須」。「須」、「鬚」正俗字。

017 故字從寸　惠棟挍宋本作「寸」，此本「寸」誤「十」，閩、監本「寸」誤「卜」，毛本「寸」誤「上」。

018 乃假借鼈三足爲能　閩、監本同。毛本「乃」誤「仍」。

019 其意同矣　閩、監、毛本同。考文云宋板「矣」作「也」。

何謂人情節

020 講信修睦　閩、監本同。石經同。岳本同。嘉靖本同。毛本「脩」作「修」，衛氏集說同，下同。

021 何謂至以哉　惠棟挍宋本無此五字。

022 無由可也　閩、監、毛本「也」作「化」，衛氏集說同。

023 及哀惡與彼同也　閩、監、毛本同。考文云宋板「惡」作「樂」。

024 增一懼而爲七　毛本作「一」。此本「一」誤「二」，閩、監本同。

025 按彼傳云喜生於風　閩、監、毛本同。浦鏜挍云：按，此出賈逵注，「傳」當「注」字誤。

026 父慈子孝兄愛弟敬　閩、監本同。毛本「孝」誤「愛」，「愛」誤「友」。

故人者其天地之德節

027 故人至氣也　惠棟挍宋本無此五字。

028 故人者其天地之德者　惠棟挍宋本有「其」字。此本「其」字脱，閩、監、毛本同。

029 人感覆載而生　閩、監本同。考文引宋板同。毛本「人」誤「生」。

030 禮記正義卷第三十終　惠棟挍宋本著此行在疏「故兩存焉」之後，記云凡廿六頁。❶

禮記正義卷第三十一

故天秉陽節❷

031 播五行於四時　閩、監、毛本同。石經同。岳本同。嘉靖本同。衛氏集説同。釋文出「播於五行四時」，云「本亦作『播五行於四時』」，正義云「定本無『於』字，直云『播五行四時』」。

032 言地持陰氣　閩、監、毛本同。岳本同。嘉靖本無「持」字，「地」下空闕二字。

033 五味六和十二食還相爲質也　閩、監、毛本同。石經同。岳本同。嘉靖本同。衛氏集説同。五經筭術下引作「五味六和十二食還相爲滑」。戴震云：「按鄭注『五味酸、苦、辛、鹹、甘也。和之者，春多酸，夏多苦，秋多辛，冬多鹹，皆有滑甘，是爲六和』，盖五味加滑而六。内則『滫瀡以滑之』，疏云『滫瀡之，令柔滑也』，食味言還相爲滑，衣色言還相爲質。質如凡畫者丹質之質。食味、衣色二者語而有別。此五經筭術所引，在唐以前，應是古本。」

034 竭猶負載也　閩、監本同。毛本「載」作「戴」，岳本同，嘉靖本同，衛氏集説同，五經筭術下引亦作「載」。按，「戴」、「載」古多通同。

035 布十二辰　閩、監、毛本同。岳本同。嘉靖本同。衛氏集説同。五經筭術「布」下有「在」字。

036 終於南呂　閩、監、毛本同。岳本同。嘉靖本同。衛氏集説同。惠棟挍宋本「呂」作「事」。

釋文出「南事」，云「京房律始於執始，終於南事，凡六十」。正義本作「南吕」，故疏説「終於南吕」之義極詳，云「以此言之，則南吕爲是」，又云「諸本及定本多作『終於南事』，則是京房律法」。五經筭術下引亦作「終于南吕」，後又云「甄鸞按，禮記注一本乃有云『始于黄鍾，終于南事』者」。

037 畫繢事也　閩、監本同。岳本同。嘉靖本同。衛氏集説同。毛本「繢」作「繪」，釋文出「畫繢」。

038 故天至質也　惠棟挍宋本無此五字。

039 播謂播散　閩本同。監、毛本「謂」作「爲」。

040 若五行四時調和　惠棟挍宋本作「若」。此本「若」誤「者」，閩、監、毛本同。×

041 中通元繢以對五方　閩、監、毛本同。衛氏集説同。惠棟挍宋本「以」作「次」。

042 地體是陰　惠棟挍宋本作「是」。此本「是」誤「其」，閩、監、毛本「是」誤「秉」。×

043 含藏聚斂　惠棟挍宋本同。閩、監、毛本「含」誤「舍」。×

044 土無正位分寄四時　閩、毛本同。監本「土」誤「王」。×

045 至中吕而帀　閩本同。惠棟挍宋本同。衛氏集説「帀」作「匝」，監、毛本「帀」誤「布」。

046 上生夾鍾爲商　閩、監、毛本如此，此本「爲」字誤重。

047 多作終於南事　閩、監本同。毛本「作」誤「則」。×

048 房對受學故小黄令焦延壽等　閩本、監本、毛本同。齊召南云：按後漢志無「等」字，此「等」字衍。

049 執始下生去滅　閩、監、毛本如此，此本「去滅」誤「夫成」。×

050 故各統一日　閩、監、毛本同。盧文弨挍「日」改「月」，云算術作「各統一月」，下亦作「當月」。戴震云：「按，後漢書今本譌作『各終一日』，下『當月者』譌作『當日者』。攷律法，十二律分十二月，各自爲宫，而商、徵以類從，是一律統一月也。疏引作『各統一日』，下仍作『當月者』，爲五經筭術所引，無舛誤，可據以訂正。」

051 而商徵以類定焉　閩、監、毛本「定」作「從」，五經筭術引亦作「類從」。

052 考其高下　惠棟挍宋本如此，五經筭術同。此本「考」下衍「以」字，閩、監、毛本同。

053 太簇爲商林鍾爲徵　閩、監、毛本同。惠棟挍宋本無二「爲」字。

054 謙待徵六日律八寸九分分微强　閩、監、毛本同。惠棟挍宋本作「八寸九分小分八微强」。按，宋本與後漢志合，惟「九分」後漢志作「八分」。

055 去滅徵六日律八寸八分小分八弱　閩、監、毛本同。盧文弨挍從續志「八弱」改「七大强」。

056 分動下生歸嘉分動爲宫　閩本同。惠棟挍宋本同。監、毛本「動」作「勳」。考文引宋板「下生」下有「屈齊商安度徵六日律八寸七分小分六微弱分動下生」二十二字，然後接以「歸嘉分動爲宫」。

057 刑晋商　閩本同。惠棟挍宋本同。監、毛本「刑」作「形」，下「刑晋」並同。盧文弨挍云隋志作「形晋」。

058 否與徵六日律八寸五分小分二强　閩、監、毛本同。盧文弨挍云五經筭術「强」上有「半」字，是也。

059 分否下生解刑　閩本同。惠棟挍宋本同。監、毛本「刑」作「形」，下「解刑徵」同。

060 解刑徵八日律八寸三分小分一强　閩、監、毛本同。盧文弨挍云當作「小分一少强」。

061 侯嘉商　閩本同。惠棟挍宋本同。監、毛本「侯」作「族」，下「侯嘉」並同。

062 去南徵八日律八寸二分一少弱　閩本同。監、毛本作「八寸二分小分一弱」。

063 結躬徵二日律七寸八分小分九强　閩本同。監、毛本「二」作「六」，「强」上有「少」字。盧文弨挍云「少」字衍。

064 歸期徵七日律七寸七分小分九强　閩本同。監、毛本「七日」作「六日」，「强」作「弱」，惠棟挍宋本作「强」。

065 刑始商　閩本同。惠棟挍宋本同。監、毛本「刑」作「形」，下「形始」並同。

066 掩閉徵七日律七寸三分小分九微强　惠棟挍宋本同。閩本同。監、毛本「七日」作「八日」，「强」作「弱」。盧文弨挍云五經筭術作「微强」，是也。

067 鄰齊徵七日律七寸一分小分九微强　閩本同。監、毛本「七日」作「八日」，「一」作「二」。

068 揔應商　閩本同。惠棟挍宋本同。監、毛本「揔」作「物」。

069 期保徵七日　惠棟挍宋本亦作「七」，閩本同，監、毛本「七」作「八」。

070 分烏徵六日律七寸小分九大强　閩、監、毛本同。盧文弨挍云「大」當作「半」。

071 遲内徵六日律七寸小分一强　閩本同。考文引宋板同。監、毛本「强」上有「半」字。

072 未育徵六日律六寸九分小分二微

强　考文引宋板同。閩、監、毛本「二」作「一」。齊召南挍云依後漢志當作「二」。

073 嫌待商　閩本同。監、毛本「嫌」作「謙」。

074 色育徵七日律六寸七分小分三大强　閩、監、毛本同。盧文弨挍云五經筭術「大强」作「半强」，是也。

075 南中上生丙盛　閩、監本同。毛本「中」誤「吕」。

076 分動徵八日律六寸四分小分八强　閩、監、毛本同。盧文弨挍云五經筭術作「小分八微强」，是。

077 質未徵七日律六寸三分小分九强　閩、監、毛本同。盧文弨挍云「强」上當有「少」字。

078 南事下生南事窮　閩、監、毛本同。盧文弨挍云筭術「下生」作「不生」，是。孫志祖挍云：五經筭術作「不生」，六十律終於南事，故不生也，續志亦誤。

079 分否徵七日律六寸二分小分三大强　閩、監、毛本同。盧文弨挍云五經筭術「大强」作「半强」，是。

080 離躬上生陵陰　閩本同。惠棟挍宋本同。監、毛本「躬」作「宮」，下「離躬」並同。盧文弨挍云續志作「宮」。

081 陵陰徵七日律六寸一分小分五微强　閩、監、毛本同。盧文弨挍云「微」字衍。

082 少出徵八日律六寸小分七弱　閩、監、毛本同。盧文弨挍云「弱」上當有「微」字。

083 屈齊徵六日律五寸八分小分四弱

084 閩、監、毛本同。盧文弨挍云五經筭術「弱」上「徵」字是。

刑晉徵五日律五寸六分小分八强　閩、監、毛本同。盧文弨挍云「强」上當有「少」字。

085 争南徵七日律五寸三分小分九强　閩本同。監、毛本「强」上有「半」字。盧文弨挍云「半」當作「少」。

086 應鍾商姑洗徵　閩、監、毛本如此，此本「商」字脱。

087 變虞徵七日律五寸二分小分六强　閩本同。監、毛本「七」作「六」，「强」上有「少」字。盧文弨挍云：「少」字衍，五經筭術作「徵」字，亦衍。

088 依行徵五日　閩本同。監、毛本「五」作「七」。

089 中吕徵八日律四寸九分小分九强　閩、監、毛本同。盧文弨挍云「强」上當有「少」字。

090 南中徵八日律四寸九分小分二弱　閩、監、毛本「二」作「三」。

091 物應徵八日律四寸七分小分九徵强　閩、監、毛本同。盧文弨挍云五經筭術「徵」作「半」，是也。

092 分烏窮次無徵不爲宫　閩、監、毛本同。考文引宋板「次」作「内」。孫志祖挍云續志作「次」。

093 制時徵六日律四寸五分小分

五弱　閩本同。惠棟按宋本同。監、毛本「弱」作「强」。

094 以四時有四味　惠棟按宋本作「時」。此本「時」誤「肆」，閩、監、毛本同。衛氏集說亦作「四時」。

095 繢綉皆用五采　閩、監、毛本「綉」作「繡」。×

096 謂月令食麥與羊　閩、毛本同。監本「令」誤「別」。×

097 無月別之異　閩本同。惠棟按宋本同。監、毛本「別」誤「令」。×

098 似月別各別衣食者　考文引宋板如此，此本上「別」誤「刑」，閩本上「別」字闕。監、毛本無上「別」字，衛氏集說同。

099 衣食雖同　閩、監本同。毛本「雖」字誤重。×

100 大揔言之　閩本同。惠棟按宋本同。監、毛本「言」作「攷」，衛氏集說亦作「言」。

101 故人者天地之心也節　惠棟按云：「故人」節，宋本分「故聖人作則」以下另爲一節。

102 此言兼氣性之效也　閩、監、毛本同。岳本同。嘉靖本同。衛氏集說同。惠棟按宋本「效」作「効」，宋監本同。

103 以四時爲柄　閩、監本同。石經同。岳本同。嘉靖本同。考文引宋板同。衛氏集說、毛本「柄」誤「端」。

104 故人至爲畜　惠棟按宋本無此五字。

105 論稟氣性之有効驗　閩、監、毛本「効」作「效」，衛氏集說同，下「氣性之効」、「氣性効」、「故云効効」、「是其効」並同。

106 故云天地之心也　閩、監本同。考文引宋板同。衛氏集説同。毛本「云」誤「於」。×

107 人則含之皆有分別也　閩、毛本同。監本「含」誤「舍」。×

108 故聖至爲畜　惠棟挍宋本無此五字。

109 祭社於國　閩、監、毛本作「社」，衛氏集説同，此本「社」誤「祖」。×

110 用禮義以爲器　惠棟挍宋本有「用」字。此本「用」字脱，閩、監、毛本同。

111 覆説上舍禮何以哉　閩、監、毛本同。考文引宋板「哉」下有「也」字。

112 春秋記事皆有月　閩、監本同。毛本「有」誤「書」。×

以天地爲本節 ×

113 故情可睹也　閩、監、毛本同。石經同。岳本同。嘉靖本同。衛氏集説同。考文古本「情」上有「人」字。

114 十二月各有分　閩、監本同。岳本同。嘉靖本同。衛氏集説同。毛本「有」誤「以」。×

115 故事有守也　惠棟挍宋本作「有」，石經同，宋監本同，岳本同，嘉靖本同，衛氏集説同，考文引古本、足利本同。此本「有」誤「可」，閩、監、毛本同。石經考文提要云：宋大字本、余仁仲本皆作「有」。

116 四靈與羞物爲羣　閩、監本同。岳本同。嘉靖本同。衛氏集説同。考文引宋板同。毛本「靈」誤「物」。×

117 以天至由也〇正義曰　惠棟挍宋本無此八字。

118 故事有守也　惠棟挍宋本同。閩、監、毛本「有」誤「可」，下「故云事有守也」同。×

119 上人是人民　閩、監本同。毛本「人民」

二字倒。

120 長既至爲聖人所畜　閩、監、毛本同。考文引宋板「人所畜」下又衍「人所畜」三字。

何謂四靈節

121 故鳥不獝　閩、監、毛本同。石經同。岳本同。嘉靖本同。衞氏集説同。釋文出「矞」，云「字又作『獝』」，正義本亦作「獝」。錢大昕云：「獝爲鳥飛，不應從犬旁。釋文『獝本作矞』，周禮大司樂注引此文亦作『矞』。俗本從犬者，誤也。説文走部有『𧼮』字，訓狂走，即鳥不矞之矞。張衡東京賦『捎魑魅斮獝狂』，薛綜注『獝狂，惡厲之鬼名』。埤蒼云『獝狂，無頭鬼也』。『矞』本有狂義，因矞狂連文，并『矞』字亦加犬旁，猶展轉之『展』作『輾』，鈇質之『質』作『鑕』也。」

122 何謂至不失　惠棟挍宋本無此五字。

123 讀淰爲閃者　惠棟挍宋本如此。此本「讀」上衍「已」字，閩、監、毛本同。

124 皆法中央　閩、監、毛本同。考文引宋板「央」作「之」，非。

125 故樂緯云宮致　閩、毛本同。監本「緯」誤「偉」。

126 毛蟲三百六十麟爲長　閩、毛本同。監本「麟」誤「鱗」。

127 視明禮脩而麟至　閩、監、毛本作「視」，此本「視」誤「根」。

128 孔子脩春秋者　惠棟挍宋本作「脩」。此本「脩」誤「備」，閩、監、毛本同。

129 玄之聞也　惠棟挍宋本作「聞」。此本「聞」誤「闇」，閩、監、毛本同。

130 其言少從　閩、監、毛本同。段玉裁校本從詩周南正義「少」改「可」。盧文弨挍云「少」當作「又」。

131 古者聖賢言事亦有効　閩、監、毛本「効」作「效」。

132 空言西方虎者麟中央　毛本同。閩、監本「央」誤「夫」。

133 其性義木性仁　惠棟挍宋本同。閩、監、毛本「其」作「金」。

134 鶡冠子云　閩、監、毛本作「鶡」，此本「鶡」誤「褐」。

135 是取象不一也　惠棟挍宋本作「取」，此本「取」誤「上」。

136 馬蹄有五采　閩、監本同。毛本「采」作「彩」。○按，彩，俗「采」字。

137 不入檻穽　閩、監本同。毛本「檻」作「陷」。

138 故先王秉蓍龜節　閩、監、毛本分「故先王患禮」以下另爲一節。

139 故先至有序　惠棟挍宋本無此五字。

140 自此至禮有序　惠棟挍宋本同。閩、監、毛本「序」誤「事」。

141 謂造宮室城隍車旗之屬也　監、毛本作「城隍」，衛氏集說同。此本「城隍」誤「成皇」，閩本同。

故先王患禮節

142 故先王患禮之不達於下也　惠棟挍宋本無此五字。❸

故祭帝於郊節

143 卜筮瞽侑　閩、監、毛本同。岳本同。嘉靖本同。衛氏集說同。石經「卜」誤「十」。

144 故祭至至正　惠棟挍宋本無此五字。

145 故宗祝在廟者　閩、監本同。考文引宋板同。毛本「故」誤「敬」。

146 三老在學　閩、監、毛本同。考文引宋板「學」下有「者」字。

147 既祭祀尊神　惠棟挍宋本同。衛氏集説同。閩、監、毛本「既祭祀」誤「謂以禮」。

148 故以侑爲輔　惠棟挍宋本同。閩本「侑爲輔」三字闕，監、毛本誤作「爲四輔」。

故禮行於郊節

149 故自郊社祖廟　閩、監本同。石經同。岳本同。嘉靖本同。衛氏集説同。毛本「祖」誤「宗」。

150 義之脩　閩、監本同。石經同。岳本同。嘉靖本同。衛氏集説同。毛本「脩」作「修」，注疏倣此，後凡「脩」字同。

151 故禮至藏也　惠棟挍宋本無此五字。

152 論上文禮既達於下　惠棟挍宋本作「上」，衛氏集説同。此本「上」誤「下」，閩、監、毛本同。

153 而百貨可極焉　閩、監、毛本同。考文云宋板「焉」下有「者」字。❹

154 而孝慈服焉　閩、監、毛本同。惠棟挍宋本「焉」下有「者」字。

155 而正法則焉　閩、監、毛本同。惠棟挍宋本「焉」下有「者」字。

156 則各得其正也　閩本同。惠棟挍宋本同。衛氏集説同。監、毛本「各」誤「行」。

是故夫禮節

157 是故至天也　惠棟挍宋本無此五字。

158 故曰大一也　閩、監本同。毛本「曰」作「云」。

159 吉禮則有四面之坐　閩、監本同。衛氏集説同。考文引宋板同。毛本「禮」誤

「凶」。

160 凶時有恩理節權　閩本同。惠棟挍宋本同。監、毛本「時」作「禮」。

161 其降曰命者　閩、監本同。考文引宋板同。毛本「曰」誤「於」。

夫禮必本於天節

162 恊於分藝　閩、監本同。毛本「恊」作「協」，石經同，岳本同，嘉靖本同，衛氏集説同，注疏倣此。

163 猶人之才也　此本「也」下脱一「○」，閩、監、毛本遂誤以釋文「合於月之分本或作日月之分日衍字」十五字爲注文，岳本、嘉靖本、衛氏集説、考文皆無此十五字。

164 夫禮至朝聘　惠棟挍宋本無此五字。

165 辭讓賓主三辭三讓　惠棟挍宋本如此，衛氏集説同。此本上「讓」字脱，閩、監、毛本同。

166 人之節　閩、監、毛本「人」作「仁」，惠棟挍宋本亦作「仁」。

167 下每云義　閩、監、毛本作「云」，此本「云」誤「去」。

168 張融謹案亦從鄭説　惠棟挍宋本同。閩、監、毛本「融謹案」三字闕。

169 鄭爲此注欲明改養爲義之意　惠棟挍宋本同。閩、監、毛本「注欲明」三字闕。

170 則爲教令法天地山川　惠棟挍宋本同。閩、監、毛本「令法」二字闕。

171 是不得爲養也引孝經説　惠棟挍宋本同。閩、監、毛本「養也引」三字闕。

故禮義也者節

172 而固人之肌膚之會　石經同。惠棟挍宋本同。岳本同。嘉靖本同。閩、監、毛本上「之」字脱，衛氏集説同。石經考文提要云：宋大字本、宋本九經、南宋巾箱本、余仁仲本、劉叔剛本、九經誤字皆有上「之」字。

173 順人情之大竇也　閩、監、毛本同。石經同。岳本同。嘉靖本同。衛氏集説同。考文云：「宋板無『也』字，古本同。」案，上「之束也」、「之大端也」句末皆有「也」字，此句文法一例，無「也」字非。

174 禮不可去之事○注竇孔穴也　惠棟挍宋本同。閩、監、毛本「事○注」三字闕。

175 又篳門閨竇　考文引宋板同。惠棟挍宋本「閨」作「圭」，衛氏集説同，閩、監、毛本「篳門閨」三字闕。

故禮之於人也節

176 猶酒之有糵也　閩、監、毛本作「糵」，岳本同，嘉靖本同，衛氏集説同。此本「糵」誤「蘖」，疏同，石經「糵」下截「米」字闕，釋文出「有糵」。

177 人無禮則敗壞也　閩、監、毛本同。惠棟挍宋本「敗壞」作「壞敗」。

178 分半持釀精米嘉器　閩、監、毛本作「米」，衛氏集説同，此本「米」作「美」。

179 得禮自虛薄者也　閩、監、毛本同。惠棟挍宋本無「者」字，衛氏集説同。

180 故聖王脩義之柄節　惠棟挍云：「故聖王」節、「故治國」節，宋本合爲一節。

181 治者去瑕穢養菁華也　閩、監、毛本如此，岳本同，嘉靖本同，衛氏集説同。此本誤脱「去」字，重「養」字。

182 協諸義而協　閩、毛本作「協」，石經同，岳本同，嘉靖本同，衛氏集説同。此本「協」作「恊」，監本同。案，説文「恊」訓「同心之和」，「協」訓「衆之同和」，義不相遠。五經文字云「案，古文作『叶』」，則從十者義長，今改從十，餘放此。

183 故聖至者尊　惠棟挍宋本無此五字。

184 故聖王脩義之柄者　惠棟挍宋本作

「王」，此本「王」誤「人」，閩、監、毛本同。

185 聖人以禮耕人情　惠棟挍宋本如此，衛氏集說同。此本下「人」誤「之」，閩、監、毛本同。

186 如將軍文子之子是也　惠棟挍宋本同。閩、監、毛本上「子」作「氏」，衛氏集說同。

187 即是義能合藝也　閩、監本同。毛本「義」、「藝」字互誤，衛氏集說亦作「義能合藝」。

188 故爲順之體也　閩、監、毛本作「故」，此本「故」誤「爲」。

189 故雖當無禮臨事制宜而行禮是可以義起作也衛將軍文子之子既除喪而后越人來弔於時無除喪後受弔之禮主人乃量事制宜練冠垂涕洟待于廟而受弔是以義而起作此禮也　惠棟挍宋本同。閩、監、毛本「禮臨」以下多闕文。

故治國不以禮節

190 嘉穀無由生也　惠棟挍宋本同。宋監本同。岳本同。嘉靖本同。衛氏集說「穀」作「禾」，閩、監、毛本「嘉穀」二字闕。

191 無有蓄亂滯合者　各本同。釋文出「有畜」。

192 故治至危也　監本、毛本作「危」，惠棟挍宋本作「肥」。

193 正義曰此以下　惠棟挍宋本無「正義曰」三字。

194 猶耕而弗種也者治國雖用禮　惠棟挍宋本如此。此本「者」、「國」二字脱，閩、監、毛本同。

195 膚是革外之薄皮　閩、監本同。惠棟挍宋本「皮」下有「膚」字。

196 革是膚內之厚皮革也　閩本、監本同。惠棟挍宋本同。毛本「膚」誤「革」。

197 雖復萬機輻湊　監、毛本作「凑」。此本「湊」誤「溱」，閩本同。×

198 雖並列俱陳　閩、監、毛本作「列」，此本「列」誤「則」。×

199 越常是也　閩、監、毛本同。惠棟挍宋本「常」作「裳」。盧文弨挍云「常」、「裳」俱可通。○按，説文「常，下帬也，从巾，尚聲」，又云「裳，常或从衣」。

200 然後能守危也　監本、毛本作「危也」，惠棟挍宋本下有「者」字。

201 而自守保也　閩、監、毛本同。惠棟挍宋本「守保」作「保守」。

202 按易繫乃云　閩、監、毛本「乃」作「辭」。案，疏意以易繫是就既危者言，鄭此引是就安不忘危者言，斷章取義，故説「按易繫乃云」。「乃」者，明易繫不如鄭所引義也，三本改「乃」爲「辭」，失疏意矣。

故禮之不同也節

203 窮則濫　閩、監、毛本同。岳本同。惠棟挍宋本「則」作「斯」，嘉靖本同。衛氏集説作「窮斯濫矣」，考文古本作「窮斯濫矣也」，足利本作「窮則斯濫」，宋監本作「窮斯盜」。

204 謂卝人　監本作「卝」，岳本同，衛氏集説同，釋文出「卝人」。此本「卝」誤「丱」，閩本同，嘉靖本同。毛本「卝」誤「廾」。○按，説文則作「磺」，「廾」假借字，説詳前。

205 男三十而娶　閩、監、毛本同。岳本同。衛氏集説同。惠棟挍宋本「娶」作「取」，嘉靖本同。釋文出「而取」，云「本又作『娶』」，正義引亦作「取」，則宋本「取」字是也。

206 司士稽士任　閩、監、毛本同。岳本、嘉靖本同。衛氏集説同。考文引古本「任」作「位」，非也。

207 也不愛其寶　王引之云：不愛，謂不隱藏也，愛之爲隱，古人常訓，廣雅「寶」字注作「地不藏其寶」。説詳經義述聞。❺

208 地出醴泉　閩、監、毛本同。石經同。岳本同。嘉靖本同。衛氏集説同。釋文出「澧」，云「本又作『醴』」。

209 皆可俯而闚也　閩、監、毛本同。石經同。岳本同。嘉靖本同。衛氏集説同。釋文出「而窺」，云「本又作『闚』」。○按，依説文當作「窺」，从穴，規聲。

210 棷聚草也　各本俱作「草」，此本誤「章」。×

211 故禮至實也　惠棟挍宋本無此五字。

212 釋者曰　閩、監、毛本同。惠棟挍宋本「曰」作「云」。

213 金謂金錫石卝也　閩、監本作「卝」，考文引宋板同。此本「卝」誤「非」，毛本同。×

214 及越常至也　閩、監、毛本同。惠棟挍宋本「常」作「裳」。×

215 按禮緯斗威儀云　閩、監、毛本作「斗」，此本「斗」誤「中」。×

216 其政大平　閩、監本同。毛本「大」作「太」，衛氏集説同。×

217 伏義氏有天下　監、毛本同。閩本「義」作「犧」。×

218 德及於天斗極明　閩、監、毛本作「斗」，此本「斗」作「下」。×

219 德至八極　閩、監、毛本同。惠棟挍宋本「極」作「表」。

22—220 禮記正義卷第三十一終　惠棟挍宋本此行在疏「故略記之而已」之後，記云凡二

十六頁。❻

校記

❶南昌本出文改作「故兩存焉」，上提一格。校語「此行在蹝故兩存焉之後」改作「此下標禮記正義卷第三十終」。

❷南昌本下有校語「惠棟挍宋本自此節起至故禮之不同節止爲第三十一卷。卷首題禮記正義卷第三十一」。

❸南昌本「五」作「十一」。

❹南昌本校語下有「下而慈孝服焉、而正法則焉並同」。

❺南昌本出文「也」作「地」。

❻南昌本出文改作「附釋音禮記注蹝卷第二十二終」，上提三格。校語「此行在蹝故略記之而已之後」作「禮記正義卷第三十一終」。

禮記注疏校勘記卷二十三

23—001 禮記正義卷第三十二　惠棟校宋本。❶

禮器第十

002 正義曰鄭目録云　閩、監、毛本「鄭」上有「案」字，衛氏集説「案」字亦無。

禮器是故大備節　×

003 自耕至於食之而肥　惠棟按宋本同。宋監本同。岳本同。嘉靖本同。考文引古本、足利本同。閩、監、毛本「而」誤「弗」，衛氏集説同。

004 措則正　閩、監、毛本同。石經同。岳本同。嘉靖本同。衛氏集説同。釋文出「錯則」，云「本又作『措』，又作『厝』」。○按，措，正字，「厝」、「錯」並假借字。

005 而不改柯易葉　岳本同。嘉靖本同。衛氏集説同。閩本「葉」作「葉」。監本同，毛本作「葉」。石經作「菜」。案，説文「葉，从艸，枼聲」，篆文「枼」亦作「枼」，故唐人避「世」字諱改「葉」作「菜」，至毛本作「葉」，非也。

006 用此不變傷也　惠棟按宋本亦作「傷」，宋監本同，閩本同，岳本同，嘉靖本同，考文引古本、足利本同。監、毛本「傷」作「易」，衛氏集説同。

007 禮器至饗德　惠棟按宋本無此五字。

008 各依文解之　閩、監本同。毛本「各」誤「故」。　×

009 則上禮運所云自人情以爲田　閩、監本同。毛本「云自人」三字闕。　×

010 禮釋至則行　閩、監本同。毛本「禮釋至」三字闕。

011 筍析竹青皮也　閩、監本同。毛本「析」誤「折」。×

012 故經四時柯葉無凋改也　惠棟挍宋本作「經」。此本「經」誤「巡」，閩、監、毛本同。

013 解外諧内無怨者　閩、監、毛本同。浦鏜挍「解」改「則」。

014 由外内協服　閩、監、毛本同。惠棟挍宋本「外内」作「内外」。

先王之立禮也節

015 衆不匡懼　閩、監、毛本同。石經同。岳本同。衛氏集説同。惠棟挍宋本「匡」作「恇」，注仍作「匡」，嘉靖本同。釋文出「恇懼」，云「音匡」。○按，恇，正字，匡，假借字。

016 先王至節矣　惠棟挍宋本無此五字。

017 論因上禮使人外内諧和　惠棟挍宋本同。衛氏集説同。閩、監、毛本「使」誤「則」。×

018 兼説行禮之事　惠棟挍宋本同。閩、毛本「事」字闕，監本「事」誤「○」。

019 無本不立解須本也　閩、監、毛本作「無」，此本「無」誤「爲」。×

020 即依於四時　閩、監、毛本作「四」，衛氏集説同，此本「四」誤「田」。×

021 不濫逆也　閩、監、毛本作「濫」，衛氏集説同，此本「濫」誤「監」。×

022 司馬奉羊　閩、監、毛本作「羊」，衛氏集説同，此本「羊」字闕。×

023 絲竹利爲琴笙　閩、監本同。衛氏集説同。毛本「笙」誤「瑟」。×

024 而爲天地人物美功　閩、監、毛本作「美」，此本「美」誤「其」。×

025 禮時爲大節　惠棟挍云：「禮時爲大」節、「諸侯以龜」節，宋本合爲一節。

026 稱次之　閩、監、毛本作「之」，石經同，岳本同，嘉靖本同，衛氏集説同，此本「之」誤「也」。

027 聿追來孝　閩、監本同。石經同。岳本同。嘉靖本同。考文引宋板同。衛氏集説同。毛本「追」誤「道」。

028 禮時至稱也　惠棟挍宋本無此五字。

029 皆由禮洽天時　閩、監、毛本同。衛氏集説同。齊召南挍「洽」改「合」。

030 不能傳立與人　閩、監、毛本同。考文云宋板「立」作「位」。

031 鄭荅炅模云　閩本同。惠棟挍宋本同。監本「炅」誤「灵」，毛本因改作「靈」，大謬。

032 詩註來勤也　毛本作「註」，此本「註」誤「生」，閩、監本「註」誤「主」。❷

033 上以敬順爲本　惠棟挍宋本同。閩、毛本「敬」字闕，監本「敬」誤「○」。

034 社稷山川雖刑屬於地　閩、監、毛本「刑」作「形」。

035 夫臣助祭則各有俎　閩、監、毛本同。衛氏集説無「夫」字，許宗彦挍「夫」改「大」。

諸侯以龜爲寶節

036 闍者謂之臺　閩、監、毛本同。岳本同。嘉靖本同。衛氏集説同。釋文出「堵者」，云「本又作『闍』」。

* 直三十文也也　補，毛本同。按，「也也」誤重。

037 ○不盈寸二分　閩、監、毛本同。衛氏集説「○」作「又」。○按，段玉裁挍食貨志云當作「不成貝，不盈寸二分」，詩正義引亦誤，此作「○」，非也。

038 故士喪禮卜宅是也　閩、監本同。毛本「卜」誤「十」。

禮有以多爲貴者節

039 設于醬東此食下大夫而豆六　閩、監、毛本同。岳本同。嘉靖本同。衛氏集説同。惠棟挍宋本「此」作「北」。盧文弨挍云：此，惠改爲「北」，非。案，正義曰「云公食大夫禮曰『宰夫自東房薦豆六，設于醬東者』」，又曰「云此食下大夫而豆六，則其餘著矣者」，句讀截然。

040 子男之豆二十有四　毛本同。衛氏集説同。岳本同。嘉靖本同。閩、監本「二」誤「三」。

041 謂杭木與茵也　宋監本同。嘉靖本同。閩、監、毛本「杭」作「抗」，正義同，岳本同，衛氏集説同。釋文出「抗木」，音苦浪反。○按，依説文正字當作「抗」，从扌，亢聲。

042 禮有至爲貴也　惠棟挍宋本「至」作「以多」二字，「也」作「者」字。

043 尊者識深孝篤　惠棟挍宋本同。閩、監、毛本「識」誤「誠」。

044 故立廟乃多世爲稱也　閩、監、毛本同。浦鏜挍從衛氏集説「乃」改「以」。

045 堂下東西夾各十七　閩、監本同。考文引宋板同。毛本「下」誤「上」。

046 設韭菹醓醢　閩本作「醓」，惠棟挍宋本同。此本「醓」誤「醢」，監、毛本同。

047 下大夫六豆設于堂上　閩、監、毛本俱作「堂上」，此本「堂上」誤「堂下」。衛氏集説亦作「堂上」，「下大夫」上有「言」字。

048 謂亦如此食下大夫之禮　考文引宋板同。閩、監、毛本「下」作「上」，是也。

049 君牢則以爵等　閩、監、毛本同。衛氏集説同。惠棟挍宋本「君」作「若」。

050 折猶庪也　閩、監、毛本作「庪」，衛氏集説同，此本「庪」誤「庪」。×

051 於上加抗木　惠棟挍宋本作「抗」，衛氏集説同。此本「抗」誤「折」，閩、監、毛本同。

052 茵者藉棺外下縟　閩、監、毛本同。衛氏集説同。浦鏜挍「縟」改「褥」，下「絮縟」同。案，衛氏集説下「絮褥」字作「褥」。

053 將茅秀及香草著其中　惠棟挍宋本作「秀」，衛氏集説「秀」作「莠」。此本「秀」誤「綉」，閩、監、毛本同。×

054 如今有絮縟也　閩、監、毛本作「絮」，衛氏集説同，此本「絮」誤「紫」。×

055 地數偶　閩、監、毛本同。惠棟挍宋本「偶」作「耦」。○按，「耦」字今多借爲「偶」，非也。

056 以天三含地二　考文引宋板同。閩、監、毛本「含」作「合」。案，下兩引士喪禮下篇鄭注謂「天三合地二，人藏其中焉」，文皆作「合」，則此亦當作「合」字爲是。

057 表貉所設席亦是也　閩、監、毛本同。浦鏜挍「表貉」上補「祭」字。○按，浦鏜是也。

058 聘賓爲苟敬席屈　閩本同。惠棟挍宋本同。監、毛本「苟敬」作「敬徹」。

059 謙自同於大夫是也　閩、監本同。毛本「於」字闕。

060 卿大夫爲主人正一重席者　閩、監、毛本同。盧文弨挍「卿」改「鄉」。浦鏜挍云「正」當「止」字誤。

061 重來優賓也　考文引宋板同。閩、監、毛本「優」作「擾」。

有以少爲貴者節

062 有以至貴也　惠棟挍宋本無此五字。

063 **天神尊尊質**　閩、監、毛本同。衛氏集説下「尊」作「貴」。

064 **故止一特也**　閩、監、毛本同。齊召南挍「特」改「牲」。

065 **按大行人云**　閩、監本同。毛本「大」誤「夫」。

066 **上公王禮**　考文引宋板同。閩、監、毛本「王」誤「三」，衛氏集説同。

067 **天子灌亦用鬱鬯**　惠棟挍宋本有「亦」字，衛氏集説同。此本「亦」字脱，閩、監、毛本同。

068 **諸侯相朝則設鬱鬯**　閩、監本同。衛氏集説同。考文引宋板同。毛本「則」誤「者」。

069 **五色一帀曰就**　閩、監本同。衛氏集説同。毛本「帀」誤「市」。

070 **言五色帀一成**　閩、監、毛本同。衛氏集説「帀」下有「則」字。

071 **或諸侯自相饗**　閩、監、毛本作「侯」，此本「侯」誤「物」。

072 **行禮至酬時**　惠棟挍宋本同。閩、監、毛本「酬」下衍「酒」字，衛氏集説同。

073 **玉路鍚**　閩、監本同。毛本「鍚」誤「錫」。

074 **龍勒條纓五就**　惠棟挍宋本作「絛」。此本「絛」作「條」，閩、監、毛本同。○按，周禮作「絛」，注云「條，讀爲絛」。正義中凡引詩、禮如注讀爲某者，即改爲某字，此正義例也。

075 **聘君以圭夫人以璋**　閩、監、毛本同。考文云宋板「夫人」上有「聘」字。衛氏集説同。

076 **是圭璋朝聘以爲瑞**　惠棟挍宋本亦作「瑞」，閩、毛本同，監本「瑞」誤「端」。

有以大爲貴者節

* 四升曰曰角　補：案，「曰」字誤重。

077 有以至貴也　惠棟挍宋本無此五字。

078 故知五獻是子男　惠棟挍宋本有「故」字，衛氏集説同。此本「故」字脱，閩、監、毛本同。×

079 列尊之次缶盛酒在門外　惠棟挍宋本同。閩、監、毛本「次」作「法」。×

080 案禮圖瓦大受五升　閩、監、毛本同。衛氏集説同。考文云宋板「升」作「斗」，是也。×

081 尊於簋副　閩、監、毛本同。浦鏜挍「尊」上補「主國」二字，「於」改「棜」。

有以高爲貴者節

082 士用棜禁　閩、監、毛本同。岳本同。嘉靖本同。衛氏集説同。惠棟云「棜」字衍。案，惠棟是也。

083 如今方按　閩、監、毛本同。岳本同。嘉靖本同。衛氏集説「如」上有「禁」字，宋監本同，考文引宋板、古本、足利本同。按正義「如」上「禁」字當有。❸

084 隋長局足　閩、監、毛本同。岳本同。衛氏集説同。釋文出「隋長」。嘉靖本「隋」誤「惰」。按，此本正義作「隨」。

085 有以至貴也　惠棟挍宋本無此五字。

086 漆赤中青雲氣菱苕華爲飾　毛本同。監本誤重「雲」字。閩本「青」上有「畫」字，衛氏集説同。按，有「畫」字是也。

087 棜是轝名　惠棟挍宋本同。衛氏集説同。閩、監、毛本「轝」誤「譽」。×

088 棜一頭足一頭無足　閩、監、毛本同。惠棟挍宋本上「足」字上有「有」字。×

089 且高下不等　閩、監本同。考文引宋板同。毛本「高」誤「可」。

090 何以承尊　毛本同。考文引宋板同。閩、監本「承」字闕。

091 禮有以文爲貴者節　惠棟挍云：宋本分「有以素爲貴」下爲一節，「孔子曰禮不可」下爲一節。

092 天子龍衮　閩、監、毛本同。石經同。岳本同。嘉靖本同。衛氏集説同。釋文出「龍卷」，云「本又作『衮』」。○按，衮，正字，卷，假借字。

093 士玄衣纁裳　閩、監、毛本同。石經同。岳本同。嘉靖本同。衛氏集説同。釋文出「熏裳」，云「字又作『纁』」。

094 朱綠藻十有二旒　閩、監、毛本同。石經同。岳本、嘉靖本同。衛氏集説同。釋文出「綠繰」，云「本又作『璪』，亦作『藻』」。

095 犧尊疏布鼏　閩、監、毛本同。石經同。岳本同。嘉靖本同。衛氏集説同。釋文「幎」云「本又作『幂』，又作『鼏』」。❹

096 抒上終葵首　閩、監、毛本同。岳本「抒」作「杼」，嘉靖本同，衛氏集説同。釋文出「杼上」。案，正義亦作「杼」。

097 鼏或作幕　閩、監、毛本同。岳本同。嘉靖本同。衛氏集説同。釋文出「作幕」，云「音莫」。考文引足利本「幕」作「幂」。按，釋文，經「鼏」本又作「幂」，若注「幕」作「幂」，將成「幂」作「幂」，不可讀矣。

098 禮有至稱也　惠棟挍宋本無此五字。

099 士三者亦夏殷也　閩本同。考文引宋板同。監、毛本「亦」作「言」。

100 孤絺冕而下　閩本同。考文引宋板同。監、毛本「絺」作「希」。齊召南挍云：「孤」下脱「卿」字，「希」當作「絺」。

101 有以素至貴也　惠棟挍宋本無此六字。

102 天子朝日月之圭也　閩、監本同。考文引宋板同。毛本「圭」誤「走」。

103 未知調和　閩、毛本同。監本「未」誤「味」。

104 後人祭也既重古　閩、監、毛本同。盧文弨挍云「也」疑衍。案，衛氏集説無「也」字。

105 用陶也　閩、監、毛本同。齊召南挍「用」上增「周」字。

106 具在特牲疏　閩、毛本同。監本「具」誤「其」。

107 故幂人云　閩、監、毛本作「幂」，衛氏集説同，此本「幂」誤「幕」。○按，當作「幂」。

108 孔子至稱也　惠棟挍宋本無此五字。

109 此經總説在人稱之事也　閩、監、毛本同。考文引宋板「人」作「上」。

禮之以多爲貴者節

110 禮之至發也　惠棟挍宋本無此五字。

111 宜發揚其德　閩、監、毛本作「揚」，此本「揚」誤「楊」。

112 理博事條如此　閩本同。考文引宋板同。監本「條」作「備」，毛本同，又「博」字誤「不」。

禮之以少爲貴者節

113 德産之致也精微　閩、監、毛本同。石經同。岳本同。嘉靖本同。衛氏集説同。釋文出「之致」，云「直置反，注皆同」。孫志祖挍云：文選何敬祖雜詩注引禮記曰「德産之緻也精微」，鄭玄曰「緻，密也」，疑唐初本如此，後傳寫誤耳。○按，「致」、「緻」正俗字。段玉裁云説文糸部「緻」字乃徐鉉所增。

114 致誠慤　閩、監、毛本同。岳本同。嘉靖本同。釋文出「誠殻」，云「字又作『慤』，下文同」。○按，依説文當作「慤」，从心，㱿聲。釋文作

「殸」，假借字。

115 禮之至獨也　惠棟挍宋本無此五字。

116 不使外迹彰著也　閩、監本同。毛本「彰」作「章」。

古之聖人節

117 古之至偁也　惠棟挍宋本無此五字。

118 解外心接物須廣大　閩、監、毛本作「接」，此本「接」誤「撰」。

是故君子大牢節

119 匹士大牢而祭　各本同，石經亦同。釋文出「匹士」，云「本或作『正』字」。按，正義云：「盧、王禮本並作『匹』字。今定本及諸本並作『正』字。熊氏依此本而爲『正』字，恐誤也。」

120 是故至之攘　惠棟挍宋本無此五字。

121 説禮既須稱　閩本同。惠棟挍宋本同。衛氏集説同。監、毛本「既」誤「即」。

122 崔氏亦用此義　惠棟挍宋本作「亦」。此本「亦」誤「所」，閩、監、毛本同。

管仲鏤簋節

123 鏤簋朱紘　閩、監本同。石經同。岳本同。嘉靖本同。衛氏集説同。考文引宋板同。毛本「紘」誤「人」。

124 大夫達棱　閩、監、毛本同。岳本同。衛氏集説同。釋文出「達棱」。嘉靖本「棱」誤「稜」。

125 管仲至濫矣　惠棟挍宋本無此五字。

126 飾蓋象龜　惠棟挍宋本同。閩、監、毛本「蓋」作「器」。

127 故知爲龜形也　惠棟挍宋本同。閩、監、毛本作「故知刻爲龜也」。

128 共玉敦是也云朱紘　惠棟挍宋本同。毛本「敦是也」誤「之服玉」，閩、監本「敦是也云」四字闕。

129 天子諸侯用純　惠棟挍宋本同。閩、監、毛本「天子諸侯」四字闕。

130 大夫當雜　閩、監、毛本同。惠棟挍宋本「雜」上有「用」字。

131 梁上楹謂之棁者釋宫云　閩、監、毛本同。浦鏜挍「云」改「文」。×

132 梁上侏儒柱也又云楄謂之節　惠棟挍宋本同。閩、監、毛本「也又云楄」四字闕。×

133 李巡本節作楶　惠棟挍宋本作「楶」。此本「楶」誤「楶」，閩、監、毛本同。×

134 皆謂斗栱也　惠棟挍宋本作「斗」。此本「斗」誤「升」，閩、監、毛本同。×

135 櫼謂之欂櫨即今之楷木也　惠棟挍宋本同。閩、監本「櫼」誤「穩」，「楷」誤「楷」，毛本「楷」誤「楷」，「櫼」字闕。

136 晉語及含文嘉　閩本同。惠棟挍宋本同。監、毛本「及」誤「乃」。×

137 皆天子之禮　閩、監本同。毛本「皆」誤「者」。×

138 晏平仲祀其先人節　惠棟挍云：「晏平仲」節，宋本分「是故君子」以下合「孔子曰我戰則克」節爲一節。

139 晏平至衆亂　惠棟挍宋本無此五字。

140 與無田者　閩、監、毛本同。惠棟挍宋本「者」下有「同」字。

141 無田大夫猶用羔羊也　閩、監、毛本同。考文引宋板無此「羊」字。

孔子曰我戰則克節

142 孔子至道矣　惠棟挍宋本無此五字。

143 此一節　閩、監、毛本同。惠棟挍宋本「此」上有「正義曰」三字。

144 故知述知禮者而言我也　閩、監本同。考文引宋板同。毛本「故」誤「攸」。×

君子曰祭祀不祈節

145 不麾蚤　閩、監、毛本同。石經同。岳本同。嘉靖本同。衛氏集説同。釋文出「不摩」，云「本又作『麾』」。○按，注疏本引釋文作「摩」，是也。麾，俗「摩」字。

146 齊人所善曰麾　閩、監、毛本同。岳本同。嘉靖本「曰」作「爲」。

147 君子至多品　惠棟挍宋本無此五字。

148 非爲就親祈福報也　惠棟挍宋本同。閩、監、毛本「爲」誤「謂」，衛氏集説亦作「爲」。×

149 而社稷大牢是也　惠棟挍宋本作「是」。此本「是」誤「多」，閩、監、毛本同。×

150 孝子祭祀雖致其誠信　閩、監、毛本同。許宗彥挍「雖」改「維」。

孔子曰臧文仲節

151 夏父弗綦　各本同，石經亦同。釋文出「不綦」，云「『不』亦作『弗』」。

152 不正禮也　毛本同。岳本同。嘉靖本同。惠棟挍宋本同。閩、監本「也」字闕。×

153 是夏父弗綦爲宗人之爲也奧當爲爨字之誤也或作竈禮尸卒食而祭饎爨饔爨也時人以爲祭火神乃燔柴　毛本同。岳本同。嘉靖本同。衛氏集説同。惠棟挍宋本同。考文引古本同。閩、監本自「爲也」以下多闕文。

154 尊於瓶　各本同。石經同。釋文「瓶」作「缾」。○按，「缾」、「瓶」正俗字。

155 燔柴似失之　惠棟挍宋本作「柴」，宋監本同，岳本同，嘉靖本同，衛氏集説同，考文引古本、足利本同。此本「柴」誤「祭」，閩、監、毛本同。

156 孔子至於瓶　惠棟挍宋本無此五字。

157 閔適而小　惠棟挍宋本同。閩、監、毛本「小」作「少」，衛氏集説同。

158 既譏燔柴於爨　閩、監本同。毛本「譏」誤「祭」。

159 終文公至惠公七世　閩、監、毛本同。許宗彦挍「終」改「從」。

160 自躋僖公以來　閩、毛本同。監本「躋」誤「齊」。

161 非昭穆也　閩、監、毛本同。段玉裁挍本「昭」改「爲」。

162 故知非奥也　閩、監、毛本同。考文引宋板無「也」字。

163 亨者祭饗爨　閩本同。監、毛本「亨」作「烹」。

164 又以燔柴祭爨爲是　閩、毛本同。監本「爨」誤「木」。

165 以老婦配之　閩、毛本同。監本「婦」誤「歸」。

166 禮也者猶體也節　惠棟挍云：「禮也者」節、「君子」節、「君子之於禮」節、「三代之禮」節，宋本合爲一節。

167 一謂誠也　閩、監本同。岳本同。嘉靖本同。衛氏集説同。毛本「謂」字闕。

168 皆猶誠也　閩、監、毛本同。岳本同。嘉靖本同。衛氏集説「猶」作「由」，考文引足利本同。按，毛氏居正云「由」作「猶」，誤。

169 禮也至户者　惠棟挍宋本無此五字。

170 骨肉筋脉　閩、監、毛本同。衛氏集説同。惠棟挍宋本「肉」作「血」。

171 備足乃爲成人　閩、監本同。毛本「爲」誤「謂」。

172 猶人體之不當也　閩、監、毛本同。惠棟挍宋本「猶」下有「如」字。

173 是備祭之義也　閩、監、毛本同。惠棟挍宋本無「祭」字。

174 ○故經禮三百曲禮三千者　閩本同。監、毛本「○」闕。

175 隨於萬體不可不備故周公制禮　惠棟挍宋本同。閩、監、毛本「於萬體不可不備」七字闕。

176 其致一也者致至也一誠也　惠棟挍宋本同。閩、監、毛本「一也者致至也一誠」八字闕。

177 皆須至誠故云一也若損大益小揜顯大微　惠棟挍宋本同。閩、監、毛本「誠故云一也若損大益小」十字闕。

178 周公攝政七年制禮作樂爲設官分職之法　惠棟挍宋本同。閩、監、毛本「七年制禮作樂爲設官分」十字闕。

179 每卿下各有屬官六十凡三百六十　惠棟挍宋本同。閩、監、毛本「各有屬官六十凡三百六十」十一字闕。

180 至漢孝文帝時求得此書不見冬官一篇乃使博士　惠棟挍宋本同。閩、監、毛本「求得此書不見冬官一篇乃使」十二字闕。

181 非上之義唯證周禮三百六十職也

○惠棟挍宋本同。閩、監、毛本「義唯證周禮三百六十職也○」十二字闕。

182 室猶禮也户猶誠也入室必由户行禮必由誠　惠棟挍宋本同。閩、監、毛本「禮也户猶誠也入室必由户行」十二字闕。

183 未有入室而不由户行禮不由誠者言皆由誠也　惠棟挍宋本同。閩本「不由户行禮不由誠者言皆由誠也」十四字闕，監、毛本「行」誤「者」，「禮不由誠」以下十字闕。

君子之於禮也節

184 謂以少小下素爲貴也若順也　此注在「致其敬而誠若」之下，惠棟挍宋本同，毛本同，岳本同，嘉靖本同，閩、監本十二字闕。

185 謂以多大高文爲貴也　此注在「有美而文而誠若」之下，惠棟挍宋本同，毛本同，岳本同，嘉靖本同，衛氏集説同，閩、監本九字闕，毛本「也」下衍墨釘。

186 正義曰此經覆明上以少小下素之義　惠棟挍宋本無「正義曰」三字，閩、監、毛本「覆明上以少小下素之」九字闕。

187 而誠若者謂所以少小下素爲貴者　惠棟挍宋本同。閩、監、毛本「若者謂所以少小下素爲貴」十一字闕。

188 盡其戒慎致其恭敬而行至誠和順　惠棟挍宋本同。閩、監、毛本「盡其戒慎致其恭敬而行至」十一字闕。

189 ○有美而文而誠若此一經　惠棟挍宋本同。閩、監、毛本「○有美而文而誠若」八字闕。

190 有美而文者謂有威儀之美　惠棟挍宋本同。閩、監、毛本「文者謂有威儀之」七字闕。

191 章之於外故須多大高文也　惠棟按宋本同。閩本、監本、毛本「外故須多大高文」七字闕。

192 下素求諸内也外行誠順　惠棟按宋本同。閩、監、毛本「求諸内也外行誠」七字闕。

君子之於禮也有直而行也節

193 服日月以至黼黻　閩、監、毛本同。岳本同。嘉靖本同。惠棟按宋本「服」作「象」，衛氏集説同。考文云：「古本作『服』，足利本作『服象』。」

194 自山龍以下　各本同。閩本「山」字闕。×

195 謂若君沐粱　閩、監、毛本「粱」作「梁」，岳本同，嘉靖本同，衛氏集説同，下「士沐粱」放此，疏放此。

196 君子至摭也○正義曰　惠棟按宋本無「正義曰」三字。

197 君子於禮一事也　閩、監、毛本「於」上有「之」字。

198 直任己天性而行也　惠棟按宋本同。閩、監、毛本「任」字闕。

199 子男五　閩、監、毛本有「五」字，此本「五」字脱。❺

三代之禮節

200 三代之禮　各本作「三」，此本「三」誤「王」。

201 素尚曰　各本同。毛本「白」誤「曰」。×

202 青尚黑者也　惠棟按宋本如此，宋監本同，岳本同，嘉靖本同，衛氏集説同。此本「青黑」二字互倒，閩、監、毛本同。

203 周因於殷禮　閩本同。岳本同。嘉靖本同。衛氏集説同。考文引宋板同。監、毛本「因殷」二字互倒。×

204 至今語猶存也　閩、監、毛本同。嘉靖本同。衛氏集説同。岳本「也」作「焉」。

205 三代至殷因○正義曰　惠棟挍宋本無「正義曰」三字。

206 於時草之萌牙　閩、監、毛本同。衛氏集説同。考文引宋板「牙」作「不」，山井鼎曰「不」疑「不」誤。説文古文「⿰木獻」从木無頭，「⿰木獻辥」同。

207 變白而青也夏正尚黑　惠棟挍宋本同。衛氏集説同。閩、監、毛本「青也夏」三字闕。

208 故知青謂黑也　閩、監、毛本作「知」，衛氏集説同，此本「知」誤「也」。

209 秦二世名胡亥　閩、監、毛本同。考文引宋板「名」作「謂」。

210 人畏趙高　閩、監、毛本同。惠棟挍宋本「人」作「民」。

211 即鹿馬之類也　考文引宋板同。續通解同。閩、監、毛本「即鹿」作「鹿爲」。

212 鄭去胡亥既近　考文引宋板作「去」，衛氏集説同。此本「去」誤「云」，閩、監、毛本同。

213 在胡亥之後　惠棟挍宋本同。閩、監、毛本「胡亥之」三字闕。

214 夏后以水德而王　閩、監、毛本同。惠棟挍宋本「以水」作「氏金」，與家語合。

215 周以木德王色尚黄　閩、監、毛本同。浦鏜挍「黄」改「赤」。孫志祖云：案，家語作「尚赤」，又云「堯以火德，王色尚黄」。

216 舜以土德王色尚白　閩、監、毛本同。惠棟挍宋本「白」作「青」，與家語合。

217 聖證論王肅以爲夏同堯　惠棟挍宋本同。閩、監、毛本「聖證」二字闕。

218 **舜土德王尚白而尚青者土以生爲功** 惠棟挍宋本同。閩、監、毛本「而尚青者」四字闕。

219 **水則辟之青而用白也** 惠棟挍宋本同。閩、監、毛本「則辟之青」四字闕。

23—220 **禮記正義卷第三十二終** 惠棟挍宋本此行在疏「不可用也」之後，記云凡二十九頁。❻

校記

❶南昌本出文改作「附釋音禮記注疏卷第二十三」，上提三格。校語下有「禮記正義卷第三十二」。

❷南昌本出文及校語四「註」字均作「注」。

❸南昌本出文「按」作「案」。

❹南昌本出文「䟽」作「疏」。

❺南昌本「脱」作「闕」。

❻南昌本出文改作「不可用也」，上提一格。校語「此行在疏不可用也之後」改作「此下標禮記正義卷第三十三終」。